ビジネス法体系 >>>

ビジネス法概論

INTRODUCTION TO BUSINESS LAW

ビジネス法体系研究会 [編集]

[著者]

川﨑政司
山崎良太
奥山健志

第一法規

『ビジネス法体系』の刊行にあたって

　企業や企業活動と法との関係は、きわめて広く、多様かつ複雑である。

　企業が取引主体として活動できるのも、多様な取引関係も、その組織・内部関係も、法がベースとなっており、また、企業活動は、自由競争経済秩序の維持のほか、様々な公共的な目的のため、法によって規律されている。すなわち、法は、企業や企業活動にかかわる制度、ルール、規制などを定め、ビジネスの基盤となっているのである。

　もっとも、経済的合理性や契約自由が基本となる通常の企業活動において、法というものが意識されることはそれほど多くはない。また、企業活動にとって、コンプライアンスが重要であることはいまや常識とはいえ、コンプライアンスの確立・維持ということがその主たる目的となることはない。しかし、ひとたび問題が起これば、法は大きな存在として立ち現れることになるのであり、企業の社会的責任（CSR）が強調されるようになる中で、リスク管理、とりわけリーガルリスクの予防・縮減のための取組・対応は、企業経営にとっても重要な課題となっているということができる。

　その属する部門・地位・職務などによって内容・程度は異なるものの、法務だけでなく、広く企業の経営・活動において、法的なセンスや素養が必要とされ、また、法と上手に向き合っていくことが求められるようになっているのである。

　この点、商法（会社法・商行為法等）、経済法（競争法・知的財産法等）、消費者法、労働法をはじめ、その主な法分野や法律について、入門的なものから専門的なものまで、様々な解説書が刊行されており、また、企業法、企業法務などといった点から、それにかかわる主な法律や重要事項を解説

『ビジネス法体系』の刊行にあたって　　iii

する書籍もある。しかしながら、その全体像について、実務に役立つ形で解説しているものは、あまりないといってよいだろう。

　このようなことを踏まえ、企業や企業活動にかかわる法の全体像を体系的に解説する書籍をつくれないかというレクシスネクシス・ジャパン社からの相談を受けて、「ビジネス法体系研究会」を立ち上げたのが2014年3月のことであった。研究会は、ビジネス法の全体像・体系を検討するだけでなく、ビジネスの現場で役に立つ成果物を目指すということから、ビジネス法の第一線で活躍する弁護士のほか、研究者その他の法律専門家など多彩なメンバーによって構成し、さらに検討の進展にあわせてメンバーを拡充しつつ、回を重ねてきた。そこでは、ビジネス法の全体像について、様々な観点から分析・検討を行い、それをどのような体系によって整理をして示すのがよいのか、それぞれの分野をどのように構成し解説するのがよいのかなど、議論を積み重ねるとともに、主要な法分野の研究者、企業法務関係者などをゲストに招いて、アドバイスや意見などもいただいたところである。

　そして、その最初の成果として世に送り出すのが、「ビジネス法概論」、「企業組織法」、「企業取引法」、「労働法」、「競争法／独禁法」、「知的財産法」、「国際ビジネス法」の7冊によって構成する『ビジネス法体系』である。

　本シリーズは、広く企業や企業活動にかかわる法を「ビジネス法」と捉え、その全体像・体系と主要な分野について、分かりやすく解説を行うものである。もとより、社会の多様化、情報化、グローバル化等に伴い企業活動は拡大・変化し続け、それにかかわる法も、広範かつ膨大なものとなるとともに、多様化・多元化・多層化してきており、そのすべてについて網羅的に取り上げることは困難である。また、ビジネス法とはいっても、そこに一貫した理念・原則や理論があるわけではなく、そこで示した体系・分野も、理論的というよりは、ビジネス法を把握・理解しやすくするための実用的・便宜的・相対的なものとなっているところがある。

　しかし、本シリーズは、これまでにないビジネス法の本格的な体系書と

なっているだけでなく、主要6分野の法の解説を行うほか、「ビジネス法概論」などにおいて分野横断的・横串的な解説も行っており、それらを通じて、ビジネス法の全体像・体系や主要な法制度、判例、さらには法の考え方などを立体的に理解し、その知識を、ビジネスの様々な場面においていろいろな形で、役立てていただけるものと確信している。

『ビジネス法体系』が、ビジネスの現場における多様なニーズに応え、広く活用されることで、合理的・公正で活力ある企業活動にいささかなりとも貢献することにつながるならば、研究会一同にとって望外の喜びである。

2017年12月

ビジネス法体系研究会代表
川﨑　政司

はしがき

　本書は、「ビジネス法体系」シリーズの総論編と位置付けられるものであり、ビジネス法の入門書的な役割を果たすものともなっている。

　ビジネスには、意識されようとされまいと、いろいろな場面で、また、さまざまな形で、法が関わっている。

　企業や企業活動を規律し、その基盤ともなるビジネス法を理解するためには、企業組織法・企業取引法・競争法など、あるいは会社法・商法・民法・金融商品取引法・独占禁止法などをはじめ、その基本となる分野や法律について学ぶことが必要となる。ただ、いきなり個別の分野や法律から入るよりも、まずは、その前提として、ビジネスと法との関係、ビジネスにおける法の役割、ビジネス法の全体像などを把握しておくことが大事といえる。

　もとより、ビジネスが多種・多様であるのと同様に、ビジネス法もまた、その形式・内容ともに多様であり、広範かつ膨大なビジネス法を理解することは必ずしも容易ではない。専門分化が進んできている現代では、分野ごとにそれぞれの専門知識が必要となることも少なくない。

　そのような中で、ビジネスと法の関わりやビジネス法の全体像の理解のためには、その案内図・見取り図となるものとして、法の役割について確認したうえで、ビジネス法を体系化し分野ごとに解説するとともに、主要なビジネスシーンやオペレーション・プロセスごとにどのような法がどのように関係してくるのかについて説明するテキストといったものが、必要となってくるのではないかと思われる。本書は、そのような観点から、ビジネス法の基本について分かりやすく解説を行うものであり、ビジネス法の主要な分野について詳しく解説する「ビジネス法体系」シリーズの各巻のガイドともなるものである。

　本書は、以上のような視点に立ち、基本的に第1編「ビジネス法の基礎」と第2編「ビジネス法の体系と主な分野」の二つによって構成し、ビジネス法についていわば縦（分野）と横（事項ごとの横串）の両面から解説することをその特徴とするものであり、それぞれの概要は次のとおり。

はしがき　　vii

【第1編　ビジネス法の基礎】

　第1編は、ビジネス法の基本として、企業と法との関係、法の役割・考え方、ビジネス法の意義・とらえ方、ビジネス法の体系と主要分野などについて解説するもので、「第1章　ビジネスと法」、「第2章　ビジネス法の意義・範囲・特色」、「第3章　ビジネス法の体系」、「第4章　ビジネス法の主要分野の概観」から成る。

【第2編　ビジネス法の体系と主な分野】

　第2編では、第1章でビジネス法の全体像と体系について概説したうえで、「第2章　ビジネスの主体に関する法」では、ビジネスの主体となる「ハコ」、従事する「ヒト」、ビジネス遂行のための「カネ」、調達・販売する「モノ」等に関する法令を解説する。そのうえで、「第3章　ビジネス活動に関する法」では、ビジネスの実態・現場に即して、消費者取引や国際取引、M&A等の取引類型ごとの法制度を解説する。さらに、「第4章　納税その他の公的規制に関する法」、「第5章　正常なビジネスからの逸脱（有事）に関する法〜不祥事・紛争・倒産〜」までの各章を通じて、ビジネスの局面ごとに横串を通して法令を解説する。

　本書は、2年ほどかけて定期的に会合を重ねてきた「ビジネス法体系研究会」における成果の一部であり、ビジネス法の全体像の解説を試みるものである。本書の刊行にあたっては、「ビジネス法体系研究会」のメンバーの先生方から貴重な意見をいただいた。また、研究会事務局の小幡等氏・漆崎貴之氏にはいろいろとお世話になった。この場を借りて御礼申し上げたい。

　　2017年4月

　　　　　　　　　　　　　　慶應義塾大学大学院法務研究科客員教授
　　　　　　　　　　　　　　　　　　　　　　　川﨑　政司
　　　　　　　　　　　　　　　　　　森・濱田松本法律事務所
　　　　　　　　　　　　　　　　　　　　　　　山崎　良太
　　　　　　　　　　　　　　　　　　　　　　　奥山　健志

CONTENTS

『ビジネス法体系』の刊行にあたって ⸺⸺⸺⸺⸺⸺⸺ iii

はしがき ⸺⸺⸺⸺⸺⸺⸺⸺⸺⸺⸺⸺⸺⸺⸺ vii

第1編
ビジネス法の基礎 ⸺⸺⸺⸺⸺⸺⸺⸺ 1

第1章　ビジネスと法 ⸺⸺⸺⸺⸺⸺⸺⸺⸺ 3

Ⅰ 企業とそれを取り巻く環境の変化 ⸺⸺⸺⸺ 3

Ⅱ コーポレート・ガバナンスと
コンプライアンス体制 ⸺⸺⸺⸺⸺⸺⸺ 5

Ⅲ 企業と法 ⸺⸺⸺⸺⸺⸺⸺⸺⸺⸺⸺⸺⸺ 7

　❶ 企業と法との関係 ⸺⸺⸺⸺⸺⸺⸺⸺⸺⸺ 7

　❷ 法の考え方 ⸺⸺⸺⸺⸺⸺⸺⸺⸺⸺⸺⸺ 10

　❸ 法的な思考とは ⸺⸺⸺⸺⸺⸺⸺⸺⸺⸺ 14

　❹ 法との向き合い方 ⸺⸺⸺⸺⸺⸺⸺⸺⸺ 16

Ⅳ ビジネス法として見ることの意味と
そのとらえ方等 ⸺⸺⸺⸺⸺⸺⸺⸺⸺ 20

第2章　ビジネス法の意義・範囲・特色 ⸺⸺⸺ 23

Ⅰ 「ビジネス法」とは何か ⸺⸺⸺⸺⸺⸺⸺ 23

目　次　ix

❶「ビジネス法」の意義 ……………………………………… 23

❷ 企業とは ……………………………………………………… 25

❸「ビジネス法」という概念を用いる意義 ………………… 25

Ⅱ ビジネス法の範囲と存在形式 …………………………………… 26

❶「ビジネス法」と「商法」 ………………………………… 26

❷ ビジネス法の存在形式 …………………………………… 27

【1】制定法令 ……………………………………………… 27

【2】判例 …………………………………………………… 29

【3】ソフトロー …………………………………………… 30

【4】国際法 ………………………………………………… 31

【5】外国法 ………………………………………………… 31

Ⅲ ビジネス法を見る視点 …………………………………………… 31

❶ 分野分けをする（縦割りの視点）………………………… 32

❷ 特定の企業活動やビジネスニーズに沿って法を見る
（横串の視点）……………………………………………… 32

❸ 特定の業種に必要な法を整理する ……………………… 33

❹ 日常的に必要な知識と特定の場面で必要となる知識とを
区別する …………………………………………………… 34

Ⅳ ビジネス法の特色 ………………………………………………… 35

❶ 商法の特色と他の分野における変容 …………………… 35

【1】営利性 ………………………………………………… 35

【2】契約自由 ……………………………………………… 36

【3】進歩的傾向 …………………………………………… 36

【4】世界的傾向 …………………………………………… 37

❷ 一般原則とビジネス法 …………………………………… 37

【1】信義誠実の原則 ……………………………………… 38

【2】権利濫用の禁止の原則 ……………………………… 39

第3章 ビジネス法の体系化 ……………………………… 41

第4章 ビジネス法の主要分野の概観 ………………… 45

Ⅰ 企業組織法 45

1 企業組織法とは 45

2 企業組織法の特徴 46

3 企業組織法の基本的構成とその概要 47

【1】機関とコーポレートガバナンス 47

【2】役員の責任 49

【3】株式・新株予約権 50

【4】会計・剰余金の配当・継続開示 52

【5】設立 52

【6】組織再編等 53

【7】倒産・解散・清算 53

Ⅱ 企業取引法 54

1 企業取引法とは 54

2 企業取引法の特徴 55

【1】契約自由の原則とその例外 55

【2】過失責任主義とその例外 57

3 企業取引法の基本的構成とその概要 57

【1】通則 58

〔a〕商法の商行為法 58

〔b〕民法と商法の関係 58

〔c〕企業取引と民法 59

〔d〕約款 59

【2】金融取引法（ファイナンス法） 59

〔a〕金融取引と法 59

〔b〕金融規制に関する法 60

〔c〕高度な金融取引に関する法 60

【3】消費者法 60

〔a〕消費者との契約に関する法 61

〔b〕安全や表示に関する法 61

〔c〕個人情報の保護 62

【4】電子商取引法 62

【5】国際取引法 63

【6】企業取引と事業関係法 63

【7】企業取引と紛争解決 ………………………………………………… 63

　　　〔a〕裁判外での紛争解決 …………………………………………… 63

　　　〔b〕裁判による紛争解決 …………………………………………… 64

4　企業取引と他の法分野との関係 …………………………………… 65

【1】競争法 ……………………………………………………………………… 65

【2】知的財産法 ……………………………………………………………… 65

【3】租税法 ……………………………………………………………………… 65

Ⅲ　労働法 ……………………………………………………………………… 65

1　労働法とは …………………………………………………………………… 65

2　労働法の特徴 ……………………………………………………………… 66

3　労働法の基本的構成とその概要 ……………………………… 67

【1】直接雇用（労働契約の成立〜終了） …………………………… 67

　　　〔a〕募集・採用 ………………………………………………………… 67

　　　〔b〕労働条件 …………………………………………………………… 68

　　　〔c〕人事 ………………………………………………………………… 69

　　　〔d〕懲戒 ………………………………………………………………… 70

　　　〔e〕労働契約の終了 ………………………………………………… 70

【2】外部労働力の利用（派遣・請負・委任） ……………………… 72

【3】集団的労働関係（労働組合） …………………………………… 73

【4】紛争解決手続 ………………………………………………………… 73

Ⅳ　競争法 ……………………………………………………………………… 74

1　競争法とは …………………………………………………………………… 74

2　独占禁止法の規制内容 ……………………………………………… 75

【1】不当な取引制限の禁止 …………………………………………… 75

【2】私的独占の禁止 ……………………………………………………… 76

【3】不公正な取引方法の禁止 ………………………………………… 76

【4】企業結合規制 ………………………………………………………… 77

3　独占禁止法のエンフォースメント ……………………………… 78

【1】行政上の措置 ………………………………………………………… 78

【2】刑事罰 ……………………………………………………………………… 79

【3】民事上の救済 ………………………………………………………… 79

【4】公正取引委員会 ……………………………………………………… 79

4　独占禁止法以外の競争法 …………………………………………… 80

【1】下請法 ………………………………………………………… 80

【2】景品表示法 ………………………………………………… 80

【3】不正競争防止法 ………………………………………… 81

V 知的財産法 …………………………………………………… 81

1 ビジネス法としての知的財産法とは ……………… 81

2 知的財産法の特徴 ……………………………………… 82

3 ビジネス法としての知的財産法の基本的構成とその概要 …… 83

【1】特許権・実用新案権、意匠権・商標権・著作権 …… 83

〔a〕各権利の意義 ……………………………………… 83

〔b〕各権利の利用 ……………………………………… 85

〔c〕各権利の侵害に対する救済など …………… 86

【2】不正競争防止 ……………………………………… 86

〔a〕商法・会社法 ……………………………………… 86

〔b〕不正競争防止法 ………………………………… 87

VI 租税法 …………………………………………………………… 88

1 ビジネス法としての租税法とは ……………………… 88

2 租税法の特徴 ……………………………………………… 89

3 ビジネス法としての租税法の基本的構成とその概要 … 89

【1】所得に係る課税 …………………………………… 89

〔a〕法人税法 ……………………………………………… 90

〔b〕法人住民税および事業税 …………………… 91

【2】取引に係る課税 …………………………………… 91

〔a〕消費税 ………………………………………………… 91

〔b〕地方消費税 ………………………………………… 93

〔c〕源泉所得税 ………………………………………… 93

【3】租税手続 ……………………………………………… 93

【4】その他 ………………………………………………… 94

VII 国際ビジネス法 …………………………………………… 94

1 国際ビジネス法とは ……………………………………… 94

2 国際ビジネス法の特徴 ………………………………… 95

3 国際ビジネスに適用される法 ……………………… 95

【1】国際ビジネス活動に関する法 ……………… 96

目 次　xiii

【2】国際ビジネスと紛争 ································· 97

Ⅷ 事業関係法 ··· 98

■ 事業関係法とは ··· 98

■ 事業関係法の規制の内容 ································· 99

【1】事業の開始に関する規制 ····················· 99

【2】事業の遂行に関する規制 ··················· 100

〔a〕役務提供義務 ···························· 101

〔b〕約款規制 ································· 101

〔c〕価格規制 ································· 101

〔d〕基準認証制度 ·························· 101

〔e〕表示規制・広告規制 ··············· 102

〔f〕その他 ··································· 102

【3】行政指導 ······································· 103

【4】事業関係法違反に対する制裁 ··············· 103

〔a〕事業者名の公表 ······················ 103

〔b〕行政処分と行政処分に対する争訟 ····· 104

〔c〕罰則 ····································· 106

■ 事業関係法の特徴 ·· 106

【1】強行法規 ······································· 106

【2】行政機関の解釈が重要 ······················ 106

Ⅸ その他 ··· 107

■ 環境法・エネルギー法 ··································· 108

【1】環境法 ·· 108

〔a〕公害の防止に関する規制 ············ 108

〔b〕環境アセスメント ···················· 109

〔c〕環境に関する条例 ···················· 109

【2】廃棄物・リサイクル ························· 109

【3】省エネルギー・温暖化対策 ················ 110

【4】化学物質規制 ································· 110

■ 贈賄・献金等に関する法 ······························· 111

【1】贈賄・利益供与 ······························ 111

【2】政治献金 ······································· 112

■ 暴力団対策 ·· 112

xiv　　目次

4 産業政策に関する法 ……………………………………………… 113

5 建築物の管理等に関する法 ………………………………………… 113

第2編
ビジネス法の体系と主な分野 —— 115

第1章 ビジネス法の全体像と体系の解説 —— 117

第2章 ビジネスの主体に関する法 —— 121

Ⅰ ビジネス主体の組織に関する法 —— 121

1 ビジネス主体の形態（企業形態） —— 121

【1】ビジネス主体に関連する法 …………………………………… 121

【2】企業形態の選択 ………………………………………………… 122

〔a〕個人企業 ……………………………………………………… 123

〔b〕共同企業 ……………………………………………………… 124

〔c〕会社法上の「会社」 ………………………………………… 125

(ア) 総論 ………………………………………………………… 125

(イ) 株式会社 …………………………………………………… 127

(ウ) 持分会社（合名会社・合資会社・合同会社）………… 128

【3】外国会社の日本における事業展開 …………………………… 132

〔a〕駐在員事務所の設置 ………………………………………… 132

〔b〕営業所（支店）の設置 ……………………………………… 133

〔c〕子会社（日本法人）の設立 ………………………………… 133

2 ビジネス主体の企業組織 —— 135

【1】株式会社の機関設計 …………………………………………… 135

【2】上場会社の機関設計のポイント ……………………………… 137

【3】小規模会社（非大会社）における機関設計のポイント …… 140

〔a〕公開会社である場合 ………………………………………… 140

〔b〕非公開会社である場合 ……………………………………… 140

〔c〕監査役会、監査等委員会、指名委員会等、会計監査人、
会計参与の任意設置 ………………………………………… 141

目 次　xv

Ⅱ ビジネス主体を構成するヒト（労働力）に 関する法 142

❶ 憲法に基づいた労働法 142
❷ 個別的労使関係に関する法律 143

【1】労働契約 143
- 〔a〕労働契約の成立 143
- 〔b〕労働契約の効力 144

【2】就業規則 144
- 〔a〕就業規則の概念 144
- 〔b〕就業規則の効力 145
- 〔c〕就業規則の不利益変更 145
- 〔d〕就業規則の手続 145

【3】募集・採用・試用期間 146
- 〔a〕募集 146
  - （ア）使用者自身による募集活動 146
  - （イ）職業紹介による募集活動 146
- 〔b〕採用 147
  - （ア）採用の自由 147
  - （イ）採用内定 147
  - （ウ）試用期間 147

【4】賃金 148
- 〔a〕賃金に関する諸原則 148
- 〔b〕最低賃金 149
- 〔c〕賞与・退職金 149

【5】労働時間・休暇 149
- 〔a〕労働時間の基本的な規制 149
- 〔b〕労働時間規制の適用除外 150
- 〔c〕時間外・休日・深夜労働 151
- 〔d〕弾力的な労働時間制度 152
  - （ア）変形労働時間制 152
  - （イ）フレックスタイム制 152
  - （ウ）裁量労働制 153
- 〔e〕年次有給休暇 153

【6】安全衛生（健康保険）・労働災害（労災保険） 154

xvi　目次

〔a〕労働者に対する安全衛生管理 154

（ア）安全衛生管理体制 154

（イ）労働者の健康管理 154

〔b〕災害補償 155

（ア）労働基準法上の災害補償 155

（イ）労災保険法 156

（ウ）法定外補償 156

【7】懲戒・人事 156

〔a〕懲戒処分 156

（ア）懲戒処分の趣旨 156

（イ）懲戒処分の種類 156

（ウ）懲戒処分の要件 157

〔b〕配転・出向・転籍 157

【8】退職・解雇 158

〔a〕退職 158

（ア）自主退職 158

（イ）定年退職 159

〔b〕解雇 159

（ア）解雇制限 159

（イ）解雇予告義務 159

（ウ）解雇権濫用法理 159

〔c〕退職事由等証明書 160

3 集団的労使関係に関する法律 160

【1】労働組合 160

〔a〕定義 160

〔b〕効果 161

〔c〕解散 161

【2】団体交渉 161

〔a〕定義 161

〔b〕使用者の団体交渉応諾義務 161

【3】労働協約 162

〔a〕労働協約の概要・要件 162

〔b〕労働協約の効果 162

（ア）規範的効力 162

（イ）一般的拘束力 162

目 次　xvii

〔c〕労働協約の終了 ··· 162

【4】団体行動 ··· 163

【5】不当労働行為 ··· 163

4 労働市場に関する法律 ··· 163

【1】雇用対策法 ··· 164

【2】職業能力開発 ··· 164

【3】就業支援 ··· 164

〔a〕失業者等に対する雇用保険給付 ··· 164

〔b〕雇用の促進 ··· 165

【4】不安定な雇用状態の安定化〜非正規労働者〜 ··· 166

〔a〕有期契約労働者 ··· 166

(ア) 契約期間 ··· 166

(イ) 無期転換権 ··· 166

(ウ) 契約期間満了による雇止めに関する法理 ··· 167

(エ) 期間の定めがあることによる不合理な労働条件の禁止 ········· 168

〔b〕パートタイム労働者 ··· 168

〔c〕派遣労働者 ··· 169

(ア) 労働者派遣 ··· 169

(イ) 労働者派遣事業に対する主な規制 ··· 169

〔d〕請負労働者 ··· 170

【5】雇用の促進 ··· 170

〔a〕女性の保護・活躍推進 ··· 170

(ア) 労働基準法上の保護 ··· 171

(イ) 男女雇用機会均等法上の保護 ··· 171

(ウ) 育児介護休業法上の保護 ··· 173

(エ) 女性の職業生活における活躍の推進に関する法律
（女性活躍推進法）による女性の社会進出促進 ················· 174

〔b〕高齢者の継続雇用 ··· 175

〔c〕障害者の雇用促進 ··· 175

5 労使紛争解決手続 ··· 175

【1】行政による解決手続 ··· 175

〔a〕労働局による相談と助言・指導 ··· 175

〔b〕紛争調整委員会によるあっせん ··· 176

【2】労働委員会による解決手続 ··· 176

〔a〕労働委員会 ··· 176

〔b〕あっせん・調停・仲裁 ……………………………………… 177

〔c〕不当労働行為救済手続 ……………………………………… 177

【3】裁判所による解決手続 ……………………………………… 178

〔a〕労働審判 …………………………………………………… 178

〔b〕通常訴訟 …………………………………………………… 178

〔c〕その他 ……………………………………………………… 179

6 組織再編 ……………………………………………………… 179

【1】組織再編と労働契約 ………………………………………… 179

【2】会社分割における労働契約の承継に関する法律 ………… 180

Ⅲ ビジネスの源泉となる資金の調達に関する法 …… 181

1 資金調達手法総論 …………………………………………… 181

【1】エクイティとデットの法的差異 …………………………… 182

〔a〕経営参加権 ………………………………………………… 182

〔b〕経済的利益の分配 ………………………………………… 183

〔c〕残余財産の分配 …………………………………………… 183

〔d〕償還義務 …………………………………………………… 183

〔e〕倒産手続における地位 …………………………………… 184

〔f〕まとめ ……………………………………………………… 184

【2】直接金融と間接金融の法的差異 …………………………… 185

【3】企業金融と資産金融 ………………………………………… 187

2 各資金調達手法の概要 ……………………………………… 188

【1】普通株式 ……………………………………………………… 188

【2】種類株式 ……………………………………………………… 189

【3】新株予約権 …………………………………………………… 190

【4】社債 …………………………………………………………… 191

【5】新株予約権付社債 …………………………………………… 192

【6】銀行融資 ……………………………………………………… 192

〔a〕銀行融資と銀行取引約定書 ……………………………… 192

〔b〕融資の態様 ………………………………………………… 193

（ア）証書貸付 ……………………………………………… 193

（イ）手形貸付 ……………………………………………… 193

（ウ）当座貸越 ……………………………………………… 194

（エ）コミットメントライン ……………………………… 195

（オ）シンジケートローン ………………………………… 195

目 次　xix

〔c〕担保・保証 198

【7】資産金融型ファイナンス 199

　　〔a〕手形割引 199

　　〔b〕ファクタリング 200

　　〔c〕ABL 200

　　〔d〕プロジェクトファイナンス 201

Ⅳ　ビジネスの基礎となる設備その他の資産（モノ）に関する法 202

❶ ビジネスの拠点・設備の確保 202

【1】ビジネスの拠点や設備の確保に関連する法令 202

【2】不動産取引（売買と賃貸借） 203

　　〔a〕不動産売買 203

　　〔b〕不動産賃貸 203

　　〔c〕取引形態の選択のポイントとなる視点 205

【3】対象不動産を選択する際の留意点 205

　　〔a〕所有関係・担保の有無・境界紛争の有無等についての
　　　　確認 206

　　〔b〕各種公法上の規制等 207

　　　　(ア) 都市計画法上の制限 207

　　　　(イ) その他の土地利用制限 208

　　　　(ウ) その他公法上の規制 210

❷ 設備の確保 211

❸ 特許権その他ビジネスの基礎となる知的財産権の確保 213

【1】知的財産（権／法）とは 213

【2】知的財産の保護の目的 214

【3】知的財産法体系と概要 216

　　〔a〕創作保護法の概要 216

　　〔b〕ブランド保護法の概要 219

　　〔c〕その他（パブリシティ権およびその他の不正競争行為） ... 221

【4】知的財産法の保護を受けるための要件 221

【5】知的財産権の活用（ライセンス等） 222

【6】知的財産権侵害の効果 224

　　〔a〕民事上の救済措置 224

　　〔b〕刑事罰 225

第3章 ビジネス活動（事業活動・取引）に関する法 ………… 227

Ⅰ 経営資源の調達（仕入れ・製造）に関する法 ……… 227

❶ 原材料・商品の仕入れに関する取引形態 ……………… 227

【1】原材料・商品の売買 ……………………………………… 227

【2】商品の販売委託 …………………………………………… 227

【3】製作物供給契約 …………………………………………… 228

【4】商品の仕入代金の担保設定 …………………………… 230

❷ 継続的取引の解消の制限 ……………………………………… 230

❸ 商品の製造について ……………………………………………… 232

❹ 仕入れ・製造過程において発生する責任 ……………… 232

Ⅱ ビジネスの遂行（売上げ）に関する法 ……………… 233

❶ 総論 …………………………………………………………………… 233

【2】債権回収——自力救済の禁止 ………………………… 234

❷ 契約締結の場面における法体系 ……………………………… 235

【1】契約自由の原則を補完する民法・商法等の任意規定 ……… 235

〔a〕民法・商法における任意規定と強行規定
——瑕疵担保責任の例 …………………………… 236

【2】消費者契約法等による契約自由の原則に対する
一般的制約 ……………………………………………… 237

〔a〕誤認・困惑による取消制度 ……………………… 237

〔b〕不当条項の無効制度 ……………………………… 238

【3】契約自由の原則に対するその他の制約 …………… 239

〔a〕行政法規等による契約内容に対する制約 …… 239

〔b〕取引における価格設定に関する法 …………… 241

（ア）価格に関する行政法規 ……………………… 241

（イ）競争政策的観点からの規制 ……………… 241

❸ 販売促進活動の場面における法 ……………………………… 241

【1】景品表示法 …………………………………………………… 242

〔a〕優良誤認表示 ……………………………………… 243

〔b〕有利誤認表示 ……………………………………… 245

❹ 債権回収に関する法体系 ……………………………………… 246

目次　xxi

【1】債権回収に関する法体系
——自力救済の禁止と民事訴訟制度 ································· 247
　　〔a〕裁判手続を利用しない債権回収 ····························· 247
　　〔b〕裁判手続を利用する債権回収 ······························· 248
　　　　㋐ 民事訴訟手続 ··· 248
　　　　㋑ 民事執行手続 ··· 248
　　　　㋒ 民事保全手続 ··· 249
【2】権利の保全に係る法体系 ······································· 249
　　〔a〕簡易・迅速な強制執行——執行証書の作成 ················· 250
　　〔b〕責任財産の拡大——保証 ·································· 250
　　〔c〕排他的責任財産の確保——担保の取得 ····················· 251

III　国際的取引に関する法 ·· 251

１　国際商取引に関する法 ·· 252
【1】総論 ·· 252
【2】英国法の基本的な概念について ································· 252
　　〔a〕英国法の重要性 ··· 252
　　〔b〕契約条項の区別と救済方法 ································· 253
　　〔c〕損害賠償額の予定に関する合意（liquidated
　　　　 damages） ··· 253
　　〔d〕損害軽減義務（mitigation） ······························ 254
【3】国際ビジネス活動と契約 ······································· 256
　　〔a〕総論 ·· 256
　　〔b〕国際契約の主な類型と留意点 ······························ 256
　　　　㋐ 国際契約の主な類型 ··································· 256
　　　　㋑ ヒトに関する分野の例：現地法人設立 ··················· 257
　　　　㋒ モノに関する分野の例：国際売買契約 ··················· 257
　　　　㋓ カネに関する分野の例：プロジェクトファイナンス ········· 258
　　　　㋔ サービスに関する分野の例：国際ライセンス契約 ·········· 258
【4】国際ビジネス活動と公的な規制 ································· 259
　　〔a〕総論 ·· 259
　　〔b〕国際ビジネス活動で留意すべき規制分野 ··················· 259

２　国際紛争解決に関する法 ······································ 260
【1】国際訴訟 ·· 261
　　〔a〕国際裁判管轄 ·· 261

〔b〕国際訴訟手続の特徴 ································ 261
　　　㋐ 訴状等の送達 ································ 261
　　　㋑ 証拠調べ ································ 262
　　　㋒ 外国法の適用 ································ 262
〔c〕国際訴訟における判決の承認・執行 ················ 263
【2】国際仲裁 ································ 264
〔a〕国際仲裁の概要 ································ 264
　　　㋐ 仲裁の意義 ································ 264
　　　㋑ 仲裁の特徴 ································ 264
　　　㋒ 紛争解決費用の調達方法の多様化 ·············· 265
〔b〕国際仲裁手続の流れ ································ 266
　　　㋐ 仲裁合意 ································ 266
　　　㋑ 仲裁申立て・仲裁廷の設置 ···················· 266
　　　㋒ 書面審理 ································ 267
　　　㋓ 証人尋問 ································ 267
　　　㋔ 仲裁判断 ································ 268
〔c〕緊急仲裁人制度・簡易仲裁手続 ···················· 268
〔d〕仲裁判断の承認・執行 ································ 268
【3】投資仲裁 ································ 269
〔a〕投資仲裁とは ································ 269
〔b〕投資協定における主な投資保護 ···················· 270
　　　㋐ 内国民待遇 ································ 270
　　　㋑ 最恵国待遇 ································ 270
　　　㋒ 公正かつ衡平な待遇 ·························· 270
　　　㋓ 収用 ································ 271
〔c〕投資仲裁手続の流れ ································ 271
　　　㋐ 申立て・仲裁廷の設置 ······················ 271
　　　㋑ 書面審理・口頭審理 ·························· 271
　　　㋒ 仲裁判断 ································ 271
【4】国際調停 ································ 272
〔a〕国際調停の特徴と概要 ································ 272
〔b〕調停手続への注目の高まりと手続の概要 ·············· 272

Ⅳ　事業規模の拡大に関する法（M&A） ·············· 273
❶ M&A の各手法と関連する法体系の概要 ·············· 274

目次　xxiii

❷ 株式の取得と法体系 274

【1】既存株式の取得 274

〔a〕既存株式の取得に係る法規制 274
- (ア) 効力発生要件と対抗要件 274
- (イ) 既存株式の譲渡・譲受けに係る手続 275
- (ウ) 既存株式の譲渡・譲受けに係る救済手段 276

〔b〕株式譲渡契約の実務 276
- (ア) 株式の売買と譲渡価額に関する事項 277
- (イ) 株式の譲渡の実行（クロージング）に関する事項 277
- (ウ) 表明および保証に関する事項 278
- (エ) 誓約事項（コベナンツ） 278
- (オ) 前提条件に関する事項 279
- (カ) 補償に関する事項 279
- (キ) 解除または終了に関する事項 279
- (ク) その他の一般的事項（秘密保持、準拠法、管轄等） 279

〔c〕上場株式の譲渡・譲受けの場合 280
- (ア) 公開買付規制 280
- (イ) インサイダー取引規制 280
- (ウ) 大量保有報告制度 281

【2】新規発行株式の取得 281

❸ 事業の取得と法体系 283

【1】組織再編における会社法上の手続 283

〔a〕株主総会の承認 283
- (ア) 特別決議と差損が生じる場合の説明義務 283
- (イ) 簡易組織再編 284
- (ウ) 略式組織再編 287

〔b〕事前備置制度 287
- (ア) 事前備置書類の内容 288
- (イ) 事前備置書類の備置開始日 288
- (ウ) 事前備置書類の備置終了日 288

〔c〕株式買取請求制度 289
- (ア) 株式買取請求制度の趣旨 289
- (イ) 株式買取請求権における「反対株主」 289
- (ウ) 株式買取請求権に関する手続の流れ 291
- (エ) 買取価格 293
- (オ) 株式の買取りの効力発生日 293

（カ）株式の価格の決定手続 ················· 294

〔d〕債権者保護手続 ·························· 296

（ア）債権者保護手続の対象となる債権者
（「異議を述べることができる債権者」）········· 296

（イ）手続の概要 ·························· 298

（ウ）債権者保護手続の効果 ················ 299

（エ）会社分割における個別催告を受けなかった分割会社の
債権者の権利 ························ 300

〔e〕事後開示書類とは ······················ 301

（ア）事後開示書類の内容 ·················· 301

（イ）事後開示書類の備置開始日 ············· 303

（ウ）事後開示書類の備置終了日 ············· 303

第4章　納税その他公的規制に関する法 ········ 305

I　ビジネスに関連する租税の概要 ·············· 305

1　はじめに ····························· 305

2　租税の種類 ··························· 306

II　法人税の基本的な仕組み ················· 306

1　法人税の概要 ························· 306

2　ビジネス取引に関連する法人税法上の取扱い ···· 308

【1】寄附金 ····························· 308

〔a〕債権放棄と寄附金 ···················· 309

〔b〕低額譲渡と寄附金 ···················· 309

【2】交際費 ····························· 310

【3】使途不明金・使途秘匿金 ················ 311

3　人事に関連する法人税法上の取扱い ········· 312

【1】法人税 ····························· 312

〔a〕従業員に支給する給与等 ··············· 312

〔b〕役員に支給する報酬等 ················· 312

〔c〕インセンティブ報酬 ··················· 313

【2】源泉徴収の必要性 ···················· 314

4　企業グループ間取引に関連する法人税 ········ 314

【1】グループ法人税制 ···················· 315

目次　xxv

【2】連結納税制度 315

5 M&Aに関連する法人税——組織再編税制 316

6 租税回避の否認 318

Ⅲ 消費税、流通税の基本的仕組み 319

1 消費税の概要 319

2 流通税の概要 320

【1】印紙税の概要 320

【2】登録免許税の概要 321

【3】不動産取得税 321

Ⅳ 国際取引に関連する課税 322

1 アウトバウンド取引に関連する租税 322

2 インバウンド取引に関連する租税 324

3 国際的租税回避の防止規定 326

【1】移転価格税制 326

【2】タックス・ヘイブン対策税制 328

【3】過少資本税制 330

【4】過大支払利子税制 330

4 クロスボーダー取引に係る消費税 330

Ⅴ 税務コンプライアンス 331

1 過少申告に対するペナルティ 331

2 租税を滞納した場合の手続 332

3 税務コンプライアンス体制の整備 332

第5章 正常なビジネスからの逸脱（有事）に関する法～不祥事・紛争・倒産～ 335

Ⅰ 不祥事に関する法 335

1 序論 335

2 不祥事事実の調査 336

3 不祥事事実の公表 337

【1】不祥事の公表に関する法的義務 337

【2】取締役の善管注意義務に基づき公表が必要となる場合 338

4 行政対応 ……338

5 民事上の責任 ……339

【1】債務不履行責任・安全配慮義務違反 ……339

【2】不法行為責任 ……340

〔a〕原則 ……340

〔b〕使用者責任（民法715条）……340

〔c〕工作物の設置または保存の瑕疵と企業の責任
（民法717条）……340

〔d〕共同不法行為責任（民法719条）……341

6 刑事上の責任 ……341

7 役職員に対する処分・責任追及 ……342

【1】役員 ……342

〔a〕辞任・解任等 ……342

〔b〕損害賠償 ……342

【2】従業員 ……342

〔a〕懲戒処分 ……342

〔b〕損害賠償 ……343

8 再発防止策の策定・実行 ……344

Ⅱ 紛争に関する法 ……344

1 はじめに ……344

【1】序論 ……344

【2】権利実現の強制力～債務名義～ ……345

【3】契約紛争と債権回収 ……345

【4】仲裁と国際的紛争解決 ……346

2 調停・ADR・仲裁 ……346

【1】序論 ……346

【2】「和解の仲介」と「仲裁」の違い ……347

【3】民事調停 ……317

【4】各種ADR手続 ……348

3 行政機関における紛争処理手続 ……349

4 裁判所における紛争処理手続 ……349

【1】序論 ……349

【2】訴訟手続 ……350

　　　　〔a〕総論 350
　　　　〔b〕第一審の手続 351
　　　　〔c〕控訴審の手続 352
　　　　〔d〕上告審の手続 352
　　　【3】保全および執行手続 352
　　　　〔a〕総論 352
　　　　〔b〕保全手続 353
　　　　〔c〕執行手続 353
　　　【4】その他の各種手続 354
　　　　〔a〕非訟手続 354
　　　　〔b〕労働審判手続 354
　　　　〔c〕支払督促 354
　　　　〔d〕手形・小切手訴訟 355
　　　　〔e〕即決和解 355
　　　【5】消費者団体訴訟制度 355
　　　　〔a〕差止請求 355
　　　　〔b〕集団的消費者被害回復に係る訴訟制度 357

Ⅲ　倒産・事業再生に関する法 359

❶ 倒産に関する法制度 359
　【1】概要 359
　【2】法的整理の概要 359

❷ 法的整理のメリット・デメリット（私的整理との比較） 360
　【1】法的整理の特徴 360
　【2】メリット・デメリット 360

❸ 法的整理の選択基準 362
　【1】私的整理と法的整理の選択基準 362
　【2】民事再生と会社更生の選択基準 362

事項索引 364
判例索引 369
ビジネス法体系研究会メンバー一覧 371
執筆者紹介 372

凡 例

Ⅰ 法令等

主な法令等の名称は、本文において、括弧内で引用する場合は以下の**略語①**を、その他は原則として正式名称、または以下の略語②を用いる。**略語①**について、施行規則は**則**、施行令は**令**と略す。

略語①	正式名称 (略語②)
育介	育児・介護休業法
意匠	意匠法
一般法人	一般社団法人及び一般財団法人に関する法律
医薬	医薬品、医療機器等の品質、有効性及び安全性の確保等に関する法律
会更	会社更生法
会社	会社法
会社則	会社法施行規則
外為法	外国為替及び外国貿易法
貨物自運	貨物自動車運送事業法
行訴	行政事件訴訟法
行手	行政手続法
銀行	銀行法
金商	金融商品取引法
刑	刑法
景表	不当景品類及び不当表示防止法
憲	日本国憲法
建基	建築基準法
公益通報	公益通報者保護法
高年	高年齢者等の雇用安定等に関する法律
個人情報	個人情報保護法
雇対	雇用対策法
個別労紛	個別労働関係紛争解決促進法
雇保	雇用保険法
最賃	最低賃金法
下請代金	下請代金支払遅延等防止法
社債株式振替	社債、株式等の振替に関する法律

障害雇用	障害者の雇用の促進等に関する法律
消費契約	消費者契約法
消費用品安全	消費生活用製品安全法
商標	商標法
職安	職業安定法
食品表示	食品表示法
所税	所得税法
新案	実用新案法
税徴	国税徴収法
租特	租税特別措置法
大気汚染	大気汚染防止法
宅建業	宅地建物取引業法
知財基	知的財産基本法
地税	地方税法
仲裁	仲裁法
著作	著作権法
鉄事	鉄道事業法
電気	電気事業法
電子契約特	電子消費者契約及び電子承諾通知に関する民法の特例に関する法律
電通事	電気通信事業法
道運	道路運送法
動産債権譲渡特	動産及び債権の譲渡の対抗要件に関する民法の特例等に関する法律
特定商取引	特定商取引に関する法律
都計	都市計画法
土壌汚染	土壌汚染対策法
特許	特許法
独禁	独占禁止法
能開	職業能力開発促進法
農協	農業協同組合法
破	破産法
廃棄物	廃棄物の処理及び清掃に関する法律
法税	法人税法
民	民法
民再	民事再生法
民執	民事執行法

民訴	民事訴訟法
民調	民事調停法
民保	民事保全法
旅館	旅館業法
労基	労働基準法
労組	労働組合法
労契	労働契約法
労審	労働審判法
労調	労働関係調整法
労働承継	会社分割に伴う労働契約の承継等に関する法律
労派遣	労働者派遣事業の適正な運営の確保及び派遣労働者の保護等に関する法律

II 裁判例

例）最判昭和51年3月19日民集30巻2号128頁

　＝最高裁判所昭和51年3月19日判決、最高裁判所民事判例集30巻2号128頁

最大判（決）	最高裁判所大法廷判決（決定）
最判（決）	最高裁判所判決（決定）
高判（決）	高等裁判所判決（決定）
地判（決）	地方裁判所判決（決定）

III 文献

1 判例集・雑誌等

民集	（大審院または最高裁判所）民事判例集
判時	判例時報
判タ	判例タイムズ
労判	労働判例

2 書籍

江頭・会社法	江頭憲治郎『株式会社法』（有斐閣、第6版、2015）
小山・銀行法	小山嘉昭『詳解　銀行法』（金融財政事情研究会、全訂版、2012）
神田・会社法	神田秀樹『会社法』（弘文堂、第18版、2016）

Ⅳ 内容現在

　本書は、平成29年5月15日にレクシスネクシス・ジャパン株式会社より初版第1刷として刊行されたものと同内容のものであり、本書で解説している法令等の内容は、おおむね平成29年3月現在のものである。本書で解説している内容に関連するものとして、その後に、例えば、次のような改正法律の制定や施行がなされているので、留意されたい。

　○民法の一部を改正する法律（平成29年6月2日法律第44号）の制定（施行は基本的に平成32年4月1日）

　○消費者契約法の一部を改正する法律（平成28年6月3日法律第61号）の施行（平成29年6月3日）

　○金融商品取引法の一部を改正する法律（平成29年5月24日法律第37号）の制定・施行（平成30年4月1日）

　○商法及び国際海上物品運送法の一部を改正する法律（平成30年5月25日法律第29号）の制定（施行は公布の日から起算して1年を超えない範囲内において政令で定める日）

第1編

ビジネス法の基礎

第1編

第1章　ビジネスと法

I　企業とそれを取り巻く環境の変化

　ますます拡大かつ多様化する現代の経済活動において、企業が果たす役割はきわめて大きいものとなっている。

　総務省の2014年経済センサス―活動調査によれば、日本における企業等の数は409万8,284[1)]、売上高は1,377兆7,208億円、従業者数は6,178万8,853人（企業等における常用雇用者数は4,809万9,067人）であり、また、国税庁の統計によれば、2014年度分の法人数は261万6,485社、資本金の総額は138兆9,385億円、営業収入金額は1,538兆207億円となっている。総務省平成26年労働力調査年報による2014年平均の就業者は6,351万人となっており、就業者数の大半が企業等で働いていることになる。

　その意味では、現代社会は、企業によって支えられているといっても過言ではないだろう。

　他方、企業を取り巻く環境は、大きく変化してきており、企業は常にそれへの対応を迫られることになる。とりわけ、グローバル化、市場化・自由化、情報化、社会の多様化などは、競争の激化をもたらすとともに、企業のあり方や活動に大きな影響を与えてきている。

　そして、そこでは、企業の自由度が高まる一方で、その責任をより厳しく問われるようになってきており、企業は、常に、さまざまな評価にさらされている。特に、市場の評価は、企業の経営・活動にとって重要なファクターとなっており、市場に受け入れられない企業は、その存続すら危ぶまれかねない状況に陥ることになる。また、投資家、消費者、地域住民など、これまで物言わぬ存在と目されてきた人々が、ステークホルダー（利害関係者）として、声を上げるようになってきており、それらによって、企業のあり方が問われ、その責任

---

1)　　内訳は、会社企業175万71、会社以外の法人25万8,497、個人経営208万9,716となっている。

が追及されることも少なくない。

　企業においては、利潤を上げ、企業価値を高めていくことが最大の目標となるが、そこでは、ステークホルダーの存在を意識した経営・活動が必要となるだけでなく、その社会的責任（CSR[2]）が重視され、幅広い分野に企業が与える影響を考慮しながら、社会的な要求に、適切に対応しその責任を果たしていくことが求められるようになっているのである。

　そのような中で、法というものの存在・意味が大きくなると同時に、リーガルリスク[3]が各分野・部門で顕在化しやすくなってきており、法令違反などの企業不祥事が、株主・取引先・消費者などに重大な影響を与えるだけでなく、企業業績の悪化につながり、企業の存続そのものを揺るがすこともある。いわゆるコンプライアンス違反倒産の数は、2015年度には289件が判明しており（帝国データバンク）、過去最多を更新するなど、増加傾向にあるといわれる。また、大和銀行事件[4]、ダスキン事件[5]、蛇の目ミシン工業事件[6]などに見られるように、株主代表訴訟により、役員が高額の賠償責任を負わされることも少なくない。

　以上のような法的な環境の変化に対応して、リーガルリスクの予防・低減と

---

2)　　　Corporate Social Responsibilityの略。かなり多義的に用いられているものではあるが、一般的には、法令遵守、消費者保護、環境保護、労働、人権尊重、地域貢献など純粋に財務的な活動以外の分野において、企業が持続的な発展を目的として行う自主的取組みととらえられることが多い。

3)　　　リーガルリスクは、契約違反、法令違反、第三者の権利侵害、事故などにとどまらず、財務、労務、知的財産、情報管理、反社会的勢力への対応などあらゆる部門・場面で発生し得るのであり、また、海外進出の進展とともに、輸出管理のほか、取引の対象となる国の制度・政策の変更、政治経済社会状況の変化等によるカントリーリスクといったことなども問題となってくる。

4)　　　大和銀行ニューヨーク支店のトレーダーによる簿外取引等による巨大損失につき株主代表訴訟が提起されたもので、大阪地判平成12年9月20日判時1721号3頁は当時の取締役等に総額830億円の支払いを命じ、控訴審で和解が成立した。

5)　　　未認可の添加物が混入した肉まんの製造を知らされたにもかかわらず在庫の販売を継続するとともに、通報した業者に口止め料を払ったことによる損失につき株主代表訴訟が提起されたもので、大阪高判平成18年6月9日判時1979号115頁は当時の取締役等に総額53億4,350万円の賠償を命じた（上告棄却により確定）。

6)　　　蛇の目ミシン工業の株の買占めと暴力団を背景とした恐喝を受けての債務の肩代わりによる損失につき株主代表訴訟が提起されたもので、最判平成18年4月10日民集60巻4号1273頁による差戻しを経て、当時の取締役等に約583億6,000万円の賠償を命じる差戻控訴審判決（東京高判平成20年4月23日金判1292号14頁）が上告棄却により確定した。

いったことが企業の経営・活動にとって重要となっており、そのためにも、コーポレート・ガバナンスやコンプライアンス体制を確立し、法務力の強化を図っていくことが求められるようになっているといえるだろう。

Ⅱ コーポレート・ガバナンスとコンプライアンス体制

「企業統治」などとも訳されるコーポレート・ガバナンスについては、さまざまなとらえ方がなされているが、おおむね、企業経営の適正さや健全性を確保するための仕組みや取組みを指すものとされているといえるだろう。すなわち、リスクの回避・抑制や不祥事防止の仕組み、あるいは、株主等のステークホルダーによる監視を含む、競争力・収益力や中長期的な企業価値の向上などのための企業経営の仕組みや取組みなどとされ、コンプライアンスとそれを含んだ内部統制システム・業務管理体制の確立の取組みについては「守りのガバナンス」、企業の持続的成長、競争力の強化、企業価値の向上などのための取組みについては、「攻めのガバナンス」などとも呼ばれている。

コーポレート・ガバナンスの確立のための仕組み・取組みについては、会社法などでも規定されてきているところであるが[7]、周知のとおり、2015年6月には、東京証券取引所が、上場規則（有価証券上場規程の別添）として、「コーポレートガバナンス・コード」を制定している[8]。そして、有価証券上場規程において、上場会社は、その趣旨・精神を尊重してコーポレート・ガバナンスの充実に取り組むよう努めるものとされる（445条の3）とともに、その各原則を実施するか、実施しない場合にはその理由をコーポレート・ガバナンスに関する報告書において説明するものとされ（436条の3）、コンプライ・オア・エクスプレインが制度化されている。

---

[7]　会社法には、コーポレート・ガバナンスの仕組み・取組みに関する規定が見られ、特に2014年の改正では、コーポレート・ガバナンスの強化のため、社外取締役の機能の活用、会計監査人の独立性の強化などが行われている。

[8]　「コーポレートガバナンス・コード」http://www.jpx.co.jp/equities/listing/cg/tvdivq0000008jdy-att/code.pdf、(2017.2.20) は、上場企業に適用されるものであり、金融庁が2014年2月に機関投資家などの責任原則として策定した『「責任ある機関投資家」の諸原則《日本版スチュワードシップ・コード》～投資と対話を通じて企業の持続的成長を促すために～』と車の両輪の関係にあるともいわれる。

第1章　ビジネスと法　　5

コーポレートガバナンス・コードは、攻めのガバナンスに軸足を置いたものであり、コーポレート・ガバナンスを「株主をはじめ顧客・従業員・地域社会等の立場を踏まえた上で、透明・公正かつ迅速・果断な意思決定を行うための仕組み」と定義しつつ、①株主の権利・平等性の確保、②株主以外のステークホルダーとの適切な協働、③適切な情報開示と透明性の確保、④取締役会等の責務、⑤株主との対話について、基本原則・原則・補充原則を規定している[9]。そして、②の原則では、経営理念や構成員が従うべき行動準則の策定、内部通報体制の整備、③の原則では、法令に基づく開示以外の情報提供の取組みとして経営理念・経営戦略・経営計画、コーポレート・ガバナンスの基本方針などの開示、④の原則では、取締役会による経営陣・取締役の監督、内部統制やリスク管理体制の整備、独立社外取締役の有効な活用なども求められている。

　いずれにしても、企業の社会的責任が強調される中で、企業は、内部統制の仕組み[10]を整備し、徹底するとともに、財務状況や経営の透明性を高め、ステークホルダーに対して説明責任を果たし、ステークホルダーがその経営に一定の影響を及ぼしていくような体制が求められるようになっており、そこでは「説明」や「対話」といったことが重視されているのである。

　他方、企業において、コンプライアンスが重要となっていることはいうまでもない。コンプライアンス体制の整備についても、法の要求するところともなっており、例えば、会社法では、大会社について適正業務体制の整備が義務付けられている[11]。

---

9)　　このように重要な原則を示したうえで、これらの原則の遵守を求めることにより、自主的な取組みを促す方法をプリンシプルベース・アプローチといい、詳細なルールを設定するルールベース・アプローチとは対置される。

10)　　内部統制は、企業価値の増大のために企業が設定した目標に対し、企業の役員・従業員などの行動を方向付け、推進する仕組みであり、2007年に企業会計審議会によって公表された「財務報告に係る内部統制の評価および監査の基準」では、業務の有効性、財務報告の信頼性、事業活動に関わる法令等の遵守、資産の保全といった四つの目的を達成するために企業内のすべての者によって遂行されるプロセスとされ、それを構成する基本的な要素として、統制環境、リスクの評価と対応、統制活動、情報と伝達、モニタリング、ITへの対応が挙げられており、これらが経営管理の仕組みに組み込まれて一体となって機能することで、内部統制の目的が達成され得ることになる。

11)　　例えば、会社法362条4項6号、5項、会社法施行規則100条など。これらは、内部統制システムの整備を求める規定としても説明され、また、金融商品取引法では内部統制報告書の提出が義務付けられている（24条の4の4第1項等）。

コンプライアンスについては、「法令遵守」などとも訳されるものの、それにとどまらないものととらえられるようになっており、企業倫理や社会的な要請への対応といったことも射程とするものとなっている。その点では、コーポレート・ガバナンス、CSR、リスク・マネジメント[12]、内部統制などと重なるところも少なくなく、それらとの関係をどう整理するかはさまざまな見方や議論があり得るところだが、コンプライアンスということでは、さまざまなルールを守るだけでなく、戦略的に法的な判断を行っていくことが必要となっている。また、リーガルリスクにとどまらず、リスクの回避や顕在化する各種リスクへの対応のため、リスク・マネジメントや内部統制の徹底を図ることが重要となっているといえるだろう。

そして、以上のことは企業法務のあり方・役割の変化にもつながることになり、従来の「臨床法務」、あるいは「予防法務」だけでなく[13]、法務において蓄積された知識・経験などを活かして経営戦略の立案に関し経営者に法的な面から助言・提言を行う「戦略法務」といったことなども求められるようになっているのである。

Ⅲ 企業と法

1 企業と法との関係

企業や企業活動と法との関係は、きわめて広く、また、多様かつ複雑である。

企業活動は、商品の製造・販売、サービスの提供ということにとどまらず、株式、株主等関連の総務、経営企画、財務・経理、人事・労務など多様な側面を有しており、それぞれについて法との関わりを持つことになる。企業を会社として設立するのも、株主との関係・その組織・従業員との関係等も、その財

---

12)　リスク・マネジメントは、企業活動の継続に資するためにリスクを組織的に管理・是正し、危害・損失あるいはその可能性を回避、その低減を図るプロセスや事前・事後の対策を適確に行うための組織的活動をいい、リスクの発見、リスク分析・評価、リスク対応、モニタリングなどのプロセスにより行われることになる。

13)　臨床法務は、企業活動から生じたさまざまな紛争を事後的に処理するものであり、予防法務は、企業活動における紛争の発生を未然に防止し、あるいは紛争が発生した場合でもその影響をできるだけ小さくしようとするものといわれる。

第1章　ビジネスと法　　7

産や情報の管理も、企業が取引主体として活動できるのも、多様な取引関係も、紛争の処理なども、法がベースとなり、それによって規律されている。また、企業活動は、自由競争経済秩序の維持のほか、国民生活の安定、経済の健全な発展、社会秩序の維持、消費者保護、環境の保全など、さまざまな公共的な目的のため法によって規律されている。国際的に事業を展開することになれば、国際法や外国法制の規律も受けることになる。

すなわち、法は、企業や企業活動に関わる制度、ルール、規制などを定め、ビジネスの基盤となっているのである。

そして、そこにおいて、法は、一定の行為を指図する行為規範、事案に裁定を下したり紛争を解決したりするための規準を示す裁決規範（裁判規範）などの形をとって[14]、社会統制、人々の活動の促進・調整、紛争の解決、社会的資源の配分などの機能を果たすことになる。

もっとも、経済的合理性や契約自由が基本となる通常の企業活動において、法というものが意識されることはそれほど多くはないといえる。また、企業活動にとって、コンプライアンスが重要とはいえ、コンプライアンスの確立・維持ということがその主たる目的とされることはない。

しかし、法との関わりが拡大かつ多様化・複雑化するに伴い、それに応じてさまざまなリーガルリスクが伏在することにもなる。そして、ひとたび法的な問題が起これば、法は大きな存在として立ち現れることになるのであり、そこでは、法によって、問題や紛争が処理されたり、責任が追及されたりすることになる。契約をめぐる争いについても、最終的には、裁判所によって、解決が図られ、契約の履行が確保（強制）されることになる。他方、法に違反する行為については、相手方から民事責任を追及されたり、国家から刑事責任を問われたり、行政的な制裁による行政上の責任を問われたりするほか、金融商品取引所

---

14) 　その場合、行為規範では、「……しなければならない」（命令規範）、「……してはならない」（禁止規範）などといった規定形式がとられ、違反に対するサンクションが定められることが多い。他方、裁判規範では、「AならばB」といった一定の要件事実に対して一定の法的効果を帰属させる規定方式（要件効果方式）がとられることが多い。また、その規定の内容ということでは、作為義務（命令）・不作為義務（禁止）を定める義務賦課規範、法的に有効な行為を行う権能を付与する権能付与規範、一定の機関の組織・権限・手続について規定する組織規範、法的拘束力をもたないプログラム規定・訓示規定などがある。

や、その属する団体などから私的な制裁を受けることもあり、社会的評価に関するレピュテーションリスクといったことなどもある。

　いずれにしても、その場合には、法の不知は許されないのであり、また、責任の厳格化や制裁方法の多様化などが進んでいることも十分に認識しておく必要があるだろう[15]。

　企業や企業活動に関わる法は膨大な数にのぼる。

　これを「ビジネス法」と呼ぶならば、ビジネス法は、国が制定する法令だけでなく、条例、条約、外国法なども含まれることになる。また、ビジネス法の世界では、慣習法や裁判所の判例などが重要な意味を持つとともに、国家が法の形式をもって制定するハードローだけでなく、ソフトロー[16]が重みを増してきているのが特徴である。会社の定款、就業規則、約款、行動準則などもあり、企業倫理が問題とされることも少なくない。

　このようにビジネス法の全体像を把握するには、幅広く多角的な視点が必要となるが、その一方で、それらがすべて法というわけではない。その場合に、「法」とは何かということが問題となるが、それは、法学において最も基本的な

---

15)　　その一つが刑罰法規の厳罰化の動きであり、これまで罰せられなかった行為を新たに犯罪とする犯罪化や、従来よりも重く処罰する重罰化などが進められてきているが、重罰化ということでは、例えば、両罰規定によって法人に科される罰金額の引上げが進んできており、不正競争防止法のように法人に関する罰金額の上限を10億円とする例なども現れるようになっている。また、法律等の規定に違反した場合の制裁については、実効性・機動性・柔軟性などに重点を置く形で手法の拡大・多様化・ソフト化が進んでおり、そこでは、補助金、標章の付与などのポジティブサンクションの手法が多用されているほか、経済分野では、違反することで得られた利益を取り上げる課徴金を活用する動きが活発化しており、独占禁止法をはじめ、金融商品取引法、公認会計士法、不当景品類及び不当表示防止法（景品表示法）など、これを取り入れる法律が増加してきている。また、違反者の氏名等の公表や、違反事業者の入札や契約からの排除などの方法が用いられることも少なくない。

16)　　「ソフトロー」という言葉は、しばしば耳にするようになっているが、実はそれほど明確なものではない。ソフトローは、国家の制定法を典型とする「ハードロー」との対比概念として使われているもので、最終的に裁判所によるエンフォースが保証されていないにもかかわらず、現実の経済社会において国・地方公共団体や企業などが何らかの拘束感を持ちながら従っている規範を指す。ソフトローについては、法の支配との関係や不透明さなどの問題も指摘されているものの、専門的・自主的・自律的・実務的な規範として、また、柔軟・機動的な対応を可能とするものとして、重要な役割等を果たすようになっており、とりわけビジネス法の世界では、企業活動のあり方を大きく規定するものとなっている。

問題であるとともに、最後まで残る問題であるともいわれ、簡単に述べること
は容易ではない。ただし、少なくとも、何らかのルール・制度などを定め、裁
判所によって適用（エンフォース）されるものが典型的な法の姿ということはで
き、その点では、ソフトローや定款、就業規則、約款などは、本来の「法」に
は該当しないことになる。また、「法」と「倫理」とは、区別すべきものとされ
てきた。それらについては、基本的には、社会的な規範や契約と位置付けられ
ることになってくるといえるだろう。

　しかしながら、ビジネス法ということでは、広く規範・ルールとして企業を
何らかの形で拘束する役割を果しているものまで射程に入れていかなければ、
その全体像や多様な姿・機能・役割を十分にとらえられなくなってしまいかね
ない。また、コンプライアンスについては、社会的な規範・自治的な規範や倫理
的なものも含めて、その遵守やリスク管理ということを考えていく必要がある
のであり、法ではないからといって、それらを軽視してよいというものではない。

② 法の考え方

　法は、社会の基本的な制度や人々の行動に関するルールなどを定め、社会的
な秩序を形成・維持し、利害調整を行い、紛争を処理することになるものであ
るが、その基本的な考え方は、どのようなものであろうか。

　ここでは、ビジネス法やそれに関わる実定法を念頭に置いて、法の基本的な
考え方としてどのようなことが特徴ないし重要となるのか、思い浮かぶままに
挙げてみたい。

　第一に、「合理性」ということから述べておこう。

　法は、社会や人々の行為を規律するものである以上、基本的に合理的なもの
であり、また、合理的なものであるべきとされる。

　法が想定する人間像は多様であるが、私法の分野においては、伝統的に、自
律した合理的な人間像が前提とされ、とりわけ、企業については、利潤の追求
ということから、合理的に経済活動を行うものであることが前提とされること
になる。すなわち、私人間の取引・関係は、基本的に契約によることになるが、
そこでは契約の自由が基本とされることになり、特に対等当事者とされる企業
間の取引では、契約自由の原則が広く妥当し、法の関与は必要最小限に限定さ

れるとともに、法律の規定は、任意規定[17] として、取決めをしなかった場合の
デフォルトルールを定めるものと位置付けられることになる。

　したがって、企業が一般的な社会常識に従って合理的に行動している限りに
おいては、法が前面に出てくることはなく、契約どおりの効果が生じることに
なるといえる。

　もっとも、効率性が重視される経済的な合理性と、正しさ[18] に関わる法的な
合理性とは異なるところがあり、たとえ経済的には合理的な行為であったとし
ても、法的な面から制約されることもある。そして、企業と消費者のように情
報力・交渉力に大きな格差がある場合や、使用者と労働者のように交渉力の格
差や搾取の構図などから一方が弱い立場に置かれる場合などには、当事者の自
由に任せておけないところがあり、消費者保護や労働者保護の観点から法が一
定の介入を行っているほか[19]、公共の福祉や公共の利益、あるいは人権などの観
点からも、企業の経済活動は制約を受けることになるのである。

　私的な存在である企業も、現代においては、その社会性ないし公共性を意識
せざるを得なくなっているといえるだろう。

　第二に、「信頼」ということも挙げておきたい。

　経済的な取引において重要となるのは信用・信頼であるが、法においてもそ
れらが重視され、法的な保護の対象となっているほか、信義誠実の原則（信義
則）が広く法の基本原則とされている。すなわち、民法1条2項は「権利の行使
及び義務の履行については、信義に従い誠実に行わなければならない」として
いるが、この信義則については、一般条項として、契約法の領域において裁判
所が広範かつ柔軟にそれを適用してきているだけでなく、労働契約法（3条4

---

17)　　法令の規定については、その内容が公の秩序に関するもので、当事者の意思いかん
　　にかかわらず当然に適用されることになる「強行規定」と、その内容が公の秩序に関
　　するものではなく、当事者の意思によってその適用を排除することを認める「任意規
　　定」とに区分され、民法の債権法や商法の規定の多くは任意規定とされる。
18)　　そもそも法は正義の実現を目指すものであるといわれるが、その一方で、「正義」と
　　は何かという問題は、それぞれの世界観や価値観なども絡んで一致を見出すことが困
　　難な問題ともなっている。
19)　　その場合には、保護を必要とする弱い人間像が前提とされることになるなど、先に
　　述べた合理的な人間像にも修正が加えられることになり、法における人間像が具体化・
　　多様化することになる。

項)、民事訴訟法（2条）などでも信義則が規定されたり、消費者契約法（10条）では契約条項の不当性の判断基準として用いられており、さらには行政法などの分野でも信義則が援用されるようになっている。このほか、国際物品売買契約に関する国際連合条約（ウィーン売買条約：CISG）やユニドロワ（UNIDROIT）国際商事契約原則においても信義則が重要な地位を占めている。

信義則は、相互的信頼を保つよう行為すべきことを期待・要請するものであり、その機能は、幅広く、実質的な正義衡平の観点からは、自己の行為と矛盾した態度をとることの禁止（禁反言）、法や契約に反する行為によって取得された権利を行使することの禁止（クリーンハンズの原則）なども導き出されることになる。

第三は、「公正」である。

公正は、法の基本的な価値の一つであり、法においては、偏りがなく公正であること、あるいは公正さが確保されることが重視され、特に、取引や競争においては、公正性が要求されることになる。

公正は、実定法上も重要な目的とされ、例えば、私的独占の禁止及び公正取引の確保に関する法律（以下「独占禁止法」という）は、公正かつ自由な競争の確保・促進を直接的な目的として、カルテルや不公正な取引方法の規制、結合・集中規制などを定めており、不正競争防止法も、事業者間の公正な競争等の確保のため、不正競争の防止とそれに係る差止請求、損害賠償等の措置を定めるものである。

また、公正さを欠いた行為については、法令の規定に違反するかどうかにかかわらず、公序良俗違反とされることもある。公序良俗は、民法の一般条項として規定され（90条）、公の秩序または善良の風俗に反する事項を目的とする行為は無効とするものであり、契約などが社会的妥当性を欠くときには、それによって無効とされることになる。

法律上の権利の行使に見えても、権利の社会性に反したり、社会通念に照らして正当とされる範囲を逸脱して行使されたりする場合には、「権利の濫用」（民1条3項）として、その法的効果が生じないとされることもある。

なお、公正ということに関連して「透明性」についても言及しておく必要があるだろう。

公正さを確保するうえで、透明性の確保・向上といったことが重要となってくるからだ。法においても、透明性が重視されるようになっており、さまざまな法令において、情報の開示（ディスクロージャー）や適切な説明といったことが求められ、最近は、企業についても、説明責任（アカウンタビリティ）といったことが強調されるようになっている。

第四は、「公平」である。

公平も法の基本的な価値の一つであり、公正と重なる面もあるが、特に、法においては「平等」ということが基本的な価値・原則とされ、さまざまな法令でうたわれているところである[20]。そして、そこでは、形式的な平等や機会の平等が基本となるものの、それにとどまらず、実質的な平等や結果の平等が考慮されることもある。また、人々をいかなる場面においても形式的に平等に扱うということからは、法においては、そのあり方として、「一般性」ということが基本的な要素とされることになる。

何が公平であるかは、それぞれの価値観なども絡み、論争的となるところがあり、私人間の利害の調整や紛争の処理においても、法に基づいて判断されるとはいえ、何が公平かということが問題となることが少なくない。そして、そこでは、利益衡量（比較衡量）などが行われるとともに、関係者の納得が得られるようなバランスのとれた判断が求められることになる。

第五は、「論理性・整合性」である。

法は、論理的なものであるとともに、そこにおいては、原理的・論理的な一貫性が重視される。

このようなことなどもあって、法的な問題が生じた場合には、場当たり的になることなく、一貫性をもって論理的に考えるだけでなく、筋の通った説明をできるかどうかが問われることになり、うまく論理的に説明することができなければ、批判を受けたり、その主張が受け入れられず、不利益の甘受や責任の追及といったことにもつながってくる。

また、法は、全体として統一のとれた論理的・有機的な体系となるべきもの

---

20)　その場合には、法律上、平等な取扱いを求めているものもあるが、それよりも、不当な差別を禁止するものが多く、経済・労働等の分野においては、事業者や使用者に対して特定の者に対する差別的取扱いを禁止する例などが少なからず見受けられる。

第1章　ビジネスと法　　13

とされるとともに、そこでは、整合性や比例性といったことが重視されることになり、法的な判断においても、そのような視点が求められることになる。

第六は、「安定性」である。

法は、あらかじめルールを定め、明示することにより、予測可能性を高め、法的安定性を保障するものである。したがって、法は予見可能で明確なものでなければならず、また、一般的・安定的なものであることが必要となり、それに基づいて画一的に処理されることになる。

ただし、あらかじめ定められた法により画一的に処理することが妥当ではないこともないわけではなく、その場合には、個別的・具体的な妥当性を優先する「衡平」の原理によって処理されることもある。また、契約法においては、信義則を通じ、契約の成立後、その基礎となっている事情につき当事者が当初予見し得なかった著しい変化を生じ、契約どおりに履行させることが当事者間の衡平に反する結果となる場合には、契約の改定や解除を認める「事情変更の原則」が適用されることもある。

このほか、法においては、形式や、議論、手続といったことなども重視されることになる。

なお、以上のように、法においては原理や理論、論理、形式などといったことが重要となるが、その一方で、法は、具体的な問題を処理するための実践的なものでもあって、両方の視点を併せ持つことが必要となってくることにも留意する必要があるだろう。

３ 法的な思考とは

前記２で見てきたように、法には独特の論理や重視されるべき価値、要素などといったものがある。

もっとも、法の論理や要素などにこだわることは、理屈っぽく、融通がきかず、形式的すぎるように見えることもあり、それに対して反発が生じるようなことも少なくない。しかしながら、それらは長い歴史の中で形成されてきた人間の知恵というべきものであって、広く長い目で見れば、それが妥当性を持つことが多いといえる。そして、法は、数・力・利などだけによって物事を決めるのではなく、理性や論理により、それに対抗し、歯止めをかけようとするも

14　第1編　ビジネス法の基礎

のでもある。

　また、法的な思考といえば、あらかじめ定められた一般的な法的規準の意味を明らかにして認定した事実に当てはめるという様式（要件効果型・法的三段論法）が典型的・中心的なものとされる。

　たしかに、それは法の特徴的な様式の一つといえるが、その一方で、事実に法を当てはめるといっても、それは単純・機械的になされるものではない。例えば、実定法の規定は、抽象的で多様な意味を含んでいることが少なくなく、適用がなされる場合には解釈が必要となるほか、それによってカバーされていない部分（いわゆる「法の欠缺」）が生ずることは避けられず、そこでは創造的な対応も必要となる。事実についても、正確な認定が必要となるだけでなく、重要な事実とそうでない事実を区分して、判断に必要な事実を抽出することが求められることになる。

　そもそも、法の役割や機能が拡大した現代においては、法的な思考は、そのようなものにとどまるものではない。そこでは、法的な思考は、法的な知識や技術の適用といったことを超えた、「ものの見方・考え方」ととらえられるようになっており、それを一言で表すならば、「物事の正義・衡平の感覚」ということになってくるだろう。そのようなことなどもあり、法的な思考は、リーガルマインドなどと呼ばれたりもするが、いずれにしても、社会において意見や利害の対立、あるいは紛争が生じた場合に妥当な解決を導き出すものと見ることができる。そして、そのためには、問題の発見・分析をする能力、事実を正確・公正にとらえる能力、問題を多面的に考え、他人の異なる主張を公平に理解する能力、筋道を立てて判断し妥当な解決案をつくる能力、多くの人の納得を得るための説得的な説明を行う能力などが必要となるのであり、そこにおいては、特に、バランス感覚や調整能力といったものが重要となってくるとともに、人間に対する深い理解と洞察力、問題状況に応じそれぞれの立場に立って考える想像力・共感力、恣意や感情に流されることなく判断する力なども求められることになる。

　以上のようなことからすると、法的な思考は、社会のさまざまな場面で生じる問題に対応する場合に必要となり、企画立案、交渉、調整、紛争処理などの多様な場面で役立つものであって、ビジネスにおいても欠くことのできないも

のといえる。すなわち、法的な思考や感覚（センス）は、決して特別なものではなく、人々が社会において主体的・自律的に生きていくために必要なものであり、また、自由で公正な社会を形成し維持していくうえでも、人々が、健全な社会常識や正義・衡平についてのバランス感覚を持つことが重要となるのである。

４ 法との向き合い方

　企業法務に限らず、企業の経営・活動においては、広く、法的な思考・センス・素養が必要不可欠とされるようになっている。とはいえ、必要とされる内容や程度は、その属する部門・地位・職務などによって異なるのであり、それらに応じて、法的な思考やセンスを身に付け、法と上手に向き合っていくことが大事となる。

　その場合に、企業法務の中心となる法務部門においては、多様な法的な問題に対処し、あるいは各部門からの照会や相談に対し適切な回答やアドバイスを行うなど、その役割を果たしていくうえでは、法的な思考能力をしっかりと身に付けているだけでなく、ビジネス法に関する幅広い知識なども必要となってくる。企業の法務部を対象とした調査においても、「法務担当者が信頼を得るために大切であると思うもの」、「法務担当者として頼りにされるために大切なこと」として「幅広い法律知識」ないし「法律知識」とする回答の割合が圧倒的に高いといった結果もある[21]。

　もっとも、その一方で、ビジネス法は、膨大かつ複雑で、さまざまな分野に専門分化してきているのであって、法務部門とはいえ、それぞれの分野の法制度について、詳細に理解するというのは困難なところもある。その点では、ビジネス法の全体像と主要な法分野について理解するとともに、そのほかの分野についてはその基本的な考え方・概要を把握し、土地勘を持っておくというのが、一つのあり方ということになってくるのかもしれない。そして、そのことが、さまざまな法的問題に対応する場合に、ベースとなり、見落としや漏れを

---

21)　　経営法友会「第10回　会社法務部門実態調査の調査結果　中間報告」https://www.shojihomu.or.jp/documents/10448/1151074/hoyukai2010_20150821.pdf/c2343c19-cfe3-46b6-bb83-01ab05e470d7、（2017.2.20)、また、経営法友会法務部門実態調査検討委員会『会社法務部【第11次】実態調査の分析報告』別冊NBL No.160（商事法務、2016)参照。

防ぎ、総合的な思考や検討を可能とすることになるのであり、弁護士等の専門家から的確なリーガルアドバイスを受ける場合にも役立つことになる。

　他方、それ以外の部門の場合には、その職務に必要な法知識を持っておく必要があるとはいえ、そのほかには、いろいろな法の制度や規定を知っておくというよりも、法の考え方や価値といったものをある程度理解するようにすることが大事であり、それにより法的な視点やセンスを持っておくことが、リーガルリスクの発生の防止や、リスクが生じた場合の適切な対応などにもつながってくるのではないだろうか。

　また、経営者の場合も、ビジネス法を広く深く理解しておくのは難しいとしても、法の考え方や価値だけでなく、ビジネスにおける法の理念・役割とともに、ビジネス法の大まかな全体像ないしアウトラインをある程度理解しておくことが必要であり、加えて、経営者が負うべき義務や法的な責任について、しっかりと把握しておくことが大事といえるだろう。

　それでは、法的な思考・センス・素養は、ビジネスにおいて、どのような意味を持ち、また、どのような形で活かしていくべきだろうか。

　まず、法との関係で必要となるのは、法的に、「できること」と「できないこと」、「しなければならないこと」と「してはならないこと」をきちんと区別して、認識しておくことである。これは、当たり前のことのように思われるかもしれないが、実際には、意外と見失いがちとなるものであり、だからこそ、コンプライアンスをめぐる企業の不祥事が後を絶たないともいえる。それらを明確に意識するとともに、企業内において認識の共通化・共有化が図られていくことなどが必要となる。

　また、意見や利害の対立あるいは法的な問題の解決を図っていくうえでは、先にも述べたように、バランス感覚を備え、できるだけ多くの人の納得が得られるような、合理的な判断を行うとともに、それを論理的・説得的に説明し、調整を行っていくようにすることが重要となる。その場合には、基本的な姿勢として公正公平であることや、常識的な判断を行うことが求められることになるが、常識的といっても、それは社会的な常識や社会通念に照らして妥当なものということであって、企業内や業界内の常識と必ずしもイコールではない。内向きの論理に陥ることなく、企業内・業界内において常識とされているもの

第1章　ビジネスと法　　17

が広く社会一般に通用するものかどうか、客観的に見る視点も必要となってくる。

さらに、法的な思考やセンスということでは、広い視野を持ち、多面的・総合的に考えるということも大事であり、それは、企業活動において生じ得るさまざまなリーガルリスクの回避・低減にもつながってくる。一面だけを見たり目の前のことにとらわれたりするなど、木を見て森を見ない判断や行動は、思わぬリスクを生じることにもなりかねない。

例えば、2年後に売買代金に金利を上乗せした価格で別の取引先を経由して買主から商品を買い戻すといった契約について考えてみよう。このような契約は、一見問題がないようにも思えるものの、複数の企業が通謀して商品の転売の相互発注を繰り返すことで架空の売上げを計上する「循環取引」に当たると見なされ、粉飾決算などとして、取締役の責任を含めたさまざまな法的責任が問われるなど、思わぬリーガルリスクをもたらす可能性もあり、このようなリスクを防ぐためには、多角的・総合的な視点や全体を見通した客観的な検討・評価などといったことが不可欠となる。また、M&Aには会社法をはじめとする企業組織法、金融取引法、租税法、独占禁止法、労働法などさまざまな分野の法律が関係してくるように、それぞれのオペレーションに複数の分野の法律が複雑に関係してくることも少なくなく、それごとに生じ得るリーガルリスクもいろいろであって、その場合には、その内容やプロセスに応じた横断的な視点や検討といったことが求められることになる。

もちろん、そのためには、ビジネス法に関する幅広い知識が必要となってくるのであり、それを法務部門以外の部門にどこまで求めることが可能かということにはなる。しかし、少なくとも、法的なセンスとして、多角的・総合的に考えたり、物事や法を横断的に見たりする必要性を理解し、そのような視点を持つことが、慎重な判断や気付きなどにつながるのであり、そして、疑問などが生じた場合には法務部門や専門家に照会・確認するように心掛けることが、リーガルリスクの回避につながることにもなってくるといえるだろう。

なお、法といえば、国家が制定する法令が連想され、上から与えられるものと見られがちであるが、現代においては、法の多様化・多層化が進み、自ら造り出していくところもある。例えば、ビジネス法においては、ソフトローが重

要な役割を果たすようになっているが、企業がその策定に関わることがあるほか、それぞれの企業においても、自治的に、定款、就業規則、行動準則などといったルールが作成されることになる。また、合理性が重視されるビジネス法の世界では、企業の合理的・創造的な活動を通じて新しいルールや制度が形成されていくところもあり、とりわけ、現代のように変化の激しい時代においては、むしろ、法が現実に追い付かず、時代遅れとなってしまうような状況も見られないわけではない[22]。企業やその団体が法律の制定過程においてその利害関係者として関わることもある。

　すなわち、ビジネス法においては、企業は、法の規律を受ける立場にあるだけでなく、その形成や運用の担い手ともなるのであり、そのような認識を持つことも重要といえるのである。

　このほか、グローバル化や科学技術の発達、情報化、社会の高度化などに伴って、法においても、国際的な視点・知識や科学的・技術的な視点・知識などが必要とされるようになってきており、法務についても、グローバルなものや先端的・専門的なものに対応できる能力が要求されるようになっていることも認識しておく必要がある。

　以上いろいろと述べてきたように、職務などによって内容や程度の違いはあるものの、法的な思考・センス・素養はビジネスにおいて必要不可欠なものとなっているといえるが、その一方で、法は、決して万能なものではないことも理解しておくことが大事である。すなわち、法は、社会におけるさまざまな問題や紛争を解決する役割を担うものではあるが、問題解決の手段・方法には多様なものがあり、法はそのうちの一つなのであって、それを必要以上に過大視したり、万能視したりすることは適切ではない。法には、メリットもあれば、デメリットや副作用もある。その意味では、付き合い力・使い方要注意の道具なのであって、法の考え方や価値・特性などを理解しながら、これと上手に向き合い、うまく使いこなしていくことが重要といえる。

---

22)　例えば、企業取引について定める商法の規定については、時代遅れとなり、実務ではほとんど顧慮されない状況となっているとの指摘もあり、また、ビジネス活動を通じて形成された慣習法や慣行が、裁判所により法として認められ、さらにそれが法律に取り入れられていくことなどもある。

Ⅳ　ビジネス法として見ることの意味とそのとらえ方等

　本シリーズでは、広く企業や企業活動に関わる法を「ビジネス法」ととらえ、体系的に解説することとしている。

　もっとも、ビジネス法というのは、あくまでも企業や企業活動という観点から法を見るものであって、必ずしも、そこに一貫した理念・原則や理論があるわけではなく、また、そこにおける体系・分野は、理論的というよりは、ビジネス法を把握・理解しやすくするための実用的・便宜的・相対的なものとならざるを得ない。

　しかも、ビジネスに関わる法は、広範かつ膨大なものとなるだけでなく、社会の多様化、情報化、グローバル化等に伴い企業活動が拡大・変化し続ける中で、ますます多様化・多元化・多層化してきており、その全体像を把握することは容易ではなく、網羅的に解説することは困難である。

　ビジネス法として見ることの意義は、企業および企業活動に関わる法の全体像・体系と主要な法分野の基本的な考え方と仕組みを理解することにあるということができ、そのような視点や知識は、ビジネスにおいてもいろいろと役立つことになるといえる。

　この点、本シリーズでは、本巻においてビジネス法の概論、それ以外の巻において主要な法分野の解説を行うこととしているが、そこでは、膨大なビジネス法の体系的な理解に資するということから、その全体像を示すとともに、いわば縦割りの分野分けにより、企業組織法と企業取引法を中心としつつ、主要な分野の解説を行っている。その場合に、縦割りの分野分けにもさまざまなものがあり得るが、法分野としてある程度一般化していると思われるものを踏まえながら、できるだけオーソドックスな分野分けを試みたところである。ただし、その際には、網羅性よりも、重要性や分かりやすさに重きを置いた分野分けと解説を行うこととしたことなどもあって、考えられ得る分野をすべて取り上げているわけではない。しかも、関係する法令について、その分野分けは各分野においてそれぞれの観点から行っているものであって、個々の法令がいずれかの分野にきれいに収まるというものではなく、複数の分野に分類されることも少なくない。本シリーズにおいても、主要なビジネス法が複数の巻においてそれぞれの観点から解説されているところである。

20　　第1編　ビジネス法の基礎

他方、ビジネス法としても、あるいはそれぞれの企業にとっても、その業種ごとに固有の法ともいえる「事業関係法」（いわゆる業法）が重要な意味を持つことは言うまでもない。ビジネス活動にあたり、各企業では関係する業法の存在・内容について十分に理解しておくことは必須であるが、他方で、その内容は、業種に応じて多種多様であることなどから、本シリーズでは、多くの企業に一般的に関わる法を中心に解説することとし、業法については、**第4章 VIII**において一般的・概略的な説明をするにとどめている。ただし、業法とされるものの中には、例えば金融商品取引法[23]などのように、特定の業種に固有の規範だけでなく、他の業種の企業にも広く関わる規定を含み、基本的なビジネス法として重要な意味を持つものもあり、それらについては適宜取り上げ、解説を行うようにしている。

　このほか、企業活動のグローバル化に伴い、外国での投資、外国企業との提携、外国への進出などを行うにあたっては、その外国法の理解も重要となってくるが、ビジネス法については世界的な協調や標準化といった傾向が見られるとはいえ、外国法は、国によって多様で、複雑かつ膨大なものとなっており、一般化しての解説は困難なところがある。このため、本シリーズでは、「国際ビジネス法」の分野や巻を設けているものの、外国法については必要最小限の言及にとどめている。

　なお、一口にビジネス法といっても、企業との関わりということでは、それらの中で濃淡があることは言うまでもない。紙幅の関係などから詳細な解説には限界があるだけでなく、分かりやすさや有用性、ビジネス法の理解ということを重視するならば、網羅的な、あるいは細部にまでわたる解説よりも、企業にとって重要度が高いと思われるものに重点を置いた説明を行うことが有用であり、本シリーズにおいては、そのような観点からビジネス法の主要な分野について解説を行っているところである。

　また、より実践的には、企業の活動・行為やビジネスシーンごとに、ビジネス法を横串の視点から横断的にとらえ、見ていくことも必要となるが、この点

---

23)　　例えば、金融商品取引法は、金融商品取引業を行う者に関する規制を定める一方で、業種を問わず企業内容の開示制度などについても定めており、ビジネス法における重要な法の一つとなっている。

については、 第2編 で解説している。

　ビジネス法を見る場合の視点については、次の第2章 Ⅲ であらためて述べることとしたい。

第1編

第2章 ビジネス法の意義・範囲・特色

I 「ビジネス法」とは何か

「ビジネス法」とは何か。その文言から、「ビジネス」と結びついた「法」であるというある程度の共通認識はあるものの、そのような題名の法律は存在せず、制定された個々の法律についてこれがビジネス法であると明確にされているわけでもない。また、「ビジネス法」固有の原理や原則といったものはないことから、講学上「ビジネス法」の定義があるわけではなく、「ビジネス法」の定義を議論する意味はないとする見解もある[24]。

本書も「ビジネス法」の概念を確立して、何らかの固有原理や原則を見いだそうとするものではない。しかし、本シリーズが「ビジネス法体系」と銘打ち、ビジネス法の体系的な理解を目指すものである以上は、その対象となる「ビジネス法」の意義について触れないわけにはいけないし、本シリーズの対象範囲も明らかにしておく必要があろう。そこで、まずは、現実の用例に沿って「ビジネス法」の意義を考えてみたい。

1 「ビジネス法」の意義

「ビジネス法」という概念について講学上の意味はないとしても、「ビジネス法」や「ビジネス・ロー」あるいはビジネス法に関する事務を意味する「ビジネス法務」という用語は実際に用いられている。例えば、ビジネス法入門などと銘打った書籍、『Business Law Jounal』などのビジネス法に関する雑誌、大学等におけるビジネス法専攻、ビジネス実務法務検定試験[25]、ビジネス法専門の弁護士といった用いられ方である。

それでは、ここでいう「ビジネス法」とは、どのような法を指しているので

---

24) 井原宏＝河村寛治＝阿部博友『現代企業法務1国内企業法務編』〔井原〕（大学教育出版、2014年）439頁。

25) 東京商工会議所が実施している検定試験である。

第2章 ビジネス法の意義・範囲・特色 23

あろうか。

　現実の「ビジネス法」という概念の使われ方を見ていると、ある法を「ビジネス法」ととらえるかどうかは、見る人の立場によって異なるものであることが分かる。

　商法や会社法などは見る人の立場を考慮せずとも、商人や会社に関する法であるから「ビジネス法」といえそうである。しかし、例えば、企業と労働者との関係について規律するいわゆる労働法は、ビジネス法の書籍等では「ビジネス法」としてとらえられていることが通常であり、たしかに企業から見れば「ビジネス法」の一つであるといえようが、反対に、労働者や労働組合から見て、労働法をあえて「ビジネス法」であるととらえることはしないであろう。また、民法は、企業取引についても一般的なルールを定めていることから、企業にとってみれば「ビジネス法」であるが、我々が一個人として物を買ったりアパートを借りたりするときに、民法はビジネス法であるというとらえ方はしないであろう。

　このように、「ビジネス法」は、見る人の立場を離れて法そのものの客観的性質を表した概念ではなく、法の対象者・利用者としての企業と法との関係から見た概念であり、実際の使われ方としては、企業に関係のある法を「ビジネス法」ととらえているといえよう。

　それでは、企業に関係のある法とは何か。

　まず、企業は、個人事業者を除き、自然人として存在しているのではなく、その存在そのものが法に則っており、法によって初めて「人」として活動できるものである（民33条1項）。そこで、このような企業の存在そのものに関する法が企業に関係のある法として「ビジネス法」に該当するといえよう。次に、企業は利益の獲得を目指し、資金を調達し、従業員を雇用し、生産を行い、商品を販売したりサービスを提供したりするなどさまざまな取引その他の活動を行っているが、このような企業の活動に関係する法も「ビジネス法」に該当するといえよう。このように、「ビジネス法」とは「企業および企業活動に関係する法」であるととらえることができよう。なお、ここで「関係する法」としたのは、企業活動そのものを対象とする法でなくとも、企業活動と関係を持つ法であればビジネス法ととらえる趣旨である。

2 企業とは

ビジネス法が企業および企業活動に関係する法であるとして、そもそも「企業」とは何か。

この問いに対しては、さまざまな見解があるが、ここでは深入りせず、差しあたり、通説的な理解に従って、一定の目的のために継続的意図により計画的に活動を行う独立した経済単位[26]であるととらえることとしたい。この意味では、国や地方公共団体が経営する公企業も含まれることになるが、本シリーズの対象は専ら私企業を念頭に置いている。また、会社に限らず、営利を目的とする組合や個人事業主も含むものであるが、本シリーズの主な対象が株式会社の法務部であることから、各分野の解説において取り扱う「企業」は株式会社を念頭に置いていることが多い[27]。

3 「ビジネス法」という概念を用いる意義

それでは、「ビジネス法」という概念を用いる意義はどこにあるのか。

まず、「ビジネス法」という概念を用いることは、ビジネスの主体である企業（実際には、その企業の意思を決定する経営者やその経営者をサポートする企業法務の担当者）にとって、自らに関係する法の範囲をとらえるという意義を有していると考えられる。膨大な法をすべて理解することは到底不可能であるし、また、そのような必要もない。人が行動する際には、自らに関係のある法を理解すれば十分である。これは企業にとっても当てはまり、企業にとっては自らに関係のある法を理解することが重要であり、その法を「ビジネス法」としてとらえているといえよう。

また、企業および企業活動に関係する法を「ビジネス法」ととらえることにより、その全体像を把握とともに、それを一定の体系的視点から分類・整理することによってより理解しやすくするという意義も有していると考えられる。この点については、**後記 Ⅲ** で詳述する。

---

[26] 高橋和之＝伊藤眞＝小早川光郎＝能見善久＝山口厚編『法律学小辞典』（有斐閣、第5版、2016) 182頁。

[27] もっとも、持分会社、匿名組合といった株式会社以外の組織形態が活用されることも多く、**第2編 第2章 Ⅰ** や第2巻『企業組織法』においては、これらの組織形態についても扱っている。

第2章　ビジネス法の意義・範囲・特色　25

なお、派生的な意義として、企業法務担当者の養成や教育という場面においても、勉強すべき法の範囲をとらえるという意義も有しているし、企業からの依頼を中心とした法律事務を取り扱っている弁護士にとっても自らの専門領域を示すという意義もあるといえよう。

Ⅱ　ビジネス法の範囲と存在形式

　ビジネス法を「企業および企業活動に関係する法」であるととらえるとして、その範囲は具体的にどのようなものか。

　この点については、ビジネス法の中核の一つである商法の範囲との比較を通じて考えてみると分かりやすいのではないかと思われる。また、ビジネス法の「法」とはどのような範囲であるのか、すなわちビジネス法の存在形式はどのようなものかという点についても触れておきたい。

■1　「ビジネス法」と「商法」

　「企業および企業活動に関係する法」というと、「商法」を思い浮かべるかもしれない。ここでいう「商法」とは、「商法」という題名の法律のことではなく、商事に関する法として統一的に把握される特定の法領域としての実質的意義における商法のことである。実質的意義における商法について、近時の通説である商法＝企業法説は、商法を企業関係に特有な法規の総体ととらえている。このとらえ方からすると、一見ビジネス法と商法は一致するかのようにも思えるが、「ビジネス法」とは、次のように、より広い範囲のものととらえられていると思われる。

　第一に、商法は私法の一般法である民法と区別して企業に特有の法律関係をとらえた概念であるが、「ビジネス法」は、企業に特有の法律関係ではなくても、企業および企業活動に関係があればその範囲に含むものである。例えば、企業が行う取引についても、商法に定めがないものは一般法である民法が適用されるのであるから、民法もビジネス法に含むものである。

　第二に、「ビジネス法」は、私法に限られるものではなく、企業活動に関係す

26　　第1編　ビジネス法の基礎

る公法分野も含むものである[28]。例えば、銀行法、建設業法、電気事業法といった特定の業種に固有の法（いわゆる事業関係法）もその事業を営む企業にとっては自らに関係する重要な法律であり、「ビジネス法」に含まれる。また、法人税法などの租税に関する法も、企業活動に関わるものであり、「ビジネス法」に含まれる。背任・特別背任などを考えれば、刑法や刑事訴訟法も「ビジネス法」に該当する。

このように、「ビジネス法」とは、私法公法を問わず、企業および企業活動に関する法であれば、広くその範囲に含まれるものである。例えば、よく商法との関係が議論される労働法や独占禁止法などの競争法も、企業の活動に関係する法であることから、ビジネス法に含まれると理解されているし、知的財産法も、必ずしも企業関係に固有のものではないが、企業の活動に大きく関係するものであり、ビジネス法として取り扱われている。

2 ビジネス法の存在形式

ビジネス法の「法」とは、民法、商法、会社法、独占禁止法といった国会が制定する「法律」に限られるものではない。ここでは、ビジネス法の「法」がどのような形式で存在しているのか、すなわちビジネス法の法源について解説する。

【1】制定法令

国会により制定される法規範である「法律」がビジネス法の存在形式の一つであることは異論なく理解されるであろう。法律は、憲法に次ぐ上位の法形式であり、民法、商法、会社法、独占禁止法などの法律がビジネス法の存在形式の中心であり、ビジネス法を理解するためには、法律を正しく理解することが基本となる。また、近年、重要なビジネス法について新たな立法や法改正が相次いでいることから、立法の動向も把握しつつ、最新の知識を仕入れていくことも重要である。

法律よりも上位の法形式として、我が国の最高法規である「日本国憲法」が

28）　商法＝企業法説から、私法に限らず企業関係に特有の公法法規も実質的意義における商法に含める見解も有力である。

第2章　ビジネス法の意義・範囲・特色　　27

ある。ビジネス法として憲法を意識することは多くないかもしれないが、憲法は、職業選択の自由（憲22条1項）、財産権の保障（同29条1項）などを定め、いわば我が国における経済活動の基盤を構成するものであり、ビジネス法の法源の一つといえる。また、労働法分野における勤務条件法定主義（同27条2項）や労働三権の保障（同28条）、租税法分野における納税の義務（同30条）や租税法律主義（同84条）のように、その法分野の基本原則が憲法に規定されている場合もある。

　行政機関が制定する法規範である「命令」もビジネス法の法源である。この命令には、内閣が定める「政令」（同73条6号）、内閣総理大臣が定める「内閣府令」（内閣府7条3項）や各省大臣が定める「省令」（行組12条）、公正取引委員会規則（独禁76条1項）や労働委員会規則（労組26条1項）のように外局として置かれる委員会や庁の長官が定める「規則」が含まれる。これらは、法律の委任を受け、あるいは法律を実施するために行政機関が制定するものであり、技術的・細目的な内容も多いが、法律が重要な内容を命令に委任している場合も少なくない。例えば、会社法について見てみると、親会社および子会社の定義（会社2条3号、4号）、大会社の取締役会が決定しなければならない内部統制システムの具体的な内容（同362条4項6号、5項）などの重要な事項が法務省令に委任されている。また、金融商品取引法は、金融商品の定義の多くの部分や企業内容の開示に関する具体的な規定など数多くの事項を政令や内閣府令（金融商品取引法第二条に規定する定義に関する内閣府令、企業内容等の開示に関する内閣府令等）に委任しており、把握すべき政令や内閣府令が多いことで知られている。このように、ビジネス法の理解のためには、法律のみならず、より下位の法形式である命令の理解も必要となる。

　命令に触れた関係で、行政機関が定める告示、通達等についても触れておきたい。「告示」とは、公の機関が必要な事項を公示する行為またはその行為の形式[29]である。この形式で為される行為は、単なる事実行為などさまざまな性質のものを含んでいるが、独占禁止法2条9項6号に基づき公正取引委員会が告示する「不公正な取引方法」など法規としての性質を有する告示もある。「通達」

---

29)　髙橋和之＝伊藤眞＝小早川光郎＝能見善久＝山口厚編『法律学小辞典』（有斐閣、第5版、2016）429頁。

および「訓令」（行組14条2項等）は、上級官庁が下級官庁の権限行使を指揮するために発する命令であり、原則として、行政機関の内部的な定めであって、法的な拘束力はなく、法源とはいえないものである。しかし、例えば、国税に関する国税庁長官の通達は課税庁が示した法解釈として重要視されているように、実務上は重要な場合も多い。ただし、これらに法的な拘束力はなく、特に、裁判所は通達等の内容には拘束されないので、注意が必要である。

最高裁判所は、訴訟に関する手続等について、「規則」を定める権限を有する（憲77条1項）。企業も訴訟の当事者となることから、民事訴訟規則、民事執行規則、刑事訴訟規則といった最高裁判所規則もビジネス法の法源に含まれる。

地方公共団体の議会が制定する「条例」や長の制定する「規則」もビジネス法の法源の一つである。ビジネス法として条例や規則を意識することはそれほど多くはないかもしれないが、法人住民税や事業税などの地方税は条例に基づいて課税されているし、環境や景観・都市計画といった分野においては条例による規制が設けられている場合が多い。また、暴力団排除条例などもある。

【2】判 例

法令の規定だけでは、解釈の余地や欠缺が生じることは避けられない。解釈に争いのあるような場合に、それを最終的に解決する権限を有するのは裁判所である。そのため、法を理解するためには、裁判所の判断である判例を理解することが重要である。英米法とは異なり、我が国においては判例が法源であることを否定する見解が一般的であるが、そうであったとしても、先例としてそれ以後の判決に対する事実上の拘束力は大きい。そのため、ビジネス法を理解するためには判例の理解も欠かせない。

例えば、役員等の任務懈怠による会社に対する損害賠償責任については、会社法では「その任務を怠ったときは、株式会社に対し、これによって生じた損害を賠償する責任を負う」（会社423条1項）と規定されているが、どのような場合に任務を怠ったと判断されるかは、委任に関する民法の善管注意義務の規定（民644条）や会社法における取締役の忠実義務の規定（会社355条）を文面上読むだけでは明らかではなく、判例を読んで理解を深める必要がある。

第2章　ビジネス法の意義・範囲・特色　29

【3】ソフトロー

　制定法を中心としたハードロー（国家によるエンフォースメントが保障されている法）だけでなく、いわゆるソフトロー（裁判所等の国家機関によるエンフォースメントが保障されていないにもかかわらず、企業や私人の行動を事実上拘束している規範[30]）もビジネス法においては大きな影響力を持っている。

　例えば、上場企業や上場を目指している企業にとっては、会社法や金融商品取引法といったハードローだけでなく、証券取引所が自主規制として定める規則に従うことが実務上重要となっている。また、企業の再生の手法としては、会社更生や民事再生といったハードローに基づくもののほか、経済界、金融界、関係省庁、学識経験者等の研究会が作成した「私的整理に関するガイドライン」[31]に則った私的整理も有力な手法の一つとなっている。さらに、特に最近では、「コーポレートガバナンス・コード」[32]や『「責任ある機関投資家」の諸原則≪日本版スチュワードシップ・コード≫〜投資と対話を通じて企業の持続的成長を促すために〜』[33]など、企業統治のあり方について、ソフトローの手法の活用が注目されている。

　また、商慣習や会計基準[34]などは、国家機関によるエンフォースメントが保障されている点で上記のソフトローの定義には該当しないものの、国家などの公権力が制定したものではなく、商法[35]や会社法[36]を通して法源となっている

---

30)　　ソフトローの定義についてはさまざまな見解があるが、ここでは、中山信弘＝藤田友敬編『ソフトローの基礎理論第1巻』〔藤田友敬〕（有斐閣、2008年）3頁の定義を掲げている。

31)　　「私的整理に関するガイドライン」http://www.zenginkyo.or.jp/fileadmin/res/news/news171104_2.pdf、（2017.2.20）

32)　　「コーポレートガバナンス・コードの策定に関する有識者会議」が取りまとめた「コーポレートガバナンス・コード原案」（2015年3月5日公表）を受けて、東京証券取引所が「コーポレートガバナンス・コード」を有価証券上場規程の別添として定めるとともに、関連する上場制度の整備を行ったもの。

33)　　「日本版スチュワードシップ・コードに関する有識者検討会」が2014年2月26日に策定・公表したもの。

34)　　公益財団法人財務会計基準機構内の企業会計基準委員会が会計基準の開発を担っている。

35)　　商法1条2項は、商事に関し、この法律に定めがない事項については商慣習に従うと定めている。

36)　　会社法431条は、株式会社の会計は、一般に公正妥当と認められる企業会計の慣行に従うものとすると定めている。

ものである。

【4】国際法

　近年、経済のグローバル化がますます進展し、企業活動は国境を越えて展開し、国際的な取引が当然のものとなってきている。このため、ビジネス法においても、国際取引に関する法がますます重要度を増してきており、その中では、国際物品売買契約に関する国際連合条約（ウィーン売買条約：CISG）などの条約や国際商慣習法といった国際法もビジネス法の存在形式として重要である。

【5】外国法

　国際的なビジネスを行ううえでは、外国に支店を設置する、現地法人を設立する、当該外国法を準拠法として契約を締結する場合など特定の国の国内法が適用される場合もあることから、このような外国法もビジネス法の法源といえる。

Ⅲ　ビジネス法を見る視点

　「ビジネス法」を「企業および企業活動に関係する法」ととらえた場合、企業活動は我々の生活のあらゆる範囲に及んでいることから、その範囲は非常に広範なものになる。このような広範な範囲にわたるビジネス法について、何の地図もなしにやみくもに把握しようとしても、非効率的であるし、何から手を付けてよいか分からず路頭に迷うこととなってしまうであろう。それとは反対に、制定されている個々の法律ごとに理解しようとしても、法律はそれ自体一定の論理に従って構成されてはいるものの、企業活動の実態に沿って整理されているとは限らないため、理解がしやすいとはいえない。

　また、企業がある活動を行う場合、それは一つの法律のみに基づいて行われているのではなく、一つの活動が複数の法律に関係するということが多々あり、別の法律に重要な規範があって漏れが生じてしまうということにもなりかねない。

　そこで、ビジネス法をどのような視点から見ることが考えられるのか、以下

で複数の視点を提示したい。

❶ 分野分けをする（縦割りの視点）

　まず、ビジネス法全体を、同じような性質を持つ仲間ごとにグルーピングする、すなわち分野分けをしてビジネス法を見ていくという視点が考えられる。個々の法律単位では描きにくかったビジネス法の全体像も、分野分けをすることによって大まかに描くことができ、全体の体系を意識しながら理解することができる。また、個々の法律単位ではなく、分野ごとに見ていくことで、より、漏れや抜けを防止することができるであろう。

　具体的にどのような分野分けが考えられるかについては、第3章を参照されたい。また、それぞれの分野の概要については、第4章で説明をしている。さらに、本書以外の本シリーズの各巻では、この視点からビジネス法の各分野について解説をしている。

　このような分野分けをしてビジネス法を見るという視点は有用ではあるが、次の点について注意が必要である。

　第一に、分野分けの方法は一つに限られるものではなく、本シリーズでの分野分けは、あくまでビジネス法を把握・理解しやすくするための実用的・便宜的・相対的なものにとどまることである。

　第二に、分野分けが有用であるとしても、ビジネス法全体を頭に入れる必要があることである。各分野はそれぞれ独立して存在しているのではなく、相互に関係しており、分野ごとの関わりを把握することも重要である。

　第三に、分野分けをするといっても、この法規範はこの分野というようにきれいに割り切れるものではなく、ある法規範が複数の分野にまたがるということもあり得るということである。漏れや抜けを防止するという観点からは、これらの重複をいとうことなくそれぞれについて理解していくことが重要である。

❷ 特定の企業活動やビジネスニーズに沿って法を見る（横串の視点）

　実際の企業活動においては、ある行為を行うときに複数の法分野にまたがる法知識が必要とされる場合が少なくない。

32　　第1編　ビジネス法の基礎

例えば、企業の合併や買収といったM&Aを行う場合においては、会社法を
はじめとした企業組織法の知識、金融取引に関する法知識、契約法の知識、独
占禁止法の企業結合法制の知識、労働者の引継ぎなどに関する労働法の知識、
M&Aに関する法人税法の知識など、幅広く、かつ複雑な法知識が必要とされ
る。また、事業再生・倒産の場面においては、民事再生法、会社更生法、破産
法、会社法（特別清算。会社510条以下）といった法的手続を定めた法律はもちろ
んのこと、会社法をはじめとする企業組織に関する法、債権管理・回収や担保
権に関する法、ファイナンスに関する法など多くの法の理解が必要となる。

　さらに、これらの法知識については、個々の知識として知っているというだ
けではなく企業活動のプロセスに応じて理解をする必要がある。そのため、こ
のような企業活動については、**前記**❶のように分野ごとに縦割りでビジネス法
を見るだけではなく、M&Aに関する法や事業再生に関する法というように、
特定の企業活動に沿ってビジネス法を見ていくことが実務上有用である。また、
このような大がかりな企業活動だけでなく、企業の設立に関する法、製造・調
達に関する法、債権管理・回収に関する法、不祥事対応の法といった企業活動
やビジネスニーズに沿って法を理解するという視点は有用であろう。このよう
な視点は、**前記**❶の全体の体系の理解を前提とした、より実践的な法の理解の
仕方といえよう。

　本書においては、**第2編**で特定の企業活動やビジネスニーズに沿って法を理
解するという観点からの解説を行っている。

❸ 特定の業種に必要な法を整理する

　どのような法が企業に関係するかは、業種によっても異なる。事業関係法の
ように特定の事業を直接の規制対象とする法が存在することに加え、例えば契
約に関する法知識も、その業界のビジネス形態や慣行などによって重点を置い
て理解すべき項目は異なってくる。そのため、特定の業種に必要な法という観
点から、ビジネス法を見ていくという方法も有用であり、実際に一定の規模以
上の業界については、そのような観点からの解説本なども出版されている。た
だし、この方法については、業種に特有の部分に注力し、会社法の基本など共
通的・一般的な部分が省略される場合も多いため、その点について留意が必要

第2章　ビジネス法の意義・範囲・特色　　33

となる。

❹ 日常的に必要な知識と特定の場面で必要となる知識とを区別する

　企業は、会社の組織を維持したり、日常的な契約関係を締結したりと、日々ルーティン的な活動を行うだけでなく、他社を買収する、海外に進出するといった突発的・単発的に特定の活動を行うこともある。また、自ら意図せずとも、突発的に、不祥事が発覚する、株主代表訴訟を提起されるといった事象に巻き込まれることもあり得る。このような企業活動の態様に応じて、「ビジネス法」についても、会社の機関に関する法や継続開示に関する法のように日常的に必要な知識もあれば、会社の合併や株主代表訴訟のように、特定の場面で、いわば突発的・単発的に必要となる知識もある。

　そこで、より効率的にビジネス法を理解するためには、「ビジネス法」を日常的に必要な知識と単発の行為について必要となる知識を区別することも有用である。ただし、すべての法分野においてこのような区別ができるというものではなく、また、何が日常的に必要な知識であり何が単発の行為について必要となる知識かは、企業によって異なる場合もあるので、注意が必要である。

　本シリーズにおいては、『企業組織法』の巻で、日常的に必要となる知識と特定の場面で必要となる知識を分けて解説をしている。

コラム　法における企業のとらえ方

　法律関係とは権利と義務で構成されるものであり、企業が自らに関係のある法を理解するうえで重要なのは、企業や役員などがどのような権利を有し、義務を負っているかを把握することである。しかし、法において、企業は常に「企業」としてとらえられているのではない。むしろ、「企業は、……しなければならない」というような規範はほとんどなく、企業はそれぞれの法において異なるとらえ方をされている。そのため、企業が自らに関係のある法を把握するためには、その法において企業がどのような存在としてとらえられているかを理解しておく必要がある。

34　　第1編　ビジネス法の基礎

例えば、民法では一般私人と同様に「人」（自然人または法人）として権利義務の主体となるものであるし、消費者契約法等では「事業者」（法人その他の団体および事業としてまたは事業のために契約の当事者となる場合における個人）として当事者の一方としてとらえられ、労働法では「使用者」や「事業主」としてとらえられている。

Ⅳ　ビジネス法の特色

1　商法の特色と他の分野における変容

　第2章 **Ⅰ** **1** で述べたように、ビジネス法とは、特色の異なるさまざまな分野にわたる法を企業という法の利用者との関係でとらえた概念であり、ビジネス法の一般原則やビジネス法全体に共通する理念というものは存在せず、ビジネス法一般の特色を説明するのは困難である。しかし、商法の特色として従来議論されてきた内容が、ビジネス法の他の分野においても妥当するのか、あるいは変容するのかを見てみることは、ビジネス法の全体像を把握するうえでも有益と思われる。

【1】営利性

　企業は利益の獲得をその本来の目的とするものであることから、営利性は、商法の根本にある特色である。これに対し、ビジネス法は、企業および企業活動に関係する法であることから、営利性と深い関係があるのは間違いないが、ビジネス法そのものに営利性という特徴があるというわけではない。

　例えば、民法は、営利・非営利にかかわらず私人間の取引一般について適用されるものである。また、労働法は雇用関係に着目したものが中心であり、非営利の事業における雇用契約についても適用される。独占禁止法では事業者が主な規制対象となっているが、営利性は要件となっていない[37]。このように、企

---

37)　判例も独占禁止法2条の「その他の事業」の意義について、「なんらかの経済的利益の供給に対応し反対給付を反覆継続して受ける経済活動を指」すとしている（最判平成元年12月14日民集43巻12号2078頁〔都営と畜場事件〕）。

第2章　ビジネス法の意義・範囲・特色　　35

業と営利性は切り離せない関係にあるが、ビジネス法は企業に固有の法だけでなく、企業および企業活動に関係のある法まで範囲を拡大しているために、営利性という特色でとらえるのは困難になっているといえよう。

【2】契約自由

　企業活動は、冷静に利害を計算し、合理的に行動する経済人の行為であることから、当事者の自由意思によって契約させることが当事者の利害調整に最も適当であり、商法は、契約の自由を特色としている。また、この原則は、私法の一般法である民法でも該当するものである。

　これに対し、他の法分野では契約自由の原則の例外を定めることが中心となっているものがある。例えば、労働法では、使用者と労働者の間に権力の差があるという観点から、弱い立場にある労働者を保護するために、使用者の契約自由の原則に制限を加えている。契約自由の原則が支配する企業取引に関する法のうちでも、消費者との取引に関する法については、事業者と消費者との情報量や交渉力の差等に着目し、消費者を保護するため、契約自由の原則に制限を加えている。また、独占禁止法などの競争法は、一般消費者の利益や国民経済の発展を目的として、公正かつ自由な競争を促進するため、事業者の契約自由の原則に制限を加えている。このほか、各種の事業関係法においては、さまざまな目的で、企業の活動に対して制限を加えている。

　このように、ビジネス法には、契約自由の原則が支配する領域とこの原則に制限を加える領域とがあり、この違いを理解しておく必要がある。

【3】進歩的傾向

　商法の発展傾向上の特色として、進歩的傾向が挙げられる。これは、商法は、進歩的で、時代の変化に対応して発展していくという傾向を持つということであり、改正の少ない民法と比較して商法の特色としていわれていることであるが、ビジネス法全般についても、ビジネスの変化に応じて発展していく傾向があるといえよう。実際に、金融商品取引法は毎年のように改正されているし、会社法の制定や改正、独占禁止法の改正、労働基準法や労働者派遣事業の適正な運営の確保及び派遣労働者の保護等に関する法律（以下「労働者派遣法」とい

う）などの労働法に関する改正、特許法や著作権法などの知的財産法の改正、消費者庁の設立や団体訴訟制度の創設などの消費者法の改正などビジネス法のさまざまな分野において重要な法制定や法改正が毎年のように行われている。

このように、進歩的傾向は、商法だけに限られるものではなく、むしろビジネス法全般の傾向ととらえたほうがよいところもあるのではないかと思われる。さらには、商法との比較で改正が少ないとされていた民法についても債権法の全面的な改正が予定されている。このように、特に近年において、ビジネスの変化のスピードが速くなるにつれ、ビジネス法の進歩的傾向もますます強くなっているといえよう。

【4】世界的傾向

商法の発展傾向上の特色として、世界的傾向が挙げられる。これは、商法は、各国の歴史・習慣等に制約されることが少なく、ある国の優れた制度が他国に伝播しやすいこと、また、国際的な取引の必要性から、各国の商法が次第に近似していくことをとらえた特徴である。

ビジネス法の多くの分野においてもこの傾向は該当するといえよう。国際取引に関する法務が世界的な傾向を有するのは当然としても、ビジネスのグローバル化等に伴い、それぞれの法分野においても各国の法制度との近似化が進んでいるといえよう。例えば、特許などの知的財産法については、従来より国際的な協調が進められてきたところであるし、競争法においても近年国際カルテルなどが問題となり各国間の連携が進んでいる。その他の分野においても、外国の良い制度に倣って国内の立法が行われるということは、頻繁に行われている。

その一方で、ビジネス法の分野においても、我が国に特有の法制度というのが現存しているのも確かであり、例えば、労働法は、終身雇用と年功序列といった我が国に固有の労働慣行を反映して、他国とは異なる特徴を有しているといえよう。

2 一般原則とビジネス法

ビジネス法に固有の原則や理念を見いだすのは困難であるが、ビジネス法も

法の一つであることから、法というものに一般的に通じる原則や理念がビジネス法にも及んでいることはいうまでもない。ここでは、法というものに一般的に通じる原則や理念のうち、民法の一般条項として現れている「信義誠実の原則」と「権利濫用の禁止の原則」のビジネス法における現れについて考えてみたい。

【1】信義誠実の原則

　民法1条2項が信義誠実の原則（信義則）を規定していることは既に**第1章**でも述べたが、信義誠実の原則は、一般に、一定の状況の下において相手方の持つであろう正当な期待に添うように行動すべきという原則を意味する。ただし、具体的場面における信義則がどのようなものかは、その具体的事情に応じて異なるため、一概に論ずるのは困難である。

　民法の債権法において、この原則の機能は、次のように考えられている。第一に、契約の解釈の基準となる機能である。裁判所は、制定法がなく、当事者の意思が明確でない場合には、信義則に従って契約を解釈することになる。第二に、制定法に明示されていない補充的な権利・義務を生じさせる機能である。例えば、信義則を根拠に、当事者間に契約交渉過程の協力義務や説明義務を認めた例がある。また、信義則の派生的な原則としての、禁反言の原則[38]や事情変更の法理[39]もこの機能の一つといえよう。

　この原則は、債権法から発展したものであり、現在でも民法、特に債権法の一般原則として知られているが、必ずしもその範囲に限られるものではなく、他の法分野においても信義則の適用は認められており、民事訴訟法のように明文で定められているもののほか、行政法の分野などにおいても、信義則は一般原則の一つとされており、さらに、国際的な取引にも信義則は一般的な原則ともなっていることは[40]、**第1章**で述べた。

---

38) 　　自己の表示を信じて他者がその法律上の地位を変更したときは、表示をした者は、後になって自己の表示が真実に反していたことを理由としてそれを覆すことは許されないという原則。

39) 　　契約の前提となる社会的事情に変化があれば、契約の内容はそれに応じて変更されなければならないという原則。

40) 　　例えば、ユニドロワ（UNIDROIT）国際商事契約原則1.7条は信義誠実の原則に従っ

このように、信義則は、民法のみならずビジネス法全般に通じる原則であるといえよう。

【2】権利濫用の禁止の原則

　民法1条3項は、「権利の濫用は、これを許さない」としている。権利の濫用とは、外形的には権利の行使と見られるが、その行為が行われた具体的な状況と結果に照らして見ると、権利として法律上認めることが妥当でないと判断されるようなことをいい、具体的にはその事情に応じて判断せざるを得ない。

　この権利濫用の禁止の原則についても、民法の債権法の一般原則として知られているが、これに限られるものではなく、私法分野だけでなく、行政法分野においても妥当する原則である。例えば、古都における歴史的風土の保存に関する特別措置法9条1項2号が、特別保存地区内における建築物の新築等が社会通念上特別保存地区に関する都市計画が定められた趣旨に著しく反すると認められるときに損失補償を不要としているのは、権利濫用にわたる申請には補償を認めない趣旨である。行政側の権利濫用についても、判例[41]は、個室付浴場の開設を阻止するために児童遊園設置認可処分を行った事例について、行政権の著しい濫用であり違法としたものがある。

　また、租税法律主義が支配する租税法においては、一般的に権利濫用を認めることは困難であるが、一定の租税回避行為については、その行為や計算にかかわらず、税務署長の認めるところにより、その法人に係る法人税の額を計算することができるといういわゆる否認規定（法税132条等）が設けられているが、これは権利濫用の禁止の原則の一つの現れともいえよう。

　このように、権利濫用の禁止の原則も、法全般に通じる原則であり、ビジネス法における原則の一つといえよう。

　て行動しなければならないと定めており、国際物品売買契約に関する国際連合条約7条1項は、条約の解釈にあたって国際取引における信義の遵守を促進する必要性を考慮すると定めている。

41)　　最判昭和53年5月26日民集32巻3号689頁。

第1編

第3章 ビジネス法の体系化

　ビジネス法を見る視点やその整理の方法にはさまざまなものがあり得る。ビジネス法は広範かつ膨大なものであり、しかも多様化・多元化・多層化している。企業法務を担当する者が、ビジネス法の鳥瞰図や見取図なしに、自らの所属する企業の置かれた状況や問題を的確に把握し企業の適切な行動のための助言などをするということは、非効率であるにとどまらず、困難を伴うといわざるを得ない。例えば、企業活動に関係する法の見落としや把握漏れを十分に防止できず、また、実例や解説などが少ない未知の問題へ十分に対応できないといったことにもなりかねない。

　そこで、ビジネス法の鳥瞰図や見取図、すなわち全体像を把握するため、ビジネス法を一定の分野ごとに整理し、体系化して理解することが有益である（第2章 Ⅲ ■ 参照。本書では「縦割りの視点」と呼んでいる）。

　ビジネス法を一定の分野ごとに体系化するといっても、その分け方もまたさまざまなものが考えられる。ここでは、伝統的な法の分野分けや企業法務の実態を参考としつつ、共通の性格を持った法を同じ分野に整理するという方針を基本として、次のような分野分けを試みている。

① 　ビジネス法は企業および企業活動に関係する法である（第2章 Ⅰ ■ ）。企業は、個人事業者や組合の場合などを除き、株式会社などの法人として存在している。法人は法によって成立し（民33条1項）、初めて人として法律上の行為をすることができる（同34条）。このような法人の設立、組織、管理、運営などについて定める法、すなわち「企業組織法」は、企業の存在そのものに関する法であり、ビジネス法の柱の一つと位置付けることができる。

② 　企業は単に存在しているだけでは意味がなく、他者から対価を得るため、資金調達、原材料や生産設備の購入、労働者の雇用などをし、商品の販売・サービスの提供などを行う。このように、企業は他者との間でさまざまな

取引を行う必要がある。企業の取引に関する法、すなわち「企業取引法」は、企業の動的作用全般に関わるものであり、企業組織法と並びビジネス法の柱の一つと位置付けることができる。

③ 労働者の雇用は企業取引の一つであり、企業の労働関係に関する法、すなわち「労働法」は、企業取引法として整理することもできる。しかし、労働者保護の考え方など他の分野と異なる特徴を有しており、また実務においても一つの独立した分野として取り扱われていることから、ここでも独立した分野と整理している。

④ 資本主義経済では、企業間で競争が行われることによって効率的な資源配分が行われる。そこで、市場における公正かつ自由な競争の維持・実現のため、企業に対する規制などを定める法、すなわち「競争法」が存在する。競争法は、企業取引のほか、企業組織にも関わるものであるが、規制の内容やその違反に対する措置などにおいて他の分野とは異なる特徴を有しており、また実務においても一つの独立した分野として取り扱われていることから、ここでも独立の分野として整理している。

⑤ 近年企業における知的財産の重要性はますます高まっている。企業による知的財産の保有や利用に関する法、すなわち「ビジネス法としての知的財産法」は、企業取引法として整理することもできる。しかし、知的財産については、特別の法律による保護など独自の規律が設けられており、また実務においても一つの独立した分野として取り扱われていることから、ここでも独立の分野として整理している。

⑥ 租税は、ほぼすべての経済取引に関係し、企業活動においては切っても切り離せないものである。企業に関わる租税について定める「ビジネス法としての租税法」は、租税法律主義など特徴的な原則を持つこと、専門的・技術的であること、実務においても一つの独立した分野として取り扱われていることから、ここでも独立の分野として整理している。

⑦ 国際ビジネスに関する法、すわなち「国際ビジネス法」は、そもそもどの国の法が適用されるかということ自体が問題となるなど、純粋な国内法とは異なる視点も必要とされるため、独立の分野として整理している。①から⑥までとは異なる切り口での整理であり、国際ビジネス法は、企業組織

42　第1編　ビジネス法の基礎

法、企業取引法、競争法などの各分野に関係する。

⑧　企業はさまざまな事業を行っているところ、特定の事業については、その事業により提供される商品やサービスを利用する者の保護などの必要性から、一定の規制が設けられている。企業の事業内容に応じて公的な観点から各種規制を定める法、いわゆる「事業関係法」（業法）を一つの分野として整理することは、①から⑦までのように業種を問わず適用されるものの整理とは視点が異なるといえるが、企業活動に関係する法を把握するうえでは有益な視点である（第2章 Ⅲ 3 参照）。

　このように分野を設定したうえで、各分野の概要として、その分野で定められている主要な項目、関係する主な現行法令等、基本的な考え方や概念などを第4章で示している。ただし、関係する主な現行法令等については、基本的な考え方や概念などを理解するうえで必要なものを示すにとどめている。

　なお、先に述べたように、ビジネス法を一定の分野ごとに整理する方法にはさまざまなものが考えられる。ここでの整理も、あくまでビジネス法の体系的な把握や理解を容易にするための実用的・便宜的・相対的なものにすぎない。

　例えば、倒産に関する法や紛争処理・紛争解決に関する法を一つの分野とするようなことも考えられる。他方、事業関係法は分野横断的であり、多種多様な法律が存在するため、共通する基本的な考え方や理念などを示すことは困難とならざるを得ない。このほか、ビジネス法の中には、いずれの分野にも収まらないようなものも存在するが、ここでは「その他」として特に留意すべきものについて言及している。

第3章　ビジネス法の体系化　　43

[図表1] 本シリーズにおけるビジネス法の体系図

ビジネス法

事業関係法

企業組織法
[機関とコーポレートガバナンス] [役員の責任]
[株式・新株予約権] [会計・剰余金の配当・継続開示]
[設立] [株式等の発行] [組織再編等]
[倒産・解散・清算] [訴訟・非訟]
●主な現行法令　会社法・金融商品取引法

企業取引法
[通則] [金融取引] [消費者契約・消費者保護]
[電子商取引] [国際取引] [取引紛争・解決]
●主な現行法令　民法・商法・消費者契約法・
特定商取引法[42]・割賦販売法・
景品表示法[43]・電子消費者契約法[44]

労働法
[労働契約の成立～終了] [集団的労働関係]
[外部労働力の利用] [組織再編と労働関係]
[紛争解決手続] [国際的労働関係]
●主な現行法令　労働契約法・労働基準法・
労働安全衛生法・労働組合法・
労働者派遣法

競争法
[競争促進] [不公正取引規制] [競争基盤の確保]
●主な現行法令　独占禁止法・不正競争防止法

ビジネス法としての知的財産法
[知的財産共通] [特許権・実用新案権] [意匠権]
[商標権] [著作権] [不正競争防止]
[知的財産権と国際関係]
●主な現行法令　特許法・実用新案法・意匠法・
商標法・著作権法・不正競争防止法

ビジネス法としての租税法
[法人所得課税] [法人取引課税] [国際課税]
[申告・徴収] [租税訴訟]
●主な現行法令　法人税法・消費税法・地方税法・
租税特別措置法

国際ビジネス法
[国際ビジネス拠点] [国際ビジネス活動]
[取引紛争]

その他

---

42)　特定商取引に関する法律

43)　不当景品類及び不当表示防止法

44)　電子消費者契約及び電子承諾通知に関する民法の特例に関する法律

第1編

第4章 ビジネス法の主要分野の概観

I 企業組織法

1 企業組織法とは

　企業組織法は、企業活動を行うための組織に関する法であり、ビジネス法の柱の一つである。企業形態として最も多く利用されているのは株式会社であり、株主や債権者との利害関係の調整を中心に、株式会社の組織、運営、管理などに関する事項を定めている会社法がこの分野の中心的な法である。このほか、この分野に属する主な現行法令等は次のとおりである。

[図表2] 企業組織法の分野と主な現行法令等

分野	主な現行法令等
機関とコーポレートガバナンス	会社法、金融商品取引法、内部統制府令[45]・同ガイドライン[46]、有価証券上場規程、コーポレートガバナンス・コード、個人情報保護法[47]、マイナンバー法[48]、法人税法・地方税法・所得税法
役員の責任	会社法、民法、金融商品取引法、刑法
株式・新株予約権	会社法
会計・剰余金の配当・継続開示	会社法、会社計算規則、金融商品取引法、財務諸表等規則、企業会計原則、企業会計基準、監査基準、国際財務報告基準（IFRS）、有価証券上場規程

---

45)　財務計算に関する書類その他の情報の適正性を確保するための体制に関する内閣府令

46)　内部統制府令ガイドライン（「財務計算に関する書類その他の情報の適正性を確保するための体制に関する内閣府令」の取扱いに関する留意事項について）

47)　個人情報の保護に関する法律

48)　行政手続における特定の個人を識別するための番号の利用等に関する法律

分野	主な現行法令等
設立	会社法
株式等の発行	会社法、金融商品取引法、財務諸表等規則、企業会計原則、企業会計基準、国際財務報告基準（IFRS）、業務規程（金融商品取引所）、有価証券上場規程
組織再編等	会社法、金融商品取引法、独占禁止法、法人税法、租税特別措置法、有価証券上場規程
倒産・解散・清算	会社法、破産法、民事再生法、会社更生法、私的整理ガイドライン
訴訟・非訟	会社法、民事訴訟法、民事保全法

　株式会社は、株主を構成員とする営利法人である。個人ではなく集団で企業活動を行う場合、その集団を独立した一つの活動主体としなければ、集団の法律関係は大抵複雑化し、取引相手などの混乱を招くおそれがある。株式会社には法人格が認められており、その経済活動から発生する権利義務は株式会社に帰属する。また、株式会社は、その構成員である株主に対外的な経済活動により得た利益を分配することが本質的な目的とされているうえ（営利性）、株主は株式の引受価額を限度とする出資義務を負う以外には会社の債務に責任を負わないため（有限責任）、出資を募りやすく、リスクを伴う企業活動を行いやすい。このような特性から、株式会社は集団で企業活動を行う場合の企業形態として有力な候補となっており、実際に数多く活用されている。

　企業形態としては、株式会社以外にも民法組合、匿名組合、有限責任事業組合、合名会社、合資会社、合同会社といったものがある。また、個人事業者の数も決して少なくない。ここでは企業形態の中心的な存在である株式会社について見ていくが、コンプライアンスなど、株式会社に限らずおよそすべての企業形態に共通する基本的な考え方や概念も存在する。

2 企業組織法の特徴

　株式会社に関する企業組織法の基本的な理念・原則には、株式会社の営利性、株主利益の最大化の原則（会社と株主との関係）、株主の有限責任（株主と債権者

との関係）といったものがある。

株式会社の営利性とは、株式会社が対外的な経済活動で利益を得て、その利益を株主に分配することを目的とする法人であるという性質を指す概念である[49]。この株式会社の営利性から、株式会社の利益を最大化し、株主へ配分される利益も最大となるようにすべきであるという株主利益の最大化の原則が導かれる。例えば、役員の責任における善管注意義務や忠実義務（後記**3**【2】参照）の具体的な内容を明らかにする際には、株主利益の最大化の原則が関係する。なお、この原則は一切の例外を認めないものではなく、例えば、企業の社会的責任（CSR）の観点は、善管注意義務や忠実義務の具体的な内容に影響を与え得る。

株主の有限責任とは、株主の責任の範囲をその有する株式の引受価額までとすること、すなわち、株主は株式の引受価額を限度とする出資義務を負う以外に会社の債務につき責任を負わないこととする原則である（会社104条）。この原則により、株式会社は必要な出資を募りやすくなり、また、リスクを伴う企業活動を行いやすくなる。他方、株主の責任が有限であるということは、会社に弁済能力がなくなった際にも株主は責任を負わないことを意味し、会社債権者から見ればこの原則は不利なものである。このような会社債権者を保護するため、会社法は、資本金制度や会社の財務状況の開示の制度を設けている（後記**3**【4】参照）。

3 企業組織法の基本的構成とその概要

企業組織法は、例えば、①機関とコーポレートガバナンス、②役員の責任、③株式・新株予約権、④会計・剰余金の配当・継続開示、⑤設立、⑥株式等の発行、⑦組織再編等、⑧倒産・解散・清算、⑨訴訟・非訟などに細分化することができる。①から順次見ていくが、⑥株式等の発行については③株式・新株予約権とともに触れることとし、⑨については必要に応じて他の箇所で触れる。

【1】機関とコーポレートガバナンス

法人は観念的な存在であるから、法人である株式会社が実際に企業活動を行

---

49) 株式会社の株主は、少なくとも剰余金の配当を受ける権利または残余財産の分配を受ける権利の一方は有していなければならない（会社105条2項）。

第4章　ビジネス法の主要分野の概観　　47

うには、個人（自然人）によらなければならない。そのため、株式会社には運営・管理機構（機関）を置く必要がある。会社法では、株主総会、取締役、取締役会、会計参与、監査役、監査役会、会計監査人、監査等委員会、指名委員会、監査委員会、報酬委員会、執行役といった機関が用意されている。

　法令の枠内において、株式会社はどのような機関を置くかを自由に定めることができる。法令の枠としては、会社法や事業関係法などを挙げることができる。会社法について見ると、株式会社は組織として意思決定をしなければならないことから、株主総会と取締役はすべての株式会社に置かなければならないこととされているが（会社295条以下参照、326条1項）、それ以外の機関は定款の定めによって置くことができるとされている（同326条2項、402条1項）。また、株式会社の運営・管理が適切に行われ、関係者（ステークホルダー）の利害が適切に調整されるためには、一定の監視を行うための機関も必要であり、株式会社が採用可能な機関の組合せや各機関の権限などについても定められている。例えば、一定以上の負債・資本規模がある株式会社に対してはより大がかりな監視のための機関の設置を求め[50]、機関構成によって株主総会や取締役会の権限の範囲を変えるなどしている[51]。

　上場会社については、金融商品取引所の定める上場基準などによって企業のコーポレートガバナンスや内部管理体制の有効性が審査される。これは投資家保護の観点から実施されており、採用すべき機関設計をはじめとして、独立役員（一般株主と利益相反が生じるおそれのない社外取締役または社外監査役）の確保、コーポレートガバナンス・コードに関する取組みなどについて一定の規律を定めている。

　また、近年、個人情報の保護や公益通報の保護が重視されている。株式会社の適切な運営・管理の一環として、個人情報の保護についてはその取扱いに関する規律が、労働者による公益通報については公益通報を行った労働者を保護

---

50)　　公開会社である大会社（会社2条6号）は、監査等委員会設置会社や指名委員会等設置会社とならない限り、監査役会および会計監査人を置かなければならない（同328条1項）。公開会社でない大会社は、会計監査人を置かなければならない（同条2項）。

51)　　取締役会設置会社の株主総会において決議可能な事項は、会社法および定款に規定されたものに限定される（会社295条2項）。この場合、業務執行は原則として取締役会の決定による（同362条2項1号）。取締役についても、取締役会設置会社か否かによって原則的な業務執行権限の有無が定められている（同348条1項、363条1項）。

するための規律が存在する（個人情報15条以下、公益通報3条以下）。

以上のような規律の中で適切な組織作りをすることが、コーポレートガバナンスの確立やコンプライアンス体制の整備につながる（第1章 **Ⅱ** 参照）。

【2】役員の責任

取締役・監査役・執行役などは、その職務に応じて各種法的責任を負う。

株式会社と取締役・監査役・執行役などとの関係は委任に関する規定に従う（会社330条、402条3項）。したがって、取締役・監査役・執行役などは、委任の本旨に従い、善良な管理者の注意をもって委任事務を処理する義務（善管注意義務）を負う（民644条）。特に業務執行を行う取締役・執行役については、法令・定款・株主総会の決議を遵守し、株式会社のため忠実にその職務を行う義務（忠実義務）や、競業避止義務・利益相反取引規制なども定められている（会社355条、356条1項、365条、419条2項）。

取締役・監査役・執行役などは、株式会社に対し、その任務を怠ったことにより生じた損害を賠償する責任を負う（同423条1項）。その場合には、株主利益の最大化の原則やコンプライアンスの考え方などを踏まえて、善管注意義務や忠実義務の具体的な内容を明らかにし、任務を怠ったか否かが判断されることになる。特に業務執行を行う取締役・執行役については、経営にはある種の冒険的判断が不可避であることから、結果として失敗したか否かという点を中心に事後的に評価して善管注意義務や忠実義務の違反の有無を判断するのではなく、事実の認識や意思決定の過程に不注意がなければ取締役・執行役には広い裁量が認められ、善管注意義務や忠実義務の違反があったとは評価しないとする考え方（経営判断の原則）が一般的となっている。また、取締役・監査役・執行役などのこの責任については、株主が株式会社のためにこれらの者に対して訴えを提起することが認められている（株主代表訴訟。同847条）[52]。

取締役・監査役・執行役などは、第三者に対し、その職務を行うについて悪意または重大な過失があったときは、これによって第三者に生じた損害を賠償する責任を負う（同429条1項）。

---

52)　株主の地位を強める重要な制度である。親会社株主が子会社のために訴えを提起する多重代表訴訟も認められる（会社847条の3）。

第4章　ビジネス法の主要分野の概観　　49

上場会社であれば、金融商品取引法の規律も及ぶ。例えば、有価証券届出書に重要事項についての虚偽記載がある場合、取締役・監査役・執行役などは、虚偽記載により生じた損害を賠償する責任を負う（金商24条の4、22条）。

　役員の責任には、刑事責任もある。例えば、取締役・監査役・執行役などは、自己または第三者の利益を図る目的や株式会社に損害を加える目的で、その任務に背く行為をし、株式会社に財産上の損害を加えたときには、10年以下の懲役または1000万円以下の罰金に処される（併科もあり得る。特別背任。会社960条1項）。

　このような役員の各種責任は、役員が適切に職務を行うことを担保し、コーポレートガバナンスやコンプライアンスに資する。一方、役員の責任が大きければ大きいほど人材を確保することが困難になるとの観点などから、一定の取締役などの株式会社に対する損害賠償の限度額を定める責任限定契約（同427条）や損害賠償責任のリスクをヘッジする会社役員賠償責任保険（D＆O保険）などの活用も行われている。両者の適切なバランスの確保が求められる。

【3】株式・新株予約権

　株式・新株予約権は組織再編や金融取引の一環として発行されることもあるが、ここでは企業組織法の観点から、その内容、発行、管理などを見ていく。

　株式は、株主の地位を細分化し割合的地位の形にしたものである。株主は、議決権・剰余金配当請求権・残余財産分配請求権を有する（会社105条1項各号）。コーポレートガバナンスの観点からは、議決権のほか、株主提案権（同303条）や株主代表訴訟の提訴権（同847条）も挙げることができる。新株予約権は、株式会社に対して行使することにより、その株式会社の株式の交付を受けることができる権利である。

　株式は、会社の設立時に発行されるほか、その設立後にも発行される。通常の株式発行は、株主割当て（株主にその持株数に比例して株式の割当てを受ける権利を付与して株式を発行）、第三者割当て（特定の第三者に対してのみ株式の申込みの勧誘をして株式を発行）、公募（不特定多数の者に対して株式の引受けの勧誘をして株式を発行。通常、金融商品取引業者が引受人（金商2条6項）として関与して行われる）の方法により行われる。新株予約権は、取締役に対するインセンティブ

報酬の趣旨でのストックオプションや、敵対的企業買収に対する防衛のためのものなどとして発行される。新株予約権の発行は、株式発行と同様、株主割当て・第三者割当て・公募の方法により行われる。

　株式会社は、株主をその有する株式の内容および数に応じて平等に取り扱わなければならない（株主平等原則。会社109条1項）[53]。株主平等原則に違反する定款の定め、株主総会決議、取締役会決議、業務執行などは無効となる可能性がある。また、株式会社は、何人に対しても、株主の権利の行使に関し、会社またはその子会社の計算で財産上の利益を供与することはできない（同120条1項）。

　株主は株主名簿によって管理される（同121条以下）。株式会社は、基本的に株主名簿に記載された者を株主として取り扱うことになる。例えば、株式会社は、権利行使から3か月以内となる基準日を定めて、その時点における株主に権利行使を認めることが可能である（同124条1項）。株主総会の招集通知などは株主名簿に基づいて行うことになる（同126条1項）。また、株式の譲渡はそれを株主名簿に記載・記録しなければ株式会社に対抗することができないとされていることから（同130条）、株主名簿に記載の者を株主として取り扱うことになる。新株予約権の管理は、新株予約権原簿により行う（同249条）。新株予約権者に対する通知などや、新株予約権の譲渡についても、株式と同様の規律がある（同253条1項、257条）。

　株式は自由に譲渡できるのが原則であるが（同127条）、譲渡制限を設けることができる（同107条1項1号、2項1号、108条1項4号、2項4号）。基本的に投下資本の回収の手段がない株主にとって、株式の譲渡はその投下資本を回収する有用な手段であり、株式会社が株式の譲渡やその取得を承認しない場合には、その買取りや買取人の指定などをする義務がある（同140条）。新株予約権も自由に譲渡できるとされているが（同254条1項）、譲渡制限を設けることができる（同236条1項6号）。株式と異なり、投下資本を回収する必要性は乏しく、株式会社によるその買取りや買取人の指定などをする義務は設けられていない。

---

53)　　株主平等原則はあくまで原則的なものであり、会社法は一定の事項については権利内容などの異なる株式の発行を認めているため（会社108条1項）、実際には異なる取扱いをすることができる。

【4】会計・剰余金の配当・継続開示

　会計は、株式会社の財務状況を把握するために不可欠なものであるが、特に会社法および金融商品取引法は、それぞれの法律の目的から、各種規律を設けている[54]。

　会社法は、株主の有限責任の下、債権者保護の観点から、株式会社による株主への分配可能額を定め（会社461条）、一定以上の財産の流出には規制を設けている（同462条以下）。また、会社の利害関係者が適切に意思決定をできるよう、計算書類の開示について定めている（同440条）。

　金融商品取引法は、投資者保護の観点から、上場会社などに有価証券報告書などの提出を義務付けている（金商24条1項）。提出を義務付けられているもののうち最も詳細な内容を含むのが有価証券報告書であり、重要な内容として財務書類などが含まれている。

　また、金融商品取引法は、上場会社などに対して、その会社の属する企業集団および当該会社に係る財務計算に関する書類その他の情報の適正性を確保するために必要なものとして内閣府令で定める体制について、内閣府令で定めるところにより評価した報告書（内部統制報告書）の作成および監査を求めている（同24条の4の4第1項、193条の2第2項）。この内部統制報告書は、財務報告の信頼性を確保するのに必要な体制に関するものであるが、コンプライアンスなどに密接に関係するものといえる。

【5】設　立

　株式会社の設立には、発起設立（発起人が設立時発行株式の全部を引き受ける方法。会社25条1項1号）と募集設立（発起人が設立時発行株式を引き受けるほか、設立時発行株式を引き受ける者の募集をする方法。同25条1項2号）がある。所定の要件を満たす手続が履践された場合には、当然に会社の成立が認められ、法人格が付与される（準則主義）。

　設立の手続は、発起設立の場合は、会社の根本規範である定款の作成、株式の引受けと出資の履行、設立時取締役などの選任、設立登記といった流れで進

---

54)　このほか、法人税法等は、公平な課税の観点などから、会社の所得計算において会社法および金融商品取引法とは異なる規律を設けている（**後記 Ⅵ 3**【1】【a】参照）。

52　　第1編　ビジネス法の基礎

み、募集設立の場合は、設立時発行株式を引き受ける者の募集なども行う。これらについては、コーポレートガバナンスなどの観点から、さまざまな規律が設けられている。例えば、定款は公証人による認証を受けなければその効力を生じず（同30条1項）、公証人は法令に適合した定款のみ認証する（公証26条）。また、現物出資や財産引受けは、目的物の過大評価により他の株主や会社債権者を害する危険があるため、検査役の選任の申立義務（会社33条1項）、発起人・設立時取締役などによる財産価額填補責任（同52条、103条1項）などが定められている。

株式会社は、設立の登記によって成立する（同49条）。

【6】組織再編等

株式会社は、企業買収、共同事業、企業グループの再編などを実現するため、合併、会社分割、株式交換、株式移転、事業譲渡などを行う。これらの組織再編行為においては、相手方との間で締結する契約の内容が重要であることはいうまでもないが、株主や債権者の利害に関わるため、必要に応じて、株主総会の特別決議・特殊決議（会社309条2項12号など）、反対株主の株式買取請求権（同785条など）、債権者異議手続（同789条など）といったものが定められている。

これに関係する法律は多岐にわたる。合併について見ると、例えば、独占禁止法は競争制限などとなる合併を禁止している（独禁15条1項）。金融商品取引法は臨時報告書の提出が必要な場合を定める（金商24条の5第4項、企業開示19条1項、同条2項7号の3など）。事業関係法・業法により合併自体に主務大臣の認可が必要とされる場合がある。また、事業を行うのに必要な許可などが存続会社・新設会社に承継されるとは限らず、その事業を規制する法の趣旨に即して承継の有無が判断される。

【7】倒産・解散・清算

倒産という用語は法令上定義されているわけではないが、株式会社の倒産といえば、概ね株式会社がその負っている債務を返済できない経済状態にあることを意味する。倒産の状態に陥った株式会社については、その資産を処分換価して債権者に平等に配当することや、その事業を再建し、再建事業から生じる

第4章　ビジネス法の主要分野の概観　　53

収益を弁済の原資とすることが考えられ、必要な仕組みが整備されている（破産法、民事再生法、会社更生法、会社法（特別清算））。また、当事者間の合意で対処されることもあり、必要な調整の場もある（私的整理、各種ADR）。費用を抑えること、迅速に処理することなども重要な観点ではあるが、それと債権者の平等を確保することとの兼ね合いが問題となり得る。

　会社は破産手続開始決定により解散するが（会社471条5号）、倒産以外の事由でも解散する（同471条各号）。株式会社は、解散により、合併または管財事件となる破産の場合を除き、清算手続に入る。株式会社の資産は会社債権者への責任財産となるから（**前記2**参照）、債務の弁済が適切に行われた後に株主への残余財産の分配が行われるよう必要な規律が定められている（同475条以下）。なお、特別清算は、倒産処理の一つといえるものであり、債務超過の疑いなどがある場合に裁判所の監督の下に行われる特別の清算手続である（同510条以下）。

Ⅱ　企業取引法

1 企業取引法とは

　ビジネス法とは、企業および企業活動に関係する法である。企業活動の典型的な例を挙げるとすると、企業は、資金を調達し、オフィスや店舗を借りたり、工場を建設し、原材料や生産設備を購入し、労働者を雇い[55]、生産を行って商品を販売したり、サービスを提供して、対価を得る。このような企業の活動は、一つの企業のみで行う部分もあるが、多くは他者との取引[56]によって成り立っている。資金を調達するにも、工場を建設するにも、原材料を購入するにも、商品を販売し、あるいはサービスを提供するにも、他者との取引が介在する。このように、企業活動の中心は企業取引であり、企業の取引に関する法を「企業取引法」ととらえることができる。企業取引法は、企業組織法と並ぶビジネ

---

55)　　労働者を雇用することも契約であり企業取引ともいえるが、他の取引とは考え方が大きく異なるため、「労働法」として別分野として取り扱うこととする。

56)　　「取引」という言葉は多義的であるが、ここでは、とりあえず、営利のためになす経済行為ととらえておく。

ス法の柱であるといえる。

[図表3] 企業取引法の分野と主な現行法令 [57)58)59)

分野	主な現行法令など
通則	民法、商法、個人情報保護法、法人税法、消費税法、地方税法、租税特別措置法
金融取引	民法、会社法、金融商品取引法、財務諸表等規則、企業会計原則、企業会計基準、国際財務報告基準（IFRS）、業務規程（金融商品取引所）、有価証券上場規程、利息制限法、出資取締法、手形法、小切手法、信託法、資産流動化法 [57)]、投信法 [58)]、供託法
消費者契約・消費者保護	消費者基本法、消費者契約法、特定商取引法、割賦販売法、景表法
電子商取引	電子消費者契約法
国際取引	（国際ビジネス法後記 **VII** 参照）
取引紛争・解決	民事訴訟法、民事執行法、民事保全法、民事調停法、消費者訴訟法 [59)]

2 企業取引法の特徴

【1】契約自由の原則とその例外

　企業取引とは、企業と他者との間の取引であり、私人と私人との取引である。私人間の取引は契約によって行われるものであり、契約とは当事者の意思の合致により、当事者を拘束するものである。企業取引について一般的なルールを定めているのは、民法および商法であるが、その特徴は「契約自由の原則」であり、契約を当事者の自由に任せ、国家はこれに介入しないという近代私法の基本原則である。契約自由の原則には、①契約をするかしないかの自由、②相

---

57) 　資産の流動化に関する法律

58) 　投資信託及び投資法人に関する法律

59) 　消費者の財産的被害の集団的な回復のための民事の裁判手続の特例に関する法律

手方選択の自由、③内容の自由、④方式の自由が含まれている。

　このように契約の内容は当事者の自由であるから、契約において創意工夫を発揮することより、さまざまな権利・義務関係を作り出すことができる。民法には売買、消費貸借、請負、委任といった複数の契約類型が規定されている（典型契約）が、民法に規定されていない契約を作り出すのも当事者の自由である。実際に、フランチャイズ契約（本部が加盟店に対し商号・商標の使用の権利を付与するとともに経営ノウハウを指導し、加盟店が本部に対し加盟金・ロイヤルティを支払う契約）やライセンス契約（自社の持つ特許権、著作権などの知的財産権を他者に使用させる契約）などは、民法に規定のない契約（非典型契約）であるが、ビジネスにおいて重要な契約類型となっている。また、民法（特に債権法）に規定がある場合であっても、その多くはいわゆる「任意規定」であり、当事者の合意により民法の規定と異なる内容で契約を行うことができる（民91条）。

　したがって、契約にあたっては、企業にとってその契約を締結する目的や企業のビジネスプランに沿って、かつ、生じ得るリスク等を踏まえたうえで、企業にとって適切な契約内容を作り上げていくことが重要となる。

　契約自由の原則がある一方で、当事者の自由に任せていては弊害が生じてしまうことが認識され、この原則に対する例外も広がってきている。企業対企業（BtoB）の取引、企業対消費者（BtoC）の取引に分けて見てみると、まず、企業対企業（BtoB）の取引については、基本的には独立対等の関係であるため契約自由の原則が妥当する場面が多いが、公正で自由な競争の実現を目指す観点から、独占禁止法や下請代金の支払遅延等防止法（以下「下請法」という）によって、不当な取引制限や不公正な取引方法などが禁止されている。企業対消費者（BtoC）の取引については、情報量の差や交渉力の差などから、消費者を保護する必要があるとして、消費者契約法において消費者に不利益な一定の契約を無効とするなどの規定がある。また、取引の種類に関わらず、業法においては、取引内容に関し一定の制限が設けられているものも多い。これらの規定には「強行規定」も多くあり、法律等の内容と異なる定めを当事者間で勝手に行うことはできない。仮に法に違反する内容の契約を結んだ場合には、それが公序良俗に反する事項を目的とするものであると、契約は無効とされる（同90条）。また、契約の効力の問題とは別に、契約の自由を制限する法規範には、違反に対

して、業務停止などの行政上の制裁、違反者に対して一定の金銭の納付を命ずる課徴金、さらには刑事罰などのペナルティが設けられているものもある。刑事罰はいうまでもなく、行政上の制裁についても、制裁そのものによるダメージに加え、企業に対する社会からの評価が大きく低下するというレピュテーションリスクがあることにも、注意が必要である。

このように、個々の法令の規定が任意規定か強行法規かは、契約実務上も大きな問題となるが、これは解釈により個別に決定されるため、契約の締結にあたって留意が必要である。

【2】過失責任主義とその例外

過失責任主義とは、近代私法の原則の一つであり、他人に損害を与えても故意または過失があった場合のみ損害賠償責任を負うという原則である（民709条等）。この原則は、企業取引の大部分について妥当するが、消費者にとって過失の証明が困難であるという問題や、公害など企業の活動により多くの被害者が出たという問題が生じたことから、一部において、過失がなくとも損害賠償責任を負うという「無過失責任」が導入されている。具体的には、製造物責任（製造物3条）[60]、工場等における事業活動に伴う健康被害物質の大気中への排出により人の生命または身体を害した責任（大気汚染25条）などである。

3 企業取引法の基本的構成とその概要

企業取引法は、ビジネス法の法分野の中で関係する法律の数も多く、その範囲も非常に幅広いため、その全体を眺めているだけでは理解が困難である。そこで、取引の種類等によって分類を行って把握することが有用である。

第一に把握すべきは、民法や商法など、特定の分野に限らず企業取引一般に適用される法であり、企業取引法の基礎となるものである。

第二に、企業の資金調達などの金融取引については、取引一般の知識に加えてより技術的・専門的な法知識が必要とされることから、金融取引法あるいは

---

60)　　ただし、「製造物」によって損害が生じたこと、製造物に「欠陥」が存在したこと、「損害」が発生したこと、欠陥と損害発生との間に「因果関係」が存在することなどの要件を満たす必要がある。

第4章　ビジネス法の主要分野の概観　　57

ファイナンス法として一分野ととらえることができよう。

　第三に、企業取引は、企業対企業（BtoB）の取引と企業対消費者（BtoC）の取引に分類できるが、企業対消費者の取引については、情報量や交渉力の格差から消費者を保護するための一連の法が存在し、「消費者法」といえる一つの法分野を形成している。

　第四に、近年のICT（情報通信技術）化の進展の中で、インターネットなど情報通信技術を利用した取引が発達し、これらについても独自の側面があることから、企業取引法の一分野として見ていくことも必要である。

　第五に、国際的な取引については、国内での取引とは大きく異なる法律問題があるため、別分野ととらえることが適当であろう。

　第六に、これまでとは視点が異なるが、企業取引については、業法の影響も大きいため、それについても見ておくことが必要となる。また、企業取引に関わる紛争の処理についても、目を向けておく必要があるだろう。

【1】通　則
【a】商法の商行為法

　商法の規定で企業取引法として重要なのは、第2編商行為である。この規定が適用されるためには、企業の行為が「商行為」に該当するかどうかがポイントとなるが、会社がその事業としてする行為およびその事業のためにする行為は商行為とされ（会社5条）、商人（会社も商人である）の行為はその事業のためにするものと推定されることから、会社の行為の多くは商行為といえる。

　商法は、商行為に関し、債権の消滅時効や法定利率などについて、民法の特例を定めている（商法第2編第1章総則。債権の消滅時効につき522条、法定利率につき514条）。また、商事売買、仲立営業、問屋営業など営業の種類ごとに、民法の特例的な規定を定めている（同第2編第2章売買、同第5章仲立営業、同第6章問屋営業等）。

【b】民法と商法の関係

　民法と商法の関係は、一般法と特別法の関係にあり、商法1条に定められているとおり、商行為については、まず商法が適用され、商法に定めがない事項

については、商慣習に従い、商慣習がないときは民法の定めるところによるとされている。そして、商法の商行為法は商行為について網羅的に規定しているのではく、商行為の特性に合わせて民法の特例等を定めるものであり、基本的には民法の規定によるところが大きい。そのため、企業取引法の理解のためには、商法だけでなく、民法の理解も非常に重要である。

【c】企業取引と民法

民法は私法の最も基本的な法律であり、第1編総則、第2編物権、第3編債権、第4編親族、第5編相続という構成となっているが、取引の中心は契約であるから、企業取引法としては、第3編の債権法（総則、契約など）が重要であるし、全編に共通する内容は総則に規定されているため、第1編の総則の理解も必要となる。また、物の販売等の取引や金融取引においては物権（担保物権を含む）の理解も重要となる。

【d】約　款

企業取引においては、例えば銀行と預金者との間の契約など、同内容の契約を多数の当事者と締結することが多い。このような場合に、個々の顧客と一つひとつの契約条件について交渉をして、詳細な契約書を作成するというのは、非常に手間がかかり非現実的である。そこで、あらかじめ定型化された契約条項のまとまりである「約款」[61]による取引が広く利用されているということが企業取引の特徴の一つとして挙げられる。

【2】金融取引法（ファイナンス法）
【a】金融取引と法

企業が活動するためには資金が必要であり、その資金を他者から調達する必要がある。また、事業の拡大のために他社に対して投資をするような場面も考

---

61)　　従来民法に約款に関する規定は存在していなかったが、2015年3月31日に国会に提出された債権法の改正案（民法の一部を改正する法律案）においては、新たに「定型約款」（定型取引において、契約の内容とすることを目的としてその特定の者により準備された条項の総体）について規定を設けることとされている（改正後民法548条の2～548条の4）。

えられる。このような金銭のやりとりを目的とした取引（金融取引）についても、私人間の契約について規律する民法が基本となる。企業の資金調達の方法としては、典型的には、銀行からの借入れや社債などのデットと株式を発行して投資から資金調達するエクイティがあるが、銀行からの借入れをする場合には、消費貸借、債権総則（保証など）、担保物権などが関係する。また、民法の関連法として、利息制限法や出資の受入れ、預り金及び金利等の取締りに関する法律などがある。新株発行や社債については、会社法の新株発行に関する規定や社債に関する規定なども重要である。

〔b〕金融規制に関する法

このような基本的な法律に加え、金融取引については他の取引よりも技術的色彩がより強く、また、法規制も多いことから、その理解も必要となる。先ほどの株式や社債の発行については、会社法だけでなく、金融商品取引法およびこれに関連するルール（内閣府令、取引所規則等）も重要である。さらに、金融取引に関する規制や監督を定める法律としては銀行法、貸金業法といった法律も存在する。

〔c〕高度な金融取引に関する法

近年では、前記〔a〕のような伝統的な資金調達手法に限られず、保有する不動産や債権を流動化して資金調達を行うといったような新たな資金調達の手法（ストラクチャード・ファイナンス）が発達している。このような資金調達の方法については、より高度な金融技術が用いられており、法的にも深く幅広い専門知識が求められる。具体的に関連する法としても、先に挙げた法のほか、信託法、有限責任事業組合契約に関する法律、資産の流動化に関する法律、投資信託及び投資法人に関する法律などさまざまなものがある。

【3】消費者法

消費者との取引についても、民法が基本となるが、消費者保護の観点から、独自の規律が存在する。

〔a〕消費者との契約に関する法

　消費者の関係では、消費者基本法[62]といった基本法もあるが、企業と消費者との契約について消費者を保護するための法律として一般的に適用されるのは、消費者契約法である。この法律は、消費者と事業者との間で締結される契約を「消費者契約」と定義し、消費者契約については、事業者の行為により消費者が誤認し、または困惑した場合について、消費者が意思表示の取消しをすることができるようにする（消費契約4条、5条）とともに、消費者に不利益を与える一定の契約条項を無効とする（同8条〜10条）ことを定めている。また、一定の要件を満たした適格消費者団体が事業者に対し差止請求をすることができるようにしている（同12条）。

　取引の種類ごとに消費者を保護するための法規制も存在する。特定商取引に関する法律は、訪問販売、通信販売、特定継続的役務提供など特定の種類の商取引について、一定の義務や禁止行為、いわゆるクーリング・オフ制度などを定めている。また、割賦販売法は、割賦販売等において消費者の利益を保護するため、取引条件の表示や書面の交付などを定めている。

〔b〕安全や表示に関する法

　契約そのものの規制以外にも、消費者保護のための法規制が存在する。製品や食品の安全については、消費者安全法、食品安全基本法、食品衛生法などが存在する。消費者の安全そのものに影響することから、これらの法に違反した場合には、行政上の制裁などのペナルティがあり得るほか、消費者からの信用を失うこととなり、重大なリスクとなりかねない。また、製造物の欠陥により被害が生じた場合における損害賠償責任について、製造物責任法は製造業者等の無過失責任を定めている（製造物3条）。

　製品やサービスに関する表示については、不当景品類及び不当表示防止法が基本的な法律であり，品質が実際のものや他の事業者のものより優良であると示す優良誤認表示、価格等が実際のものや他の事業者のものより有利であると

---

62)　　消費者基本法は、法的な拘束力を伴うものではないが、消費者の権利の尊重およびその自立の支援という基本理念を定め（1条）、消費者施策の基本を定めるものであり、この分野の指針となる法律である。

示す有利誤認表示などを禁止している（景表5条）。違反した場合には行為の差止めなどの措置命令の対象となるほか、優良誤認表示と有利誤認表示の違反等に対しては課徴金の納付が命ぜられる（同8条）[63]。このほか、特定の商品に関する表示規制として、食品表示法などの食品表示に関する法、家庭用品品質表示法、住宅の品質確保の促進等に関する法律などがあり、それぞれ表示について詳細な規律を設けている。

【c】個人情報の保護

消費者との取引においては、企業が、消費者の個人情報を入手することもよくある。個人情報の保護に関する法律は、個人情報（生存する個人に関する情報であって、特定の個人を識別することができるもの等）の保護のルールを定めており、個人情報取扱事業者の義務として、利用目的の特定（個人情報15条）、第三者提供の制限（同23条）などを定めている。近年、個人情報の流出に対し厳しい目が注がれており、企業にとっても重大なリスクになり得るので留意が必要である。

【4】電子商取引法

インターネットを活用した取引などの電子商取引についても、民法をはじめとして一般の企業取引に関する法が適用されるが、これらの法律は必ずしも電子商取引を想定して制定されたものではないため、電子商取引への当てはめにあたっては解釈が不明瞭な点が生じてしまう。そこで、経済産業省において、「電子商取引及び情報財取引等に関する準則」[64]が作成されており、電子商取引における法解釈の参考となる。

また、電子商取引に固有の法として、要素の錯誤があった場合（電子契約特3条）および隔地者間の契約において電子承諾通知を発する場合（同4条）に関し民法の特例を定めている「電子消費者契約及び電子承諾通知に関する民法の特

---

63) 不当表示であることを知らず、かつ、不当表示であることを知らないことについて相当の注意を怠ったものではないと認められる場合や課徴金額が少額である場合には、課徴金が免除される（景表8条1項柱書ただし書）。また、自主申告をした場合や自主的に返金をした場合には、課徴金が減額あるいは免除される（同9条～11条）。

64) 経済産業省のウェブサイトにおいて公開されている。http://www.meti.go.jp/policy/it_policy/ec/、（2016.12.20）。

例に関する法律」や、電子署名があれば電磁的記録の真正な成立を推定する「電子署名及び認証業務に関する法律」がある。

【5】国際取引法

　国際社会においてはそれぞれが主権を有する国家が併存しており、各国家が独自の法を制定している状況であり、世界共通の国際取引法という法が存在しているわけではない。統一的な国際取引法に向けた取組みは進められており、国際物品売買契約に関する国際連合条約（ウィーン売買条約：CISG）などその成果もあるが、完全に統一されたといえる状況ではない。そのため、ここでいう国際取引法は、国際取引に関する条約、国際慣習法、各国国内法などの総体において、法というものを見ていくこととなる。

【6】企業取引と事業関係法

　特定の事業を対象とするいわゆる事業関係法においては、事業の開始について許可や届出を義務付ける、契約の締結を義務付ける（電気17条等）、約款について行政庁の認可を必要とする（道運11条等）、契約に際し書面の交付を義務付ける（金商37条の3等）、取引について一定の行為を禁止する（同38条等）など、取引に対し規制を設けるものが多い。したがって、事業の種類に応じて関連する事業関係法を理解することが必要となる。

【7】企業取引と紛争解決

　企業取引に関し紛争が生じた場合には、それへの対応を迫られることになる。その場合に、当事者間の話合いで解決（和解）できるのが理想であるが、そうでなければ、第三者に関与してもらうことなども必要となる。第三者が関与した紛争解決の手続については、裁判による紛争解決のほか、裁判外での紛争解決の手続もある。両者の最大の違いは、強制力があるかどうかである。

【a】裁判外での紛争解決

　裁判外での紛争解決については、裁判による紛争解決に比べ、当事者の意向に応じて柔軟に手続を進めることができる、紛争解決に要する時間が短く費用

を抑えることができる、専門家の判断を仰ぐことができるなどのメリットがある。他方で、裁判とは異なり、相手方が紛争解決手続に参加しようとしない場合などには、強制的に紛争を解決することはできない。

裁判外での紛争解決の方法にはさまざまなものがあるが、大きく分類すると、当事者間の合意により紛争の解決を図ろうとする調整型の手続（あっせんおよび調停）と第三者の審理・判断に従うという合意の下に手続を開始する裁断型の手続（仲裁）がある。調整型の手続は解決案を拒否できるが、裁断型の手続は解決案を拒否できない。手続の主宰者についても、裁判所によるもの[65]、行政機関によるもの[66]、民間によるもの[67]とさまざまである。

【b】裁判による紛争解決

裁判による紛争解決は、強制力を有するものであり、いわば最終的な解決手段といえる。裁判による紛争解決の手続は、主に民事訴訟法に規定されている。民事訴訟法における最も重要な原則は当事者主義であり、その表れが弁論主義である。弁論主義とは、資料の収集・提出を当事者の権限および責任とするものであり、裁判所は当事者が主張した事実や提出した証拠を基礎として判断を行うものである。

このほか、仮差押えや仮処分については民事保全法が、強制執行等については民事執行法がそれぞれ定めている。

また、消費者契約に関して相当多数の消費者に生じた財産的被害の救済のため、消費者の財産的被害の集団的な回復のための民事の裁判手続の特例に関する法律が制定されており、一定の要件を満たした消費者団体が訴訟[68]を提起することができることとされている。

---

65) 民事調停法に基づく民事調停、家事事件手続法に基づく家事調停などがある。

66) 国民生活センター紛争解決委員会などがある。

67) 民間事業者が行う裁判外の紛争解決手続については、裁判外紛争解決手続の利用の促進に関する法律が定められている。

68) 2段階の制度となっており、第1段階として事業者の共通義務の確認の訴訟（消費者被害回復2条4号）、第2段階として個別の消費者の債権確定手続（同2条7号）という流れとなっている。

4 企業取引と他の法分野との関係

　企業取引法以外のビジネス法の各分野においても企業取引と関わりを持つものが多いことから、企業取引とこれらの分野の関係について触れておきたい。

【1】競争法

　競争法においては、企業結合規制などを除き、企業取引を対象としている。したがって、企業取引にあたっては、独占禁止法など競争法上の問題がないかを検討する必要がある。

【2】知的財産法

　知的財産権も財産権であり、企業取引の対象となる。自社の持つ知的財産権を他社に使用させるライセンス契約も企業取引法の一部といえよう。契約などの企業取引に関する法と知的財産法の知識の両者が必要とされる分野である。

【3】租税法

　消費税（地方消費税を含む）は、物品の譲渡やサービスの提供に対して課税をしており、いわば企業取引そのものに対して課税をしている。このほか、契約書に関わる印紙税、貿易にあたっての関税などが企業取引と関係を有している。

III　労働法

1 労働法とは

　労働法は、企業の労働関係に関する法であり、採用、労働条件の決定・変更、人事異動、解雇・懲戒のほか、労働組合や労働者派遣などについて定めるものである[69]。企業再編や企業再生の場面など企業組織法と関係する。この分野に属する主な現行法令等は次のとおりである。

---

69)　労災保険、雇用保険、健康保険、年金など各種社会保険を労働法に含めることも可能であるが、ここでは上記に掲げたものを中心に見ていくこととしたい。

[図表4] 労働法の分野と主な現行法令等

分野	主な現行法令等
労働契約の成立 ～終了	労働契約法、民法、労働基準法、最低賃金法、賃金支払確保法[70]、労働安全衛生法、育児・介護休業法[71]、障害者雇用促進法[72]、高齢者雇用安定法[73]、男女雇用機会均等法[74]、パートタイム労働法[75]、公益通報者保護法
集団的労働関係	労働組合法、労働関係調整法
外部労働力の 利用	職業安定法、労働者派遣法
組織再編と 労働関係	労働契約承継法（企業組織法と関係）
紛争解決手続	労働審判法、個別労働関係紛争解決促進法、民事訴訟法、民事執行法、民事保全法、民事調停法
国際的労働関係	（国際ビジネス法と関係）

　企業活動に人・労働力は不可欠である。人・労働力を確保するための典型的な手法としては労働者の雇入れが考えられる。また、業務処理請負、業務委託、労働者派遣など外部の労働力を活用することもある。

2 労働法の特徴

　労働法では、契約自由の原則が存在する一方（前記 **Ⅱ** **2**【1】参照）、労働者は使用者との関係において社会的に弱い立場に立たされることが少なくないという歴史的経緯や共通認識の下、労働者保護のための規律が設けられているのが特徴的である。

---

70)　賃金の支払の確保等に関する法律

71)　育児休業、介護休業等育児又は家族介護を行う労働者の福祉に関する法律

72)　障害者の雇用の促進等に関する法律

73)　高年齢者等の雇用の安定等に関する法律

74)　雇用の分野における男女の均等な機会及び待遇の確保等に関する法律

75)　短時間労働者の雇用管理の改善等に関する法律

例えば、原則として企業が労働者と労働契約を締結するか否かは自由であり、その相手方を誰とするかも自由である。労働条件も当事者間の合意によるのが原則である（後記**3**【1】[b]参照）。

他方、労働条件の最低基準が法律で定められている。また、経営者と労働者の立場を対等とするために、労働組合には一定の法的地位が付与されている（後記**3**【3】参照）。

労働法は、労働者と使用者の利益を調整しながら必要な規律を設けているが、どちらの利益をどの程度考慮するかを決めることは容易ではない。そこで、労働法の多くの分野の政策決定について、公労使三者構成の原則が採用されている。ILO（国際労働機関）の諸条約においても雇用政策について労使同数が参加する審議会を通じて政策決定を行うべき旨が規定されるなど、この原則は国際的にも一般的な考え方となっている。例えば、労働政策審議会は労働政策に関する重要事項を調査審議する審議会（厚生労働省に設置）であるが、厚生労働大臣が任命する公益委員・労働者委員・使用者委員各10名の計30名の委員で構成されている。

3 労働法の基本的構成とその概要

労働法は、例えば、①労働契約の成立～終了、②集団的労働関係、③外部労働力の利用、④組織再編と労働関係、⑤紛争解決手続、⑥国際的労働関係と細分化することができる。ここでは、主に①、②、③および⑤について見ていく。

【1】直接雇用（労働契約の成立～終了）
[a] 募集・採用

募集・採用活動は、労働者保護の観点からある程度規律されてはいるが、原則として自由である。具体的に見ていくと、まず労働契約を締結するか否かは自由である。その採否を判断するうえで調査をすることもできるが、応募者の人権などに留意する必要がある。募集方法には文書募集・文書募集以外の直接募集・委託募集がある。職業安定法は文書募集・直接募集を原則自由とし、委託募集については、労働者保護の観点から、許可制（有償の場合）または届出制（無償の場合）としている（職安36条）。雇用の規模（人数）についても、企業が企

業活動の必要性と費用の負担能力に照らして判断することができる。雇用の人選については一定の規律が存在する。例えば、労働組合への非加入や脱退を条件にできない（労組7条1号）。一定の障害者雇用率を遵守することも必要である（障害雇用43条）。また、派遣労働者に対しては雇用契約の申込みをしたものとみなされることがある（労派遣40条の6）。

　また、募集・採用活動全体を通じて、年齢により応募資格に制限を設けることや年齢によって採否を決定することも、原則として禁止されている（雇対10条、雇対則1条の3第1項）。

　労働契約の締結にあたっては、企業は労働者に対して賃金や始業・終業時刻など一定の労働条件を明示しなければならない（労基15条1項、労基則5条）。また、パートタイム労働者との間における労働契約の締結にあたっては、昇給、退職手当、賞与の有無などについても、原則として、文書の交付による明示が義務付けられている（短時労6条1項、短時労則2条）[76]。

[b] 労働条件

　労働条件とは、労働契約関係における労働者の待遇の一切をいう。例えば、労働契約の期間、就業場所、従事すべき業務、始業・終業時刻、休憩時間、休日、休暇、賃金、福利厚生といったものがある。

　労働条件は、企業と労働者との間の労働契約により決めることができる。労働契約は企業と労働者が対等な立場で合意することにより成立し（労契3条1項）、労働条件は労働契約の内容として合意される。しかし、実際には、多く企業では効率性・公平性・統一性の観点から就業規則が定められ（労基89条）、労働条件は就業規則により設定される（労契7条）。また、労働組合がある企業では労働協約を定めることができ、組合員の労働条件は労働協約により定められる（労組16条）。労働条件の変更も同様に労働契約、就業規則または労働協約により行われる（労契8条から10条まで、労組16条）。

　労働条件については、労働者保護の観点から一定の規律が存在する。具体的には、①労働基準法などで定める基準に達しない労働条件を定める労働契約は、

---

76)　これらの規律に限らず、雇用形態によって別途必要な規律が行われていることがある。

その部分については無効となり、無効となった部分は労働基準法などで定める基準による（労基13条など）。②就業規則で定める基準に達しない労働条件を定める労働契約は、その部分については無効となり、無効となった部分は就業規則で定める基準による（労契12条）[77]。③労働組合の組合員については、労働協約に定める労働条件その他の労働者の待遇に関する基準に違反する労働契約のその部分は無効となり、無効となった部分および労働契約に定めがない部分は、労働協約で定める基準による（労組16条）。これらは、労働契約の各種規律に違反する部分を無効とする強行的効力と、労働契約の内容を直接定める直律的効力を有している。

労働条件の規律は多岐にわたる。例えば、賃金については、労働基準法のほか、最低賃金法や賃金支払確保法が存在する。安全衛生については、労働安全衛生法が存在する。一定の規律に違反した場合は、刑事罰も用意されている（労基24条、120条1号など）。労働時間・休暇などは特に問題が発生しやすい分野である。

〔c〕人　事

昇進・昇格・昇級は厳密に区別して使用していない場合もあるが、一般的には、昇進は役職や職位の上昇を意味し、昇格・昇級は職務資格制度[78]や職務等級制度[79]における資格・等級の上昇を意味する。

昇進・昇格・昇級は、原則として自由である。労働者保護の観点からの規律は少ないが、国籍、信条、社会的身分といった一定の事由による差別や不利益取扱いは禁止されている（労基3条、雇均6条1号など）。

他方、職位・役職の引下げや、職能資格制度上・職務等級制度上の資格・等級の引下げを意味する「降格」は、労働者にとって不利益な措置であるから、労働法の規律は昇進・昇格・昇級の場合より厳格である。降格は、懲戒処分として行われる場合と、人事権の行使として行われる場合とに分けられる。懲戒

---

77)　なお、就業規則は法令または労働協約に反してはならず（労基92条1項）、反する部分については最低基準効も働かない（労契13条）。

78)　職務遂行能力を種類分けし、種々の資格に類型化し、各資格において等級化したうえで、従業員をいずれかの資格・級に位置付けるような制度をいう。

79)　企業内の職務を等級に分類し従業員をいずれかの等級に位置付けるような制度をいう。

第4章　ビジネス法の主要分野の概観　　69

処分としての降格については一定の規律が及ぶ（後記【d】参照）。人事権の行使としての降格については、就業規則に根拠となる規定がなくとも、裁量により実施可能と考えられている。

また、従業員の配置の変更である「配転」については、特に長期雇用を前提としている場合には、原則として自由ではあるが、業務上の必要性や労働者の不利益の度合いによって、権利濫用法理が働く可能性がある。

さらに、労働者が自己の雇用先の企業に在籍のまま、他の企業において相当長期間にわたってその業務に従事する「出向」は、労務提供の相手の変更を伴うため、その合理性については比較的慎重に考えられている。具体的には、労働条件、出向期間などにおいて労働者の利益に配慮しているかといった点が、その有効性を判断するうえで考慮される。労働者が他の企業へ籍を移してその業務に従事する場合は、転籍である。転籍は、労働契約の終了と新たな労働契約の締結や労働契約上の使用者の地位の譲渡を伴うことから、労働者の同意が必要となる。

【d】懲　戒

懲戒の手段としては、譴責・戒告、減給、降格、出勤停止、懲戒解雇などがあり、懲戒の事由としては、経歴詐称、職務懈怠、業務命令違背、業務妨害、職務規律違反、私生活上の非行、無許可兼業などがあり得る。

懲戒は労働者にとって重大な不利益となることから、懲戒を行うには、就業規則に根拠が定められていることおよびその根拠となる規定に該当することが必要である。また、その懲戒が、労働者の行為の性質および態様その他の事情に照らして、客観的に合理的な理由を欠き社会通念上相当であると認められない場合は、懲戒権の濫用として無効となる（懲戒権濫用法理。労契15条）。すなわち、就業規則の合理的解釈という点で規律され、さらに懲戒権濫用法理により規律される。

【e】労働契約の終了

労働契約は、有期労働契約における期間の満了、企業と労働者との合意、辞職、定年、解雇などによって終了する。

70　　第1編　ビジネス法の基礎

労働者保護の観点から特に問題が生じやすいのは、期間の定めのない労働契約を締結している労働者の解雇である[80]。成績の著しい不良、規律違反、会社の整理合理化といった場面で問題となる。解雇は、客観的に合理的な理由を欠き、社会通念上相当であると認められない場合は、その権利を濫用したものとして、無効となる（解雇権濫用法理。労契16条）。特に長期雇用を前提とした正規雇用については、裁判所において解雇権の行使が濫用であるか否かにつき厳格な審査がなされる傾向にある。

　また、短期の有期労働契約は、雇用調整のために継続的な労働力調達の場面においても活用されているが、労働者から見れば雇用の安定性の低下が問題となり得る。労働者保護の観点からの規律も多く存在する。具体的には、企業には、有期労働契約により労働者を使用する目的に照らして必要以上に短い期間を定めて反復して更新しないよう配慮する義務があるほか（同17条2項）、有期労働契約であることを理由として不合理な労働条件を設定することは禁止されている（同20条）。また、労働者は、有期労働契約が反復更新されて通算5年を超えたときは、期間の定めのない労働契約に転換できる（同18条）。さらに、有期労働契約を過去に反復して更新したうえで、これを更新せず終了させることが期間の定めのない労働契約に係る解雇と社会通念上同視できると認められる場合や、有期労働契約の更新を期待することに合理的な理由があると認められる場合であって、有期労働契約における期間の満了に際して企業が労働者からの更新の申込みを拒絶することが、客観的に合理的な理由を欠き社会通念上相当であると認められないときは、企業は従前の有期労働契約と同一の労働条件でその申込みを承諾したものとみなされる（雇止め制限の法理。同19条）。

　労働契約が終了する際には、退職者との契約により同業他社への転職その他の競業行為に対する規制をかけることがあるが、退職後の競業避止義務については、労働者の職業選択の自由（憲22条1項）との関係で、制限の期間・範囲の適切な設定や一定の代償措置の設定などといった相当性の確保が求められる。

---

80)　　有期労働契約の契約期間中の解雇は、やむを得ない事由がある場合でなければすることができないが（労契17条1項）、期間が満了すれば労働契約は終了するため、企業が無理に解雇するインセンティブはあまりない。

第4章　ビジネス法の主要分野の概観　　71

【2】外部労働力の利用（派遣・請負・委任）

　外部の労働力が企業活動を支える場面は少なくない。外部の労働力を利用する方法には、業務処理請負、業務委託、労働者派遣などがある。労働者保護の考え方は、基本的には労働契約を締結した労働者を対象としており、外部の労働力には及ばない。

　業務処理請負は、企業が他企業に対して一定の業務の処理を請け負い、この業務の遂行のため、請負企業がその雇用する従業員を発注企業の事業所において労働させる形態をいう。当該他企業は使用者ではないため、直接には労働法の規律の対象とはならないが、労働者に対する指揮命令を行うこともできない。請負企業の指揮命令によることなどの要件（職安4条6項、職安則4条、37号告示[81]）を満たさなければ、いわゆる偽装請負となり違法である。

　業務委託とは、個人が他企業から委託を受けて、委託された業務を遂行する形態をいう。当該他企業は使用者ではないため、直接には労働法の規律の対象とはならないが、労働者に対する指揮命令を行うこともできない。専ら労働契約に関する各種規律を免れる目的で業務委託の形態を形式的に整えたとしても、裁判所においては実態に即して使用者性・労働者性を有するか否か判断される[82]。

　労働者派遣は、「自己の雇用する労働者を、当該雇用関係の下に、かつ、他人の指揮命令を受けて、当該他人のために労働に従事させることをいい、当該他人に対し当該労働者を当該他人に雇用させることを約してするものを含まないもの」と定義されている（労派遣2条1号）。業務処理請負とは異なり、他人の指揮命令下に自己の雇用する労働者を置く。労働者派遣については、労働者派遣法の規律が及ぶ。例えば、派遣先が違法派遣と知りながら派遣労働者を受け入れている場合、違法状態が発生した時点において、派遣先が派遣労働者に対して労働契約の申込みをしたものとみなされる（労働契約申込みみなし制度。同40条の6）。

---

81)　労働者派遣事業と請負により行われる事業との区分に関する基準（昭和61年労働省告示37号）。

82)　委託者による指揮監督の有無、勤務場所・勤務時間の拘束の有無などにより総合的に判断される。

【3】集団的労働関係（労働組合）

勤労者（労働者）には、団結権・団体交渉権・団体行動権が認められる（憲28条）。労働組合法は、労働組合を、労働者が主体となって自主的に労働条件の維持改善その他経済的地位の向上を図ることを主たる目的として組織する団体またはその連合団体であって、使用者の利益代表者が加入していないこと、使用者から経理上の援助を受けていないことなどの要件を満たすものと定義する（労組2条）。

労働組合法は、労働組合を保護するための各種規律を設けている。例えば、労働組合には争議行為や組合活動が認められており、正当な範囲にとどまる以上は民事上も刑事上も免責される（同8条、1条2項）。使用者と労働組合の間では、労働条件その他に関する労働協約を締結することができる（同14条）。労働協約には、規範的効力のほか（同16条、**前記【1】(b)**参照）、一般的拘束力も認められている（同17条、18条）。企業が雇用する労働者の代表者と団体交渉をすることを正当な理由がなくて拒むことは不当労働行為とされ[83]、労働委員会からの救済命令を受けることとなる（同7条2号）。

労働組合法上の労働者（同3条）への該当性が問題となることがある。ここでは、労働契約によって労務を供給する者のみならず、団体交渉の保護を及ぼす必要性・適切性が認められる労務供給者も含まれると考えられており、例えば、業務委託契約の受託者については、その業務遂行形態によってはここにいう労働者に含まれ得る。

【4】紛争解決手続

労働関係の紛争は、企業と個々の労働者との間で生じた個別労働関係紛争と、企業と労働組合などとの間で生じた集団的労使関係紛争に分けられる。

個別労働関係紛争の解決のための手続としては、労働局による相談・助言指導・紛争調整委員会のあっせん、労働委員会による調整、裁判所による労働審判・民事訴訟といったものが用意されている。集団的労使関係紛争の解決のための手続としては、労働委員会による調整、裁判所による民事訴訟といったも

---

83) 　使用者は形式的に団体交渉に応じるにとどめるのではなく、誠実に実質的に対応しなければならない。

のが用意されている。また、監督官庁による行政指導なども紛争解決に一定の役割を果たしている。最終的には強制的な紛争解決を可能とする手続が用意されているが、任意的な紛争解決手続には費用の抑制、迅速性、柔軟性などの利点がある。

Ⅳ 競争法

1 競争法とは

　資本主義経済においては、競争が行われることによって、効率的な資源配分が行われて経済が発展するとともに、消費者がより良い商品やサービスをより安価に享受することができる。しかし、もし企業同士が結託をして価格をつり上げるなど競争そのものをやめてしまえば、市場メカニズムは働かず、消費者は高い商品やサービスを買わざるを得なくなってしまう。そこで、市場における公正で自由な競争を実現するための法、すなわち競争法[84]が必要とされており、我が国においては、経済の憲法ともいわれる独占禁止法[85]がその中心的なものとなる。独占禁止法は、競争を実質的に制限する行為あるいは公正な競争を阻害するおそれのある行為として、①不当な取引制限、②私的独占、③不公正な取引方法などを禁止するとともに、④企業結合に関する規制を設けている。これらに違反した場合には、その行為に応じて、公正取引委員会から排除措置命令や課徴金納付命令を受け、被害者からは損害賠償請求をされ、さらには刑事罰の対象となる場合もある。

　なお、競争法をその目的別に分類すると、下記 **[図表5]** のように「競争促進」「不公正取引規制」「競争基盤の確保」に分けることもできる。

---

84)　経済秩序に関する基本法であることから、独占禁止法を中心とした法分野のことを「経済法」と呼ぶことも少なくない。

85)　独占禁止法は、「公正且つ自由な競争を促進し、(中略) 以て、一般消費者の利益を確保するとともに、国民経済の民主的で健全な発達を促進すること」(1条) を目的としている。

74　第1編　ビジネス法の基礎

[図表5] 競争法の分野と主な現行法令

分野	主な現行法令など
競争促進	独占禁止法、公正取引委員会の各種指針（排除型私的独占、流通・取引慣行、事業者団体の活動、公共的な入札に係る事業者および事業者団体の活動、知的財産の利用、企業結合審査）
不公正取引規制	独占禁止法、一般指定（不公正な取引方法）、不正競争防止法、景表法
競争基盤の確保	独占禁止法、一般指定（不公正な取引方法）、特殊指定、下請法、消費税転嫁対策特別措置法[86]

② 独占禁止法の規制内容

【1】不当な取引制限の禁止

　独占禁止法が禁止している不当な取引制限とは、「他の事業者と共同して、（中略）相互に事業活動を拘束し、又は遂行することにより、公共の利益に反して、一定の取引分野における競争を実質的に制限すること」（独禁2条6項）をいい、カルテルや入札談合が典型である。契約や協定などの明示的な合意があった場合に限られず、黙示の合意により価格をつり上げたような場合であっても禁止される。国内だけでなく、海外の事業者との国際カルテルも禁止される。要件として「競争を実質的に制限すること」とあるが、これは、事業者がその意思で、ある程度自由に、価格、品質、数量、その他各般の条件を左右することによって、市場を支配することのできる力（市場支配力）を形成し、維持し、あるいは強化することをいうものと解されている[87]。この「競争を実質的に制限する」という要件は、不当な取引制限だけでなく、私的独占の禁止や企業結合規制にも共通する独占禁止法の重要な概念である。

　また、事業者の結合体またはその連合体である事業者団体の活動によってカルテルが形成されることなどを防止するため、独占禁止法は、事業者団体によ

---

86)　消費税の円滑かつ適正な転嫁の確保のための消費税の転嫁を阻害する行為の是正等に関する特別措置

87)　東京高判昭和26年9月19日民集8巻5号967頁〔東宝スバル事件〕。

る一定の取引分野における競争の実質的な制限、一定の事業分野における事業者の数の制限、構成事業者の機能または活動の不当な制限などを禁止している（同8条）。

【2】私的独占の禁止

　独占禁止法が禁止している私的独占とは、「他の事業者の事業活動を排除し、又は支配することにより、公共の利益に反して、一定の取引分野における競争を実質的に制限すること」（独禁2条5項）をいう。私的独占という名称であるが、競争の結果市場を独占していることを禁止するものではなく、排除や支配という不当な競争抑圧手段によって、市場支配力を形成、維持、強化することを禁止するものである。手段の違いに応じて排除型と支配型の2類型があり、排除とは不当廉売や抱き合わせ販売などの手段を用いて競争相手を市場から排除したり新規参入者を妨害する行為であり、支配とは株式の取得や役員の派遣などにより他の事業者の意思決定の自由を奪い自己に従わせる行為である。

【3】不公正な取引方法の禁止

　不公正な取引方法とは、独占禁止法2条9項に規定されている行為であり、具体的には次の行為である。

① 正当な理由がないのに、競争者と共同して、ある事業者に対し供給を拒絶し、または供給に係る商品もしくは役務の数量もしくは内容を制限することなど（共同の取引拒絶）
② 不当に、地域または相手方により差別的な対価をもって、商品または役務を継続して供給することであって、他の事業者の事業活動を困難にさせるおそれがあるもの（差別対価）
③ 正当な理由がないのに、商品または役務をその供給に要する費用を著しく下回る対価で継続して供給することであって、他の事業者の事業活動を困難にさせるおそれがあるもの（不当廉売）
④ 自己の供給する商品を購入する相手方に、正当な理由がないのに、相手方の当該商品の販売価格の自由な決定を拘束するなどの条件を付けて、当該

商品を供給すること（再販売価格の拘束）

⑤ 自己の取引上の地位が相手方に優越していることを利用して、正常な商慣習に照らして不当に、継続して取引する相手方に対して、当該取引に係る商品または役務以外の商品または役務を購入させること、自己のために金銭、役務等を提供させることなど（優越的地位の濫用）

⑥ 公正な競争を阻害するおそれがある行為のうち公正取引委員会が指定するもの

このように、①から⑤までの法定の5類型と⑥の公正取引委員会が指定する類型とがあるが、この違いは、**後記❸【1】**の課徴金の対象となるかどうかにある。⑥の公正取引委員会が指定するものには、すべての業種に適用される「不公正な取引方法」（昭和57年6月18日公正取引委員会告示15号。「一般指定」とも呼ばれる）と、特定の業種にだけ適用される「特殊指定」とがある。一般指定では、共同の取引拒絶、その他の取引拒絶、差別対価、取引条件等の差別取扱い、事業者団体における差別取扱い等、不当廉売、不当高価購入、ぎまん的顧客誘引、不当な利益による顧客誘引、抱き合わせ販売等、排他条件付取引、拘束条件付取引、取引の相手方の役員選任への不当干渉、競争者に対する取引妨害、競争会社に対する内部干渉の15の行為が指定されている。一方、特殊指定は、新聞、物流、大規模小売業の3業種で指定されている[88]。

【4】企業結合規制

独占禁止法は、他の会社の株式の保有、役員等の兼任、合併、共同新設分割または吸収分割などの企業結合について、一定の取引分野における競争を実質的に制限することとなるものや不公正な取引方法によるものを禁止している（独禁10条〜17条）。違反する企業結合については、排除措置命令の対象となる（独禁18条）。一定の要件に該当する企業結合を行う場合には、事前に公正取引委員会に届出をしなければならないこととされており、公正取引委員会による審

---

88) それぞれ、新聞業における特定の不公正な取引方法（平成11年7月21日公正取引委員会告示9号）、特定荷主が物品の運送又は保管を委託する場合の特定の不公正な取引方法（平成16年3月8日公正取引委員会告示1号）、大規模小売業者による納入業者との取引における特定の不公正な取引方法（平成17年5月13日公正取引委員会告示11号）。

査を受ける仕組みとなっている。

❸ 独占禁止法のエンフォースメント

【1】行政上の措置

独禁法違反に対する行政上の措置には、排除措置命令（独禁7条など）と課徴金納付命令（同7条の2など）がある。

排除措置命令は、公正取引委員会が違反者に対し違反行為を排除するために必要な措置を命ずる行政処分である。命令の内容は個別の行為に応じて異なるが、違反行為をやめることだけではなく、違反によって生じた結果を除去する措置や、将来の再発を予防するための措置も含まれることがある。不当な取引制限、私的独占、不公正な取引方法、企業結合規制のいずれも排除措置命令の対象となる。

次に、課徴金は、行政庁が違反事業者等に対して課す金銭的不利益であり、独禁法違反に対しては公正取引委員会が課徴金納付命令を行う。課徴金の対象となるのは、不当な取引制限および私的独占と、不公正な取引方法のうち法定の5類型[89]である。課徴金の額の算定の方法や基準は定型化されており、違反に係る売上額等に一定の率を掛けることにより算定される。この率は、業種や違反の類型によって異なるほか、違反を繰り返すような場合には加算されるものもある。

不当な取引制限に対する課徴金については、密室で行われやすいカルテル等の違反行為の発見を容易にするため、違反行為に係る事実を申告して公正取引委員会の調査に協力をした事業者に対して申告順に課徴金を免除あるいは減額する制度（「リーニエンシー」といわれる）がある（同7条の2第10項〜12項など）。このため、違反行為を予防するのは当然のこと、万が一違反行為があった場合に備え、違反を早期に発見し、リーニエンシーを早期に利用できるような体制を整備する必要がある。

排除措置命令や課徴金納付命令の手続は、①端緒（リーニエンシーによる違反

---

89)　　ただし、優越的地位の濫用以外は、繰り返し違反した場合のみ課徴金の対象となる。

78　　第1編　ビジネス法の基礎

者からの申告や一般人からの申告など）→②公正取引委員会による行政調査（審査）
→③事業者への事前通知→④意見聴取手続（事件を担当した審査官等とは別の意見
聴取官という公正取引委員会の職員が主宰し、事業者が意見を述べたり証拠を提出で
きる手続）→⑤公正取引委員会での合議→⑥排除措置命令または課徴金納付命令
→⑦不服がある場合は取消しの訴え[90]という流れとなっている（同第8章第2節）。

【2】刑事罰

　独占禁止法では、不当な取引制限または私的独占をした者について刑事罰を
設け（独禁89条）、両罰規定として法人等にも多額の罰金を定めている（同95
条）。この罪は公正取引委員会のみが告発権を有しており（同96条）、そのため
に公正取引委員会は犯則調査権を有し（同101条など）、裁判官の発する許可状
を得て臨検や捜索、差押えをすることができる（同102条）。

【3】民事上の救済

　不法行為については損害賠償責任がある（民709条）が、これに加え、独占禁
止法は、違反行為をした事業者や事業者団体は、被害者に対し損害賠償の責め
に任ずることとし、この責任を無過失責任としている（独禁25条）。この損害賠
償請求が提起されたときは、裁判所は、公正取引委員会に対し、損害の額につ
いて意見を求めることができることとされている（同84条）。

　また、独占禁止法では、不公正な取引方法に該当する行為により著しい損害
を受ける、あるいはそのおそれのある者が当該行為の差止請求を行うことが認
められている（同24条）。

【4】公正取引委員会

　独占禁止法を運用しているのは公正取引委員会であり、排除措置命令や課徴
金納付命令などの行政処分を行うほか、刑事処分についても専属告発権を有し、
民事訴訟においても損害額について意見を述べるなど、独占禁止法の執行の中
核となっている。公正取引委員会は、委員長と4人の委員で構成される行政委

---

90)　　行政処分に対する取消し訴訟については、**後記 VIII 2【4】(b)**を参照のこと。

第4章　ビジネス法の主要分野の概観　　79

員会であり、内閣府の外局である。公正取引委員会は、独占禁止法違反を未然
に防止するため、具体的にどのような行為が違反となるのかについて、各種の
ガイドラインを作成している。競争法の理解においては、これらのガイドライ
ンの理解も重要である。

４ 独占禁止法以外の競争法

【1】下請法

　独禁法を補完する法として、親事業者[91]による下請事業者[92]に対する優越的
地位の濫用行為を防止し、下請取引の公正化や下請事業者の利益保護を目的と
する下請代金支払遅延等防止法がある。この法律は、違反行為の類型が具体的
に法定化されていることが特徴であり、親事業者の義務として、①書面の交付
義務、②支払期日を定める義務、③書類の作成保存義務、④遅延利息の支払義
務を定めるとともに、親事業者の禁止行為として、[i]受領拒否、[ii]支払いの遅
延、[iii]下請代金の減額、[iv]返品、[v]買いたたき、[vi]購入・利用の強制などを
定めている（下請代金2条の2～5条）。

　親事業者の義務違反に対しては、公正取引委員会が違反をやめること等の勧
告をすることができることとされている（同7条）。

【2】景品表示法

　不当景品類及び不当表示防止法は、企業取引法の消費者法の一つとして取り
扱ったように、消費者保護のための法律としての性格を有し、現在では消費者
庁の発足により同庁の所管の法律となっているが、元来は、独占禁止法の不公
正な取引方法のうち、ぎまん的顧客誘引や不当な利益による顧客誘引について
特別の規定を定めた独占禁止法の特別法としての性格とされていたものである。

---

91)　　親事業者の定義については、下請法2条7項を参照のこと。

92)　　下請事業者の定義については、下請法2条8項を参照のこと。

80　　第1編　ビジネス法の基礎

【3】不正競争防止法

不正競争防止法と独占禁止法は、ともに公正な競争秩序を維持する目的を有するという点では共通するが、規制の内容が異なるほか、そのエンフォースメントについては、独占禁止法は排除措置命令や課徴金納付命令という行政上の措置を中心とするのに対し、不正競争防止法は民事上の救済と刑事罰を中心とするという点で異なる。不正競争防止法については、後記 **V** の知的財産法を参照されたい。

V 知的財産法

■ ビジネス法としての知的財産法とは

ビジネス法としての知的財産法は、企業による知的財産権の保有や利用に関する法であり、特許権・実用新案権、著作権、不正競争の防止などについて定めるものである。競争法と関係することが少なくない。この分野に属する主な現行法令等は次のとおりである。

[図表6] 知的財産法の分野と主な現行法令等

分野	主な現行法令等
知的財産共通	知的財産基本法
特許権・ 実用新案権	特許法、実用新案法
意匠権	意匠法
商標権	商標法
著作権	著作権法
不正競争防止	不正競争防止法
知的財産権と 国際関係	工業所有権の保護に関するパリ条約、マドリッド協定議定書、TRIPS協定（知的所有権の貿易関連の側面に関する協定）

第4章　ビジネス法の主要分野の概観　　81

近年、企業における知的財産の重要性はますます高まっている。ビジネス法としての知的財産法は、企業が有益な知的財産を保有し利用する場面のみならず、他者の保有する知的財産の侵害に係る予防や対処といった場面においても関係する。

❷ 知的財産法の特徴

知的創造活動の成果について、その創作者に一定期間法的保護を付与するのが知的財産制度である。知的財産制度の保護の範囲は広く、商標などの信用維持を目的としたものも含まれる。知的財産については論者によってさまざまな定義がされているところであるが、知的財産基本法は、知的財産を「発明、考案、植物の新品種、意匠、著作物その他の人間の創造的活動により生み出されるもの（発見又は解明がされた自然の法則又は現象であって、産業上の利用可能性があるものを含む。）、商標、商号その他事業活動に用いられる商品又は役務を表示するもの及び営業秘密その他の事業活動に有用な技術上又は営業上の情報」と、知的財産権を「特許権、実用新案権、育成者権、意匠権、著作権、商標権その他の知的財産に関して法令により定められた権利又は法律上保護される利益に係る権利」と定義している（知財基2条1項、2項）。

知的財産権にはさまざまな権利・利益が含まれているが、保護される権利・利益の内容に着目すると、特許権・著作権など創作意欲の促進を目的とした知的創造物に関するものと、商標権・商号など使用者の信用維持を目的とした営業上の標識に関するものに大別することができる。また、保護の目的に着目すると、産業の発達への寄与（特許法・実用新案法・意匠法・半導体集積回路の回路配置に関する法律（以下「半導体集積回路配置法」という）・種苗法）、競争秩序の維持（商標法・不正競争防止法・会社法・商法）、文化的発展への寄与（著作権法）に大別することができる。

知的財産の保護の仕方には、知的財産権という形で一定の権利を付与する方法（特許法・実用新案法・意匠法・商標法・著作権法・半導体集積回路配置法・種苗法）のほか、一定の利益侵害行為を規制する方法（会社法・商法・不正競争防止

82　　第1編　ビジネス法の基礎

法）がある[93]。知的財産権は無体財産権であり、権利の特性に応じて、各法においてその内容が定められている。特に著作権は創作により権利が発生するが、それ以外は登録により創設的に権利が発生する[94]。また、特許権・実用新案権・意匠権・商標権・育成者権は客観的内容を同じくするものに対して排他的に支配することができる絶対的独占権であり、著作権・回路配置利用権・商号は他人が独自に創作したものには及ばない相対的独占権である。

　知的財産法は国際的な保護との関係が深く、ビジネス法としての知的財産法も同様である。

❸ ビジネス法としての知的財産法の基本的構成とその概要

　ビジネス法としての知的財産法は、例えば、**前記❷**で述べた①知的財産に共通する事項のほか、知的財産の種類ごとに、②特許権・実用新案権、③意匠権、④商標権、⑤著作権、⑥不正競争防止と細分化することができる。また、国際的な保護との関係から、⑦知的財産権と国際関係も項目として挙げることができる。ここでは、主に②から⑤までについて各権利を対比しつつ解説したうえで、⑥についても見ていくこととしたい。

【1】特許権・実用新案権、意匠権・商標権・著作権
【a】各権利の意義

　各権利の意義と保護期間については、**後記［図表7］**のとおりである。

---

93)　　例えば、商品形態が模倣された場合、意匠登録や商標登録かなければ意匠権や商標権の侵害を主張することはできないが、意匠登録や商標登録をしていなくとも一定の要件を満たすときには、不正競争防止法の違反を主張して保護を受けることができる。

94)　　一定の権利を付与する方式は、登録や審査を伴う場合はその分だけコストがかかるが、権利の範囲は明確となる。一定の利益侵害行為を規制する方法は、規制対象の明確性や権利としての譲渡可能性の点では一定の権利を付与する方式よりも劣るといえる。著作権のように無登録であるが権利が付与される方式は、ときに保護が過剰となり利害調整が難しくなることもある。

第4章　ビジネス法の主要分野の概観　　83

[図表7] 各権利の意義と保護期間

	意義	保護期間
特許権	発明（自然法則を利用した技術的思想の創作のうち高度のもの）を保護するための権利	出願から原則20年
実用新案権	物品の形状、構造または組合せに係る考案（自然法則を利用した技術的思想の創作）を保護するための権利	出願から10年
意匠権	意匠（物品の形状、模様もしくは色彩またはこれらの結合であって、視覚を通じて美感を起こさせるもの）を保護するための権利	登録から20年
商標権	商標（人の知覚によって認識することができるもののうち、文字、図形、記号、立体的形状もしくは色彩またはこれらの結合、音であって、商品やサービスに付される目印となるもの）を保護するための権利	登録から10年（更新可）
著作権	著作者（著作物（思想または感情を創作的に表現したものであって、文芸、学術、美術または音楽の範囲に属するもの）を創作する者）の人格的利益および経済的利益を保護するための権利	原則著作者の生存期間＋その死後50年

　保護期間は権利によって大きく異なる。保護期間は、各権利の保護の目的により一義的に定まるものではなく、権利者の利益と権利者以外の利用者の利益を調整しながら定められるものである。例えば、著作権の保護期間は、国際的な流れの中で改正が加えられてきているところである。

　発明や創作が企業内において行われる場合には、その発明や創作に基づき発生する特許権や著作権が企業に帰属するのか、それとも実際に発明や創作に携わった従業員に帰属するのかが問題となる（職務発明・職務著作）。特許法および著作権法は、このような場合についての規律を定めており、職務発明については、契約、勤務規則その他の定めにおいてあらかじめ企業に特許を受ける権利を取得させることを定めたときは、その特許を受ける権利はその発生した時から企業に帰属し（特許35条3項）、従業者は、特許を受ける権利を企業に取得させた場合には、相当の金銭その他の経済上の利益（相当の利益）を受ける権利

を有する（同35条4項）。そこでは相当の利益の内容が問題となるが、この点については関連する国の指針[95]が定められている。職務著作については、企業の発意に基づきその企業の業務に従事する者が職務上作成する著作物で、その企業が自己の著作の名義の下に公表するものの著作者は、その作成の時における契約、勤務規則その他に別段の定めがない限り、その企業となる（著作15条1項）。

　企業の利益と実際に発明や創作に携わった従業員の利益の調整については、その透明性や公平性に重きが置かれるようになってきている。

【b】各権利の利用

　特許権・実用新案権・意匠権・商標権・著作権は、自ら利用することができる。例えば、物の発明であれば、この発明に基づいて生産するといった具合である。これらの権利の権利者は、実施等の権利を専有する（特許68条、新案16条、意匠23条、商標25条、著作21条など）。ここで専有とは、排他的独占権があるという意味である[96]。

　また、特許権・実用新案権・意匠権・商標権・著作権は、他人に利用させる形（ライセンス）で利用することもできる。他人に利用を認める際には、期間、地域、内容などについて定めることになるが、特に独占的にライセンスを行うのか、非独占的にライセンスを行うのかを検討することになる。例えば、特許法は独占的なライセンスの方法として専用実施権の設定を、非独占的なライセンスの方法として通常実施権の設定を認めているが（特許77条1項、78条1項）、実際には、通常実施権の設定において他の者には重ねて実施権の許諾をしない旨の合意をすることもある（独占的通常実施権）。

　特許権・実用新案権・意匠権・商標権・著作権を譲渡することや、担保権を設定することもできる。著作者人格権を除き、これらの権利は財産権であるから、その移転や担保権の設定が可能である。

---

95)　特許法35条6項に基づく発明を奨励するための相当の金銭その他の経済上の利益について定める場合に考慮すべき使用者等と従業者等との間で行われる協議の状況等に関する指針（平成28年経済産業省告示131号）。

96)　著作権法は表現を保護するが、その背後にあるアイディアは保護しない。したがって、第三者が表現を流用せず、偶然同一の表現を創作した場合は、著作権の侵害とはならない（独自創作の原則）。このような性質から、著作権は絶対的独占権ではなく相対的独占権と呼ばれる。

ライセンスや譲渡ができることは、権利者でない企業の側からすれば、ライセンスや譲渡を受けて各権利を利用することができることを意味する。

各権利の保護の目的の下、権利者の利益と権利者以外の利用者の利益の調整などの観点から、権利者が有する各権利は一定の制限を受けることがある。例えば、公表された著作物の引用（著作32条1項）は所定の規律に従って行うことができ、権利者はそれを甘受しなければならない[97]。

[c] 各権利の侵害に対する救済など

各権利の侵害に対しては救済の道が設けられている。排他的独占権については差止請求権が認められ（特許100条、新案27条、意匠37条、商標36条、著作112条）、損害賠償請求権も認められる。救済に資するよう、損害額の推定（特許102条、新案29条、意匠39条、商標38条、著作114条）や過失の推定（特許103条、意匠40条、商標39条、著作115条）といった手当がされている。また、不当利得返還請求権が認められるほか、信頼や名誉の回復請求権（特許106条、新案30条、意匠41条、商標39条）も認められている。

このほか、各権利の侵害については刑事罰が定められている（特許196条、新案56条、意匠69条、商標78条、著作119条など。両罰規定あり。特許201条、新案61条、意匠74条、商標82条、著作124条）。

【2】不正競争防止

不正競争防止の制度は、競争秩序維持の観点から規制を行うものである。

[a] 商法・会社法

商法および会社法は、不正の目的で、他の企業と誤認させる名称や商号を使用することを禁止している（商12条1項、会社8条1項）。不正の目的によって他の企業と誤認させる名称や商号を使用する行為により、営業上の利益を侵害され、または侵害されるおそれがある企業には、差止請求権が認められる（商12

---

97)　引用が許容されるための具体的要件についても、権利者の利益と利用者の利益との調整に関連して、考え方が分かれ得る。一応明瞭区分性と主従関係が必要といわれるが、実際にどのような場合であれば引用が許容されるかとなると、種々議論のあるところである。

86　　第1編　ビジネス法の基礎

条2項、会社8条2項）。また、このような名称や商号の使用行為は、過料による制裁の対象とされている（商13条、会社978条3号）。

【b】不正競争防止法

不正競争防止法は、営業秘密の侵害、原産地偽装、コピー商品の販売などを規制する。具体的には、不正競争防止法は、「不正競争」として、周知商品等表示の混同惹起（他人の商品・営業の表示として需要者の間に広く認識されているものと同一または類似の表示を使用し、その他人の商品・営業と混同を生じさせる行為。不正競争2条1項1号）、著名表示冒用行為（他人の商品・営業の表示として著名なもの[98]を、自己の商品・営業の表示として使用する行為。同条1項2号）、商品形態模倣行為（他人の商品の形態を模倣した商品を譲渡等する行為。同条1項3号）、営業秘密侵害行為（窃取、詐欺、強迫その他の不正の手段によって営業秘密を取得し、自ら使用し、もしくは第三者に開示する行為など[99]。同条1項4号から10号まで）、誤認惹起表示（商品、役務やその広告などに、その原産地、品質、内容などについて誤認させるような表示をする行為。同条1項14号）、信用毀損行為（競争関係にある他人の信用を害する虚偽の事実を告知し、または流布する行為。同条1項15号）などを定めている。

企業活動においては、どのような情報が営業秘密として保護を受けるかが問題となることが少なくない。営業秘密として保護を受けるためには、①秘密として管理されていること（秘密管理性）、②有用な営業上または技術上の情報であること（有用性）、③公然と知られていないこと（非公知性）の3つの要件を満たすことが必要とされている（同条6項）。

不正競争によって営業上の利益を侵害され、または侵害されるおそれがある者には、差止請求権が認められる（同3条）。損害賠償請求権（同4条）については、損害額の推定（同5条）に加え、損害額立証のための事実の立証が性質上極めて困難であるときの裁判所による相当な損害額の認定が認められている（同9条）。また、信用回復請求も認められている（同14条）。

---

98)　需要者以外にも広く知られている状態をいう。

99)　本文記載のもののほか、不正に取得した営業秘密を使用・開示する場合や、正当に取得した営業秘密であるが図利加害目的で使用・開示する場合などがある。

第4章　ビジネス法の主要分野の概観　　87

また、不正競争のうち一定の行為については、刑事罰が設けられている（同21条。両罰規定あり。同22条）。

VI 租税法

1 ビジネス法としての租税法とは

ビジネス法としての租税法は、企業に関わる租税について定める法である。具体的には、企業がその所得などに応じて負担する法人税、企業取引に関して生じる消費税などについて定めている。租税はほぼすべての経済取引に関係するため、企業取引法と密接な関係を有する。また、会計、企業再編税制など企業組織法とも密接な関係を有する。この分野に属する主な現行法令等は**下記［図表8］**のとおりである。

［図表8］租税法の分野と主な現行法令等

分野	主な現行法令等
法人所得課税	法人税法、地方税法、各種税条例、租税特別措置法
法人取引課税	消費税法、地方税法、各種税条例、租税特別措置法
国際課税	法人税法、地方税、各種税条例、租税特別措置法、関税法、関税定率法、関税暫定措置法、各種租税条約〈国際ビジネス法と関係〉
申告・徴収	国税通則法、国税徴収法、地方税法、法人税法、消費税法、各種税条例、滞納処分と強制執行等との手続の調整に関する法律、行政手続法
租税訴訟	国税通則法、関税法、地方税法、行政不服審査法、行政事件訴訟法、国家賠償法

企業にとっては、その所得などに応じて負担する租税はもちろんのこと、取引に関して発生する消費税その他の租税は大きな関心事となる。具体的にビジネス法としての租税法が企業活動に関係する場面を挙げようとすると、必要な証憑などの管理、税務調査への対応、租税負担に関する考慮を積極的に行う各

種タックスプランニングなど、多岐にわたることになる。

　税負担に気付かずに納税をしないことに対しては各種制裁が設けられているうえ、いわゆる脱税などでは企業の信用を大きく損ねる事態に発展しかねない。

2 租税法の特徴

　租税法の基本的な理念・原則には、租税法律主義などがある[100]。また、公平な課税の実現などのための画一的な処理が認められており、通達などの重要性が高いといった特徴もある。

　租税法律主義とは、租税の賦課徴収は必ず法律の根拠に基づいて行われなければならないとするものである（憲84条）。具体的には、課税要件や賦課徴収の手続は法律で定めなければならず（課税要件法定主義）、その内容はなるべく一義的で明確でなければならない（課税要件明確主義）[101]。しかし、実際には、課税要件や賦課徴収の手続の細目を政省令に委任し、また、取扱いの基準や解釈を通達で定めることが少なくない。加えて、租税特別措置といった特別法による修正が行われていることなどもあって、租税法は複雑かつ難解なものとなっている。

3 ビジネス法としての租税法の基本的構成とその概要

　ビジネス法としての租税法は、例えば、①法人所得課税、②法人取引課税、③国際課税、④申告・徴収、⑤租税争訟などに細分化することができる。ここでは、主に①、②、④および⑤について見ておきたい。

【1】所得に係る課税

　企業形態によって課される税目は異なる。個人事業者であればその所得に対する所得税などが、法人格のある企業などであればその所得に対する法人税などが課される。また、組合については、各組合員に所得が帰属するものとして、その組合員の性質によってその所得に対する所得税または法人税などが課さ

100）　このほかに、租税公平主義などがある。

101）　このほかに、合法性の原則、遡及立法の禁止などがある。

第4章　ビジネス法の主要分野の概観　　89

れる。

〔a〕法人税法

　企業形態として最も多く利用されている株式会社には、その所得に対して法人税が課される。法人税法においては、法人の所得はその一事業年度における益金の額から損金の額を控除した額とされており（法税22条1項）、基本的に一定期間における企業活動の成果である所得（利益）に対して、一定の課税が行われる。

　益金および損金の計算は、一般に公正妥当と認められる会計処理の基準に従って計算される（同条4項）。これは、法人の所得計算が原則として企業会計に準拠して行われるべきことを定めたものと考えられている。しかし、企業会計やそれと関係の深い会社法会計・金商法会計の目的と法人税法の目的は異なるため、法人税法は企業会計に準拠して行われた法人の所得計算に対して一定の修正を加えて所得を算定している[102]。

　法人の所得計算に対する一定の修正は、法人税法23条以下に定められている。具体的には、益金については、受取配当等の益金不算入（同23条）、資産の評価益の益金不算入等（同25条）といった修正が、損金については、棚卸資産の売上原価等の計算およびその評価の方法（同29条）、減価償却資産の償却費の計算およびその償却の方法（同31条）、資産の評価損の損金不算入等（同33条）、役員給与の損金不算入（同34条）といった修正が加えられる[103]。例えば、受取配当等の益金不算入は、法人税を所得税の前どりと見る考え方に基づき、受取配当等を支払う法人において既に法人税が課されていることから、受取法人の段階では重複して課税することを避けるため、本来益金として算入されるべきも

---

102)　企業会計、会社法会計、金商法会計および税務会計の関係については、それぞれの目的に応じてどの程度独自性・例外的取扱いを認めるかなど種々議論があり、実際に相互の関係の中で変更されてきた。基本的には、確定申告は確定した決算に基づいて行うこととされ（法税74条1項）、株式会社の会計は一般に公正妥当と認められる企業会計の慣行に従うものとされていることから（会社431条）、企業会計がベースにあることは基本的な考え方であるといえる。なお、近年においては、国際財務報告基準（IFRS）との関係も重要となっている。

103)　企業会計では認められている処理とは異なる処理を求めることにより、企業会計と税務会計に乖離が生じることになる。

のを一定の要件の下に算入しないこととしている。

このように所得の計算にあたっては種々修正を加えつつ、株主総会の承認などを経て確定した決算に基づいて課税所得を計算し、申告を行う（同74条1項）。

法人税の申告の期限は、事業年度終了の日の翌日から2か月以内とされている（同74条1項）。法人税の税額は申告により確定するのが原則である（**後記【3】**参照）。実際には、株主総会の承認の時期により、事業年度終了後2か月では決算が確定しない場合がある。そのため、税務署長に対して申告期限の延長の特例（同75条の2第1項）の申請を行い、延長を行う企業が少なくない。

【b】法人住民税および事業税

株式会社は、地方税である法人住民税および事業税も課される。細部で異なる部分はあるものの、法人税法で計算した所得や法人税額が基礎となっており、法人税法における基本的な考え方や観点が当てはまる。

法人住民税は都道府県のもの（地税23条以下）と市町村のもの（同292条以下）とに分かれ、いずれも均等割と法人税割から成る。均等割は性質上所得課税ではなく、一定の法人に対してその資本金等の額に応じて一律に課される。法人税割は、法人税法で計算した法人税額に修正を加えたものを課税標準として課される（同23条1項3号、4号、292条1項3号、4号）。事業税は、各事業年度の所得等[104]を課税標準として課される（同72条の2第1項）。

地方税についても、法人税と同様の申告の期限が定められている（同53条、321条の8）。地方税においては申告納税方式は例外的なものとなっているが（**後記【3】**参照）、法人住民税および事業税はその例外の一つである。

【2】取引に係る課税

【a】消費税

消費税は、原則としてすべての物品とサービスの消費に対して課税される。このような課税の方法は「広く薄く課税する」と表現され、課税対象となる取

---

104)　各事業年度の所得のほか、付加価値額、資本金等の額または収入金額を課税標準とする場合がある（地税72条の12）。これらを課税標準として課される事業税は、性質上所得課税ではない。

第4章　ビジネス法の主要分野の概観　　91

引を定めるうえでの基本的な考え方・原則となっている。

　消費税は、基本的には、国内において事業者が行う資産の譲渡等（国内取引）および、保税地域から引き取られる外国貨物（輸入取引）に対して課される（消税4条）[105]。これらの取引に該当しないものは不課税取引と呼ばれ、課税の対象とはならない。また、これらの取引に該当するが、その取引の性質や政策的観点から、消費税を課さないこととされているものもある（非課税取引。同6条、別表1、別表2）[106]。非課税取引の規定は、「広く薄く課税する」という消費税法の原則に対する例外を形成している。特に政策的観点から広く認められている非課税取引の範囲は、この原則との調整の中で定められている[107]。

　国内取引についての納税義務者は事業者であるため（同5条1項）、企業が納税義務者となる機会は極めて多いといえる。

　税額算定については、消費税は課税取引ごと（多段階）に課税されているため、そのまま課税資産の譲渡等の対価の額に税率を乗じて算定すると、取引の回数が増えれば増えるほど税負担は累積してしまう。あくまで消費税は付加価値税の性質を持つと考えられているため、税額算定にあたっては、これを解消する仕組みが設けられている（仕入税額控除。同30条）[108]。

　また、課税資産の譲渡等について、物品の輸出や国外におけるサービスの提供となる場合には、仕向地の国に課税権があるとする考え方（仕向地主義）に基づいて、消費税を免除することにより輸出の段階で税負担を解消している（ゼ

105）　　事業者が国外事業者から電気通信回線を介して行われる役務の提供を受けた場合などの特定仕入れも課税の対象となる（消税4条）。

106）　　例えば、国内取引であれば、土地の譲渡・貸付けや医療・介護・福祉などについては非課税とされている。

107）　　いわゆる軽減税率の範囲についても同様のことがいえる。

108）　　ただし、仕入税額控除の方法としては、インボイス方式ではなく、帳簿方式が採用されている。この方式は事業者の事務負担が軽減できることが長所とされるが、税負担の転嫁の関係が不透明になること、免税事業者からの仕入れについての仕入税額控除が認められるため益税が発生することなど正確な執行から離れる点が短所であるとされている。軽減税率の導入などの際に議論されることが多い。平成28年度税制改正大綱（平成27年12月24日閣議決定）では、消費税の軽減税率制度を平成29年4月から導入し、それに伴いインボイス方式を平成33年4月から導入することが明記されたが、その後、消費税率引上げ時期の変更に伴う税制上の措置（平成28年8月24日閣議決定）により、消費税率の引上げ時期の延期に伴って、軽減税率制度の導入時期は平成31年10月からに、インボイス方式の導入時期は平成35年10月からに延期されている。

ロ税率。同7条1項)[109]。

申告の期限は、課税期間の末日の翌日から2か月以内とされている（同45条1項）。ただし、課税期間の特例（1月特例・3月特例）や中間報告の制度が用意されている（同19条1項、42条）。

〔b〕地方消費税

地方消費税も、消費税と同様、国内取引、輸入取引など[110]に対して課税される（地税72条の78第1項）。国内取引に対する地方消費税は譲渡割（同72条の77第2号）と、輸入取引に対する地方消費税は貨物割（同条3号）と呼ばれる。課税標準が消費税額であるため、消費税に連動する。さらに、賦課徴収についても、当分の間、国が消費税の賦課徴収の例により、消費税の賦課徴収と併せて行うものとされている（同附則9条の4以下）。

〔c〕源泉所得税

企業が一定の報酬などの支払者となる場合は、所得税の源泉徴収義務が課される（所税204条）。

また、所得税の納税義務者は、その性質上原則として個人であるが（同5条1項、2項）、源泉徴収制度との関係で法人も納税義務者となる（同5条3項、4項）。例えば、内国法人は支払いを受ける利子等について納税義務を負っているが（同174条1号）、支払者には源泉徴収義務が課されている（同212条3項）。源泉徴収された所得税額は、法人税の税額から控除される（同68条1項）。

【3】租税手続

租税手続は、法人税法などの租税実体法のほか、国税通則法や地方税法などで定められている。

租税手続には、大きく分けて申告納税方式と賦課課税方式がある。

---

109)　各国の消費税制が不統一な中で源泉地主義（源泉地国に課税権があるとする考え方）を採用すると、輸入超過国の犠牲の下、輸出超過国の税収が増大すること、税負担水準の低い国の製品が国際競争上有利となることといった問題が生じる。

110)　消費税と同様、一定の特定仕入れも課税対象となる。

申告納税方式は、納付すべき税額が納税者の申告によって確定することを原則とし、申告が不相当と認められる場合などに限って、行政庁の更正処分や決定処分により税額を確定する方式である（税通16条1項1号）。申告とは、企業が行う確定申告などを指す。法人税法や消費税法では、申告納税方式が採用されており、国税に関しては原則的な方式となっている。納税者の申告によって原則として納付すべき税額が確定するとはいえ、もちろん誤った税額の確定を認める趣旨ではなく、例えば、申告書に記載された税額などに誤りがある場合、修正申告（税通19条）の指導や更正処分（税通24条）を受け、過少申告加算税（税通65条）が課される。誤りの原因が悪質である場合、逋脱犯（法税159条1項）として法人の代表者などは処罰される。

　他方、賦課課税方式は、納付すべき税額が専ら行政庁の処分によって確定する方式をいい（税通16条1項2号）、地方税では賦課課税方式が原則的な方式となっている。

【4】その他

　以上のほかにも、企業が負担する租税は、登録免許税、印紙税、不動産取得税など多岐にわたる。租税法はさまざまな場面において「担税力」を見出して課税を行うが、純粋に論理的に課税される場面が決まるわけではなく、社会情勢などを踏まえて議会で決められることになる。

Ⅶ　国際ビジネス法

1　国際ビジネス法とは

　国際ビジネス法とは、企業の国際的なビジネスに関する法である。

　経済・社会のグローバル化が進んだ現代において、多くの企業がグローバルなビジネス展開を進めており、企業活動において国際的な取引など国際的な関係が生じることは、事業にもよるところがあるとはいえ、少なくないであろう。また、インターネット網や交通手段の発展により、これまで国際取引とは無縁と思われていたような事業においても国際的な取引の機会が生じてきており、

94　　第1編　ビジネス法の基礎

その重要性は増しているといえる。

このような中、国際的なビジネスを、関連する国や地域における法制度に準拠しつつ、国際的なルールに従って、適正に運営することが経営上の重要な課題となっている。

国際ビジネス法は、前記 **Ⅱ** ～ **Ⅵ** に見てきた分野分けとは視点が異なり、国際ビジネスに関する法を一分野ととらえたものであり、国際ビジネスにおける企業組織法、企業取引法、労働法、競争法、知的財産法、租税法等をすべて包含したものである。

2 国際ビジネス法の特徴

国際ビジネス法も企業の組織や商取引など企業の活動に関する法の一環であり、契約自由の原則など本質的な面で国内におけるビジネスに関する法と異なるわけではない。しかし、国際ビジネスにおいては、国境をまたがっての取引が行われること等から、国内における法とは異なる特徴も存在する。

第一に、準拠法の問題、すなわち、どの国の法が適用されるのかという問題がある。純粋な国内取引であれば日本の法が適用されることに問題は生じないが、貿易や投資など国境を越えた取引を行う場合などには、そもそもどの国の法が適用されるのかという点が問題となってくる。また、このような問題に加えて、紛争が発生した場合に、どの国で裁判をするのか（国際裁判管轄）、さらには、ある国の裁判が他国でどのような効力を持つのか（判決の承認・執行）といった問題も存在する。

第二に、国際ビジネスにおいては、条約によって、法の統一や調整が図られている分野もあり、このような場合には、条約の適用等についても留意が必要となる。

第三に、商慣習の重要性である。国際取引においては、法の統一が一部にとどまっていることもあり、国際的な商慣習が発達している場合も多く、国内取引以上に慣習が重要である。

3 国際ビジネスに適用される法

国際ビジネス法は、①国際ビジネス拠点に関する法、②国際ビジネス活動に

第4章　ビジネス法の主要分野の概観　95

関する法、③国際ビジネス紛争の解決に関する法等に分けることができるが、ここでは、②と③について簡単に触れておきたい。

【1】国際ビジネス活動に関する法[111]

　国際取引については、国際ビジネス法の特徴で触れたように、まずどの国の私法が適用されるのかという準拠法の決定の問題が生じる。これを決定する規範が国際私法であり、私法の間の抵触を解決する法であることから抵触法とも呼ばれる。我が国においては、「法の適用に関する通則法」が国際私法の基本法典としての役割を有している。

　国によって法が異なる一方で、ビジネス的な合理性からすれば、統一的な私法が望まれるところであり、実際に、私法統一に向けた努力が続けられてきている。例えば、国際連合国際商取引法委員会（UNCITRAL）が起草し、1980年に採択された国際物品売買契約に関する国際連合条約（ウィーン売買条約：CISG）などがある。CISGは、2016年3月時点で英国を除く主要先進国を含む84か国が締結している。

　また、国際的な民間団体によって作成された取引条件等に関する統一規則も重要な役割を有している。これには、国際商業会議所が作成した貿易条件の定義であるインコタームズ（Incoterms）や荷為替信用状取引に関する信用状統一規則（UCP）などがある。また、国際的な機関や業界団体が作成した標準契約約款も存在する。これらは、国内法や条約とは異なり強制力のないものであるが、当事者が契約においてその適用を合意することによって適用されるものであり、実務上は重要なものとなっている。

　このほか、私法統一国際協会が作成した「ユニドロワ国際商事契約原則」は、国際契約に関するあるべきルールを明文化したものであり、法的拘束力を有しないが、当事者間で法の一般原則、商慣習法（lex mercatoria）に拘束されることを合意した場合に適用されることが期待されている。

　国際取引は、契約自由・私的自治の原則が支配する私法上の問題が中心とな

---

111)　河村寛治＝阿部博友『ビジネス法体系　国際ビジネス法』（レクシスネクシス・ジャパン、2016）97頁以下参照。

96　　第1編　ビジネス法の基礎

るが、それだけでなく、公法的規制も問題となり得る[112]。その内容は、国により異なるが、貿易管理に関する法（我が国では「外国為替及び外国貿易法」等）、通関に関する法（我が国では「関税法」等）、投資規制に関する法などである。また、各国の競争法も問題となる。このような公法的規制の適用範囲は、伝統的にその国の主権の及ぶ範囲内に限定される（属地主義）が、競争法等では、外国等で行われた行為であっても効果が国内に及ぶ場合にはその国の法を適用する（域外適用）場合もある。

　また、国際的なビジネス活動においては、複数の国の課税権が問題となることから、国際課税に関する法、いわゆる国際租税法も重要となってくる。

【2】国際ビジネスと紛争

　国際ビジネスにおいて発生した民事紛争を解決する手段について、訴訟手続による場合には、まず、どの国の裁判所で訴訟をするのかという裁判管轄の問題がある。どの国の裁判所が判断をするかによって、訴訟に要するコストも異なり、さらには結論が異なる可能性もあることから、当事者にとっては重要な問題である。国際裁判管轄のルールは統一されていないが、例えば、我が国においては、民事訴訟法に国際裁判管轄についての規定が設けられており（民訴第2章第1節）、被告の住所地の管轄と問題となる法律関係の類型ごとの管轄が定められている。訴訟手続については、原則として法廷地の法によることとなる。

　外国の裁判所で判決が得られたとしても、それを我が国で当然に執行できるかというと、そうではない。外国裁判所の確定判決の効力は、公序良俗に反しない、相互の保証があるなど一定の要件を満たす場合に認められ（同118条）、強制執行を行うためには、外国裁判所の判決についての執行判決を我が国の裁判所に求める必要がある（民執22条6号、24条）[113]。

　裁判以外の紛争解決手段（ADR）としては、国際商事仲裁がある[114]。訴訟と異

---

112)　河村寛治＝阿部博友『ビジネス法体系　国際ビジネス法』（レクシスネクシス・ジャパン、2016）373頁以下参照。

113)　河村寛治＝阿部博友『ビジネス法体系　国際ビジネス法』（レクシスネクシス・ジャパン、2016）332頁以下参照。

114)　河村寛治＝阿部博友『ビジネス法体系　国際ビジネス法』（レクシスネクシス・ジャ

なり当事者が仲裁の合意をする必要があるが、第三者である仲裁人の最終判断に従うという点、確定判決と同一の効果が認められているという点に特徴がある。国際商事仲裁に関する仲裁機関としては、国際商業会議所仲裁裁判所（ICC）、ロンドン国際仲裁裁判所（LCIA）、米国仲裁協会（AAA）等がある。

Ⅷ 事業関係法

■ 事業関係法とは

　事業関係法とは、法令上の用語ではないが、一般に、ある特定の業種に関する公的な規制を定める法のことをいう。「貸金業法」、「建設業法」、「電気事業法」や「旅行業法」など「○○業法」という題名の法律が多いため、「業法」と呼ばれることも多いが、そのような題名の法律に限られるものではない（例えば、「銀行法」など）。「金融商品取引法」[115]のように、法律の一部に事業関係法としての内容が規定されているものもある。また、事業自体を直接規制の対象とするものではないが、特定の製品に対する規制（例えば、食品に対する規制（食品表示5条）など）や特定の施設や設備に対する規制（例えば、発電用原子炉の設置の許可（核規制43条の3の5）など）を定める法律なども、特定の業種のみに関わる公的規制を定める法律であるため、ここで取り扱いたい。

　憲法22条1項は、職業選択の自由、営業の自由を保障しており、本来事業活動は自由に行われるべきものである。しかし、実際には、人の生命や身体の安全を守るため、消費者の利益を守るため、調和のとれた経済発展のためなどの理由によって、相当数の業種について各種の規制が設けられている。銀行にとっての銀行法のように、その業種の事業を営む企業にとっての事業関係法の重要性はいうまでもなく、その業界にとってみれば、いわば最も身近なビジネス法であるといえよう。事業関係法には、違反に対して、行政庁が業務改善命令、

　　　　パン、2016) 345頁以下参照。

115)　　　金融商品取引法は、企業内容等の開示（第2章）や有価証券の取引等に関する規制（第6章）は特定の業種に限られない一般的なものであるが、第3章は、金融商品取引業者についての規制を定めており、この部分は業法といえる。

98　　　第1編　ビジネス法の基礎

業務停止命令や許可の取消しなどの行政処分ができることが定められていたり、罰則が設けられていることが通常である。許可の取消しは企業にとって致命的であるし、業務改善命令や業務停止命令であっても、直接の利益の減少に加え、企業に対する信頼が低下するなど、大きなリスクになり得るものであることから、十分な留意が必要である。

② 事業関係法の規制の内容

　事業関係法の内容は業種によって異なり、規制の厳しい業種から規制の少ない業種までさまざまなバリエーションがある。一般に、人の生命や身体に対して危害を与えるおそれのある事業（例えば医薬品の製造販売業など）や公益性の高い事業（例えば電気事業やガス事業など）などは厳しめの規制が設けられていることが多い。しかし、規制の厳しい業種であっても競争の促進のため規制緩和が行われることがある[116]し、逆に、社会的に大きな問題が発生したことを受けて規制強化が行われることもあり、規制の内容は社会情勢などに応じて変化しているといえる。いずれにせよ、さまざまなバリエーションのある事業関係法の内容を細かく説明することは困難であるので、ここでは、事業関係法によく見られる規定の類型について説明していきたい。

【1】事業の開始に関する規制

　ほとんどの事業関係法では、特定の事業を行うにあたって、行政庁から免許や許可や登録を受けることを義務付けていたり、行政庁への届出を義務付けている。例えば、銀行業を営むためには内閣総理大臣の免許が必要である（銀行4条1項）し、鉄道事業を経営しようとする者は国土交通大臣の許可を受けなければならない（鉄事3条1項）とされている。また、一定規模以上の電気通信回線設備を設置して電気通信事業を営む場合には総務大臣の登録を受けなければならない（電通事9条）が、電気通信回線設備を設置しない電気通信事業者であれば総務大臣に届出をするのみで事業を営むことができる（同16条）。

　ここでいう「免許」と「許可」は、基本的にはその法的な性質は同じであり、

---

116)　　例えば、電気事業法等の一部を改正する法律（平成26年法律72号）により、電気の小売業への参入が自由化された。

ある特定の事業を営むことを一般的に禁止し、許可等を受けた場合にだけ、その事業を営むことを認めるというものである。許可等を受けるためには一定の要件を満たしていることが求められ、要件に該当しているかどうか行政庁の審査が行われる。また、「登録」とは、本来的には行政庁が備える公簿に一定の事実を記載することであるが、許可と同様に、一般的に営業を営むことを禁止し登録を受けた場合に限り営業を営めるという制度として用いられることも多い。この場合の登録の法的な性質は許可と同じであるが、要件が比較的形式的で行政庁の裁量の余地が少ない場合に登録制が用いられる傾向にある。ただし、登録という名称であっても、登録の拒否要件として行政庁の裁量の余地が大きいと思われる要件を定めているものもあり、そのような場合には、実質的には許可と変わらないといえる。

これに対し、「届出」とは、行政庁に対し一定の事項を通知する行為であって、行政庁の諾否の応答を予定しないもの（行手2条7号）である。届出の場合には、許可等とは異なり行政庁による実体審査が行われることはなく、届出さえすれば事業を行うことができる[117]。

事業の開始に関する規制の違反（無許可営業、無届営業等）に対しては、他の違反と比べて重めの罰則が設けられていることが多い。また、電気通信事業を営む企業にとっての電気通信事業法のように、事業関係法は基本的に自らの業種に関係のあるものだけを押さえておけばよいが、事業の開始に関する規制については、それだけでは済まない場合もある。新規事業へ進出する場合には他の事業関係法のチェックも必要であるし、注意をしないと、自らの企業のメインとなる事業に付随して行う行為が思いがけず別の事業関係法に違反するという事態も起こり得る。例えば、食品衛生法に基づく営業の許可を受けていた飲食店がデリバリーサービスを始めるためには、貨物自動車運送事業の許可（貨物自運3条等）が必要かどうかを検討しなければならない。

【2】事業の遂行に関する規制

事業の遂行に関する規制は、事業内容に応じてさまざまであるが、いくつか

---

117) ただし、探偵業の業務の適正化に関する法律（探偵業法）など、届出制であっても欠格事由が定められているものもある（3条）。

例を挙げると、次のようなものがある。

[a] 役務提供義務

　本来、どの顧客にサービスを提供するかどうかは企業の自由であるが、社会のインフラとなるような公益性の高いサービスについては、一定の場合を除き役務の提供を拒んではならないとされているものがある。例えば、電気通信事業法における基礎的電気通信役務（固定電話。電通事25条）、道路運送法における一般旅客自動車運送事業者（路線バスやタクシーなど。道運13条）、旅館業法における旅館業（旅館5条）などである。

[b] 約款規制

　企業と消費者との間の取引は定型的かつ多数の契約が必要となるものが多く、約款（前記 **Ⅱ** **3**【1】【d】参照）が活用されているが、事業関係法の中には、消費者の利益の保護等のために、約款の作成や変更について行政庁の認可を必要とするもの（保険業法、道路運送法等）や届出を必要とするもの（電気通信事業法等）、さらには、行政庁が約款の変更を命じることができることとするもの（保険業法、倉庫業法等）などがある。

[c] 価格規制

　商品やサービスの価格は、自由な競争の下、当事者間の契約で決まるのが原則であるが、参入規制により地域の独占が確保されている場合等では、消費者の保護のために、サービス提供の価格について行政庁の認可を必要とするなど一定の規制が設けられているものがある。電力自由化前の電気事業法などが典型であるが、鉄道事業法や道路運送法にも存在する。

[d] 基準認証制度

　製品の安全性の確保などのために、各製品の基準を定め、その基準に合致していることを義務付け、基準に適合しない製品の製造等を禁止する仕組みが設けられていることがある。

　例えば、消費生活用製品安全法では、消費者の生命または身体に対して特に

危害を及ぼすおそれが多いと認められる一定の製品（圧力鍋など）について、国が定める技術上の基準に適合するようにしなければならないとし、事業者自身が検査をしなければならないこととしている（消費用品安全11条）。さらに、消費者の安全の確保に必要な品質の確保が十分でない事業者がいると認められる一定の製品（乳幼児用ベッド、ライターなど）については、登録を受けた第三者機関の検査を受けなければならないこととしている（同12条）。

[e] 表示規制・広告規制

商品やサービスの表示については、不当景品類及び不当表示防止法が業種に関わらず一般的な規制を定めている[118]（景表5条）が、事業関係法において特定の商品やサービスについての表示規制を定めているものもある。例えば、食品については、食品表示法、食品衛生法、健康増進法、農林物資の規格化等に関する法律（JAS法）によって詳細な規制がなされているし、消費者が日常使用する家庭用品については、家庭用品品質表示法によって国が定める表示の標準に従わなければならないこととされている。

広告についても、例えば、医薬品等については、誇大広告の禁止や、医薬関係者以外の一般人を対象とする広告方法の制限など特別の規制が設けられている（医薬66条～68条）。

[f] その他

事業者と消費者の情報量の差の大きい事業などでは、消費者に対する説明義務や書面の交付義務を定めているものがある。金融商品取引法、保険業法など金融分野の法律に多いほか、宅地建物取引業法（35条、37条）などにもある。このほか、他の事業を営むことを制限するもの（銀行法、保険業法等）、一定の資格を有する者を置くことを義務付けるもの（貨物自動車運送事業法における運行管理者の選任の義務付け（18条1項）等）、業界団体について定めるもの（金融商品取引法における金融商品取引業協会（67条、78条）等）などさまざまな規制が設けられている。

---

118) より一般的には、独占禁止法の不公正な取引方法が問題となり得る。

また、後記【3】および後記【4】で見るように、行政庁が行政指導をすること
や事業関係法違反に対して行政庁が行政処分をすることがあり得るが、行政庁
が行政指導や行政処分などを行うかどうかを判断するための情報収集の手段と
して、行政庁に資料の提出を要求する権限や調査のために事業所等に立ち入る
権限などを付与していることが多い。

【3】行政指導

　事業関係法の中には行政庁が企業に対して指導、助言、勧告等ができること
を規定しているものがあり（宅地建物取引業法等）、また、明文の規定がなくと
も、特定の事業を所管している行政庁が行政指導を行うことがあり得る。行政
指導とは、行政機関が特定の者に一定の作為または不作為を求める指導、勧告、
助言その他の行為であって処分に該当しないものをいう（行手2条6号）。

　行政指導は、相手方の任意の協力を求めるソフトな手法であり、法律の根拠
が必要な行政処分と異なり法律の根拠が必要なく、行政にとって使いやすい制
度といえるが、裏を返せば、行政庁が恣意的に用いるおそれがないわけではな
い。企業にとってみれば、行政指導に従う義務はないため、不合理な行政指導
であれば拒否することも選択肢である。また、行政指導の中止等の求めの手続
が導入され、法令に違反する行為の是正を求める行政指導（その根拠規定が法律
に置かれているものに限る）に対しては、当該法律に規定する要件に適合しない
と思料するときは、当該行政指導の中止等を求めることができる（行手36条の
2）こととなった。

【4】事業関係法違反に対する制裁

　事業関係法違反に対しては、事業者名の公表、業務改善命令・業務停止命令・
許可の取消し等の行政処分、罰則といった制裁が設けられている。

〔a〕事業者名の公表

　事業者名の公表は、被害拡大の防止などのための情報提供を目的として行わ
れるものもあるが、違反事業者に対する制裁として行われるものもある。制裁

第4章　ビジネス法の主要分野の概観　　103

目的の公表は法律に規定されていることが通常である[119]が、情報提供目的であれば法律の根拠は不要とした判例[120]があるため、法律の規定がなくても情報提供目的として企業名が公表されることがあり得る。

　事業者名の公表は、刑事罰や行政処分と比べてソフトな手段とされると位置付けられることがあるが、実際には、事業者名が公表されると、社会的信用が低下し、利益の減少につながるおそれがあることから、他の制裁に比べて必ずしもダメージが軽いとはいえず、留意が必要である。また、公表は一般に処分にはあたらないと解されており、法律上事前手続は整備されておらず、取消訴訟も提起できないため、手続的な保障が十分でないという問題もある。ただし、違法な公表により損害を被った場合には、国家賠償請求が認められる可能性がある[121]。

【b】行政処分と行政処分に対する争訟

　業務改善命令や業務停止命令、許可の取消し等の行政処分は、行政庁が法律の根拠に基づき行うものであり、行政庁の一方的な行為により、法律上の効果が発生するものである。すなわち、相手方である企業の意思に反してでも、一方的に、一定期間の業務の停止を義務付けるなど、企業の権利を制限したり、義務を課するものである。本業についての許可の取消しは企業にとって致命的であるし、業務停止などもダメージが大きい。

　その一方で、このような行政処分については、手続的な保障も整備されている。まず、事前手続としては、業務改善命令、業務停止命令、許可の取消しなどは、行政手続法の「不利益処分」[122]に該当するため、同法の不利益処分に関する手続が適用される。具体的には、行政庁が処分基準を作成・公表しなければならないとされていること（行手12条）、不利益処分の名宛人となるべき者（こ

---

119)　例えば、家庭用品品質表示法4条では、内閣総理大臣等の指示に従わない違反業者について、その旨を公表できるとしている。

120)　東京高判平成15年5月21日判時1835号77頁。

121)　東京高判平成15年5月21日判時1835号77頁。

122)　行政庁が、法令に基づき、特定の者を名あて人として、直接に、これに義務を課し、またはその権利を制限する処分をいう（行手2条4号）。ただし、同号所定の一定のものは除かれる。

104　　第1編　ビジネス法の基礎

こでは企業）に対して聴聞または弁明の機会の付与という意見陳述のための手続を執らなければならないこと（同13条1項）、処分の理由を示さないといけないことである（同14条）。

　行政処分は、権限ある行政庁が職権で取り消すか、権利利益を侵害された者が行政不服審査法に基づく不服申立てをしたり、行政事件訴訟法に基づく取消訴訟を提起してその結果により取り消されない限り有効なものとして取り扱われる。すなわち、企業からすると、行政処分に不服がある場合には、行政庁に対して不服申立てをするか、裁判所に対して取消訴訟を提起する必要がある。

　行政不服審査法に基づく審査請求は、行政庁に対して行政処分の取消し等を求める手続である。行政上の手続であるから、裁判所での手続である取消訴訟と比較して、比較的簡易迅速な救済を得ることができる、手数料がかからない等のメリットがある。また、裁判所は違法かどうかだけを判断するのに対し、行政上の不服申立てであれば行政処分が違法かどうかだけでなく行政裁量の行使が不当でないかも審理できるという点が特徴であり、企業にとってのメリットともいえる。その一方で、処分をした側である行政が判断をする制度であることから、中立性・公平性が十分に確保されておらず、不服が認められることがあまりなかったという点が企業側にとってのデメリットといえる。なお、この点については、2016年4月から施行された行政不服審査法の改正により、原処分に関与していない審理員による審理手続の導入や有識者による第三者機関への諮問手続の導入などにより、中立性・公平性の向上が図られている。

　行政事件訴訟法に基づく取消訴訟（行訴3条2項）は、裁判所に対し行政処分の取消しを求める訴訟手続である。裁判所における訴訟手続であるため、行政上の不服申立ての手続と比べて公平・中立な判断が期待できる、終局的な解決を図ることができるというメリットがある。その一方で、時間や費用や手間といったコストは高くなる傾向にあり、また、裁判所は、処分が違法かどうかを判断するのみであって、行政庁の裁量の枠内であればその当不当を判断することはない（同30条）。

　なお、原則として、審査請求ができる場合であっても、これをせずにいきなり取消訴訟を提起することができる（同8条1項）。そのため、両者の特徴を把握したうえで、対応を検討する必要がある。ただし、国税に関する処分など、例

第4章　ビジネス法の主要分野の概観　　105

外的に、不服申立て手続を経た後でなければ取消訴訟を提起できないとしているものもある（税通115条1項等）。

〔c〕罰　則

　事業関係法においては、一定の違反に対して罰則を設けていることが通常である。例えば、無許可営業については行政上の措置では対処が困難であるため罰則が設けられているし、行政処分の実効性を担保するために、処分違反（例えば、業務停止命令を無視して営業を続けた場合など）に対しても罰則が設けられていることが多い。

　事業関係法違反の罰則には、行政刑罰と行政上の秩序罰がある。行政刑罰は、制裁として刑罰を科す制裁である。刑罰であるから、原則として刑法総則の適用があり、その手続については刑事訴訟法が適用される。行為者のみならず、法人にも罰金刑を科するいわゆる両罰規定が設けられていることもある。

　行政上の秩序罰は、違反者に過料を科すものであり、比較的軽い違反に対して設けられている。この過料とは、違反者から金銭を徴収するものであるが、刑罰ではないため、刑事訴訟法は適用されず、法律に規定された過料であれば、非訟事件手続法が適用される（非訟119条〜122条）。

❸ 事業関係法の特徴

【1】強行法規

　事業関係法は、基本的に強行法規である。契約とは異なり、企業の意思が優先されるということや交渉で何とかなるということはないので、法律の規定には従う以外にはない。

【2】行政機関の解釈が重要

　事業関係法違反に対しては、第一次的には行政庁が行政処分等で対処することが多い。また、民法などのように多くの企業に共通する法であれば、判例の数も多く、学説の蓄積もあり、解釈にあたり参照すべきものが多いが、事業関係法は特定の業種にのみ適用されるがため、判例の数も多くなく、学説の蓄積

106　　第1編　ビジネス法の基礎

も少ない。そのため、事業関係法の解釈については、まずは行政機関がどのように解釈しているかを把握することが重要となる。もちろん、行政機関の解釈が絶対的に正しいわけではなく、最終的には訴訟で争う余地がないわけではないが、その前提としても行政機関の解釈を把握しておく必要はある。

　行政機関の解釈を把握する方法としては、行政機関内部の法解釈を示した通達や訓令（第2章 **Ⅱ 2**【1】）を確認する、行政機関が公表しているガイドライン[123]を確認する、個別に行政機関に問い合わせる、法令適用事前確認手続（いわゆる日本版ノーアクションレター制度）を活用するといったことが考えられる。また、行政機関やその職員が執筆した逐条解説なども参考となろう。このうち、法令適用事前確認手続（日本版ノーアクションレター制度）とは、民間企業等が、実現しようとする自己の事業活動に係る具体的行為に関して、当該行為が特定の法令の規定の適用対象となるかどうかを、あらかじめ当該規定を所管する行政機関に確認し、その機関が回答を行うとともに、当該回答を公表する手続[124]である。個別の問題についての行政解釈を書面で示してもらえるという点でメリットの大きい制度であるが、回答が公表されるため、どのような事業を計画しているかを他の事業者に知られるおそれがあるというデメリットが存在する。なお、行政処分については、行政手続法により処分基準を公表するよう努めることとされている（行手12条1項）ため、これも参考となろう。

Ⅸ その他

　ここでは、これまでの分野別の分類には当てはまらないビジネス法について簡単に説明する。

---

123)　　例えば、ある事業が電気通信事業に該当し登録・届出が必要となるかどうかについては、総務省がウェブサイト「電気通信事業参入マニュアル〔追補版〕」を公表しており、参考となる。

124)　　行政機関による法令適用事前確認手続の導入について（平成13年3月27日閣議決定・平成19年6月22日閣議決定改正）。

1 環境法・エネルギー法

【1】環境法

　高度経済成長期におけるいわゆる四大公害病などを受けて、1967年の公害対策基本法[125]の制定や1971年の環境庁の設置をはじめ、我が国においても環境に関する法の整備がなされてきた。また、近年では、地球温暖化など地球規模での環境問題が大きな問題となっているなど、環境分野に対する国際的な関心も高まっており、企業経営においても、環境を意識した経営が求められているところである。

【a】公害の防止に関する規制

　公害の防止のための規制については、環境の汚染の原因となる行為を行うのは企業であることが多いため、企業に対する規制が多い。環境の保全に関する施策の基本となる事項を定める環境基本法では、国は、環境の保全上の支障を防止するため、大気の汚染、水質の汚濁、土壌の汚染または悪臭の原因となる物質の排出、騒音または振動の発生、地盤の沈下の原因となる地下水の採取その他の行為に関し、事業者等の遵守すべき基準を定めること等により行う公害を防止するために必要な規制の措置などを執ることを定めており（環境基21条）、実際に、大気汚染防止法、水質汚濁防止法、土壌汚染対策法などの各種法令により、事業者に対する規制が定められている。

　例えば、大気汚染防止法では、工場等に設置されるばい煙発生施設について、環境大臣や都道府県知事が排出基準を定め（大気汚染4条）、ばい煙発生施設を設置しようとするときは都道府県知事に届け出なければならないこととし（同6条）、排出基準に適合しないばい煙の排出を禁止し（同13条）、都道府県知事が排出基準に適合しないばい煙を継続して排出するおそれがあると認めるときはばい煙発生施設の使用の一時停止等を命ずることができる（同14条）こととしている。

　このような公害規制に対する違反は、行政処分や罰則の対象となっており、

---

125)　環境基本法の制定に伴い廃止されている。

108　第1編　ビジネス法の基礎

また、損害賠償について無過失責任が定められているものがある（大気汚染25
条、水質汚濁19条等）。

〔b〕環境アセスメント

　開発事業による重大な環境影響を防止するためには、事業の内容を決めるに
あたってあらかじめ環境にどのような影響を及ぼすかについて把握しておくこ
とが必要との観点から、環境影響評価法が制定されている。この法律により、
鉄道、空港、発電所の建設や土地区画整理事業などの開発行為のうち一定の規
模の事業を行う事業者は、自ら、環境アセスメントを行うことが義務付けられ
ている（環境影響評価12条）。

〔c〕環境に関する条例

　環境に関する規制については、地方公共団体が条例で国の基準よりも厳しい
基準を設けていたり（いわゆる上乗せ条例）、国の法令では規制の対象外のもの
も規制対象としている（いわゆる横出し条例）こともある。また、環境アセスメ
ントについても、多くの都道府県で環境影響評価条例を制定しており、環境影
響評価法では対象外の事業について環境アセスメントを義務付けている[126]。そ
のため、環境法分野については、国の法令だけでなく、地方公共団体の条例に
も目配せする必要がある。

【2】廃棄物・リサイクル

　企業が事業活動を行うに伴い、ゴミなどの廃棄物が不可避的に生じる。企業
が排出する廃棄物のうち一定のものは産業廃棄物[127]とされ、産業廃棄物につい
ては、企業自ら処理しなければならない（廃棄物11条1項）という義務が課され
ている。そして、産業廃棄物の処理を他人に委託する場合には、都道府県知事
の許可を受けた産業廃棄物処理業者に委託しなければならず（同12条5項）、受
託者に対し産業廃棄物の種類や数量等を記載した産業廃棄物管理票（いわゆるマ

---

126)　　北海道環境影響評価条例等。

127)　　事業活動に伴って生じた廃棄物のうち、燃え殻、汚泥、廃油、廃酸、廃アルカリ、
　　　　廃プラスチック類その他政令で定める廃棄物など（廃棄物2条4項）。

第4章　ビジネス法の主要分野の概観　　109

ニフェスト）を交付し、処理完了後にマニフェストの写しを回収して保存しなければならないこととされている（同12条の3）。

　また、資源の乏しい我が国においては、資源の有効利用を図るため、製品の回収・リサイクルが重要となっている。そのため、容器包装に係る分別収集及び再商品化の促進等に関する法律（容器リサイクル法）、特定家庭用機器再商品化法（家電リサイクル法）、使用済自動車の再資源化等に関する法律（自動車リサイクル法）など各種製品ごとのリサイクルに関する法規制が設けられているほか、資源の有効な利用の促進に関する法律により、一定の製品について自主回収や再資源化に取り組むことが求められており、自社の製品がリサイクルに関する法律の対象となっているか留意が必要となる。

【3】省エネルギー・温暖化対策

　事業活動を行うにあたっては、工場やオフィスなどで電気等のエネルギーを使用することが通常である。このエネルギーの使用については、エネルギーの使用の合理化等に関する法律（省エネ法）により、一定の規制が設けられている。多くの企業に関係する工場、オフィス、店舗等については、一定規模以上のエネルギーを使用している事業者であれば、規制の対象となり、エネルギー管理統括者等の選任や定期報告書の提出等が義務付けられる（エネ合理化7条の2、15条）。

　また、地球温暖化問題について温室効果ガスの排出抑制のための国際的な取組みがなされており、その一環として、我が国においては、地球温暖化対策の推進に関する法律が制定されており、同法により、温室効果ガスを多く排出する一定の事業者には、温室効果ガスの排出量を算定し、国に報告することが義務付けられている（地球温暖化26条）。

【4】化学物質規制

　企業が製造する製品には、さまざまな化学物質が利用されているが、人の健康および生態系に影響を及ぼすおそれがある化学物質による環境の汚染を防止するため、化学物質の審査及び製造等の規制に関する法律（化審法）がある。同法により、新規の化学物質の製造または輸入に際し事前にその化学物質の性状

に関して審査する制度が設けられており、新規化学物質についての届出の義務などが課されている（化学物質規制3条1項）。また、特定の化学物質について、事業者が排出・移動した際にその量を国に届け出る義務（PRTR制度。化管法5条2項）や対象化学物質等を他の事業者に譲渡・提供する際にその情報を提供する義務（SDS制度。同14条1項）が設けられている。

❷ 贈賄・献金等に関する法

企業活動に関連し、政治家や公務員に対する贈答や接待、政治献金などが問題となることがあり得る。贈賄が犯罪であること（刑198条）は常識であろうが、近年問題となっている外国公務員への不正な利益供与には留意が必要であるし、政治献金については政治資金規正法による制限があるため、思わぬ違反とならないよう注意が必要である。

【1】贈賄・利益供与

我が国の公務員に対する贈賄は犯罪であり、刑法198条により、3年以下の懲役または250万円以下の罰金に処せられる。対象となる公務員とは、国または地方公共団体の職員その他法令により公務に従事する議員、委員その他の職員をいい（刑7条1項）、幅広い。なお、公務員でなくとも、個々の法律により公務員とみなされる者（みなし公務員。例えば、日本銀行の役職員（日銀30条）等）もあるため、注意が必要である。

外国の公務員等に対する不正利益供与については、それが国際的な競争条件を歪めていること等を考慮し、1997年に経済協力開発機構（OECD）が「国際商取引における外国公務員に対する贈賄の防止に関する条約」を策定している。これを受けて、我が国では不正競争防止法が改正され、同18条1項は「外国公務員等に対し、国際的な商取引に関して営業上の不正の利益を得るために、その外国公務員等に、その職務に関する行為をさせ若しくはさせないこと、又はその地位を利用して他の外国公務員等にその職務に関する行為をさせ若しくはさせないようにあっせんをさせることを目的として、金銭その他の利益を供与し、又はその申込み若しくは約束」をする行為を処罰の対象とし、個人に対しては5年以下の懲役または500万円以下の罰金（併科あり）を、法人に対しては

第4章　ビジネス法の主要分野の概観　111

3億円以下の罰金を科すこととしている（不正競争21条2項7号、22条1項3号）。この規制については、従業員個人は規制の内容について詳しく知らない場合も多いため、企業としていかに違反を未然に防止するための体制を構築するかが重要な課題となる。企業における外国公務員贈賄防止体制や不正競争防止法における処罰対象範囲については、経済産業省が「外国公務員贈賄防止指針」を作成・公表しており、参考となる。

【2】政治献金

　企業の政治献金については、政治献金は会社の目的の範囲内か議論があったが、判例[128]では、「会社による政治資金の寄附は、客観的、抽象的に観察して、会社の社会的役割を果たすためになされたものと認められるかぎりにおいては、会社の定款所定の目的の範囲内の行為であるとするに妨げない」とされており、また、政治資金規正法上も企業による寄附は禁止されていないため、可能とされている。ただし、同判決では、「取締役が会社を代表して政治資金の寄附をなすにあたつては、その会社の規模、経営実績その他社会的経済的地位および寄附の相手方など諸般の事情を考慮して、合理的な範囲内において、その金額等を決すべきであり、右の範囲を越え、不相応な寄附をなすがごときは取締役の忠実義務に違反するというべきである」としているので、留意されたい。

　また、一般的に政治献金は可能であるが、政治資金規正法により一定の制限が設けられている。政党および政治資金団体以外の者に対しては寄附をしてはいけないこと（政資21条1項）、寄附の額の制限があること（同21条の3等）、国からの補助金等を受けている会社は寄附をしてはならないこと（同22条の3）、3事業年度以上にわたり継続して欠損を生じている会社は寄附をしてはならないこと（同22条の4）などである。違反に対しては罰則も設けられている（同26条など）。

3 暴力団対策

　企業が暴力団等の反社会的勢力の脅し等に屈して暴力団等に対して利益を供

---

128)　最大判昭和45年6月24日民集24巻6号625頁〔八幡製鉄事件〕。

与することは、暴力団等の活動を助長することになり、ひいては市民の安全で平穏な生活を脅かすことにつながりかねないことから、社会的に非難される行為であるとともに、近年ではすべての都道府県において暴力団排除条例が整備されてきており、法的にも問題となる。条例の内容は各都道府県で一致していないが、東京都暴力団排除条例を例とすると、同条例では次の2つの規制等を設けている。

第一に、事業者が暴力団関係者に対して利益供与をすることを禁止し（24条）、違反に対しては勧告、公表、命令等の対象としている（27条、29条、30条）。また、命令違反に対しては罰則も設けている（33条）。

第二に、事業者は、契約が暴力団の活動を助長する等の疑いがあると認める場合には相手方等が暴力団関係者でないことを確認するよう努めること、契約を書面により締結する場合には暴力団排除条項（相手方が暴力団関係者であった場合には催告せずに契約を解除できる等の条項）を契約書に定めるよう努めることとしている（18条）。

４ 産業政策に関する法

経済の活性化等のための政府の産業政策の手段として、法が活用されることも多い。例えば、産業競争力強化法では、企業が主務大臣に対して新たな規制の特例措置の整備を求めることができる制度（企業実証特例制度）や生産性の向上が図られる一定の事業再編に関する計画の認定を受ければ税制上の支援や会社法の特例等を利用できる制度などが定められている。また、中小企業については、従来からさまざまな支援のための法制度が整えられている。このような産業政策に関する法については、リスクへの対処というよりは、積極的な活用を検討する必要のある分野といえるであろう。

５ 建築物の管理等に関する法[129]

ビジネスを行うにあたっては、工場、オフィス、店舗等の建築物を使用することになるが、このような建築物の管理については、環境法上の規制ほか、さ

---

129) 不動産の利用方法の制限については 第2編 第2章 Ⅳ ❶ を参照。

まざまな公法上の規制がある。

　第一に、建築基準法による規制であり、建築物の所有者、管理者等は、建築物の敷地、構造および建築設備を常時適法な状態に維持するように努めなければならない（建基8条1項）とされ、行政庁が指定する建築物の所有者・管理者は、定期に、専門技術を有する資格者に調査・検査をさせ、その結果を行政庁に報告しなければならないこととしている（同12条1項および3項）。

　第二に、消防法による規制であり、工場、事業場、大規模な小売店等では、防火管理者の選任や消防計画の作成などが義務付けられる（消防8条）。

　第三に、建築物における衛生的環境の確保に関する法律（ビル管理法）による規制であり、一定規模以上の興行場、店舗、事務所等の所有者、占有者等に対して、建築物環境衛生管理基準に従って維持管理をすることを義務付け、建築物環境衛生管理技術者にその維持管理の監督をさせることが義務付けられている（同4条、6条）。

第2編

ビジネス法の体系と主な分野

第2編

第1章 ビジネス法の全体像と体系の解説

第1編 第3章 でも述べたとおり、ビジネス法の体系化の仕方にはさまざまな整理があり得る。同章では、本シリーズ全体を通じた体系化の方法として、企業が自らの置かれた状況や問題を法全体の鳥瞰図や見取図の中に位置付け、適切な行動がとれるようにするという観点から、一定の法分野ごとに関係するビジネス法を整理し体系化する方法を採用していることを説明した。他方で、企業活動のプロセス、あるいは、特定のビジネスシーンを軸に関係する法を理解しておくことも重要であり、かかる理解を欠かすこともできない。

そこで、本シリーズでは、具体的な法分野を軸にした整理は、第2巻目以降の各巻において行うこととし、本シリーズの第1巻目「ビジネス法概論」と題する本書の 第2編 においては、そのような、本シリーズ全体を通じた「法分野分け」を意識しつつ、より企業および企業活動の実態、横串の視点を意識した整理・解説を行っている。

大まかなイメージの把握のために、あえて粗雑な言い方をすれば、ビジネスを行う場合には、まず、ビジネスの主体となる「ハコ」を作り、ビジネスに従事する「ヒト」を集め、ビジネスを遂行するうえで必要となる「カネ」を調達し、また、ビジネスを遂行するうえで必要となる「モノ」を仕入れることが必要となる。そのうえで、そのようにして調達した広い意味での経営資源を活用して、商品・サービスを提供するというプロセスが一般的なものといえる。さらに、このような一般的なプロセスから逸脱して、第三者との紛争や企業不祥事、さらには倒産などの場面に直面することもある。そして、これらの各活動において、さまざまな観点から、法による規律がなされている。

これらについて若干敷衍すると、まず、ビジネスを行うためには、その主体が存在しなければならず、ここに、「ビジネス主体の組織に関する法」（第2章 ■I■）を観念することができる。すなわち、ビジネスの主体となる「ハコ」も一種類ではなく、ビジネスの目的等に応じて、複数の選択肢があり得、それぞれの場合に「ハコ」を作る手続について、異なる規律がされている。また、「ハ

第1章 ビジネス法の全体像と体系の解説 117

コ」の大きさや利害関係者の多寡等に応じて、「ハコ」の内容についても、さまざまな規律がされている。

　次に、「ハコ」だけではビジネスを行うことができず、実際にビジネスを動かす「ヒト」が必要である。ヒトの集め方もさまざまであり、その態様に応じた規律がされている。また、使用者（ビジネスの主体）と労働者（ヒト）との交渉力の格差や歴史的背景から、通常の取引に関する契約とは異なる規律がされている。ここに、「ヒトに関する法」第2章 **II** ）が観念される。

　さらに、ビジネスを行うためには、「ヒト」に対する賃金をはじめ、さまざまな費用（コスト）に関する支払いを行うため、「カネ」が必要となる。「カネ」の調達方法についても、ローンで調達する方法、エクイティで調達する方法、両者の折衷的な方法やこれらの手法を組み合わせた方法など、さまざまな方法があり、「資金の調達に関する法」（第2章 **III** ）を観念することができる。

　そして、前記に加え、ビジネスの基礎となる資産（設備・知的財産等）としての「モノ」を調達する必要もある。この場合には、「モノ」を借りることもあれば、購入することもあり、この場面においても「ビジネスの基礎となる資産（モノ）に関する法」（第2章 **IV** ）を観念することができる。

　以上のような「ヒト」「カネ」「モノ」という広い意味での経営資源を活用して、材料等を仕入れ、商品・サービスを提供していくこととなるが、このような活動は、利潤を上げ、企業価値を高めていくことを最大の目標とする企業にとっては、ビジネス活動の根幹ともいえる。このような取引の場面においては、契約自由の原則に基づき、取引内容等については、ビジネス主体が自由に決定できるのが原則ではあるが、取引の態様も、消費者取引、国際的取引等さまざまであり、現実には、さまざまな観点から制約が加えられている。ここにも、「ビジネス活動に関する法」（第3章）を観念することができる。

　このほか、ビジネス活動に伴い、ビジネス主体には種々の納税義務が生じる。企業が納める税金の金額は、期中の損益に直接反映するため、ビジネス活動においては重要な意味を持つ。また、ビジネス活動は、ビジネスの内容に応じた官庁の監督を受けていることが多く、その監督の方法・内容については、いわゆる業法に定められているのが通常であり、「納税その他公的規制に関する法」（第4章）を観念することができる。

以上は、いわばビジネスが特段問題なく行われている状態といえるが、とき
には、「ヒト」や取引先との間で紛争が生じることや、「カネ」の調達先との間
で紛争が生じることもあり、場合によっては訴訟に至ることもある。また、上
記の各場面において適用される法令に違反するなどの企業不祥事が生じること
もある。さらには、ビジネス活動が正常に機能せず、倒産に至る場合もある。
これらの事態は、通常のビジネス活動を「平時」とすれば、それから逸脱した
「有事」といえ、そのような場面で問題となる「有事に関する法」と観念するこ
ともできる（第5章）。
　以下、上記のような整理に沿って、各法体系を概説することとする。

第1章　ビジネス法の全体像と体系の解説　　119

第2編

第2章　ビジネスの主体に関する法

Ⅰ　ビジネス主体の組織に関する法

❶ ビジネス主体の形態（企業形態）

　ここでは、ビジネス主体の組織に関して、ビジネス主体の形態（企業形態）に関する事項を概観したうえで、ビジネス主体の代表的な企業形態である株式会社における機関設計について説明する[1]。

【1】ビジネス主体に関連する法

　ビジネスを営む主体（企業）について考えた場合、まず大きな区分として、個人企業か、共同企業かという違いがある[2]。我が国における代表的な企業形態は、共同企業の代表例ともいえる株式会社と個人企業であり、その数としても両者で圧倒的な地位を占めている。

　個人企業の場合、その主体を規律する法令は、民法および商法が基本となる。

　これに対し、共同企業の場合、その代表例である株式会社を根拠付ける会社法がその主体を規律する基本的な法令といえる。会社法は、株式会社以外に合名会社、合資会社および合同会社という「会社」の形態を用意している（会社2条1号）。

---

1)　　　ビジネス主体の代表的な形態である株式会社の組織運営の詳細については、本ビジネス法体系シリーズ、大杉謙一＝髙木弘明＝田端公美ほか『企業組織法』（レクシスネクシス、2016）を参照されたい。

2)　　　経済活動の主体という単位で考えた場合、民間企業（私企業）のほかにも、政府や地方公共団体等（公企業）、さらには、公企業が私企業とともに出資を行う企業（いわゆる第三セクター）等も主体となる。実際の経済活動において、公企業は、公法上の制約を受けることになり、個別の取引に際しては、公企業独自の制約を認識しておく必要があるが（例えば、国および地方公共団体による取引は、国および地方公共団体の契約は原則として一般競争入札による必要がある。会計法29条の3第1項、地方自治法234条1項、2項）、本書では、以下、原則として、民間企業（私企業）がビジネスを営んでいくことを念頭に置き記述する。

第2章　ビジネスの主体に関する法　　121

また、同じ共同企業であっても、会社法に基づく「会社」以外の営利法人（対外的な経済活動により得た利益を特定の構成員に分配することを目的とする法人）として位置付けられる投資法人や特定目的会社、公益法人と位置付けられる公益社団法人・公益財団法人、さらに、いわゆる中間法人[3]として位置付けられる一般社団法人・一般財団法人のほか、各種の協同組合、相互会社、信用金庫、労働金庫、医療法人、学校法人等も経済活動の主体となり得る。このため、ビジネス主体に関する法令としては、これらの法人それぞれの根拠法である投資信託及び投資法人に関する法律、資産の流動化に関する法律（特定目的会社の根拠法）、一般社団法人及び一般財団法人に関する法律、公益社団法人及び公益財団法人の認定等に関する法律、各種の協同組合法（農業協同組合法、水産業協同組合法、消費生活協同組合法等）、保険業法（相互会社の根拠法）、信用金庫法、労働金庫法、医療法、私立学校法等も関連することとなる。

さらに、我が国においては、主に税制上の理由等から、法人格のない共同企業である民法上の組合、商法上の匿名組合、投資事業有限責任組合（LPS）、有限責任事業組合（LLP）といった企業形態が利用されることもある。このため、ビジネス主体に関する法令としては、これらの企業形態の根拠となる民法、商法、投資事業有限責任組合契約に関する法律（LPS法）、有限責任事業組合契約に関する法律（LLP法）等の理解も重要となる。

【2】企業形態の選択

ビジネスを営む際の企業形態の選択にあたっては、個人企業か共同企業か、法人格の有無、構成員（出資者）の負う責任範囲の別（有限責任・無限責任）、内部組織の柔軟性（定款自治の範囲）、税務上の取扱いの差異、業種による企業形態の選択上の制約等[4]のさまざまな要素を考慮して検討する必要がある。

---

3)　　平成20年12月施行の公益法人制度改革関連三法に基づく改正までは、中間法人法に基づく有限責任中間法人および無限責任中間法人の制度が存在したが、上記改正に伴い、中間法人法は廃止され、いずれも一般社団法人に移行している。本文記載の中間法人は、営利法人と公益法人の中間に位置付けられる講学上の概念としての中間法人を指している。

4)　　例えば、医療分野に関しては、株式会社などの営利を目的とする法人（営利法人）の参入は、構造改革特別区域内における一部のものを除き、認められておらず（医療7条6項参照）、法人形態にて事業を行う場合には、医療法に基づく医療法人（同39条参照）

[図表1] 企業形態の分類

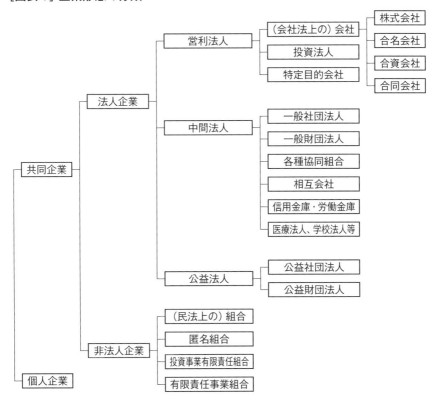

[a] 個人企業

　個人企業は、出資者が1人の企業であり、私企業の最も単純な形態といえる。個人企業の場合、当該個人事業主自身の権利能力、行為能力等に瑕疵が存しないかが問題になる可能性があることは別にしても、事業の開始に際して、設立手続、登記手続等の特段の手続は要しない[5]。また、個人企業の場合、出資者た

　　の形態をとることとなる。
5)　　　ただし、税務上の観点からは、新たに事業を開始したとき、事業用の事務所・事業所を新設、増設、移転、廃止したときまたは事業を廃止したときには、税務署に「個人事業の開廃業等届出書」を提出する必要がある（所税229条）。さらに、税務署に対して「所得税の青色申告承認申請書」を提出することによって、青色申告が可能になるという税務上のメリットをも享受することが可能になる（同144条、166条）。

る個人事業主自身が、企業運営の主体として意思決定を行い、かつ、責任を負うため、その組織運営等に関する法令上のルールは存在しない。このように個人企業は、その設立（事業の開始）や運営に関する規律が簡素であることが大きな特徴といえる。

他方、個人企業の場合、当該個人事業主が企業運営の主体として、事業からの利益をすべて得ることになる代わりに、その損失も当該個人事業主がすべてを負担することになる。例えば、個人事業において、多額の損害賠償債務を負担することとなった場合には、営業用の資産のみならず、当該個人事業主自身の個人資産をもって無制限に弁済を行う必要がある。

また、個人企業であっても、使用人を雇用することは可能であり、それにより事業を拡大することは可能であるが、個人としての信用力には一定の限界があり、当該個人事業主が死亡すれば終了する事業という点で、法人組織等に比べ、永続性の観点から不利な側面がある。

さらに、税務の観点でいえば、個人企業の場合、その所得については、当該個人の事業所得に対して、所得税が課せられることになる。所得税の確定申告手続は、法人組織における法人税申告手続と比べると簡潔である一方で、定率での課税である法人税と異なり、所得税の場合は累進課税制度が採用されており、経費として認められる範囲も法人に比べて狭い。このため、事業規模が小さい段階では、税務上は個人企業の方が有利なケースが多い一方で、一定規模以上の利益が生ずる段階になると、個人企業は法人組織に比べ税務上不利となる場合も多い。

以上のような理由から、事業規模が一定規模以上の事業である場合、あるいは、一定規模以上の事業規模を目指す場合には、株式会社等の会社組織の形態がとられる場合が多い[6]。

[b] 共同企業

共同企業とは、二人以上の者が出資する企業のことであり、個人企業と対比

---

6)　　実務上は、個人企業として事業を開始した後に、事業規模の拡大等を背景に、当該個人企業主が、株式会社等の法人を設立し、個人企業の事業を当該法人に承継するケース（いわゆる「法人成り」）も多い。

124　　第2編　ビジネス法の体系と主な分野

される概念である。この共同企業は、法人格の有無により、法人企業と非法人企業に区分できる[7]。「法人」とは、出資者（構成員）から独立した別個の権利義務の主体たる地位を有するものであり、法によって、自然人と同様に権利能力を付与された存在である。

株式会社をはじめとする会社法に基づく「会社」が法人企業の代表例であるが、法人企業としては、ほかにも投資法人、特定目的会社、（一般・公益）社団法人や（一般・公益）財団法人、各種の協同組合[8]、相互会社、信用金庫、労働金庫、医療法人、学校法人等が該当する。

他方、非法人企業としては、民法上の組合、商法上の匿名組合、投資事業有限責任組合（LPS）、有限責任事業組合（LLP）等が該当する。

【c】会社法上の「会社」

(ア) 総　論

営利法人たる法人企業の代表例である株式会社をはじめ、会社法にいう「会社」は、株式会社のほか、合名会社・合資会社・合同会社の四つの類型からなる（会社2条1号）。このうち、合同会社は、平成17年の会社法制定に際して導入された新しい企業形態であり、出資者のすべてが有限責任社員（出資の範囲でのみ責任を負う社員。同580条2項）からなる点に特徴がある（同576条4項）。また、合名会社・合資会社・合同会社の三つの類型を総称して「持分会社」という（同575条1項）。持分会社と株式会社は、一定の組織変更手続を経ることによって、相互に種類を変えることも認められる（同743条以下）。

また、平成17年の会社法制定に伴う改正前の商法下では、商法に株式会社・合名会社・合資会社についての規定が置かれる一方、特別法である有限会社法が存在し、有限会社に関する規律を定めていたが、会社法制定に際し、所有と経営が一致した（社員自らが直接業務執行を行う）小規模かつ非公開的な会社制度として想定されていた従来の有限会社制度に相当する規律（例えば、取締役会の

---

7)　　厳密にいえば、法人企業であること＝出資者が複数であるとは限らず、現行法の下では、「会社」（会社2条1号）の中でも、株式会社・合名会社・合同会社においては、一人の出資者だけで会社を設立することも許容されている（いわゆる「一人会社」）。

8)　　協同組合は、名前に「組合」の文字を含んでいるものの、民法上の組合ではなく法人である（例えば、農協4条、中協4条1項等）。

非設置）が、会社法の株式会社制度の中に組み込まれ、有限会社法は廃止された。このため、現行法の下では、新たに有限会社を設立することはできない。また、会社法施行（平成18年5月1日）前に設立された既存の有限会社は、会社法施行に伴い、法的には会社法上の株式会社として存続することとされている（特例有限会社。会社法整備法2条1項）。このため、かつての有限会社の出資者である社員の地位は株主としての地位に、その出資持分は株式となっている（同条2項）。もっとも、この特例有限会社は、会社法施行以前と同様に、商号中に「有限会社」の文字を用いることが認められているうえ（同3条1項。会社6条2項の例外）、機関設計や業務執行等についても、かつての有限会社に近い規律が適用されている（例：取締役等の任期について法令上の上限が不存在、決算公告義務の不存在等）[9]。特例有限会社は、定款変更を行い、商号中に「株式会社」の文言を用いることで、通常の株式会社に移行することも可能である（会社法整備法45条、46条）。ただし、現在でも、多くの会社が「有限会社」の名称を用いたまま存在している。

［図表2］「会社」類型ごとの比較

	株式会社	持分会社		
		合名会社	合資会社	合同会社
株主・社員の必要人数	一人以上	一人以上	二人以上 うち無限責任社員、有限責任社員各一名以上	一人以上
出資者の責任	有限責任	無限責任	無限責任社員は無限責任 有限責任社員は有限責任	有限責任
出資者の地位の譲渡	原則、譲渡は自由	原則、他の社員の同意が必要		
利益配分の定め方	出資額に比例するのが原則	定款により出資比率と異なる設定も可		

---

9)　特例有限会社の規律については、郡谷大輔編著『中小会社・有限会社の新・会社法』（商事法務、2006）に詳しい。

	株式会社	持分会社		
		合名会社	合資会社	合同会社
最高意思決定機関	株主総会	社員総会		
所有と経営の関係	所有と経営は分離	所有と経営は未分離		
決算公告	必要	不要		

(イ) 株式会社

　株式会社は、その出資者である「株主」の責任が、全員有限責任である点に特徴がある。また、株式会社では、原則として出資比率により利益分配の比率が定められることになる（会社454条3項）。このため、株式会社は不特定多数から資本を集め、その利益を分配することに適した形態であり、多数の資本を集めて、経営の規模を拡大するのに向く企業形態である。

　他方、株式会社では、多数の出資者からの出資を想定しているため、出資者たる株主が直接会社の業務執行に関与するのではなく、その業務執行は、取締役等に委ねることを想定している（いわゆる「所有と経営の分離」）。このため、出資者・債権者の保護や会社の業務執行に直接関与する取締役等に対する牽制の観点から、内部の機関設計や意思決定手続等に関して、詳細な規定が定められている。

　ただし、前記のとおり、平成17年の会社法制定に際して、小規模かつ非公開的な会社制度であった有限会社に相当する規律を株式会社制度の中に取り込んでいるため、株式会社のうち公開会社（会社2条5号）以外の会社（非公開会社、すなわち、その発行する株式の全部に株式譲渡につき株式会社の承認を要する旨の定款の定めが設けられている会社）の場合には、取締役会や監査役を設置せず、「株主総会＋取締役」（取締役は　名のみでも可）というシンプルな機関設計を採用することも可能となっている（同326条、327条1項1号、2項等）。また、非公開会社では、剰余金の配当や残余財産の分配等に関しても、株主ごとに異なる属人的な定めをすることも許容されている（同109条2項）。

　むしろ、会社法の条文構造としては、かつての有限会社における「株主総会

＋取締役」という機関構成が基本型として規定されており、取締役会、監査役、監査役会、監査等委員会、指名委員会等（＝指名委員会、報酬委員会、監査委員会）、会計監査人、会計参与、執行役は、機関構成の特則として、会社の規模や株式の譲渡制限の有無によって、その一部は設置が強制され、または、定款の定めによって任意的に設置することが可能とされている（同326条1項、2項、402条等）。

(ウ) 持分会社（合名会社・合資会社・合同会社）

　持分会社（合名会社・合資会社・合同会社）においては、株式会社における株主に相当する出資者の地位を「社員」と呼び、株式に相当する出資者の権利のことを「持分」と称しているが、持分会社では、その出資者である社員の地位と業務執行者の地位は分離されておらず（所有と経営の未分離）、特段の定めがない場合には、社員全員が持分会社の業務を執行することとされている（会社590条）。ただし、定款等で業務を執行する社員を定めることも可能であり、その場合は、業務執行社員が会社の業務執行を行うこととなる（同591条）。持分会社の場合、その規模等にかかわらず、これ以外に監査役等の機関を設置することは強制されておらず、会社の内部組織が単純であることが共通した特徴である。このように、持分会社は、株式会社よりも、むしろ民法上の組合に近い特徴を有する。以下、それぞれの会社の特徴を述べる。

(あ) 合名会社

　　合名会社は、その出資者である社員全員が無限責任社員であることに特徴がある（会社576条2項、580条1項）。無限責任社員も、会社の債権者に対し、まずは会社資産から弁済を受けるよう求めることができる点は個人企業と異なるが（同580条1項2号）、弁済責任の範囲から見ると、出資の範囲に限定されずに、会社の債務に関して連帯して無限責任を負う点で個人企業に近い企業形態といえる。合名会社の社員は、全員が無限責任社員である必要があるが、人数は、最低一名で足りる。逆に、社員が欠けた場合（＝社員が一人もいなくなった場合）には、会社の解散事由となる（同641条4号）。

　　社員による会社への出資は、金銭等（金銭その他の財産。同151条1項参照）によるものに限られず、労務や信用の出資も可能とされる（同576条1項6号括弧書の反対解釈）。

128　　第2編　ビジネス法の体系と主な分野

(い) 合資会社

合資会社は、その出資者である社員の構成として、最低一名の無限責任社員と最低一名の有限責任社員から構成されることに特徴がある（会社576条3項）。無限責任社員は、会社債権者に対して、合名会社の社員と同じ無限連帯責任を負う一方で、有限責任社員は、定款に記載された出資の価額（ただし、既に会社に対して出資の履行済みの価額は除く）の限度で、会社債権者に対する責任を負うことになる（同580条2項）。社員の会社への出資は、有限責任社員では、金銭等によるものに限られる一方、無限責任社員は、労務や信用の出資も可能とされる（同576条1項6号括弧書の反対解釈）。

(う) 合同会社

合同会社は、前記のとおり、平成17年の会社法制定により導入された新しい企業形態である。合同会社は、米国各州が1980年代から導入した有限責任会社（LLC：limited liability company）をモデルとしていることから、日本版LLCとも呼ばれる。株式会社と同様に、出資者のすべてが有限責任社員からなる（会社576条4項）点に特徴がある一方で、原則として出資比率により利益分配の比率が定まる株式会社（同454条3項）とは異なり、出資比率と異なる利益分配が可能であることも特徴の一つである（同622条）。このため、技術を提供した者、アイディアを提供した者といった労務を提供した者について、貢献度に応じて配当を決めることも可能であり、合弁会社その他少人数で事業を行うのに適する会社形態として想定されている[10]。

会社の業務執行の方法や代表方法等は、持分会社一般の例に従うこととされており、内部組織が単純である点は他の持分会社と同様である。

他方で、その出資者である社員全員が有限責任社員であることから、会社債権者の保護との関係では、会社財産の適正な維持が他の持分会社の類型以上に重要となる。このため、合同会社の計算等については、会社法625条以下で他の持分会社にはない特則が定められている。また、会社設立に際しての社員による会社への出資の履行についても、株式会社と同様にそ

---

10) 合同会社の利用目的別のモデル定款例については、江頭憲治郎編著『合同会社のモデル定款—利用目的別8類型—』（商事法務、2016）に詳しい。

の全額を設立登記の完了の時までに済ませておく必要がある（同578条）。さらに、利益の配当についても、株式会社と同様の分配可能額に関する規制が課され、具体的には、利益額（同623条1項）を超えて配当を行ってはならず（同628条）、違反した場合は、その支払いをした業務執行社員と受領した社員が連帯責任を負うことになる（同623条1項、629条1項）。また、出資の払戻しについても、出資の払戻しにより社員に交付する金銭等の帳簿価額が会社法632条1項による定款を変更して行う出資の価額の減少額と、払戻請求の日における剰余金額（同626条4項）のいずれか少ない額を超える場合には、出資の払戻しをすることができず（同632条2項）違反した場合は、その支払いをした業務執行社員と受領した社員が連帯責任を負うことになる（同633条1項、634条）。

> **コラム** 日本版LLC（合同会社）とLLP（有限責任事業組合）の比較

日本版LLC（合同会社）とLLP（有限責任事業組合）は、それぞれ日本版LLCは会社法に、LLPは有限責任事業組合法に基づくものであるが、いずれもすべての出資者が負う責任が有限責任であるとともに、内部組織の設計の自由度が高い点で共通する。一方で、株式会社への組織変更の可否や課税の取扱いなどにおいて相違点も多く存在する。

①日本版LLCとLLP

日本版LLCとLLPは、いずれも、対外的にはすべての出資者の責任が有限責任でありつつ、対内的には内部組織の設計の自由度を認めるものとして、導入された組織形態である。このような組織形態は、ベンチャー企業等、人的資産を重視した企業組織に適しているとされ、米国のLLCをはじめとして、諸外国では既に広く用いられている。

②日本版LLCとLLPの共通点

日本版LLC・LLPに共通する特徴として、以下のようなものが挙げられる。

・ 債権者との関係ではすべての出資者は有限責任しか負わない。

・　内部組織については自由な設計が認められる。

　すべての出資者が有限責任であるため、出資者は自らの出資額以上のリスクを負わなくてよく、いわゆるハイリスク・ハイリターン型の事業も行いやすくなる。内部組織について自由な設計が認められるという意味は、どのような機関を設置するか、利益配分をどのようにするかなどについて、出資者同士の合意により、自由に決定することができるということであり、柔軟性が広く認められている。

③日本版LLCとLLPの相違点

　他方で、日本版LLC・LLPは主に以下の点で相違点がある。

・　日本版LLCは法人格を有するが、LLPは組合契約であり法人格を有しない。

・　LLPはパススルー課税（法人税を課さず、LLPの利益を構成員自身の所得とみなして課税を行う構成員課税の方式）が認められるが、日本版LLCは認められていない。

・　日本版LLCは全社員が業務執行を行う必要はないが、LLPは組合員同士が基本的に協同して事業を展開することが想定されているため、全社員が業務執行を行う必要がある。

・　日本版LLCは構成員が一名であっても存続可能であるが、LLPは存続できない。

・　日本版LLCは株式会社との間で組織変更ができるが、LLPはできない。

・　日本版LLCは株式会社との間で合併等の組織再編行為ができるが、LLPはできない。

　日本版LLCとLLPは、このような特徴の違いを踏まえ、事業の性質に応じて使い分けをすることになる。例えば、株式会社へ組織変更することも見越して継続して安定的に行う事業は日本版LLC、パススルー課税により構成員自身の損益通算が認められるメリットが必要な事業はLLPを選択することなどが考えられる。

第2章　ビジネスの主体に関する法　　131

【3】外国会社の日本における事業展開[11]

外国会社[12]による日本における事業展開に際しての企業形態の選択には、我が国の企業とは異なる考慮が必要となる場合がある。外国会社が日本国内に進出し、事業を営む際には、その進出の段階等に応じて、①駐在員事務所の設置、②営業所（支店）の設置、③子会社（日本法人）の設立のいずれかの形態をとるのが通常である[13]。

[a] 駐在員事務所の設置

駐在員事務所は、外国会社が日本で本格的な継続取引を行うための準備的、補助的な活動を行うための拠点として設置されるものである。

外国会社自身が、日本において取引を継続してしようとするときには、日本における代表者を定める必要があり（会社817条1項）、事前に外国会社としての登記を行う必要がある（同818条1項）ところ、駐在員事務所の活動は、かかる登記義務が生じない範囲で行うことになる。

したがって、かかる駐在員事務所の形態で行える行為は、日本において継続的な取引を開始する前段階の市場調査、情報収集、外国会社のための物品の購入、広告宣伝等の活動に限られる。駐在員事務所の独自名義での銀行口座の開設や不動産の賃借は行うことができないため、外国会社の本社名義で契約を行うことになるが、登記されていない外国会社の場合には日本に住所を有していないということで、銀行口座の開設や賃貸借契約ができない場合もあり、やむを得ず駐在員事務所の代表者などの個人名義での契約となる場合もある。

---

11) 日本企業による海外での事業展開については、**第3章 III** および本ビジネス法体系シリーズ、河村寛治＝阿部博友『国際ビジネス法』（レクシスネクシス・ジャパン、2016）を参照されたい。

12) 会社法2条2号は、「外国会社」について、「外国の法令に準拠して設立された<u>法人その他の外国の団体</u>であって、会社（注：会社法2条1号参照）と同種のもの又は会社に類似するもの」（下線と注は筆者）と定義しており、法人格を有しない外国企業も含まれることとなる。「外国会社」の意義については、江頭憲治郎『「外国会社」とは何か－持分会社に相当するものの場合－」早稲田法学83巻4号（2008）1頁が参考になる。

13) 外国企業による日本への進出の詳細に関しては、独立行政法人日本貿易振興機構（ジェトロ）のウェブサイト（https://www.jetro.go.jp/invest/、（2017.2.13））が参考になる。また、鈴木龍介編著『外国会社のためのインバウンド法務——事業拠点開設・不動産取引』（商事法務、2016）、亀田哲『外国会社と登記〔全訂版〕』（商事法務、2012）にも詳しい。

【b】営業所（支店）の設置

前記【a】のとおり、外国会社が日本で継続的な取引を行う場合、あらかじめ日本における代表者を定めたうえ（会社817条1項）、外国会社としての登記をする必要がある（同818条1項）。現在の会社法上は、外国会社が日本で継続的な取引を行う場合であっても、日本国内に営業所を設置することまでは義務付けていないものの（同933条1項参照。外国会社としての登記は、営業所を設けた場合は当該営業所の住所で、営業所を設けていない場合には日本における代表者（日本国内に住所を有する者に限る）の住所で登記を行うことになる）[14]、営業所の設置は、外国会社が日本において営業活動の拠点を設置し、営業活動を行うための簡便な方法である。なお、日本における継続的な取引のために営業所を設けた場合、その営業所は、外国会社の登記との関係では「支店」とみなされることとなる（同933条3項）。

この営業所は、あくまで外国会社の業務を日本において行う拠点であり、営業所固有の法人格は有しておらず、外国会社の法人格に内包される一部分として取り扱われる。したがって、営業所の活動から発生する債権債務の責任は、外国会社自身に直接帰属することになる。

【c】子会社（日本法人）の設立

外国会社が、日本で継続的な取引を行うことを意図する場合、外国会社自身が事業を展開するのではなく、日本において子会社（日本法人）を設立し、当該日本法人を通じて事業を展開することも考えられる。

この場合、前記【2】で説明した会社法に定められた会社形態（株式会社、合名会社、合資会社、合同会社）の中から設立すべき法人を選択するのが通常である。もっとも、合名会社、合資会社は、出資者の中に、無限責任社員が存在しなければならないため、実際に選択されることは稀である。他方、株式会社と合同会社は、出資者が有限責任であるという点では変わりはないが、合同会社は株式会社に比べて、定款自治の自由度が高く、株式会社と違い社員による毎年の

---

14)　平成14年の商法改正までは、日本国内における営業所の設置が義務付けられていたが（同改正前商法479条1項）、外国企業の営業活動を過度に制限する参入障壁との批判があったことから、当該規制は廃止されている。

第2章　ビジネスの主体に関する法　　133

計算書類の承認義務がなく、決算公告をする必要もないという点で、より自由度が高いとも考えられる[15]。

また、子会社（日本法人）を設立した場合、その子会社（日本法人）と外国会社とは別個の法人となり、当該子会社（日本法人）としての設立登記等も要することとなる。他方で、子会社（日本法人）の活動から発生する債権債務に関して、外国会社の負う責任は、当該子会社の設立の根拠となる法律に定められた出資者としての責任の範囲にとどまる。

コラム　日本における代表者の住所

　本文記載のとおり、外国会社が日本において継続的な取引活動を行うためには、日本における代表者を定めて営業所を設置する、あるいは、子会社（日本法人）を設立するのが一般的であるが、実務上は、この場合に日本における代表者が日本に住所を有する者である必要があるかどうかという点も問題となる。

　この点、日本における代表者を定めて営業所を設置する場合には、日本の代表者のうち少なくとも一名は、日本における住所を有する者である必要がある（会社817条1項）。他方、子会社（日本法人）が株式会社である場合、従来、法務省は、代表取締役の全員が日本に住所を有しない内国株式会社の設立登記の申請やその代表取締役の重任・就任の登記の申請を受理しないとしており、代表取締役のうち少なくとも一名は日本に住所を有する者である必要があるとしていたが、近時、かかる取扱いは廃止され（平成27年3月16日、法務省民商29号「内国株式会社の代表取締役の全員が日本に住所を有しない場合の登記の申請の取扱いについて（通知）」参照）、代表取締役の全員が国外に住所を有する場合であっても問題ないこととなった。

　このように日本における代表者の住所地が、日本国内にあることが

---

15)　　なお、米国の会社が日本子会社を設立する場合、合同会社の形態を選択することがある。これは、日本法人を合同会社とした場合、米国税制上、日本法人（合同会社）の所得をパススルー課税することが認められる（いわゆるチェック・ザ・ボックス規則）という利点によるものとされる。ただし、この場合でも、日本の合同会社に対する日本での法人課税は発生する。

必須か否かという点は、企業の進出形態を考えるうえでの一つの検討
要素となる。

２ ビジネス主体の企業組織

【1】株式会社の機関設計

　平成17年に制定された会社法は、株式会社の機関設計について、従来の有限
会社制度に相当する規律も導入し、会社の規模等に合わせてさまざまな選択肢
を用意している。また、平成26年の会社法改正は、新たに監査等委員会設置会
社制度を導入した（会社2条11号の2、399条の2以下）。

　会社法における株式会社の機関設計の規律のポイントは、当該株式会社が公
開会社（同2条5号）か否か、大会社（同条6号）か否かである（同326条以下）。

　公開会社は、その発行する株式の全部または一部の内容として譲渡による当
該株式の取得について、株式会社の承認を要する旨の定款の定めを設けていな
い株式会社である。必ずしもすべての株式について、株式譲渡制限が付されて
いるわけではなく、株主構成が自由に変動し、所有と経営の分離の傾向が強い
ため、より厳格な機関設計が求められている。一方、非公開会社は、すべての
株式に譲渡制限が付されており、株主の変動があまり生じないため、会社の実
質的所有者である株主同士の結び付きが強く、株主が自ら経営や経営の監督に
参加する場合も考えられ、これに応じた柔軟な機関設計が選択可能である。

　また、大会社は、最終事業年度（同2条24号）に係る貸借対照表に計上された
資本金の額が5億円以上または負債の合計額が200億円以上の株式会社である
が、大会社の場合は、通常、株主、債権者をはじめとする利害関係人も多数に
わたると考えられることから、業務執行に対する監査・監督等についてより厳
格な機関設計が求められる。一方で、非大会社の場合は、大会社に比べれば、
利害関係人の数も少ないと考えられることから、これに応じた柔軟な機関設計
が認められている。

第2章　ビジネスの主体に関する法　　135

[図表3] 株式会社における機関設計の選択肢

	公開会社	非公開会社
大会社	－	取　締　役＋監査役＋会計監査人 取締役会＋監査役＋会計監査人
	取締役会＋監　査　役　会＋会計監査人 取締役会＋監査等委員会＋会計監査人 取締役会＋指名委員会等＋会計監査人	取締役会＋監　査　役　会＋会計監査人 取締役会＋監査等委員会＋会計監査人 取締役会＋指名委員会等＋会計監査人
非大会社	－	取　締　役 取　締　役＋監査役（★） 取　締　役＋監査役＋会計監査人 取締役会＋会計参与（※）
	取締役会＋監査役 取締役会＋監査役会 取締役会＋監　査　　　役＋会計監査人 取締役会＋監　査　役　会＋会計監査人 取締役会＋監査等委員会＋会計監査人 取締役会＋指名委員会等＋会計監査人	取締役会＋監査役（★） 取締役会＋監査役会 取締役会＋監　査　　　役＋会計監査人 取締役会＋監　査　役　会＋会計監査人 取締役会＋監査等委員会＋会計監査人 取締役会＋指名委員会等＋会計監査人

（注1）株主総会はすべての機関設計において必須

（注2）★の監査役は、監査権限を会計監査に関するものに限定することも可能（会社389条1項）

（注3）会計参与は、※以外の類型でも任意に追加設置可能

　また、上場会社の場合は、会社法上の規制に加えて、金融商品取引所の規則、さらに、平成27年6月から適用が開始されたコーポレートガバナンス・コード等も考慮しながら機関設計を検討する必要がある。近時は、平成26年の会社法改正における議論や機関投資家の動向等も踏まえ、社外取締役の選任促進に向けた動きが広がっており、これらの動きも考慮しながら機関設計の選択肢を検討する必要がある。

　以下では、特に上場会社と非上場の小規模な会社（会社法上の大会社に該当しない会社）について、機関設計のポイントを整理する。

【2】上場会社の機関設計のポイント

上場会社は、金融商品取引所の規則により、公開会社かつ大会社以外の会社であっても、会社法が準備する機関設計のうち、下記のいずれかを選択する必要がある（東京証券取引所・有価証券上場規程437条1項）。

    ① 監査役会設置会社　　　（取締役会＋監査役会＋会計監査人）
    ② 監査等委員会設置会社（取締役会＋監査等委員会＋会計監査人）
    ③ 指名委員会等設置会社（取締役会＋指名委員会等＋会計監査人）

監査役会設置会社は、従来の我が国における上場会社の圧倒的多数を占めていた類型であり、取締役会と監査役・監査役会に統治機能を担わせる制度である。監査役は、取締役・経営陣等の職務執行の監査を行うこととされており（会社381条1項前段）、会社法上、業務財産調査権（同381条2項）等の調査権限や取締役の違法行為差止請求権（同385条1項）が付与されている。また、独立性と高度な情報収集能力の双方を確保すべく、監査役の員数は三名以上として、そのうち半数以上は社外監査役とするとともに（同335条3項）、監査役の中から常勤の監査役を置くことが求められている（同390条3項）。

また、監査役会設置会社では、社外取締役の選任は義務付けられていないものの、事業年度の末日に監査役会設置会社（公開会社かつ大会社であるものに限る）であって金融商品取引法24条1項の規定により、その発行する株式について有価証券報告書の提出が義務付けられている会社が、社外取締役を置いていない場合には、当該事業年度に関する定時株主総会において、「社外取締役を置くことが相当でない理由」を説明しなければならない（同327条の2）。これは、平成26年の会社法改正に際して、社外取締役の選任義務付けを見送ったこととの関係で導入された規定であり、社外取締役の選任を行っていない会社に「社外取締役を選任することが相当でない理由」の説明を求めることで社外取締役の選任を促進する意図が含まれている（なお、株主総会参考書類、事業報告の記載に関する会社則74条の2、124条2項、3項も参照）[16]。また、上場会社では、上場規則において、独立役員（一般株主と利益相反が生じるおそれのない社外取締役また

---

16)　　坂本三郎編著『一問一答 平成26年改正会社法』（商事法務、第2版、2015）87頁。

は社外監査役）を一名以上確保することが義務付けられており（東京証券取引所・有価証券上場規程436条の2）、取締役である独立役員（いわゆる独立社外取締役）を少なくとも一名以上確保する旨の努力義務が定められていること（同445条の5）、さらに、コーポレートガバナンス・コードにおいて、「独立社外取締役は会社の持続的な成長と中長期的な企業価値の向上に寄与するように役割・責務を果たすべきであり、上場会社はそのような資質を十分に備えた独立社外取締役を少なくとも2名以上選任すべきである」（原則4－8）との規定が置かれていることを踏まえ、社外取締役を選任するか、選任するとすれば何名選任するか、その独立性に関してはどのように考えるべきか等を検討する必要がある。

監査等委員会設置会社および指名委員会等設置会社は、取締役会に委員会（監査等委員会または指名委員会等（指名・報酬・監査の各委員会））を設置して一定の役割を担わせることにより監督機能の強化を目指すものである。特にこれらの委員会は、それぞれ三名以上で構成し、その過半数は社外取締役であることが求められている（会社331条6項、400条1項、3項）。このため、監査等委員会設置会社および指名委員会等設置会社においては、少なくとも二名以上の社外取締役の選任が必要となる。

このうち、監査等委員会設置会社は、平成26年の会社法改正に際して、監査役会設置会社に関してなされていた監査役の半数以上を社外監査役とするのに加えて社外取締役を設置することには負担感・重複感があり、社外取締役の機能の活用という観点から、必ずしも利用しやすい機関設計となっていないという指摘、あるいは、委員会設置会社（現在の指名委員会等設置会社）に関してなされていた指名委員会と報酬委員会の設置により、取締役の人事権・報酬等の決定権を社外者に委ねることへの抵抗感があるとの指摘等を踏まえ、社外取締役の機能を活用するための新たな機関設計として創設されたものである。上記の社外取締役が不存在の場合における定時株主総会での説明ルールの導入等とも相俟って、監査等委員会設置会社に移行する企業は増加する傾向にある[17]。

---

17) 東京証券取引所が提供するコーポレート・ガバナンス情報サービスによれば、平成29年2月21日時点では、監査役会設置会社が2,755社（78.4%）、監査等委員会設置会社は691社（19.7%）、指名委員会等設置会社は69社（2.0%）となっている。

コラム 独立社外取締役の選任の増加

　上場会社における機関設計のうち、現在でも多数を占める監査役会設置会社においては社外取締役の選任は義務付けられていないものの、本文記載の社外取締役が不存在の場合における定時株主総会での説明ルールの導入、独立社外取締役の二名以上の選任を求めるコーポレートガバナンス・コードの適用開始、監査等委員会設置会社への移行企業の増加、さらには、機関投資家の議決権行使動向に関して一定の影響力を有する大手の議決権行使助言会社であるISS（Institutional Shareholder Services Inc.）が、2016年2月開催の株主総会から、取締役会に複数の社外取締役がいないすべての企業の経営トップの選任議案に反対を推奨するとのポリシーを導入したこと等もあり、独立社外取締役を選任する企業が急激に増加している。東京証券取引所が公表した「東証上場会社における独立社外取締役の選任状況＜確報＞」（2016年7月27日）によれば、東証市場一部上場会社のうち、独立社外取締役を選任する会社は97.1％（前年の87.0％から10.1ポイント増）に達し、さらに、同じく、東証市場一部上場会社のうち、独立社外取締役を二名以上選任している会社の比率は4分の3を超え、79.7％（前年の48.4％から31.3ポイント増）に達した。さらに、全上場会社を対象としても、既に88.9％の会社が独立社外取締役を選任しており、会社法上の社外取締役に限れば、95.8％の会社が社外取締役を選任している。このように、現在は、（独立）社外取締役が選任されている会社が大多数になってきており、その人数や取締役会に占める割合、あるいは独立性等が問われる状況になりつつある。

　なお、平成26年会社法改正法は、その附則で改正法の施行後2年を経過した場合に「社外取締役の選任状況その他の社会経済情勢の変化等を勘案し、企業統治に係る制度の在り方について検討を加え、必要があると認めるときは、その結果に基づいて、社外取締役を置くことの義務付け等所要の措置を講ずるものとする」（同附則25条）との規定を置いている。これを受け、平成29年2月9日に開催された法制審議会の総会では、次期会社法の改正に向けた諮問がなされ（諮問104号）、

第2章　ビジネスの主体に関する法　　139

株主総会手続の合理化やインセンティブ報酬等と合わせて、社外取締役を置くことの義務付けなど、企業統治に関する規律の見直しの要否について、検討が開始されることとなり、今後の動向が注目されるところである。

【3】小規模会社（非大会社）における機関設計のポイント

会社法において、大会社以外の株式会社（非大会社）に認められる機関設計は、前記【1】記載の［図表3］のとおりである。以下、ポイントを概説する。

【a】公開会社である場合

公開会社（会社2条5号）の場合、取締役会の設置が義務付けられる（同327条1項1号）。これは、すべての株式に株式譲渡制限が付されているわけではない公開会社においては、株主構成が自由に変動し、所有と経営が分離する傾向が強いため、取締役の業務執行を適切に監督するという観点から、合議体である取締役会の設置を強制しているものである。

また、取締役会設置会社では、株主総会はいかなる事項でも決議できる万能の機関ではなく、会社法が規定する事項および定款で定めた事項についてのみ決議することができる機関とされ（同295条2項）、業務執行の多くは、取締役会が決定することになる。このため、経営への関与が少なくなる株主に代わって会社の業務執行を監視する機関が必要となる。そこで、取締役会の設置が強制される公開会社では、監査役（監査役会）、監査等委員会、指名委員会等のいずれかの設置が強制されることとなる（同327条1項1号、2項）。公開会社において、監査役を設置する場合、監査役の監査権限を、会計監査権限に限定することは認められない（同389条1項）。

【b】非公開会社である場合

非大会社かつ非公開会社である場合、取締役会を設置する機関設計以外に、取締役会を設置しない機関設計（取締役のみ、取締役＋監査役、取締役＋監査役＋会計監査人）も許容される（会社327条1項1号の反対解釈）。非公開会社の場合、すべての株式に譲渡制限が付されており、会社の実質的所有者である株主同士

140　　第2編　ビジネス法の体系と主な分野

の結び付きが強く、株主が自ら経営に参加する場合もあると考えられるため、取締役会を設置するか否かは各社の選択に委ねられている。

　非大会社かつ非公開会社であっても、取締役会を設置することを選択した場合には、株主による経営への関与は少なくなるため、株主に代わって会社の業務執行を監視する機関として、監査役（監査役会）、監査等委員会、指名委員会等のいずれかの設置が強制されることとなる（会社327条2項）。

　もっとも、非大会社かつ非公開会社の場合、監査機関として監査役を設置しつつも、定款の定めにより、その監査権限を会計に関するものに限定することも認められる（同389条1項。ただし、監査役会設置会社および会計監査人設置会社である場合は除く）。非公開会社の場合、株主による監視も一定の範囲では期待できるうえ、監査役に業務監査権限も含む広大な権限を与えても、すべての会社がこれに相応しい人材を得ることは困難であろうという政策的配慮に基づくものである。

　また、非公開会社の場合、取締役会の設置を選択した会社であっても、同時に会計参与を設置した場合には、監査役の設置を要しない（同327条2項ただし書）。前記のとおり、非公開会社においては、監査役の監査権限を会計監査に限定することも可能であることからすると、会計の専門家である会計参与が関与するのであれば、必ずしも会計の専門家が選任されるとは限らない監査役の選任を義務付ける必要はないと考えられるためである。ただし、この場合でも、会計参与に加えて、会計監査人を設置する場合は、監査役を設置しなければならない（同327条3項）。

【c】監査役会、監査等委員会、指名委員会等、会計監査人、会計参与の任意設置

　非大会社であっても、また、公開会社・非公開会社にかかわらず、監査役会、監査等委員会、指名委員会等、会計監査人、会計参与を任意に設置することは可能である。

　ただし、監査役会、監査等委員会、指名委員会等を設置する場合には、取締役会の設置が強制されること（会社327条1項2号〜4号）、会計監査人を設置する場合には、監査役（会計監査権限に限定された監査役は不可。同389条1項）または

監査等委員会もしくは指名委員会等の設置が強制されること（同327条3項）、逆に、監査等委員会や指名委員会等を設置する場合にも会計監査人の設置が強制されること（同327条5項）に留意する必要がある。

　小規模（非大会社）会社において、具体的にいかなる機関設計を採用するかは、各社の状況により判断していくことになるが、例えば、ベンチャー企業の場合には、現在は小規模であったとしても、将来の株式上場を見据えて早い段階から監査役会や会計監査人を任意に設置することも可能である。

Ⅱ　ビジネス主体を構成するヒト（労働力）に関する法

　ビジネスを遂行する主体となるのは企業だが、実際には、その企業は多くの労働者によって構成され、労働者が企業（使用者）の指揮命令に従って業務を行うことでビジネスが成立する。したがって、ビジネスにとって労働者の存在は不可欠である。その一方で、労働者は、使用者の指揮命令に従うことで報酬を受け取り、その報酬をもって自分たちの生活を形成する。その意味では、労働者にとっても、使用者である企業はなくてはならない存在である。この使用者と労働者の関係は、法律的には有償双務契約である労働契約によって結び付けられているが、一般的に使用者と労働者の間には財力や情報量等に大きな格差があり、労働者が劣悪な労働環境や低廉な労働条件の下で酷使され、特に近代において大きな社会問題となった。そこで現代では、こうした問題を是正するため、労働者を保護するという観点からさまざまな法制度が定められている[18]。

１憲法に基づいた労働法

　憲法27条1項は、「すべて国民は、勤労の権利を有し、義務を負ふ」と規定し、国に対し、国民が労働の機会を得られるように労働市場の体制を整備し、労働の機会を得られない労働者の生活の保障を行うよう義務付けている。これに基づいて、職業安定法、雇用対策法、職業能力開発促進法、障害者雇用促進

---

18)　　本項における主要な参考文献としては、菅野和夫『労働法』（弘文堂、第11版、2016）、荒木尚志『労働法』（有斐閣、第2版、2013）、白石哲編著『労働関係訴訟の実務』（商事法務、2012）などがある。

法、高年齢者雇用安定法、労働者派遣法、雇用保険法、求職者支援法（職業訓練の実施等による特定求職者の就職の支援に関する法律）等が制定されている。次に、同条2項は、「賃金、就業時間、休息その他の勤労条件に関する基準は、法律でこれを定める」と規定し、これに基づき、労働基準法、労災保険法（労働者災害補償保険法）、船員法、最低賃金法、じん肺法、労働安全衛生法、賃金の支払の確保等に関する法律、労働契約法等が制定されている。また、同条3項は、「児童は、これを酷使してはならない」と規定し、これに基づいて労働基準法上の年少者の保護規定や児童福祉法が制定されている。

次に、憲法28条は、「勤労者の団結する権利及び団体交渉その他の団体行動をする権利は、これを保障する」と規定し、団結権、団体交渉権、団体行動権といういわゆる労働三権を保障し、これに基づいて、労働組合法が制定された[19]。

以上のとおり、現在の労働者を取り巻く法制度は、その源泉を憲法に求めることができる。以下では、上記のうち、ビジネスの遂行に特に関連性が高い法律について概説する。

② 個別的労使関係に関する法律

ビジネス主体（使用者）と労働者は、原則として個々の労働契約によって結び付いている。したがって、個別の労使関係の内容について最初に概観する。

【1】労働契約
【a】労働契約の成立

使用者と労働者の関係は、法律的には、企業と一般市民が雇用契約（労働契約）を締結することで生まれる。雇用契約の内容は、「雇用は、当事者の一方が相手方に対して労働に従事することを約し、相手方がこれに対してその報酬を与えることを約することによって、その効力を生ずる」とされ、労働と報酬が対価関係にある（民623条）。また、労働契約法（労契法）6条も、「労働契約は、労働者が使用者に使用されて労働し、使用者がこれに対して賃金を支払うことについて、労働者及び使用者が合意することによって成立する」と規定しており、労働契約が使用者の指揮命令と労働者に対する賃金の支払いを要素とする

---

19)　　以上につき、菅野和夫『労働法』（弘文堂、第11版、2016）26頁参照。

こと、および労働契約が使用者と労働者の合意で成立することを明らかにしている。

[b] 労働契約の効力

労働契約も民法上の典型契約の一つであり、本来的には独立対等な当事者間で締結されるものである。しかし、**前記1**で述べたとおり、使用者と労働者の間には大きな格差があり、当事者の自由な意思に委ねているとさまざまな弊害が生じるため、労働契約の効力は以下のように規制されている。

まず、労働基準法（労基法）1条2項は、「この法律で定める労働条件の基準は最低のものであるから、労働関係の当事者は、この基準を理由として労働条件を低下させてはならないことはもとより、その向上を図るように努めなければならない」と規定し、労働契約の内容が同法を下回ってはならないと規定する。また、労働契約法12条は、労働契約の内容が後述する就業規則の基準を下回るときは無効となると規定し、さらに労働組合法（労組法）16条も、労働協約に定める労働条件その他の労働者の待遇に関する基準に違反する労働契約は無効となる旨規定している（なお、労基93条）。

以上のように、労働契約は、法律、就業規則、労働協約によって、その内容に制限を受けている。

【2】就業規則
[a] 就業規則の概念

就業規則とは、労働者の労働条件や職場規律について規定した規則類を指す。労働基準法89条は、常時10名以上の労働者を使用する使用者に、就業規則を作成するよう義務付けている。就業規則に規定しなければならない事項は、①労働時間、休憩時間、休日、休暇、②賃金、③退職・解雇、④退職手当、⑤賞与、⑥食費・作業用品の負担、⑦安全衛生、⑧職業訓練、⑨表彰・制裁等である（④から⑨は制度を設けた場合に規定しなければならない「相対的必要的記載事項」と呼ばれる）。

【b】就業規則の効力

この就業規則における労働条件は、その内容が合理的で労働者に周知されている場合には、労働契約の内容となる（労契7条）。したがって、就業規則は、労働契約の内容を決定する最も基本的な規則である。もっとも、労働契約の内容が就業規則と異なっていた場合でも、その内容が労働者にとって有利な労働条件が定められていれば、労働契約が優先する（不利な内容について合意した場合には、同12条により当該部分が無効となる）。

【c】就業規則の不利益変更

このように就業規則は使用者が雇用する多数の労働者の労働条件の内容となっているから、就業規則を変更することは、労働者に対する影響が大きい。このうち、労働者に有利に変更する場合には問題が生じることはないだろうが、不利益に変更する場合には、労働者の生活にまで支障を来すおそれがあるため、慎重な対応が必要となる。すなわち、労働者の不利益になるような就業規則の変更を行うためには、原則として労働者全員の同意が必要である（労契9条）。特に、賃金や退職金について就業規則を不利益に変更する場合には、当該同意は、労働者にもたらされる不利益の内容および程度、労働者が同意するに至った経緯および態様、同意に先立つ説明の内容等に照らして、同意が「労働者の自由な意思に基づいてなされたものと認めるに足りる合理的な理由が客観的に存在するか否か」が必要であるとされている[20]。もっとも、労働者の同意が得られない場合でも、例外的に、「変更後の就業規則を労働者に周知させ、かつ、就業規則の変更が、労働者の受ける不利益の程度、労働条件の変更の必要性、変更後の就業規則の内容の相当性、労働組合等との交渉の状況その他の就業規則の変更に係る事情に照らして合理的なものであるとき」には、労働者全員の同意が得られなくても、就業規則の不利益変更を行うことができる（同10条）。

【d】就業規則の手続

使用者は、就業規則を制定・変更する場合には、労働者の過半数で組織する労働組合がある場合においてはその労働組合（過半数組合）、労働者の過半数で

---

20)　　最判平成28年2月19日労判1136号6頁〔山梨県民信用組合事件〕。

第2章　ビジネスの主体に関する法　　145

組織する労働組合がない場合においては労働者の過半数を代表する者（過半数代表者）の意見を聴き、その意見を書面にして所管の労働基準監督署に提出しなければならない（労基89条、90条、労契11条）。

　そして、制定・変更した就業規則は、常時各作業場の見やすい場所への掲示、備付け、交付等によって、労働者に周知させなければならない（労基106条1項）。

コラム　過半数代表者の選出方法

　　過半数代表者になることができる労働者は、労働基準法41条2号の管理監督者以外の労働者で、協定書等をする者であることを明らかにして実施される投票、挙手等の方法による手続により選出された者でなければならない（労基則6条の2）。選出の方法については、上記以外であっても、労働者の話合い、持ち回り決議等、民主的な手続であれば可能である（平成11年3月31日基発169号）。実際の現場では、こうした手続が煩雑であるため、使用者において過半数代表者を事実上指名してしまうこともしばしば見られるが、法律的には適法な代表者といえない可能性があるため、注意する必要がある。

【3】募集・採用・試用期間

〔a〕募　集

(ア) 使用者自身による募集活動

　使用者は、新聞、雑誌、インターネット等の媒体を用いて自由に募集活動を行うことができるのが原則である。もっとも、募集活動を第三者に行ってもらう「委託募集」については、厚生労働大臣の許可または届出が必要となる（職安36条）。また、募集を行うに際しては、労働者に誤解を生じさせることのないように平易な表現を用いる等その的確な表示に努めなければならない（同42条）。さらに、募集においては、使用者は年齢や男女の性別にかかわりなく求職者に均等な機会を与えなければならない（雇対10条、雇均5条）。

(イ) 職業紹介による募集活動

　また、使用者は、職業紹介（職安4条1項）を通じて募集活動を行うことがある。職業紹介には、公共職業安定所（ハローワーク）のような公的な職業紹介と

民間の職業紹介があり、民間の職業紹介には、さらに無料の職業紹介（同条2項）と有料の職業紹介（同条3項）がある。民間の職業紹介事業を行うためには、無料・有料を問わず、原則として厚生労働大臣の許可が必要である（同30条1項、33条1項）。

[b] 採　用

(ア) 採用の自由

　使用者は、「経済活動の一環としてする契約締結の自由を有し、自己の営業のために労働者を雇傭するにあたり、いかなる者を雇い入れるか、いかなる条件でこれを雇うかについて、法律その他による特別の制限がない限り、原則として自由にこれを決定することができる」として、採用の自由が認められている[21]。この採用の自由には、①雇入れ人数決定の自由、②募集方法の自由、③選択の自由を含んでいる。もっとも、募集と同様、採用においても、使用者は年齢や男女の性別にかかわりなく求職者に均等な機会を与えなければならないとされ（雇対10条、雇均5条）、法律上の制限がないわけではない。

　また、使用者は、労働契約の締結に際し、労働者に対して賃金、労働時間その他の労働条件を明示しなければならない（労基15条1項）。

(イ) 採用内定

　法律上の規定はないが、我が国の、特に新卒採用においては、実際に入社するよりも前に、採用内定を通知することがある。この採用内定の法律的な性質は、始期付解約権留保付労働契約の成立である[22]。

　採用内定を取り消すためには、採用内定当時知ることができず、また知ることが期待できないような事実であって、これを理由として採用内定を取り消すことが解約権留保の趣旨、目的に照らして客観的に合理的と認められ社会通念上相当であることが必要とされる[23]。

(ウ) 試用期間

　これも法律上設置が義務付けられているわけではないが、多くの企業では、

---

21)　最大判昭和48年12月12日民集27巻11号1536頁〔三菱樹脂事件〕。

22)　最判昭和54年7月20日民集33巻5号582頁〔大日本印刷事件〕。

23)　最判昭和54年7月20日民集33巻5号582頁〔大日本印刷事件〕。

第2章　ビジネスの主体に関する法　　147

入社後の一定期間を「試用期間」とし、労働者の適格性を判断して本採用の可否を決定している。試用期間の法律的な性質は、採用内定と同様、解約権留保付の労働契約であると解されており、留保された解約権の行使は、通常の解雇よりは広い範囲で認められるものの、客観的に合理的な理由が存し社会通念上相当として是認されることが必要である[24]。

【4】賃 金
[a] 賃金に関する諸原則

前記【1】[a]で述べたとおり、賃金は労働の対価であり、労働契約を構成する重要な要素である。そのため、労働基準法上も、労働者保護の観点からさまざまな規制がなされている。すなわち、労働基準法24条1項は、「賃金は、通貨で、直接労働者に、その全額を支払わなければならない」と規定し、賃金の①通貨払い、②直接払い、③全額払いの原則を定め、同条2項では、「賃金は、毎月一回以上、一定の期日を定めて支払わなければならない」と、④毎月一回以上定期日払いの原則を定める。もっとも、同条1項ただし書は、過半数組合または過半数代表者との書面による協定により、賃金の一部を控除（天引き）できると規定し、③全額払いの原則の例外を定める。さらに、使用者の賃金債務と労働者に対する債権の相殺は③全額払いの原則に抵触するが、労働者との合意による相殺は、労働者の自由な意思に基づいてされたものであると認めるに足りる合理的な理由が客観的に存在するときには、同原則に抵触しないとされる[25]。

次に、賃金は、前記のとおり労働の対価であるから、労務を提供しなかった場合には対価たる賃金も支払われないのが原則である（ノーワーク・ノーペイの原則）。しかし、使用者の責に帰すべき事由により休業する場合には、平均賃金の6割以上を支払わなければならない（労基26条）。

なお、労働基準法における賃金の請求権の時効は、2年である（同115条）。

---

24) 最大判昭和48年12月12日民集27巻11号1536頁〔三菱樹脂事件〕。

25) 最判平成2年11月26日民集44巻8号1085頁〔日新製鋼事件〕。

〔b〕最低賃金

最低賃金法は、労働者の生活の安定や労働力の質的向上等を目的として、最低賃金を定めることとしており、使用者は最低賃金以上の賃金を支払う必要がある（最賃4条1項）。最低賃金には地域別最低賃金と特定最低賃金の2種類があり、最低賃金に達しない賃金額を定めてもその部分は無効となり、最低賃金と同様の定めをしたものとみなされる（同条2項）。

〔c〕賞与・退職金

賞与は、法律上支給を義務付けられているものではないが、夏季と冬季の年2回支給することが一般的である。多くの場合は使用者の業績に応じて支払われるが、長年の慣行で支給額が固定化していることもある。

退職金は、賃金の後払い的な性格と、功労報償的な性格を併せ持つとされる。また、企業が独自に設定する退職金のほかに、企業年金（厚生年金基金）に加入するケースも多いが、最近では、基金の経営状況の悪化により、基金の解散や支給要件の切り下げ等の事例も見られる[26]。さらに確定給付企業年金、確定拠出年金を導入する企業も多い。

【5】労働時間・休暇
〔a〕労働時間の基本的な規制

使用者は、労働者を、1日について8時間、1週間について40時間以上、労働させてはならない（労基32条）。また、使用者は、労働時間が6時間を超える場合には45分、8時間を超える場合には1時間の休憩時間を、労働時間の途中に与えなければならない（同34条第1項）。この休憩は、原則として一斉に与えなければならず（同条2項）、休憩時間は労働者の自由に使わせなければならない（同条3項）。さらに、使用者は、労働者に対して、毎週少なくとも1回の休日を与えなければならない（同35条1項）。

---

26)　さらに、平成26年4月1日以降、基金の新規設立は認められなくなった。

コラム　労働時間の概念

　　労働時間とは、裁判例上は、「労働者が使用者の指揮命令下に置かれている時間」をいい、かつ労働時間に該当するか否かは、「労働者の行為が使用者の指揮命令下に置かれたものと評価することができるか否かにより客観的に定まるものであって、労働契約、就業規則、労働協約等の定めのいかんにより決定されるべきものではない」と考えられている[27]。そのため、使用者が労働時間と判断している所定労働時間や業時間以外にも労働時間と判断される可能性がある。例えば、始業時間前の準備や朝礼の時間帯、終業時間後の後片付けの時間帯、作業と作業の間の手待ち時間、深夜の仮眠時間などは、後述する時間外労働時間の未払賃金請求において、賃金の支払い対象となる労働時間といえるか否かが争点になることがある。

[b] 労働時間規制の適用除外

　前記[a]の労働時間に関する原則は、①農業・畜産・水産業の事業に従事する者、②事業の種類にかかわらず監督もしくは管理の地位にある者または機密の事務を取り扱う者、③監視または断続的労働に従事する者で、使用者が行政官庁の許可を受けた者については、適用されない（労基41条）。このうち、上記②の地位にある者を一般的に管理監督者と呼び、「労働条件の決定その他労務管理について経営者と一体の立場にある者」であり、名称にとらわれず、実態に即して判断される（厚生労働省昭和22年9月13日発基17号、昭和63年3月14日基発150号）。企業では一定の地位以上の管理職をこの管理監督者に位置付け、時間外割増賃金等の支払対象外としている。

コラム　管理職と管理監督者

　　実務上は、使用者において一定の地位の管理職（例えば課長職）以上を管理監督者として扱い、時間外割増賃金等を支給しないケースがよく見られるが、上記のとおり、管理監督者とは、「経営者と一体の立場

---

27)　　　最判平成12年3月9日労判778号11頁〔三菱重工業長崎造船所事件〕。

にある者」であり、相当限定的に解釈されているので注意する必要がある。具体的には、①事業主の経営に関する決定に参画し、労務管理に関する指揮監督権限を認められていること、②自己の出退勤をはじめとする労働時間について裁量権を有していること、③一般の従業員に比してその地位と権限にふさわしい賃金上の処遇を与えられていることが必要と考えられている[28]。

【c】時間外・休日・深夜労働

前記【a】の例外として、「災害その他避けることのできない事由によって、臨時の必要がある場合」には、行政官庁の許可を得て法定労働時間を超え、あるいは休日に労働させることができる（労基33条1項）。

また、使用者は、過半数組合あるいは過半数代表者と書面による協定（いわゆる36協定）を締結し、行政官庁に届け出ることによって、労働者に時間外・休日労働をさせることができる（同36条1項）。延長させることができる時間等については、厚生労働省において基準が定められることとなっており（同条2項、労働基準法36条第1項の協定で定める労働時間の延長の限度等に関する基準3条、別表1）、使用者は36協定の内容が上記基準に適合するようにしなければならない（同36条3項）。

[図表4] 時間外労働の限度に関する基準

期間	上限時間
1週間	15時間
2週間	27時間
4週間	43時間
1か月	45時間
2か月	81時間
3か月	120時間
1年	360時間

---

28) 菅野和夫『労働法』（弘文堂、第11版、2016）474頁参照。

時間外・休日労働をさせた場合、あるいは午後10時から午前5時までの深夜に労働させた場合においては、使用者は、通常の労働時間または労働日の賃金の計算額に割増率をかけた割増賃金を支払わなければならない（同37条1項、4項）。また、時間外労働の場合、時間外労働時間が月60時間までの場合には、2割5分以上の割増率、60時間を超えた場合には、その超えた部分に対して、5割以上の割増率の割増賃金を支払わなければならない（60時間を超えた部分については、代替休暇を付与することによって割増賃金の支払いに代えることもできる。同条3項）。なお、現時点では、中小企業事業主については時間外労働が60時間を超えた場合の規制については適用を免除されている（同138条）。

また、休日労働の場合には、3割5分以上、深夜労働の場合には、2割5分以上の割増賃金の支払いが必要となる（同37条1項、4項、割賃令）。

割増賃金算定の基礎となる「通常の労働時間または労働日の賃金」は、一般的な月給制では、月による賃金額を、1か月の平均所定労働時間で除して算出される（労基則19条1項4号）。また、月による賃金額のうち、家族手当、通勤手当、別居手当、子女教育手当、住宅手当、臨時に支払われる賃金、1か月を超える期間ごとに支払われる賃金は算定基礎から除外される（労基37条5項、労基則21条）。

【d】弾力的な労働時間制度

（ア）変形労働時間制

使用者は、過半数組合または過半数代表者との労使協定あるいは就業規則等の定めにより、1か月以内の一定の期間を平均し1週間当たりの労働時間が40時間を超えない定めをしたときは、特定の労働日あるいは特定の週において、労働基準法32条の労働時間を超えて労働させることができる（労基32条の2第1項）。同様に、労使協定によって、1年以内の単位の変形労働時間制を設けることも可能である（同32条の4）。さらに、小売業、旅館、料理店、飲食店であって常時30人未満の労働者を使用するものについては、労使協定を締結することで、1週間40時間の枠内で1日10時間まで労働させることができる（同32条の5）。

（イ）フレックスタイム制

使用者は、始業および終業の時刻を労働者の決定に委ねることとして、労使

協定により、法所定の事項を定めたときは、その協定で清算期間として定められた期間を平均して1週間当たりの労働時間が40時間を超えない範囲内において、1週間40時間、1日8時間の労働時間を超えて、労働させることができる（労基32条の3）。

(ウ) 裁量労働制

　裁量労働制とは、実際の労働時間にかかわらず一定の時間労働したものとみなす制度であり、一定の専門的な業務に従事する労働者に適用される専門業務型裁量労働制と、事業の運営に関する事項についての企画、立案、調査および分析の業務に従事する労働者に適用される企画業務型裁量労働制がある（労基38条の3、38条の4）。なお、労働時間の全部または一部について事業場外で業務に従事した場合において、労働時間を算定し難いときは、所定労働時間労働したものとみなす「事業場外労働のみなし制度」もあり（同38条の2）、これも一種の裁量労働である。

[e] 年次有給休暇

　使用者は、その雇入れの日から起算して6か月間継続勤務し全労働日の8割以上出勤した労働者に対して、有給休暇を与えなければならない（労基39条1項）。付与される休暇日数は、勤続年数に応じて最低10日最大20日である（同条2項）。

[図表5] 有給休暇付与日数

勤続年数	6か月	1年6か月	2年6か月	3年6か月	4年6か月	5年6か月	6年6か月
付与日数	10日	11日	12日	14日	16日	18日	20日

　使用者は、有給休暇を労働者の請求する時季に与えなければならないが、請求された時季に有給休暇を与えることが事業の正常な運営を妨げる場合においては、他の時季にこれを与えることができる（同条5項）。また、労使協定の定めがあれば、5日の範囲で時間単位での付与ができ（同条4項）、さらに5日を超える部分については、労使協定によりあらかじめ定めた時季に取得させることもできる（同条6項）。

【6】安全衛生（健康保険）・労働災害（労災保険）

【a】労働者に対する安全衛生管理

労働基準法上、労働者の安全および衛生に関しては、労働安全衛生法（労安衛法）の定めるところによるとされているため（労基42条）、労働者の安全および衛生に関する規定は、そのほとんどが労安衛法に規定されている。

(ア) 安全衛生管理体制

①総括安全衛生管理者、安全管理者、衛生管理者、安全衛生推進者の選任義務

労安衛法は、事業場の業種・規模に応じて、使用者に総括安全衛生管理者、安全管理者、衛生管理者、安全衛生推進者の選任義務を課し、労働者の危険または健康障害の防止措置、安全衛生教育、健康診断の実施等を行わせている（労安衛10条〜12条の2）。

②安全委員会、衛生委員会

また、業種・規模に応じて、労働者の危険防止に関する調査審議機関である安全委員会（労安衛17条）、健康障害防止および健康保持増進に関する調査審議機関である衛生委員会（同18条）の設置を義務付けている。両方設置する必要がある場合には、両者を統合した安全衛生委員会を設置することもできる（同19条）。

③産業医

常時50人以上の労働者を使用する事業場では産業医を選任しなければならず（労安衛13条1項、労安衛令4条）、常時1,000人以上の労働者を使用する事業場では、専属の産業医を選任する必要がある（労安衛則13条1項2号柱書）。

(イ) 労働者の健康管理

使用者は、労働者に対し、原則として毎年1回健康診断を行わなければならず、健康診断の結果を踏まえ、医師等の意見聴取、必要に応じた就業場所の変更、作業の転換等の措置を義務付けられている（労安衛66条、66条の4、66条の5）。また、労働者の月間時間外労働時間が100時間を超える場合には、医師による面接指導を行わなければならない（同66条の8、労安衛則52条の2）。

さらに使用者は、毎年1回、心理的な負担の程度を把握するための検査（ストレスチェック）を行わなければならない（労安衛66条の10、労安衛則52条の9）。

〔b〕災害補償

(ア) 労働基準法上の災害補償

　労働者が業務上負傷し、または疾病にかかった場合の補償について、労働基準法は以下のとおり規定している。

①療養補償（労基75条）

　使用者が療養費を負担する。なお、労働者が、療養開始後3年を経過しても負傷または疾病が治らない場合において、使用者は、平均賃金の1,200日分の打切補償を行って補償を打ち切ることができる（81条）。

②休業補償（同76条）

　労働者が上記療養のため労働することができない場合には、使用者が療養中平均賃金の60％を支払わなければならない。

③障害補償（同77条）

　労働者が治った場合において、その身体に障害が存するときは、障害の程度に応じて算出される障害補償を行う。

④遺族補償（同79条）

　労働者が業務上死亡したときに、遺族に対して平均賃金の1,000日分の遺族補償を行う。ここでいう「遺族」とは、民法上の相続人とは異なり、原則は配偶者（事実婚の場合も含む）であり、配偶者がいない場合には、労働者の子、父母、孫および祖父母で、労働者の死亡当時その収入によって生計を維持していた者または労働者の死亡当時これと生計を一にしていた者（順位も記載のとおり）で、父母については、養父母を先にし実父母を後にする（労基則42条）。

⑤葬祭料（80条）

　労働者が業務上死亡したときに、葬祭料として平均賃金の60日分を支払う。

　もっとも、労働基準法上の災害補償の事由について、労働者災害補償保険法（労災保険法）に基づいて、労働基準法上の災害補償に相当する給付が行われるべきものである場合には、使用者は補償の責めを免れる（労基84条1項）。実際には、業務上の災害と判断されれば労災保険により国から給付を受けることになるため、業務上災害の補償はほぼ労災保険法に基づいて行われている。

(イ) 労災保険法

　前記のとおり労働基準法を受けて制定された労災保険法では、政府が事業主から保険料を徴収し、その中から業務上災害によって負傷等した労働者に対して給付を行っている。

　まず、労働者を使用する全事業は、原則として労災保険の適用事業であり（労災3条）、政府が保険料を徴収する（同31条、労保徴10条）。

　保険給付は「業務災害に関する保険給付」と「通勤災害に関する保険給付」「二次健康診断給付」がある（労災7条1項）。業務災害の場合には、①療養補償給付、②休業補償給付、③障害補償給付、④遺族補償給付、⑤葬祭料、⑥傷病補償年金、⑦介護補償給付が（同12条の8）、通勤災害の場合には、[i]療養給付、[ii]休業給付、[iii]障害給付、[iv]遺族給付、[v]葬祭給付、[vi]傷病年金、[vii]介護給付が（同21条）、二次健康診断給付の場合は、二次健康診断とその結果に基づく保険指導が行われる（同26条）。

(ウ) 法定外補償

　使用者は、労働者に対し、労働者がその生命、身体等の安全を確保しつつ労働することができるよう、必要な配慮をする安全配慮義務を負っている（労契5条）。業務災害が発生した場合には、業務に起因して労働者に災害が発生していることから、使用者の安全配慮義務違反が認められ、労働者に対して損害賠償義務を負う可能性がある。その場合、使用者が労働基準法上の災害補償を行っていた場合には、その限度で損害賠償責任を免れる（労基84条2項）。

【7】懲戒・人事

【a】懲戒処分

(ア) 懲戒処分の趣旨

　懲戒処分は、人事権の行使として行われる、企業秩序に違反した労働者に対する制裁として位置付けられる。

(イ) 懲戒処分の種類

　懲戒処分の種類は、企業によって異なるが、一般的なものとしては以下のものがある。

156　　第2編　ビジネス法の体系と主な分野

① けん責（戒告）：始末書を提出させて将来を戒める。
② 減給：給与の一部の減額。労働基準法91条は、「就業規則で、労働者に対して減給の制裁を定める場合においては、その減給は、一回の額が平均賃金の一日分の半額を超え、総額が一賃金支払期における賃金の総額の十分の一を超えてはならない」と規定し、減給による労働者の生活への影響を限定している。
③ 出勤停止：一定期間の出勤を停止し、その間の給与を支払わない制裁。
④ 降格：基本給を構成する等級を引き下げること。
⑤ 諭旨解雇：一般的には、退職を勧奨し、それに応じなかった場合に即時解雇することが多い。
⑥ 懲戒解雇：解雇猶予期間を与えずに即時に解雇する（後述するように退職金も支払わない）。

(ウ) 懲戒処分の要件

　懲戒処分は、一般市民社会における刑事処分とは異なるものの、企業内の秩序違反に対する制裁という点において、刑事処分と類似する側面も有する。そのため、懲戒処分においても、刑事処分における「罪刑法定主義」（憲31条）と同様の原則が妥当するとされる。

　また、使用者が労働者を懲戒することができる場合において、当該懲戒が、当該懲戒に係る労働者の行為の性質および態様その他の事情に照らして、客観的に合理的な理由を欠き、社会通念上相当であると認められない場合には、使用者が懲戒権を濫用したものとして、当該懲戒は、無効となる（労契15条）。したがって、懲戒処分を行うためには、まず就業規則上に懲戒事由が規定されていることが必要であり、また、懲戒処分の対象となる行為が上記懲戒事由に該当していること、処分の内容が、対象となる行為に照らして社会通念上相当な範囲であることが必要となる。

【b】配転・出向・転籍

　配転とは、労働者の配置の変更であって、職務内容または勤務場所が変更されるものをいう。法律上の規定はないが、就業規則に一般条項としての包括的

な配転条項が規定されていることによって、配転命令権を根拠付けることができ、使用者は労働者の同意なしに、それが裁量権の濫用と判断されない限り、労働者を配転させることができる[29]。これに対し、労働契約上、職務内容や職務場所を限定する合意がなされている場合には、労働者の合意なしに異なる職務内容、異なる職務場所に配転することができなくなる。

　出向とは、ある企業の労働者が、当該企業の従業員としての地位を保持したまま、別の企業の従業員として当該別の企業の業務に従事することをいい、その法的性質は、二重の労働契約関係が成立していると考えられている。企業内部での異動である配転と異なり、企業間での異動である出向については、就業規則に包括的な一般条項が規定されているだけでは不十分であり、出向先での賃金・労働条件、出向期間や復帰の仕方等について、労働者の利益にも配慮して決定されていることが必要とする見解もある[30]。労働契約法14条でも、必要性、対象労働者の選定にかかる事情、その他の事情に照らし、権利を濫用していたと認められる場合には無効となると規定されており、その要件は配転よりも厳格に考えられている。

　転籍とは、労働者が、ある企業との労働契約関係を終了させて、別の企業と新たに労働契約関係を成立させることをいい、その法的性質は現労働契約の解約と新労働契約の締結であるから、基本的には、現企業、新企業および労働者三者の合意が必要と考えられている。

【8】退職・解雇
[a] 退　職
(ア) 自主退職

　期間の定めのない労働契約については、労使ともにいつでも解約を申し入れることができ、解約の申入れの日から2週間が経過することによって終了するのが原則である（民627条1項）。使用者からの解約申入れ（すなわち解雇）については後記[b]のとおり別途規制がなされているが、労働者からの解約申入れ（すなわち、退職の申し出）については、上記規定が適用されることになる。

---

29)　　最判昭和61年7月14日労判477号6頁〔東亜ペイント事件〕。

30)　　菅野和夫『労働法』（弘文堂、第11版、2016年）691頁。

(イ) 定年退職

労働者が一定の年齢に達したときに労働契約が終了する制度を定年制という。高年齢者等の雇用安定等に関する法律（高年齢者雇用安定法）8条は、定年年齢が60歳を下回ることができないと規定している。

〔b〕解　雇

(ア) 解雇制限

労働基準法19条は、労働者が業務上負傷し、または疾病にかかり療養のために休業する期間およびその後30日間、ならびに産前産後休業中およびその後30日間の解雇を禁止する。そのほかにも、国籍・信条または社会的身分を理由とする解雇（労基3条）、性別を理由とする解雇（雇均6条4号）、育児介護休業等の利用の申し出または利用を理由とする解雇（育介10条等）、労働者が公益通報をしたことを理由とする解雇（公益通報3条）を禁止している。

(イ) 解雇予告義務

使用者は、労働者を解雇する場合に、少なくとも30日前に予告をしなければならず、30日前に予告をしない場合には、30日分以上の平均賃金の予告手当を支払わなければならない（労基20条1項）。もっとも、天災事変その他やむを得ない事由によって事業の継続が不可能になった場合または労働者の責めに帰すべき事由に基づいて解雇する場合で、労働基準監督署の除外認定を得た場合には、解雇予告の義務を免除される（同条1項ただし書）。また、①日雇い労働者（雇用期間が1か月未満の場合）、②2か月以内の期間を定めて使用される者、③季節的業務に4か月以内の期間を定めて使用される者、④試用期間中で14日以内に解雇される者については、予告義務は発生しない（同21条）。

(ウ) 解雇権濫用法理

解雇は、客観的に合理的な理由を欠き、社会通念上相当と認められない場合には、その権利を濫用したものして無効とされる（労契16条）。いわゆる解雇権濫用法理である。もっとも、上記の記載だけでは抽象的であり、具体的にどのような場合に解雇権を濫用したとされるかどうかについて明確になっているわけではない。結局は事案によって判断するほかない。

第2章　ビジネスの主体に関する法　　159

> **コラム** 解雇の基準
>
> 　前記のとおり、解雇権濫用法理の判断基準は抽象的なものにとどまるが、判例の集積によりある程度の基準が設けられているケースもある。例えば、人員削減のために実施する解雇の場合においては、①人員削減の必要性、②解雇回避の努力、③対象者選択の合理性、④手続の妥当性の四つの要素から判断するという扱いが確立している[31]。また、勤務成績や勤務態度が不良な労働者に対する解雇については、一般的には、労働者に問題があるというだけでなく、使用者において、注意・指導を行うなど、改善の機会を与えたのかという点も重要な判断要素になるといわれている。

[c]退職事由等証明書

　労働者が退職する場合、使用者は、労働者が請求したときは、使用期間、業務の種類、その事業における地位、賃金または退職の事由について記載した証明書を交付しなければならない（労基22条1項）。解雇した場合には、解雇理由証明書を交付しなければならない（同条2項）。

❸ 集団的労使関係に関する法律

　前述のように、労働者個々人と使用者の間には、交渉力に格差があり、ともすれば使用者によって劣悪な労働条件を押し付けられることが懸念される。そのため、多数の労働者が集団として団結することで、使用者との対等な交渉を目指すことになる。そこで生まれたのが、集団的労使関係である。

【1】労働組合

[a]定　義

　前記❶のとおり、労働組合の根拠は憲法28条に求めることができるが、具体的な内容は労働組合法に規定されている。すなわち、労働組合法上の労働組

---

31)　　代表的なものとして、東京高判昭和54年10月29日労民30巻5号1002頁〔東洋酸素事件〕、東京地決平成12年1月21日労判782号23頁〔ナショナルウエストミンスター（第3次仮処分）事件〕等。

合とは、「労働者が主体となって自主的に労働条件の維持改善その他経済的地位の向上を図ることを主たる目的として組織する団体又はその連合団体」をいう（労組2条本文）。ただし、役員等利益代表者が参加しているもの、使用者から経理上の援助を受けているもの、福利事業のみを目的とするもの、主として政治運動または社会運動を目的とするものは、労働組合法上の労働組合とはいえない（同条ただし書各号）。

【b】効　果

これら労働組合法上の労働組合は、刑事免責（労組1条2項）、民事免責（同8条）、法人格の取得（同11条）、不当労働行為の救済（同7条、27条以下）等を享受することができる。もっとも、労働組合法上の労働組合とされるためには、各都道府県の労働委員会に証拠を提出して、同法上の諸要件を満たすことを立証しなければならない（同5条1項）。

【c】解　散

労働組合は、組合員または構成団体の4分の3以上の多数による総会決議、あるいは規約に定めた解散事由が発生すると、解散する。解散した労働組合は清算手続に入り、清算が結了すると消滅する（労組10条、13条等）。

【2】団体交渉
【a】定　義

団体交渉は、「労働者の集団または労働組合が代表者を通じて使用者または使用者団体の代表者と労働者の待遇または労使関係上のルールについて合意を達成することを主たる目的として交渉を行うこと」とされる[32]。

【b】使用者の団体交渉応諾義務

使用者には、団体交渉応諾義務が課せられている（労組7条2号）。もっとも、労働組合の要求に応じる義務まで負っているわけではない。労使で合意に至らなければ、労働組合は争議行為をもって使用者に譲歩を求めることになる。

---

32)　菅野和夫『労働法』（弘文堂、第11版、2016年）831頁。

【3】労働協約

【a】労働協約の概要・要件

　労働協約とは、労働組合と使用者または使用者団体との間の労働条件その他に関する協定であって、書面に作成され、両当事者が署名または記名押印したものである（労組14条）。

【b】労働協約の効果

(ア) 規範的効力

　労働協約に定める労働条件その他の労働者の待遇に関する基準に違反する労働契約の部分は無効と判断される（労組16条）。この場合、無効と判断された部分は、労働協約の基準の定めるところにより決定される。

(イ) 一般的拘束力

①事業場単位の一般的拘束力

　労働協約を締結した労働組合に、当該事業場のすべての労働者が加入したわけではないが、事業場で常時使用される同種の労働者の4分の3以上の労働者が労働協約の適用を受ける場合には当該労働組合の組合員以外の労働者にも適用される（労組17条）。

②地域的な一般的拘束力

　事業場を超えて、さらに一の地域において従業する同種の労働者の大部分が同じ労働協約の適用を受けるに至ったとき、当事者の一方または双方の申立てに基づき、労働委員会の決議により、厚生労働大臣または都道府県知事は決定で、当該地域において従業する他の同種労働者に対しても当該労働協約を適用させることができる（労組18条）。

【c】労働協約の終了

　労働協約は、有効期間が3年を超えて締結することができないため、労働協約を存続させるためには、その都度更新（あるいは新たに作成）する必要がある。さらには、一方当事者が署名または記名押印した文書によって解約を通告してから、90日後に解約の効力が生じる（労組15条）。

162　　第2編　ビジネス法の体系と主な分野

【4】団体行動

憲法28条に規定されている団体行動権には、「争議権」と「組合活動権」が含まれている。このうち争議権とは、「労働者の要求の示威または貫徹のための圧力行為」であり、ストライキ、ピケッティング、ボイコットなどがある。一方、組合活動権は、「争議行為以外の団体行動をなす権利」であるとされ[33]、ビラ貼り、ビラ配布、集会、情宣活動などがこれに当たる。

正当な争議行為および組合活動には、刑法35条の「正当行為」として、違法性が阻却される「刑事免責」（労組1条2項）、および使用者が損害を受けても、労働組合または組合員に対し損害賠償請求を行うことができない「民事免責」（労組8条）が認められる。なお、ストライキ中は、労働者は労務の提供を停止しているため、賃金が支払われないのが原則である（ノーワーク・ノーペイの原則）。また、使用者も争議行為中であっても操業を継続することはできるし、事案によってはロックアウト（作業所閉鎖。労調7条参照）も可能と解されている[34]。

【5】不当労働行為

使用者が労働組合にしてはならない行為を「不当労働行為」という（労組7条）。具体的には、

① 不利益的取扱い（同条1号）
② 団体交渉拒否（同条2号）
③ 支配介入（同条3号）
④ 報復的不利益取扱い（同条4号）

である。不当労働行為が行われた場合，労働組合は、各都道府県の労働委員会に、救済命令の申立てを行うことができる（同27条）。

4 労働市場に関する法律

我が国では、長らく終身雇用システムが採用され、新卒社員が入社すると定

---

33)　菅野和夫『労働法』（弘文堂、第11版、2016年）36頁。

34)　最判昭和50年4月25日民集29巻4号481頁〔丸島水門事件〕。

年まで同じ会社で過ごすことが一般的であった。しかし、景気の低迷によるリストラ等の増加により、失業者やいわゆる非正規労働者が増大し、社会問題となっている。

【1】雇用対策法

労働市場に関して基本となるのが雇用対策法である。同法は、少子高齢化等の社会情勢の変化に対応して労働市場の機能が適切に発揮され、労働者の職業の安定と経済的社会的地位の向上とを図ること等を目的として（雇対1条）、国や地方公共団体が必要な施策を定め、事業主にも離職する労働者に対する再就職の援助や外国人労働者に対する雇用管理の改善等に努めるよう求めている（同6条、8条）。

【2】職業能力開発

労働者の能力の開発向上、および職業安定と労働者の地位の向上を目的とする職業能力開発促進法では、事業主も、雇用する労働者に対し、必要な職業訓練を行うとともに、教育訓練または職業能力検定を受ける機会を確保するために必要な援助等を行う努力義務が課せられている（能開4条）。具体的には、OJTや公共職業能力開発施設、職業能力検定の受検、実習併用職業訓練、キャリアコンサルティングの機会の確保等がある（同9条〜10条の4）。

【3】就業支援

[a]失業者等に対する雇用保険給付

失業した労働者の救済・就業支援のために、雇用保険法は、各種の給付を定めている。事業主は、労働者が雇用される事業である限り、原則としてすべて適用事業となり、保険料の納付義務を負う（雇保5条）。支給される給付は以下のようなものがある（同10条）。

①求職者給付

基本手当、技能習得手当、寄宿手当、傷病手当がある（雇保10条2項）。基本手当は、労働者が失業した場合において、法の定める区分に応じて支給される手当である（同22条）。技能習得手当および寄宿手当は公共職業訓練等を受ける

164　　第2編　ビジネス法の体系と主な分野

場合に（同36条）、傷病手当は疾病または負傷のために職業に就くことができない場合に支給される（同37条）。

②就職促進給付

就業促進手当、移転費、広域求職活動費がある（雇保10条4項）。就業促進手当の中には、失業者が安定した職業に就いた場合に、一定の要件の下支給される「再就職手当」、再就職手当の支給を受けた労働者が引き続き再就職先に6か月以上雇用された場合に支給される「就職促進定着手当」、障害者など就職が困難な労働者が安定した職業に就いた場合に支給される「常用就職支度手当」がある（同56条の3）。移転費は公共職業安定所の紹介した職業に就職する等のため、住所または居所を変更する場合に支給され（同58条）、広域求職活動費は、公共職業安定所の紹介により広範囲の地域で求職活動をする場合に支給される（同59条）。

③教育訓練給付

厚生労働大臣が指定する教育訓練を受け、当該教育訓練を修了した場合で一定の要件を満たした場合に、教育訓練の受講費用の20〜60％が教育訓練給付金として支給される（雇保10条5項、60条の2）。

④雇用継続給付

高年齢雇用継続基本給付金および高年齢再就職給付金、育児休業給付金、介護休業給付金からなる（雇保10条6項）。高年齢雇用継続基本給付金は、60歳時点以降離職せずに雇用を継続したが賃金が低下した労働者に対して（同61条）、高年齢再就職給付金は、60歳時点で離職し、基本手当を受給した後に再就職した場合に支給される（同61条の2）。育児休業給付金および介護休業給付金は育児休業あるいは介護休業を取得し、一定の要件を満たした場合に支給される（同61条の4、61条の6）。

【b】雇用の促進

雇用保険法では、保険給付だけでなく、雇用安定事業および能力開発事業として、各種の助成金制度を設けている。

雇用安定事業は、具体的には、事業活動の縮小に伴い労働者を休業させる事業主に対する雇用調整助成金、離職を余儀なくされる労働者に対し再就職を促

進する措置を講ずる事業主に対する労働移動支援助成金、定年の引上げや継続雇用制度の導入等を行う事業主に対して支給する高年齢者雇用安定助成金、雇用機会を増大させる必要がある地域への事業所の移転により新たに労働者を雇い入れる事業主等に支給される地域雇用開発助成金等がある（雇保62条）。

　能力開発事業とは、労働者等に関し、職業生活の全期間を通じて能力を開発向上させる事業で、キャリア形成促進助成金等がある（同63条）。

【4】不安定な雇用状態の安定化〜非正規労働者〜

　企業においては、一般的には、期間の定めがなく、広く配置転換が認められる正社員と、有期契約労働者、パートタイマーおよび企業外の派遣労働者や請負労働者等の非正規労働者で大別される。このうち非正規労働者は、正社員よりも一般的に待遇が低いうえ、雇用調整の対象とされやすく、不安定な雇用形態がとられてきた。しかし、他方で、雇用情勢の悪化や、働き方の多様化によって非正規労働者の数が増大し、その待遇の改善や雇用の安定が課題として挙げられ、近年は非正規労働者の保護を目的とする法律の改正が相次いでいる。

【a】有期契約労働者

(ｱ) 契約期間

　期間の定めのある労働契約（有期労働契約）は、期間の上限が原則として3年、専門的知識を有する労働者や60歳以上の労働者については5年とされている（労基14条）。したがって、上記に従えば、本来有期労働契約は3年あるいは5年で終了する。

(ｲ) 無期転換権

　しかし、実際には、有期労働契約を締結して契約期間が終了したとしても、契約更新を繰り返すことで、実質的に長期にわたり正社員より賃金の低い有期契約労働者を雇用し続けるケースが増加した。そこで、平成24年の労契法改正で、同一の使用者との間で締結された二以上の有期労働契約の契約期間を通算した期間が5年を超える労働者が、使用者に対し、現に締結している有期労働契約の契約期間が満了する日までの間に、当該満了する日の翌日から労務が提供される期間の定めのない労働契約の締結の申込みをしたときは、使用者は当

166　　第2編　ビジネス法の体系と主な分野

該申込みを承諾したものとみなす、有期労働契約の無期転換の権利を付与することとした（労契18条）。

(ウ) 契約期間満了による雇止めに関する法理

有期契約労働者の契約期間が満了しても、更新を繰り返すことは可能である。また、契約期間が満了した後労働者が引き続きその労働に従事する場合において、使用者がこれを知りながら異議を述べないときは、従前の雇用と同一の条件でさらに雇用をしたものと推定される（黙示の更新。民629条1項）。その結果、有期労働契約が反復更新されるケースが多く見られるようになっている。そこで判例上、各労働契約が更新を重ねてあたかも期間の定めのない契約と実質的に異ならない場合[35]や、雇用関係の継続が合理的に期待されていた場合[36]において、解雇に関する法理（解雇権濫用法理）を類推適用するという基準が確立した。これを受けて、平成24年の労働契約法改正は、

① 当該有期労働契約が過去に反復して更新されたことがあるものであって、その契約期間の満了時に当該有期労働契約を更新しないことにより当該有期労働契約を終了させることが、期間の定めのない労働契約を締結している労働者に解雇の意思表示をすることにより当該期間の定めのない労働契約を終了させることと社会通念上同視できると認められること

② 当該労働者において当該有期労働契約の契約期間の満了時に当該有期労働契約が更新されるものと期待することについて合理的な理由があるものであると認められること

上記のいずれかが認められる場合に、労働者の労働契約の更新申込みを拒絶することが、客観的に合理的な理由を欠き、社会通念上相当であると認められない限り労働契約が更新されることとなり、判例の基準を法文化した（労契19条）。

なお、有期労働契約の期間途中での解約については、元々「やむを得ない事由」がある場合でないと解雇できないとされ（民628条）、「やむを得ない事由」

---

35) 最判昭和49年7月22日民集28巻5号927頁〔東芝柳町工場事件〕。

36) 最判昭和61年12月4日労判448号4頁〔日立メディコ事件〕。

とは、前記の解雇権濫用法理の基準よりも厳格に解するべきと考えられてきたが、これも平成24年の労働契約法改正によって、使用者による期間途中での解雇について、改めて同内容の規定が設けられた（労契17条1項）。

(エ) 期間の定めがあることによる不合理な労働条件の禁止

　前述のとおり、近年増加する非正規労働者と正社員との待遇格差が問題になっている。それを受けて平成24年の労働契約法改正において、有期契約労働者の労働条件が、期間の定めがあることによっていわゆる正社員と異なっている場合には、その相違が労働者の業務の内容および当該業務に伴う責任の程度、当該職務の内容および配置の変更の範囲その他の事情を考慮して、不合理と認められるものであってはならないと規定し、有期契約労働者と正社員の間における、労働条件の不合理な差別を禁止した（労契20条）。

[b] パートタイム労働者

　パートタイム労働者とは、法律上は「短時間労働者」（1週間の所定労働時間が同一の事業所に雇用される通常の労働者の1週間の所定労働時間に比し短い労働者。短時労2条）といわれる。こうしたパートタイム労働者は、労働時間が短いためいわゆる正社員とは異なる雇用形態をとることも多い。そのため、事業主は、パートタイム労働者を対象とする就業規則の制定に努める義務が課されている（同7条）。

　また、パートタイム労働者の待遇と通常の労働者の待遇の相違は、当該パートタイム労働者と通常の労働者の業務の内容および当該業務に伴う責任の程度、職務の内容および配置の変更の範囲その他の事情を考慮して、不合理と認められるものであってはならず（同8条）、また職務内容および配置が通常の労働者の職務の内容および配置の変更の範囲と同一の範囲で変更されると見込まれるものについては、短時間労働者であることを理由として、賃金の決定、教育訓練の実施、福利厚生施設の利用その他の待遇について、差別的取扱いをしてはならないとして（同9条）、パートタイム労働者の処遇について、正社員との不合理な差別が禁止されている。

【c】派遣労働者

(ア) 労働者派遣

労働者派遣とは、「自己の雇用する労働者を、当該雇用関係の下に、かつ、他人の指揮命令を受けて、当該他人のために労働に従事させること」をいう（労派遣2条1号）。これは本来、職業安定法44条で原則として禁止されている「労働者供給」（労働者を他人の指揮命令を受けて労働に従事させること。職安4条6項）に該当するものであるが、労働者派遣法に規定される労働者派遣は前記労働者供給の定義から除外され、同法の下で行うことができるようになっている。

なお、派遣元事業主が、職業安定法上の職業紹介事業の許可を受けたうえで、派遣労働者を派遣先に紹介し、派遣先が派遣労働者を雇用することを予定する形態の労働者派遣を、「紹介予定派遣」という（労派遣2条4号）。

(イ) 労働者派遣事業に対する主な規制

このように労働者派遣は、他人の労働者を自己の指揮命令下に置くことができるため、労働力の調整に使いやすい面がある一方で、派遣労働者の地位が不安定であり、またキャリア形成を図りにくいことから、以下で述べるような規制の下で行われることが認められている。

①許可制

労働者派遣事業を行おうとする者は、厚生労働大臣の許可を得る必要がある（労派遣5条1項）。

②労働者派遣契約

派遣元事業主は、派遣先と、労働者派遣法所定の事項を記載した労働者派遣契約を締結する（労派遣26条1項）。

③派遣元事業主の講ずべき措置

派遣元事業主は、派遣労働者の雇用安定のための措置、キャリアアップのための措置、均衡待遇の確保その他の福祉の増進に努めなければならない（労派遣30条～30条の4）。

④派遣可能期間

派遣先は、事業所ごとの業務について、原則として派遣元事業主から3年を超える期間継続して労働者派遣の役務の提供を受けてはならない。ただし、過半数組合等の意見を聞くことで、その期間を延長することができる（労派遣40

第2章　ビジネスの主体に関する法　　169

条の2)。また、派遣先は、事業所における組織単位ごとの業務について、派遣元事業主から3年を超える期間継続して同一の派遣労働者に係る労働者派遣の役務の提供を受けてはならない（同40条の3）。ただし、同じ事業所であっても、組織単位を変更すれば、同一の派遣労働者を3年を超える期間継続して受け入れることは可能である。

⑤雇用契約申込みみなし制度

　派遣先が上記の期間制限に違反した場合等には、派遣先は、派遣労働者に対して、その時点の同一の労働条件を内容とする労働契約を申込んだものとみなされ（労派遣40条の6）、派遣労働者が前記申込みを承諾すれば、派遣先と派遣労働者の間で労働契約が成立する。

【d】請負労働者

　請負労働とは、一般的には、請負企業が雇用する請負労働者が、発注企業の業務を処理する形態をいうが、この場合、請負労働者を指揮命令するのは、あくまでも雇用主である請負企業である。しかし、実態として、発注企業が、発注企業の事業場で業務を行っている請負労働者を直接指揮命令する、いわゆる「偽装請負」がしばしば見られる。これは労働者派遣法に違反するものである。

　偽装請負にならないためには、請負労働を、「労働者派遣事業と請負により行われる事業との区分に関する基準」[37]（昭和61年労働省告示37号）に則って行う必要がある。すなわち、請負企業が請負労働者に対して、①労働者の業務の遂行に関する指示、②労働時間に関する指示、③企業における秩序の維持、確保等のための指示を行っていること、また請負企業が自らの責任において、④資金調達を行い、⑤責任を負担し、⑥自ら調達した機械や設備、資材等、あるいは自らの専門的な技術や経験を活用して請負業務を処理する必要がある。

【5】雇用の促進

【a】女性の保護・活躍推進

　労働法の分野では、当初は女性の保護が目的の一つとされた。しかし現在では、少子高齢化の進行により、女性も社会進出し、労働力として活用する必要

---

37)　　http://www.mhlw.go.jp/bunya/koyou/dl/h241218-01.pdf、(2017.3.1)。

性が高まっている。そのため、女性の保護だけでなく、女性の活躍の推進とい
う観点からも女性に対する法制度が整備されている。

(ア) 労働基準法上の保護

　労働基準法では、当初、女性を男性と比較して弱い者であると考え、女性を
さまざまな点で保護していたが（時間外労働の制限や休日・深夜労働の禁止など）、
現在ではそうした一般的な保護は撤廃され、女性の母性保護に着目した規制の
みが行われている。

(あ) 産前産後休業・軽易作業転換 (労基65条)

　　使用者は、原則6週間以内に出産する予定の女性が休業を請求した場合
においては、その者を就業させてはならず（同65条1項）産後8週間を経過
しない女性を就業させてはならない（同65条2項）。また、使用者は、妊娠
中の女性が請求した場合においては、他の軽易な業務に転換させなければ
ならない（同条3項）。

(い) 労働時間の制限 (労基66条)

　　使用者は、妊産婦が請求した場合においては、変形労働時間制（同32条
の2、32条の4、32条の5）を適用している場合でも、1日に8時間以上、1週
に40時間以上労働させることができないし（同66条1項）、時間外・休日・
深夜労働もさせてはならない（同条2項、3項）。

(う) 育児時間 (労基67条)

　　生後満1年に達しない生児を育てる女性は、同34条の休憩時間のほか、
1日2回各々少なくとも30分、その生児を育てるための時間を請求するこ
とができ、その間使用者は当該労働者を使用してはならない。

(え) 生理休暇 (労基68条)

　　使用者は、生理日の就業が著しく困難な女性が休暇を請求したときは、
その者を生理日に就業させてはならない。

(イ) 男女雇用機会均等法上の保護

(あ) 性別による差別の禁止

　　事業主は、労働者の募集および採用、労働者の配置、昇進、降格および
教育訓練、福利厚生、職種や雇用形態の変更、退職勧奨、定年および解雇、
労働契約の更新において性別を理由とする差別的取扱いをしてはならない

第2章　ビジネスの主体に関する法　　171

（雇均5条、6条）。この差別禁止は、間接差別の場合にも適用される（同7条）。また、婚姻、妊娠、出産したことを理由とする退職、解雇その他不利益的取扱いは禁止され、妊娠中の女性労働者および出産後1年を経過しない女性労働者に対する解雇は、原則として無効とされる（同9条）。

(い)　ポジティブ・アクション

　均等な機会および待遇確保のための女性に対するポジティブ・アクション（優遇措置）が認められる（雇均8条）。

(う)　セクシュアル・ハラスメント

　事業主は、セクシュアル・ハラスメント（職場において行われる性的な言動に対するその雇用する労働者の対応により当該労働者がその労働条件につき不利益を受け、または当該性的な言動により当該労働者の就業環境が害されること）を防止するため、当該労働者からの相談に応じ、適切に対応するために必要な体制の整備等の措置を講じることが義務付けられている（雇均11条）。

コラム　性的マイノリティに対するセクシュアル・ハラスメント

　男女雇用機会均等法上のセクシュアル・ハラスメントの規定は、従来は、男女間のセクシュアル・ハラスメントが想定されていた。しかしながら、最近は、いわゆるLGBT（レズビアン・ゲイ・バイセクシャル・トランスジェンダーに代表される性的マイノリティ）に対するハラスメントが問題になりつつある。そのため、厚生労働省でも、平成23年に「事業主が職場における性的な言動に起因する問題に関して雇用管理上講ずべき措置についての指針」（平成18年厚生労働省告示615号。いわゆる「セクハラ指針」）を改正し、同法11条のセクシュアル・ハラスメントについては、同性に対するものも含まれることを明記し、さらに、平成29年1月に施行する改正セクハラ指針では、同性のみならず、性的少数者に対する差別的な言動がセクシュアル・ハラスメントに該当することも明記された。

(え)　妊娠、出産、育児休業、介護休業等に関するハラスメント

　女性の社会進出に伴い、女性が妊娠、出産、育児、介護等の理由により

職場を離脱することに対するハラスメント（マタニティ・ハラスメントともいう）が問題とされるようになった。そこで、セクシュアル・ハラスメントと同様、妊娠、出産、育児休業、介護休業等に関する言動により労働者の就業環境が害されることのないよう、相談に応じたり、適切に対応するために必要な体制の整備等の必要な措置を講じることが義務付けられている（雇均11条の2第1項、育介25条）。

(ウ) 育児介護休業法上の保護

出産後の育児や高齢者の介護については、現在でも女性が主たる役割を担うことが多い。そこで、女性の保護だけでなく女性の活用の促進という観点からも、育児休業や介護休業の制度は重要である。

(あ) 育児休業・介護休業

労働者は、養育する1歳に満たない子を養育するために、育児休業をすることができる（育介2条1号）。期間は原則子が1歳に達する日までだが最大で1歳6か月に達する日まで延ばすこともできる（同5条）。また、配偶者が育児休業を取得している場合でも、一定の場合に育児休業を取得することができる（同9条の2）。

また、労働者は、要介護状態（負傷、疾病または身体上もしくは精神上の障害により、2週間以上の期間にわたり常時介護を必要とする状態。同2条3号）にある対象家族を介護するために、介護休業をすることができる（同11条）。介護休業は3回を上限として通算93日まで取得できる（同11条1項2号）。

事業主は、労働者が育児休業あるいは介護休業を申し出または休業したことを理由として解雇その他不利益な取扱いをしてはならない（同10条、16条）。以下の措置の利用に関しても同様である。

(い) 看護休暇・介護休暇

小学校就学の始期に達するまでの子を養育する労働者は、その事業主に申し出ることにより、一の年度において原則5労働日を限度として、子の世話または疾病の予防を図るための看護休暇を取得することができる（育介16条の2）。

また、要介護状態にある対象家族の介護等を行う労働者は、その事業主に申し出ることにより、一の年度において原則5労働日を限度として、当

該世話を行うための介護休暇を取得することができる（同16条の5）。

なお、看護休暇および介護休暇は、半日単位での取得も可能である。

(う) 所定外労働の制限および時間外労働・深夜労働の制限

事業主は、3歳に満たない子を養育する労働者あるいは要介護状態にある対象家族を介護する労働者が請求した場合には、原則として所定労働時間を超えて労働させることができない（育介16条の8、16条の9）。また、小学校就学の始期に達するまでの子を養育する労働者あるいは要介護状態にある対象家族を介護する労働者が、養育あるいは介護のために請求した場合には、1か月24時間、1年150時間を超えて時間外労働をさせてはならず、また深夜労働もさせてはならない（同17条〜20条の2）。

(え) 所定労働時間の短縮措置等

事業主は、3歳に満たない子を養育する労働者に対して、所定労働時間の短縮措置等を講じなければならず（育介23条）、また小学校就学の始期に達するまでの子を養育する労働者に対しても、始業時刻変更等の措置を講じるよう努めなければならない（同24条）。要介護状態の対象家族を介護する労働者についても、介護休業とは別に、連続する3年の期間以上の期間における所定労働時間の短縮等の措置を講じなければならず（同23条3項）、また介護を必要とする期間、回数等に配慮した必要な措置を講ずるように努めなければならない（同24条2項）。

(エ) 女性の職業生活における活躍の推進に関する法律（女性活躍推進法）による女性の社会進出促進

平成11年に男女共同参画社会基本法が制定され、男女共同参画社会を形成するための基本理念が定められた。これを受け、平成27年に女性活躍推進法が制定され、事業主は、職業生活に関する機会の積極的な提供や職業生活と家庭生活との両立に資する雇用環境の整備に努力する義務を負うこととなった（女性活躍4条）。また、常時雇用する労働者の数が300人を超える事業主は、一般事業主が実施する女性の職業生活における活躍の推進に関する取組みに関する「一般事業主行動計画」を定め、厚生労働大臣に届け出なければならない（同8条1項）。

【b】高齢者の継続雇用

　前記**2**【8】【a】(イ)のとおり、高年齢者雇用安定法では、60歳を下回る定年は禁止されている（高年8条）。加えて、平成2年の同法改正では、65歳までの継続雇用措置を企業の努力義務として規定し、平成16年改正では、高年齢者の雇用確保措置として、①定年の引上げ、②継続雇用制度の導入、③定年の定めの廃止のいずれかの措置を講じなければならないと規定した（もっとも、労使協定により継続雇用の対象者を限定することができていた）。そして、平成24年改正では、労使協定による制限も撤廃し、原則として継続雇用を希望する労働者全員を継続雇用させなければならないと規定するに至った（同9条）。

【c】障害者の雇用促進

　障害者の雇用の促進等に関する法律では、一般の事業主に対し、雇用する労働者数に障害者雇用率（平成28年の時点では2%）をかけた人数（端数は切捨て）の障害者（法定雇用障害者数）を雇用しなければならないとする（障害雇用43条）。厚生労働大臣は、基準雇用率を超えて障害者を雇用している事業主に対しては「障害者雇用調整金」を支給するが（同49条1項1号、50条）、障害者雇用率を満たさない事業主からは、「障害者雇用納付金」を徴収し（同条1項10号、53条）、上記障害者雇用調整金や助成金の原資としている。

　さらに、平成25年改正では、障害者雇用促進法の対象障害者を、従来の身体障害者および知的障害者だけでなく、精神障害者を加え、その対象を拡大して障害者の雇用の促進を図っている。

5　労使紛争解決手続

　使用者と労働者のトラブルは、解雇のような重大な問題から、日常的な些細なトラブルまで、さまざまなものが多数発生している。これに合わせ、紛争解決の手法も、さまざまな種類が用意されている。

【1】行政による解決手続
【a】労働局による相談と助言・指導

　都道府県労働局長は、個別労働関係紛争の当事者から解決のための援助を求

第2章　ビジネスの主体に関する法　　175

められた場合には、当該個別労働関係紛争の当事者に対し、必要な助言または指導をすることができる（個別労紛4条）。これはあくまでも労使の自主的な解決を原則として、労働局（実際には労働基準監督署の監督官）が必要に応じてアドバイスや提案をすることになる。なお、事業主は、労働者が前記援助を求めたことを理由として、当該労働者に対して解雇その他不利益な取扱いをしてはならない（同条3項）。

【b】紛争調整委員会によるあっせん

　都道府県労働局長は、個別労働関係紛争（募集・採用に関する紛争は除く）の当事者からあっせんの申請があった場合において必要があると認めるときは、紛争調整委員会にあっせんを行わせるものとする（個別労紛5条）。なお、男女雇用機会均等法の差別・不利益取扱い禁止規定および事業主の講ずべき措置に関する紛争、パートタイム労働法に関連する紛争、育児介護休業法に規定する措置に関する紛争等についても、紛争調整委員会において調停を行わせることができる（雇均18条1項、短時労25条1項、育介52条の5第1項）。

　あっせんの申請があった場合には、紛争調整委員会の会長が指名する3名のあっせん委員によってあっせんが行われる（個別労紛12条1項）。もっとも、一方の当事者からあっせんが申請された場合に、他方の当事者がこれを受諾するか否かは自由であり、他方当事者があっせんを拒否すればあっせんは開かれない。

　あっせんが開かれた場合には、あっせん委員は、双方の主張の要点を確かめ、当事者の意見聴取、あっせん案の作成等を行って、実情に即して事件が解決するよう努める（同条2項、13条）。しかし、それでも当事者の一方または双方があっせん案を受諾しない場合等、あっせんによっては紛争の解決の見込みがないと認めるときは、あっせん委員は、あっせんを打ち切ることができる（同15条）。

【2】労働委員会による解決手続
【a】労働委員会

　労働委員会は、労働組合の資格審査（労組5条等）および不当労働行為事件の審査ならびに労働争議のあっせん、調停および仲裁をする権限を有する組織で

176　　　第2編　ビジネス法の体系と主な分野

ある（同20条）。厚生労働大臣の所轄する中央労働委員会と、都道府県知事が所轄する都道府県労働委員会があり、それぞれ使用者を代表する使用者委員、労働者を代表する労働者委員および公益を代表する公益委員の三者で構成される（同19条、19条の2、19条の12）。

〔b〕あっせん・調停・仲裁

労働争議に対し、労働委員会では、あっせん・調停・仲裁の手続を設けている（労組20条、労調10条〜35条）。もっとも、労働関係調整法では、当事者の自主的解決の努力義務を強調しており（同2条）、あっせん等を申し立てた場合であっても、手続外での自主的解決を図ることを妨げない（同16条、28条、35条）。

〔c〕不当労働行為救済手続

労働委員会は、労働者や労働組合から、使用者が不当労働行為を行った旨の申立てを受けたときは、遅滞なく調査を行い、必要があると認めたときは審問を行わなければならない。審問においては、当事者または証人を尋問する（労組27条の7）。

事件が命令をするのに熟したときは、事実の認定をし、申立人の請求に係る救済の全部もしくは一部の認容、または棄却命令を出す（同27条の12）。また、労働委員会は、審査の途中において、いつでも当事者に和解を勧めることができる（同27条の14）。

都道府県労働委員会で命令等の交付を受けた使用者あるいは労働者・労働組合は、15日以内に中央労働委員会に再審査の申立てをすることができる（同27条の15）。また、使用者が再審査の申立てをしないとき、あるいは中央労働委員会の救済命令等に対しては、使用者は命令交付後30日以内に、救済命令等の取消しの訴えを提起することができる（同27条の19）。これに対し、労働組合または労働者が都道府県労働委員会および中央労働委員会の処分・裁決に対し取消しの訴えを提起する場合には、処分があったことを知った日から6か月以内に行う（行訴14条1項）。

裁判所に訴えを提起した場合には、通常と同様、三審制が取られるので、不当労働行為事件においては、合計で5回審理の機会を得ることになる。

【3】裁判所による解決手続

〔a〕労働審判

　労働審判は、労働者と事業主の間に生じた民事に関する紛争について、調停を試みる等して紛争の実情に即した迅速、適切かつ実効的な解決を図るため、平成18年から開始された手続である（労審1条）。労働審判は、裁判官の中から指定される労働審判官1名、労働関係に関する専門的な知識経験を有する者のうちから裁判所が指定する労働審判員2名（労働組合の幹部や企業の人事部経験者等）で構成する労働審判委員会で行われる（同7条～10条）。

　労働審判が申し立てられると、原則として申立ての日から40日以内に第1回期日が指定される（労審規13条）。その後、相手方から答弁書等の提出を受けて、労働審判委員会で審理を行うが、原則として3回以内の期日で審理を終結しなければならず（労審15条2項）、1回目で審理が終結する場合もある。さらに、当事者は、少なくとも2回目の期日が終了するまでに主張および証拠書類の提出を終えなければならない（労審規27条）。

　期日においては、通常調停が試みられ、合意が成立すれば調書を作成する（同22条）。調停が成立不調に終われば、労働審判を行うが、労働審判委員会は、当事者間の権利関係を確認し、金銭の支払い、物の引渡しその他の財産上の給付を命じ、その他個別労働関係民事紛争の解決をするために相当と認める事項を定めることができる（労審20条）。その結果、労働審判委員会が妥当と考える和解案がそのまま労働審判の内容となることもある。

　労働審判に不服がある当事者は、労働審判書の送達の日から2週間以内に異議の申立てをすることができ、その場合には、労働審判手続の申立日に、訴えの提起があったものと擬制される（同21条、22条）。なお、労働審判委員会が、事案の性質上労働審判手続を行うことが適当でないと認めるときは、労働審判事件を終了させることができ、このときも、労働審判手続の申立日に訴えの提起があったと擬制される（同24条）。

〔b〕通常訴訟

　労働関係の紛争において通常の訴訟が提起された場合には、他の一般的な訴訟と同様、民事訴訟法（民訴法）が適用される。もっとも、ここでも和解が試み

られることが多い（89条）。

【c】その他

　労働審判手続が制定される前は、迅速な解決手続として、民事保全法上の仮処分の申立てが行われることが多かった。例えば、解雇のように収入が途絶えるような場合に、仮の地位を定める仮処分を申立て、賃金の仮払い命令を求めたりしていた。しかし、労働審判手続の制定後は、より迅速に解決することが可能となったため、仮処分の申立てがなされるケースは減少してきている。少額訴訟（民訴368条）や民事調停（民事調停法）を利用することもある。

6 組織再編

　合併、会社分割、事業譲渡等の組織再編の場合、必ずしも労働契約関係に直接の影響があるわけではないが、親会社が変われば企業の方針も変わるなど、事実上の影響は大きい。また、こうした組織再編に伴って労働条件の切り下げや人員削減が行われることもあるため、労働者にとっても関心が高い。

【1】組織再編と労働契約

　組織再編を行う場合に、対象企業の労働者がどこに所属することになるのかについては、その再編の仕方によってさまざまである。

　このうち、まず株式会社の株式を譲渡する場合には、当該会社の所有者が変更されるだけであり、使用者である当該会社と個々の労働者の間の労働契約にはまったく変更がない。また、合併の場合には、新設合併であれ吸収合併であれ、新設会社（あるいは吸収会社）が対象となる企業の権利義務を包括的に承継するため、この場合も労働契約の内容についてはまったく変更がない。もっとも、これらの場合であっても、労働条件のグループ内での統一の必要性や、合併等した後の効率的な経営のため、労働条件の変更や整理解雇（希望退職募集）が行われることもある。

　次に、事業譲渡（営業目的のために組織された有機的一体性のある財産の譲渡）の場合には、対象となる事業の権利義務が包括的に承継されるわけではないため、労働契約は合併とは異なり、当然に譲渡先の会社に承継されることはない。そ

第2章　ビジネスの主体に関する法　　179

のため、通常は転籍（労働者、譲渡会社、譲受会社の合意）により企業を移ることになる。

【2】会社分割における労働契約の承継に関する法律

前記【1】に対し、会社分割は、事業に関して有する権利義務の全部または一部を他の会社に包括的に承継させるものである（会社2条29号、30号）。したがって、当該事業に従事している労働者は、同意がなくても原則として全員他の会社に移ることになる。もっとも、企業によっては、当該事業に主として従事している労働者でも残留させたい者もいるし、逆に当該事業に主として従事していなくても分割先に移籍させたい者もいる。そこで、「会社分割に伴う労働契約の承継等に関する法律」は、分割契約あるいは分割計画書に、承継する事業に主として従事する労働者の労働契約を承継対象として記載することとした（労働承継2条1項）。主として従事する労働者であるにもかかわらず、分割契約や分割計画書に記載されていなかった労働者は、会社の通知に対して異議を申し出ることができ、その場合には、分割契約や分割契約書に記載されていなくても、承継先の会社に労働契約が承継されることになる（同4条）。これに対し、承継事業に主として従事している労働者でないにもかかわらず、承継の対象となった労働者については、同じく会社の通知に対する異議の申し出によって、元の企業に残留することができる（同2条1項、5条）。

次に、労働組合との労働協約については、分割契約等で、承継する部分について定めることができる（同6条）。また、労働組合法16条の規範的効力を有する部分については分割先に承継される（同条2項）。

なお、承継手続においては、分割会社は、会社分割にあたり、労働者の理解と協力を得られるよう努力するだけでなく、そのすべての事業場において、過半数組合あるいは過半数代表者との協議その他これに準ずる方法によって、その雇用する労働者の理解と協力を得るよう努めるものとされる（同7条、労働承継則4条）。また、会社は、前記承継対象についての通知の前までに、労働者と協議を実施する必要がある（商法改正附則5条）。

Ⅲ　ビジネスの源泉となる資金の調達に関する法

　ここでは、資金調達、すなわち、企業が設備投資や運転資金など企業活動をするうえで必要となる資金を外部から調達することについて、その代表的な手法の概要を説明する[38]。

1 資金調達手法総論

　資金調達の方法は、①株式などのエクイティ（貸借対照表では「純資産の部」に表示される）による方法と社債や銀行融資などのデット（貸借対照表では「負債の部」に表示される）による方法、②直接金融（株式や社債発行等を通じて企業が投資家から直接資金調達を行うこと）による方法と間接金融（銀行融資など、公衆から預金を集めた銀行から企業が借り入れること）による方法に大別することができる。

　これらの区別には法的にも基本的な点において差異があることから、資金調達にあたりどのような手法を採用するかの検討にあたっては、これらを理解しておくことが重要である。**後記【1】**および**【2】**では、これらの資金調達手法ごとの法的特徴について解説する。

[図表6] 資金調達の方法

	エクイティ	デット
直接金融	普通株式、種類株式、新株予約権	社債
間接金融	—	銀行融資

　また、資金調達の方法には、その引当てとして何に価値を置くかという観点により、企業金融型（資金調達を行おうとする企業自体の信用力を基礎にするもの）と資産金融型（特定の資産等の価値に着目するもの）に大別することができる。**後記【3】**では、これらの特徴について解説する。

---

[38]　ファイナンス分野に関わる法律の主要な参考文献としては、江頭・会社法、神田・会社法、近藤光男＝吉原和志＝黒沼悦郎『金融商品取引法入門』（商事法務、第4版、2015）、内田貴『民法Ⅲ　債権総論・担保物権』（東京大学出版会、第3版、2005）、小山・銀行法などがある。

第2章　ビジネスの主体に関する法　　181

【1】エクイティとデットの法的差異

　一般に、エクイティに当たる資金を会社に提供した者は「株主」、デットに当たる資金を会社に提供した者は「債権者」に該当する。

[a] 経営参加権

　エクイティとデットの第一の差異は、経営参加権の有無である。

　エクイティの提供者である株主は、株式会社の経営に関与する権利として、株主総会における議決権を有する（会社308条1項、325条）。このほか、取締役による違法行為の差止請求権（同360条）、取締役の解任請求権（同854条）等の取締役の行為を監督是正する権利を有する。株主がこのような経営参加権を有するのは、株式会社の本質的特徴である、①株主が出資をして株式会社を支配し、株式会社の事業によって生じる利益の帰属者になること（出資者による所有）、②出資者（株主）が業務執行者（取締役）の選任などの株式会社の基本的事項に関する意思決定をし、業務執行者（取締役）が業務執行に関する意思決定を行うこと（所有と経営の分離）[39]に由来している。

　これに対し、デットの提供者（貸付人、社債権者）には会社法上このような権利は付与されていない。デットの提供者は、会社の経営を通してではなく、会社との契約によって自己の利益を守ることになる。デットの提供者と会社との権利義務内容はすべて契約において定める必要があり、その内容も原則として自由である[40]。

　これに対し、株式は、均一の割合的単位の形をとる株式会社における社員の地位であり[41]、その権利内容は、会社法が許容する範囲内において定款によって定められ、原則として株主ごとに異なる扱いをすることはできない（株主平等原則）。

---

39)　　神田・会社法26〜27頁。

40)　　もっとも、社債についてはその譲渡が自由であることが原則であり、不特定多数の者が社債権者となり得ることから、集団的法律関係を適切に処理するため、会社法により基本的な規律が定められている。

41)　　江頭・会社法121頁、神田・会社法65頁。

〔b〕経済的利益の分配

第二の差異は、分配される経済的利益の差異（配当可能利益の分配か、利息の支払いか）である。

エクイティの提供者である株主は、剰余金配当請求権（会社453条）を有するが、分配可能額がない場合には剰余金の配当を受けることができない（同461条）。分配可能額がある場合であっても、会社に対しその分配を強制できるものではないが、分配可能額が大きい場合にはその分多くの配当を受けることが会社法上可能である。

他方、デットの提供者は、分配可能額の有無にかかわらず、契約の定めに従って一定額の利息の支払いを受ける権利を有する。

〔c〕残余財産の分配

第三の差異は、残余財産に対する地位である。

株主は、会社清算時においてはデットの提供者である会社債権者に劣後し、会社債権者への弁済後の残余財産からしか分配を受けることができないが、残余した財産については全額分配を受けることができる（会社502条、504条）。

他方、デットの提供者は、会社清算時において、株主に先立ち会社財産から弁済を受けることができるが（同502条）、弁済を受けることができるのは債権額（元本および利息等）の範囲に限定される。

〔d〕償還義務

第四の差異は、償還義務の有無である。

株主は、定款に特段の定めのない限り、株式を引き受ける際に払い込んだ出資金の払戻しを受けることができないのに対して、デットの提供者は、約定の返済期限・償還期限において、元本の返済・償還を受ける権利を有する。このことを資金調達者側から見ると、デットで調達した資金については返済する義務を負い、エクイティで調達した資金については返済する義務を負わないということになる。そのため、デットによる過剰な資金調達は企業の倒産リスクを高め、信用問題を発生させる。

【e】倒産手続における地位

第五の差異は、倒産手続における地位の差異である。

前記【c】のとおりデットの提供者は会社の残余財産について株主に優先する地位にあるところ、倒産手続においても株主に優先する地位にある。すなわち、破産手続において、デットの提供者は破産債権者として破産財団から配当を受ける地位にあるが（破193条1項）、株主は破産手続における利害関係人とされていない。また、通常、破産会社は債務超過であり（同16条1項参照）、破産債権者に対する配当が実施されて破産手続終結決定がなされたときに法人格が消滅するため、株主が残余財産の分配を受けることもない[42]。会社更生手続においては、株主は更生計画による権利変更の対象となるが、その内容は債権者よりも劣後する（会更167条1項、168条1項、3項）。更生会社が債務超過である場合、債権者は一定の弁済を受けるとしても、株主の権利は100%消滅させるのが現在の実務である。すなわち、既存株式の取得と消却（同174条1号、174条の2）、資本金・準備金の額の減少（同174条3号）と組み合わせた新たな株式の発行（同175条、177条の2）が行われ、更生計画において株主が何らかの配分を受けることは稀である[43][44]。

【f】まとめ

以上をまとめると、エクイティの提供者（株主）は、会社の経営に関与して自己の利益を最大化し得る地位にあり、会社が大きな利益を生めば多くの配当を受けることができる一方で、会社が解散・倒産すればその会社財産に対して債権者に劣後することから、いわばハイリスク・ハイリターンの地位にあるとい

---

42)　破産債権者への配当が実施された後に残余財産が存在する場合には、法人格は消滅せず、破産手続終結後に通常の清算手続によって株主に対する分配が行われる（伊藤眞『破産法・民事再生法』（有斐閣、第3版、2014）224頁、690頁）。

43)　伊藤眞『会社更生法』（有斐閣、初版、2012）507〜508頁。

44)　民事再生手続においては、会社更生手続における更生計画と異なり、株主の権利変更に関する定めは再生計画において必須のものとされていない。しかし、会社が債務超過である場合には株主の権利が実質的に失われていることから、裁判所の許可を得て、株式の取得や資本金の額の減少等について再生計画で定めることができる（民再154条3項、161条、166条）。この場合、会社法上の手続を経ることなく、再生計画の定めにより株式の取得、資本金の額の減少等を行うことができる（同183条）。

える。これに対し、デットの提供者は、会社の経営に関与する地位を有さない。また、会社の利益の有無・程度にかかわらず、契約で定められたリターン（元本の返済および利息の支払い）を受けることができる一方で、会社の解散・倒産時には株主よりも優先することから、株主に比べてローリスク・ローリターンの地位にあるといえる。

> **コラム　メザニンファイナンス**
>
> 　メザニンファイナンスとは、通常のローン（シニアローン）や通常の社債よりも返済が劣後し、普通株式よりも配当が優先するファイナンスをいう。法的にはデットであるが経済的実質はエクイティに近いものから、法的にはエクイティであるが経済的実質はデットに近いものまで多様な商品設計があり得るが、劣後ローン（一般の債権よりも債務弁済の順位が劣るローン）、劣後債（一般の債権よりも債務弁済の順位が劣る社債）および優先株式（後記❷【2】）が典型的な形態である。典型的なエクイティ（普通株式）はハイリスク・ハイリターンの地位にあり、典型的なデット（銀行融資、社債）はローリスク・ローリターンの地位にあるのに対し、メザニンファイナンスはミドルリスク・ミドルリターンの地位にあるといえる。
>
> 　メザニンファイナンスは、資金調達額が巨額となる案件（プロジェクトファイナンス（後記❷【7】【d】）など）において、通常の融資では賄えない分を調達するために利用されることがある。また、事業再生に取り組む企業に対する既存の銀行融資を劣後ローンや優先株式に振り替えることにより、通常の融資より資本性の高い資金で企業の再生を中長期的に支援するために用いられることもある。

【2】直接金融と間接金融の法的差異

　間接金融の場合、資金の貸主である銀行が資金の借主である企業の信用リスクを負う。そのため、銀行が融資をするにあたっては、財務情報や事業の内容など企業の信用力を評価するための情報の提供を企業に対し求め、融資の可否について審査をしたうえで実行することが通常である。また、銀行は、融資実

第2章　ビジネスの主体に関する法　　185

行後返済までの間においても企業に対し情報提供を求めて（融資契約において、銀行に対し財務情報等を定期的に提供することが企業の義務と定められることもある）モニタリングを行い、企業の信用状態が悪化した場合には保全措置（担保の徴求、期限の利益喪失請求、担保権の実行等）をとるなど個別に債権管理を行う。

　これに対し、直接金融の場合、株主や社債権者などの投資者が企業に対する投資上のリスクを負担することになるが、とりわけ企業が証券市場において不特定多数の投資者から資金調達を行う場合、不特定多数の投資者が企業から個別に企業の情報を収集して資金提供の可否を判断することは現実ではない。そこで、企業が証券市場を通して資金調達を行うに際しては、金融商品取引法に基づき、一般の投資者の投資判断に必要な情報について開示をすることが求められ、その違反には重大な制裁が設けられている。具体的には、企業による有価証券の発行が「募集」（概要をいえば、多数の者（50名以上）を相手方として、新たに発行される有価証券の取得の申込みの勧誘を行うことである。金商2条3項、金商令1条の5）に該当する場合には、原則として、有価証券届出書を内閣総理大臣から委任を受けた金融庁（管轄財務局）へ提出し（金商4条1項、5条1項）、目論見書（同2条10項）を投資者に交付しなければならない（同15条2項）。これらの書類に記載すべき事項は法定されており（発行する証券の種類、発行数、発行価格等の募集の条件、資金使途、事業内容、財務情報等の企業に関する情報などである）、これらの書類の重要な事項が虚偽でありまたは記載すべき重要な事項の記載が欠けている場合等には、発行会社およびその役員は民事責任（損害賠償責任。同18条、21条1項1号、3項、21条の2、22条）を負う。また、重要な事項につき虚偽の記載のある有価証券届出書を提出した者および発行会社は、刑事責任（同197条1項1号、207条1項1号）を負う[45]。このほか、重要な事項につき虚偽の記載がありまたは記載すべき重要な事項の記載が欠けている有価証券届出書を提出した発行会社が募集により有価証券を取得させたときは、取得させた有価証券の発行価額の総額の2.25%（株式等の場合4.5%）の課徴金が課される（同

---

45)　　目論見書の虚偽記載等については、金融商品取引法に罰則規定がないが、会社法964条に定める虚偽文書行使罪の規定が及ぶ（近藤光男＝吉原和志＝黒沼悦郎『金融商品取引法入門』（商事法務、第4版、2015）193頁）。

172条の2第1項)[46]。

　また、証券市場において投資者が発行済みの証券を安心して取得できる環境が整っていなければ、証券発行時において証券を取得する投資者は存在せず、証券市場での発行会社による資金調達が機能しない。流通市場において証券が転々流通する環境が整っていることにより、投資者の投資回収（売却）の利便性が確保される。このことから、発行会社は証券の発行後も適切な情報開示を行うことが要請される。すなわち、金融商品取引法は、上場会社等に対し有価証券報告書等の提出による継続開示を求め（24条1項等）、その虚偽記載等についても重大な制裁を課している（21条の2、24条の4（民事責任）、197条1項1号、207条1項1号（刑事責任）、172条の4（課徴金））。このほか、上場会社については、証券取引所の定める適時開示および継続開示を行う必要もある。

　このように、証券市場においては、資金調達をする発行会社が法令に従った適時かつ適切な情報開示を行うことが本質的な要請とされている。さらに、近時、上場会社は高い水準の行為規範を遵守すべきとの考えが一般的となっており、適切なコーポレート・ガバナンスを整備し、運用することも求められている。かかる情報開示やガバナンスの仕組みにより投資者の信頼を確保することが、企業にとっての円滑な資金調達につながるといえる。

【3】企業金融と資産金融

　前記【2】の説明は、企業金融型のファイナンス、すなわち、企業自体の信用力を基礎に行う資金調達を念頭に置いたものである。企業金融型のファイナンスは、企業が保有する資産全体を引当てとするものであり、これによって資金を供給した者はその企業全体の信用リスクを負うことになる。会社の運転資金や設備投資資金など一般的な資金使途においては、企業金融型のファイナンスが用いられることが多い。

　これに対し、資産金融型のファイナンスは、一定の資産等の価値に着目して資金調達を行うものである。このうち、特定の資産のみを引当てとし、資金調

---

46)　　虚偽記載等のある有価証券届出書を提出した発行会社の役員、虚偽記載等のある目論見書を使用した発行会社およびその役員についても、課徴金納付命令を受ける場合がある（金商172条の2第2項、4項、5項）。

第2章　ビジネスの主体に関する法　　187

達者の他の事業や資産からの回収（＝遡及、リコース）を禁止するローンをノンリコースローンという。資産金融型ファイナンスにより資金を供給した者は、資金調達を行う企業とは切り離された対象資産に関するリスクを（ノンリコースローンの場合、対象資産に関するリスクのみを）負担することになる。資金調達をしようとする企業にとっては、対象資産の価値が高ければ、企業自らの信用力を基礎として資金調達をするよりも有利な条件によって資金を調達することが可能となる。また、ノンリコースローンにおいては、貸付債権の引当てとなる財産が特定の資産に限定されることで、資金調達を行う企業の他の事業や財産に影響を及ぼすことなく借入れを実現することができる。

❷ 各資金調達手法の概要

ここでは、各資金調達手法の概要を説明する。

【1】普通株式

株式については、その権利の内容に応じて、普通株式（株式の内容について定款で格別の定めを設けていない株式）、種類株式（会社108条1項各号に掲げる事項について定款で格別の定めを設けている株式）が存在する[47]。普通株式はエクイティの典型であり、直接金融において広く用いられている。

普通株式には、剰余金配当請求権、残余財産分配請求権、株主総会における議決権等の権利がある（同105条1項、453条、504条、308条1項）。株主総会においては、役員の選解任、剰余金の配当、定款の変更、合併等の組織再編等の株式会社の基本的な事項についての意思決定が行われる（同329条1項、339条1項、454条1項、466条、783条1項、795条1項等）。株主は、株主総会における議決権

---

[47]　会社法上、2種類以上の株式を発行している会社においては、一般に「普通株式」と呼ばれている株式（株式の内容について定款で格別の定めを設けていない株式）も含め、すべての株式が種類株式となる（108条1項参照。相澤哲＝葉玉匡美＝郡谷大輔編著『論点解説　新・会社法──千問の道標』（商事法務、2006）54〜55頁）。しかし、「普通株式」（株式の内容について定款で格別の定めを設けていない株式）と「種類株式」（108条1項各号に掲げる事項について定款で格別の定めを設けている株式）という区別は一般に広く浸透していることから、ここでは、会社法上の用語としての種類株式という用語とともに、上記のような一般に広く浸透している意味での「普通株式」および「種類株式」という用語も使用することとする。

の行使を通して、株式会社の経営に関与する。

　会社法上、株式会社は、その株式について株券を発行する旨を定款で定めることができる（同214条）。しかし、上場会社については、社債、株式等の振替に関する法律に基づき株式の振替制度の対象となっているため、株券発行会社となることはできない。株式の振替制度においては、株式に関する権利の帰属は振替機関（証券保管振替機構、社債株式振替2条2項）または口座管理機関（同2条4項）が作成する振替口座簿の記載・記録により定まる（同128条1項）。株式発行により振替株式が発行される場合には、振替口座簿に株主となった者の株式数の記録がなされ（同130条）、振替株式の譲渡は、譲受人がその口座の保有欄に当該譲渡に係る数の増加の記録・記載を受けることにより効力を生じる（同140条）。

【2】種類株式

　会社に対する投資者の中には、安定的な利益の配当を受け取ることができる限り会社の経営には関心のない者や、一定の経営上の重大な事項については拒否権を有することを望む者がいる。このように、株主の経済的な需要や経営への参加についての要求はさまざまであり得る。また、発行会社としても、財務、経営戦略上このような株式を発行することが望ましい場合もある。そこで、会社法は、株主および発行会社にこれらの多様なニーズがあり得ることに配慮して、一定の事項につき権利内容等の異なる株式を発行することを認めている。その事項は、①剰余金の配当、②残余財産の分配、③株主総会において議決権を行使することができる事項（議決権制限株式）、④譲渡による当該株式の取得について会社の承認を要すること（譲渡制限株式）、⑤当該株式につき、株主が会社に対しその取得を請求できること（取得請求権付株式）、⑥当該株式につき、会社が一定の事由が生じたことを条件としてこれを取得することができること（取得条項付株式）、⑦当該種類の株式につき、会社が株主総会の決議によってその全部を取得することができること（全部取得条項付種類株式）、⑧株主総会・取締役会等において決議すべき事項のうち、当該決議のほか、当該種類株主の種類株主総会の決議があることを必要とするもの（拒否権付種類株式）、⑨当該種類株主の種類株主総会において取締役・監査役を選任することであり、その内

第2章　ビジネスの主体に関する法　　189

容が異なるごとに、株式の「種類」を形成する（会社108条1項）[48]。

　これらのうち、剰余金の配当または残余財産の分配について他の株式に先んじて受け取る権利を有する株式（優先株式）[49]は、実務上多く利用されている。具体的には、優先株式は、デット・エクイティ・スワップ[50]を用いた金融機関を割当先とする第三者割当、インベストメント・バンクやファンド等の投資者、もしくは資本提携先等を割当先とする第三者割当により発行される例が多い。これらの場合、優先株式について譲渡制限が付され発行会社の取締役会の承認なくして第三者に譲渡することができないとしつつ、一定の条件の下で普通株式に転換され（普通株式を対価とする取得請求権または取得条項付）、投資者のエグジットおよびキャピタル・ゲインを確保することができる設計になっていることがある[51]。

【3】新株予約権

　新株予約権とは、権利者（新株予約権者）が、あらかじめ定められた行使期間内に、あらかじめ定められた行使価額を会社に対し払い込めば（払込みをするか否かは新株予約権者の自由である）、会社から株式の交付を受けることができる権利である（会社2条21号）[52]。

　新株予約権者は、発行会社の株価の下落リスクをとることなく、株価上昇による利益を追求することが可能である。例えば、発行会社の現在の普通株式の株価が7、新株予約権の行使価額が10である場合において、株価が12に上昇したときに新株予約権を行使して10を払込み1株を得て、その1株を直ちに売却すれば2の利益が得られる。他方、株価が5に下落した場合には、新株予約権

---

48)　　江頭・会社法136〜137頁。

49)　　江頭・会社法139頁。

50)　　一般に、ある会社に対して金銭債権を有している債権者がその債権を債務者の株式に振り替える手法をいう。債務者の側から見ると、債務（デット）を資本（エクイティ）と交換する（スワップ）ことになる。債務の減少および資本の増加により、債務超過の解消等、債務者のバランスシートの改善が可能となる。

51)　　普通株式への転換が一切行われず、一定の期限に金銭で償還される（金銭を対価とする取得請求権または取得条項付）優先株式も存在するが、そのような優先株式は経済的実態としてはデットに近いものとなる。

52)　　江頭・会社法779頁。

190　　　第2編　ビジネス法の体系と主な分野

者は新株予約権を行使しないことを選択できるから、損失を被らない。

　新株予約権は、取締役・従業員に対するストックオプションや買収防衛策として、資金調達以外の目的で発行されることも多いが、近年では上場会社によるライツ・イシュー（株主に対し新株予約権無償割当て（同277条）を行い、当該新株予約権を上場する手法）として、資金調達のために利用されている。ライツ・イシューにおいては、新株予約権者は、新株予約権を行使するか、証券市場で新株予約権を売却して金銭を取得することを選択できる。新株予約権の行使価額は株式の市場価格より低く定められることが一般的であり、これにより新株予約権者が新株予約権を行使する結果、会社が資金調達を実現することができる。

【4】社　債

　社債とは、通常は、公衆に対する起債によって生じた会社に対する多数に分割された債権であって、それについて通常有価証券（社債券）が発行されるものをいうと解されている[53]。会社法上は、社債を「この法律の規定により会社が行う割当てにより発生する当該会社を債務者とする金銭債権であって、第676条各号に掲げる事項についての定めに従い償還されるもの」と定義している（会社2条23号）。

　社債[54]は、直接金融におけるデットの典型例である。社債は、発行会社が社債権者に対して一定の期間を満期として元本および利息の支払いを約する点では間接金融におけるデットの典型である銀行借入れと同じであるが、社債は譲渡が自由であることが原則であり、発行時および将来における不特定多数の社債権者の存在を前提とするため、集団的法律関係を適切に処理するための規定が会社法および社債契約において定められる。

　社債の償還期限（満期）は一般に長期であることから、社債は発行会社にとって安定した資金調達方法である。

---

53)　　神田・会社法322頁。

54)　　新株予約権付社債のように、何らかの形で特定の株式と関係づけられた社債は、実務上、エクイティ・リンク債と呼ばれ、そうでない社債は普通社債と呼ばれる（江頭・会社法717頁）。ここでは、普通社債のことを単に「社債」とする。

第2章　ビジネスの主体に関する法　　191

【5】新株予約権付社債

　新株予約権付社債とは、社債に新株予約権が付され（会社2条22号）、両者を分離して譲渡・質入れすることができないものをいう（同254条2項、3項、267条2項、3項）[55]。新株予約権付社債のうち、新株予約権を行使する場合には必ずその社債が償還されて社債の償還額が新株予約権の行使に際して払い込むべき金額に当てられるものを転換社債といい、実務上多く発行されている。

　転換社債の投資者は、価格の下落リスクをとることなく、発行会社の株価上昇による利益を追求することが可能である。例えば、社債の額面100、転換価額10、転換期間を社債の満期、社債の満期を5年とする転換社債（新株予約権付社債）を考える。この場合においては、満期に転換（新株予約権の行使）をすることにより、社債額面を転換価額で除した数である10の発行会社の株式が交付されることになる。この新株予約権付社債発行時における発行会社の株価は7であったが、満期において株価が上昇し12となった場合、この新株予約権付社債の保有者は、転換（新株予約権の行使）により120（12×10株）の経済的価値を有する株式を取得するため、当初の投資金額（社債の額面である100）に対し20の経済的利益を得る。他方、満期における株価が7のままであった場合、この新株予約権付社債の保有者は転換により70（7×10株）の経済的価値を有する株式を取得するが、これは当初の投資金額を下回る。しかし、新株予約権はあくまで権利であり行使する義務はないため、このような場合には満期に100の社債の償還を受けることにすれば、投資元本を回収することができる。このような特徴から、発行会社にとっても、普通社債と比べて低金利での資金調達が可能となり、株式への転換が徐々に行われることにより一時の株式の過剰による株価への影響が少なく、また、将来株価が上昇し新株予約権付社債から株式への転換が進む場合には財務体質が改善することが期待できる等のメリットがある。

【6】銀行融資
【a】銀行融資と銀行取引約定書

　銀行等の金融機関からの融資は、間接金融におけるデットの典型例である。
　企業が銀行から融資を受けるにあたっては、企業と銀行との間で借入れの交

---

55)　　江頭・会社法819〜820頁。

渉等がなされ（この間に、企業は銀行から財務情報や事業の内容など企業の信用力に関わる資料等の提出を求められる）、銀行内において、融資の可否、条件（金額、返済方法、金利、担保、保証等）を検討する審査手続が行われる。そのうえで、融資の可否および条件が決定される。企業と銀行が融資の条件を含め融資について合意に達すれば、融資実行前の前提条件の履行、金銭消費貸借契約の締結を経て、融資が実行される。また、当該銀行との融資取引が初めてであれば銀行取引約定書が締結される。

　銀行取引約定書とは、銀行と企業との間の与信取引に関する基本約定書であり、企業の事業資金など継続的な与信取引が行われることが予定される場合に締結される（反対に、個人の住宅ローンなど継続的な与信取引が見込まれない場合には締結されない）。銀行取引約定書は、後記【b】および【7】【a】の証書貸付、手形貸付、当座貸越、手形割引など銀行と企業との与信取引全般に広く適用され、与信取引に共通して適用される条項、債権の保全、回収に関する条項などが定められている。

【b】融資の態様

　銀行による融資にはさまざまな形式がある。以下では、企業が運転資金や設備投資資金などの一般的な資金調達をするための融資のうち代表的なものを紹介する。

(ア) 証書貸付

　証書貸付とは、貸付けにあたり、証拠として借用証書を徴するものをいう[56]。その法的性質は金銭消費貸借契約である（民587条）。借用証書には、融資金額、返済期間、返済方法、利率、利息の支払時期と支払方法などが記載される。

　通常1年以上の長期貸付けについて行われ、企業に対する長期運転資金や設備資金の供与など、長期の与信における代表的な貸付形態である[57]。

(イ) 手形貸付

　手形貸付とは、貸付先から借用証書に代えて銀行を受取人とした約束手形の

---

56)　　小山・銀行法135頁。

57)　　小山・銀行法136頁。

差入れを受け、資金の貸付けを行うものである[58]。手形貸付の実行により、銀行は、金銭消費貸借契約上の債権と、この金銭消費貸借契約を原因関係とする手形債権の両者を取得し、両債権のいずれも行使することができる[59]。銀行は、割引料の形式で利息に当たる額を手形額面から差し引いて資金の交付を行うため、利息は先取りとなる。

　手形貸付は、一般には、その期間が、2か月、3か月といった短期間の貸付けに利用される[60]。手形貸付により資金調達をする企業にとっては、手形の振出し、交付の手続が簡単である一方で、手形の支払いができなければ手形交換所による取引停止処分という制裁を受ける。**前記(ア)** の証書貸付において企業が支払いをしない場合に民法の一般原則に従って履行の請求を受けることと比べ、手形貸付において支払いをしない場合の制裁は強力なものである。資金需要の関係から満期に支払いを行わない場合、手形の書換え（支払いの延期のために、旧手形の満期よりも後の日付を満期とする手形を振り出すこと）により弁済期を延期し、これが繰り返されることにより実質的に長期間の融資がなされる場合もある。

(ウ) 当座貸越

　当座貸越とは、銀行に当座勘定を有する銀行顧客がその銀行における当座預金残高を超過して小切手を振り出した場合、銀行は一定の限度（貸越極度額）までその小切手に対して支払いをなすことをあらかじめ約束するものである。当座貸越の場合、銀行顧客が預金残高を超えて小切手を振り出し、小切手が手形交換所を経由して支払呈示が行われたときに初めて貸出しが実行される。また、銀行顧客は、当座預金口座に入金することにより、随時、当座貸越の借入金を返済することができる[61]。

　貸越極度額の範囲内でいつでも借入れをすることができ、また、資金に余裕が生じれば、当座預金口座に入金して返済することができるので、企業にとって効率の良い資金繰りを行える。その一方で、当座貸越においては、通例、債

---

58)　　小山・銀行法136頁。

59)　　最判昭和23年10月14日民集2巻11号376頁。

60)　　小山・銀行法137頁。

61)　　小山・銀行法138〜139頁。

権の保全、その他相当の事由があるときには貸越極度額を減額し、貸越しを中止し、または契約の解除をすることができる旨の特約が付されている[62]。このため、銀行による貸付けの減額、中止、解除を限定したい場合には、**後記(エ)**のコミットメントライン契約を用いることがより適切である。

(エ) コミットメントライン

コミットメントライン契約とは、貸付人が手数料（コミットメントフィーと呼ばれる）を徴求することによって、借入人のために一定の期間、一定の融資限度額を設定し、その範囲内で借入人は借入れを行う権利を取得し、貸付人は貸付けを行う義務を負担する契約のことをいう[63]。借入人は、自らの資金需要に応じて都度借入れの申込みを行い、融資限度額（貸付極度額）の範囲内で複数回の貸付けが実行されることが予定されている。借入人が借入れを返済すると、当該返済金額相当分の貸付枠が復活し、再び貸付けの実行を求めることができる。コミットメントライン契約上、貸付人が貸付けを実行するための一定の条件が規定されることが一般的であり、貸付人は、これらの条件（前提条件）をすべて充足した場合に限って貸付けを実行する義務を負う（前提条件については、**後記(オ) コラム** 参照）。ただし、当座貸越と異なり、貸付人に対し貸付けの実行に関する広い裁量を与える規定は設けられない。

(オ) シンジケートローン

シンジケートローンとは、複数の金融機関が一つのグループとなって単一の契約書の下に借入人に対して行う貸付けのことをいう[64]。契約書は単一であり、契約条件（利息、返済日、貸付けの実行条件等）はすべての貸付人に共通であるが（ただし、貸付額は貸付人によって異なることが多い）、法的には各貸付人と借入人との間でそれぞれ別個独立した金銭消費貸借契約が成立する。

一つの金融機関が借入人に貸付けを行う通常のローン（相対の貸付契約）と比べ、貸付人にとっては、複数の金融機関が参加することにより借入人の信用リスクを分散できるという利点がある。このことは資金調達を行う企業（借入人）

---

62)　　小山・銀行法139頁。

63)　　佐藤正謙監修『シンジケートローンの実務』（金融財政事情研究会、改訂版、2007）
　　6頁。

64)　　佐藤正謙監修『シンジケートローンの実務』（金融財政事情研究会、改訂版、2007）
　　3頁。

が大規模な融資を受けることを可能にする。シンジケートローンの組成にあたっては、借入人と参加予定の各金融機関との取りまとめ役を担うアレンジャー（金融機関）が存在する。アレンジャーが参加金融機関の要求を取りまとめるため、借入人は融資の条件等について基本的にアレンジャーと交渉するだけで、複数の金融機関から多額の融資を受けることができる。

　シンジケートローン契約においては、各貸付人の借入人に対する権利行使等（資金決済、貸付金の管理・回収等）について各貸付人が協調する枠組みが定められる。これを円滑にするために、シンジケートローン契約締結後に各貸付人の代理人であるエージェントが就任する。エージェントは上記のアレンジャーが就任する場合が多い。借入人は、シンジケートローン契約締結後、すべての貸付人との関係での資金の借入れ、返済等に関するやり取りを、基本的にエージェントのみと行う。

　シンジケートローンは、タームローン方式（貸付実行日、貸付回数、貸付金額が確定しているローン）とコミットメントライン方式（前記(エ)参照）が典型的であり、実務上も組成件数が多い。

コラム　シンジケートローン契約の特徴

　前記(ア)の証書貸付などの相対の貸付契約と比較した場合のシンジケートローン契約の特徴として、エージェントが契約当事者となりその権利義務が規定されること、貸付人相互間の関係が規定されることが挙げられる。また、貸付人相互間の公平性を確保するため、各貸付人が借入人と個別に締結している銀行取引約定書の適用が排除される（その旨がシンジケートローン契約に規定される）ことが一般的である。これらのことから、シンジケートローン契約は相対の貸付契約に比較して分量が多く複雑なものとなるが、資金を調達しようとする企業にとっては、貸付金額、利息、返済日等の貸付けの主要条件のほかに、貸付人・借入人間の関係を定める契約条項について特に注意して検討することが重要である。シンジケートローン契約における貸付人・借入人間の関係を定める契約条項のうち主要なものとして、①前提条件、②表明保証、③コベナンツ（借入人の確約）、④期限の利益喪失条項が

ある。①～③は英米の契約実務に由来するものであり、日本の伝統的な貸付契約には用いられてこなかったものである。④については伝統的な貸付契約にも存在するが、シンジケートローンにおいてはより細かく規定される傾向にある。

①貸付実行の前提条件は、一定の条件を充足した場合に限って貸付人が貸付けを実行する義務を負う旨を定める規定である。表明保証違反の不存在、その他契約書の各条項違反の不存在等が前提条件を構成するように規定されることが多い。

②表明保証とは、一定の時点（シンジケートローンの場合、契約締結日および貸付実行日であることが多い）において一定の事実が真実かつ正確であることを表明し保証する規定である。表明保証の対象となる事項としては、借入人の有価証券報告書または会社法435条2項に規定する計算書類および事業報告等が正確かつ適法に作成されていること、借入人の義務の履行に重大な悪影響を及ぼす紛争の発生またはそのおそれがないこと、期限の利益喪失事由の発生またはそのおそれがないこと、借入人が反社会的勢力ではないことなどが規定される。表明保証違反の効果としては、貸付実行の前提条件を充足しない、期限の利益喪失事由（請求失期事由）となる等が規定されることが多い。

③コベナンツ（借入人の確約）とは、契約締結日以降の借入人の義務を定めるものである。借入人が金銭消費貸借契約に基づき元利金返済義務を負うことは当然であるが、コベナンツはこれとは別にさまざまな義務を規定する。②表明保証はある一定の時点における事実が真実かつ正確であることを表明する（その時点以外の時点において事実が異なっていたとしても、表明保証違反とはならない）のに対し、③コベナンツは、一定期間（通常、契約締結日から借入れの完済など契約終了時まで）における借入人の義務を定めるものである。コベナンツの内容としては、借入人の財産、経営等に関する報告義務、担保提供制限条項（貸付人の同意を得ずに、シンジケートローン契約を除く債務のための担保権設定をすることの禁止等）、財務制限条項（借入人の連結・単体での純資産の金額の維持等）などが規定される。借入人がコベナンツに違反した場合

には、前提条件不充足、期限の利益喪失事由（請求失期事由）となる旨などが規定されることが多い。

　④期限の利益喪失条項とは、一定の事由が生じたことを契機として、借入人の貸付人に対するすべての債務について期限の利益を喪失させる条項である。ある事由が発生した場合に貸付人からの通知を要することなく当然に期限の利益を喪失させる仕組み（当然失期）と、ある事由が発生し、貸付人から通知があって初めて期限の利益を喪失する仕組み（請求失期）がある。当然失期事由としては、支払いの停止、法的倒産手続開始の申立て、手形交換所の取引停止処分などがある。請求失期事由には、貸付人に対する債務の履行遅滞、表明保証違反、コベナンツ（借入人の確約）違反、借入人の事業、財産の状態の悪化などがある。シンジケートローンにおいては、貸付人間の協調の観点から、借入人に請求失期事由に該当する事実が発生した場合に期限の利益喪失の請求（通知）を行うかについては、多数貸付人の意思決定（貸付人の多数決）に基づき行われ、個々の貸付人が個別に行うことは想定されていない。

　以上の契約条項は、借入人の状況や案件の性質に応じて千差万別であり得ることから、資金調達をする企業は、シンジケートローン組成時にこれらを慎重に検討することが求められる。

　なお、日本ローン債権市場協会（JSLA）がシンジケートローンの契約書例を公表している[65]。シンジケートローンの契約条項にはさまざまなものがあり得るが、JSLAが公表している契約書は実務上広く参考にされている。

〔c〕担保・保証

　銀行が企業に対して融資を行う場合、貸付債権の回収をより確実にするため、企業に対し担保を徴求することがある。銀行は、担保権の設定を受けることにより、担保権設定対象財産から債権回収を図ることができるようになるほか、債務者に法的倒産手続が開始した場合においても、他の一般債権者に優先する

65）　日本ローン債権市場協会。https://www.jsla.org/index.php、（2016.12.26）。

地位を確保することができる。担保権の種類、対象財産はさまざまであるが、預金に対する質権（民342条）、不動産に対する抵当権（同369条）、株式等の有価証券に対する質権・譲渡担保権などが多く利用されている（なお、集合動産譲渡担保、集合債権譲渡担保につき、**後記【7】【c】**参照）。

　また、銀行は、債務者以外の第三者から保証を受けることもある（同446条）。特に銀行が中小企業に対して融資を行う場合には、企業の経営者に対する規律付けや企業の信用補完のため、経営者が保証人となるケースが多い。このほか、保証専門機関である信用保証協会による保証もよく利用されている。

【7】資産金融型ファイナンス

　以下では、資産金融型ファイナンスの例を紹介する。

【a】手形割引

　手形割引とは、典型的には、手形所持人が手形の満期前にこれを換金するために、銀行に対して手形を譲渡し、銀行から手形金額より譲渡日以後満期日に至るまでの利息相当額を控除した金額を受け取ることをいう[66]。すなわち、手形所持人（手形割引依頼者）は、手形を現金化することによる資金調達を実現することになる。手形という資産を裏付けとして資金を調達するものであることから、資産金融型の一類型ということができる。

　銀行は、譲り受けた手形の主債務者（振出人）から手形金額の支払いを受けることができることから、手形割引依頼者の信用が低い場合であっても、手形の主債務者の信用が高ければ手形割引に応じやすい面がある。

　ただし、銀行取引約定書においては、通例、手形の主債務者からの支払いがない場合や手形の主債務者の信用悪化等が生じた場合には、手形割引依頼者に対して手形の買戻しを請求できる旨が規定されている。このため、手形割引は、手形割引依頼者に対する与信（貸付け）という側面もある。銀行は、割引依頼人と手形の主債務者双方の信用を考慮して、手形割引に応じるか否かの与信判断をする。

　手形割引は、手形が短期の信用証券であることから、短期の与信の分野で利

66）　小山・銀行法140頁。

用されている[67]。

【b】ファクタリング

　ファクタリングとは、債権の買取りを行う業務のことをいう[68]。ファクタリングは一括決済方式において広く用いられている。一括決済方式とは、企業（支払企業）に対して物品・サービスを販売する納入企業、金融機関（または金融機関の子会社。以下「金融機関等」という）および支払企業の三者の約定に基づき、納入企業が支払企業に対して有する売掛債権を一括して金融機関等に譲渡し、納入企業が売掛債権の支払期日前に資金を必要とする場合には債権譲渡代金の支払いを受け（ただし、納入企業は割引料を負担する）、支払企業は支払期日に金融機関等に対し売掛債権の支払いをすることをいう。納入企業が金融機関等から支払期日前に債権譲渡代金の支払いを受けなかった分については、支払期日に金融機関等から支払いを受ける。納入企業にとっては、手形割引と同様、売掛債権の弁済期日前に資金を調達することが可能となる。また、支払企業の信用力が高い場合、低い金利（割引料）で資金調達を行うことが可能となる場合がある。売掛債権を用いて資金調達をするものであることから、資産金融型の一類型といえる。

【c】ABL

　ABL（Asset Based Lending）とは、企業が保有する在庫や売掛金等を担保とする融資手法をいう。事業継続を前提とした事業価値全体に担保としての価値を見出し、その事業の過程において企業が取得する在庫や売掛金等に担保を設定し、これらの資産の価値をもとに融資額が決定される。

　担保設定の方法は、集合動産譲渡担保および集合債権譲渡担保であることが通常である。

　集合動産譲渡担保とは、設定者が将来にわたって取得する在庫商品等の集合物を対象とする譲渡担保をいう。譲渡担保権設定者は設定後も目的動産につい

---

67)　　小山・銀行法140頁。

68)　　小山・銀行法189頁。

200　　第2編　ビジネス法の体系と主な分野

て通常の営業の範囲内での処分権限を有する[69]。第三者対抗要件の具備方法は、債務者（担保設定者）が担保目的物の使用を継続し、また在庫商品等の販売を継続することが前提となることから、占有改定による引渡しである（民178条、183条）。また、動産及び債権の譲渡の対抗要件に関する民法の特例等に関する法律に基づく登記により第三者対抗要件を具備することも可能である（3条1項）。

　集合債権譲渡担保とは、設定者が現在有する債権または将来取得する債権を対象とした譲渡担保のことをいう。集合債権譲渡担保の設定にあたっては、債権者、債務者、発生原因および発生期間等により、譲渡担保の対象となる債権を他の債権から識別ができる程度に特定することが必要である[70]。対抗要件の具備方法は、債務者対抗要件については第三債務者への通知または第三債務者による承諾（民467条1項）、第三者対抗要件についてはこの通知または承諾に確定日付を付することである（同467条2項）。動産及び債権の譲渡の対抗要件に関する民法の特例等に関する法律に基づく登記により第三者対抗要件を具備し（動産債権譲渡特4条1項）、この登記がされたことについての第三債務者への通知または第三債務者による承諾により債務者対抗要件を具備することもできる（同4条2項）。

　ABLにおいても、債務者である企業はその全資産を引当てとして返済する義務を負うものの、融資金額は担保となる在庫や売掛金等の価値をもとに決定されることから、在庫や売掛金等の価値に着目した資産金融型の一類型であるといえる。在庫や売掛金等の流動資産は常に残高が変動するため、融資をする金融機関はこれらにつき常時モニタリングを行う。

【d】プロジェクトファイナンス

　プロジェクトファイナンスとは、特定のプロジェクトに対する融資につき、原則として当該プロジェクトからの収益を返済原資とし、担保対象も当該プロジェクトの関連資産等に限定するファイナンス手法である。発電所、プラント、学校等の建設・運営などの国内外の大規模事業がプロジェクトファイナンスの

---

69)　　最判平成18年7月20日民集60巻6号2499頁。

70)　　最判平成11年1月29日民集53巻1号151頁、最判平成12年4月21日民集54巻4号1562頁、最判平成13年11月22日民集55巻6号1056頁参照。

第2章　ビジネスの主体に関する法　　201

対象とされることが多い。

プロジェクトファイナンスにおいては、特定のプロジェクトを遂行する実質的な事業主体（スポンサー）が、対象事業の運営とそのための資金調達に関する業務のみを目的とするSPC（Special Purpose Company、特別目的会社）を設立する。SPCによる対象事業の運営は、スポンサー等との業務委託契約等に基づき、スポンサー等を通して実施されるが、貸付等の資金供与はあくまでSPCに対して行われる。プロジェクトファイナンスは、スポンサーに遡及しないノンリコースローンの一類型であり（前記 **1**【3】参照）、貸付人は対象事業の価値（資産およびキャッシュフロー）のみを引当てとして融資を実行する前提で与信判断を行う。また、スポンサーもSPCへの出資や劣後ローン等により資金供与を行うことが多いが、前記貸付けについて保証等をしない限り、対象事業に関与することによる資金負担をこの資金供与額の限度にとどめることができるという利点がある。

プロジェクトファイナンスにおける資金調達額は巨額となることが多いことから、シンジケートローンが活用される。また、対象事業の価値のみが引当てとなることから、貸付人にとっては、対象事業を構成する資産や事業の過程においてSPCが取得する債権等に担保権を設定することが必要となる。

IV ビジネスの基礎となる設備その他の資産（モノ）に関する法

ここでは、企業が事業拠点や事業上必要となる設備を取得する場面で留意すべき主な法令や規制内容について概観したうえで、ビジネス上重要な知的財産権の概要についても解説する。

1 ビジネスの拠点・設備の確保

【1】ビジネスの拠点や設備の確保に関連する法令

ビジネスの基本法は、民法・商法・会社法であり、ビジネス拠点の確保の場面においても同様である。それに加え、ビジネス拠点となる不動産の取引の場

面においては、借地借家法の知識も重要である。ビジネスの業種・業態によっては、その他の関連法令を確認することも重要であり、例えば、許認可事業においては、ビジネス拠点の確保の場面においても、各業法上の規制を確認しておく必要がある。

【2】不動産取引（売買と賃貸借）
【a】不動産売買

　ビジネス拠点となる不動産を取得するには、①売買契約により、不動産の所有権を取得する方法と、②賃貸借契約により、不動産を賃借する方法がある。民法上、売主の「△不動産を〇円で売る」という意思と、買主の「△不動産を〇円で買う」という意思が合致すれば、売買契約は成立するが、売買契約に具体的に何を規定するのかは原則として当事者の自由である。

　実務上、不動産売買契約においては、手付金をいくら支払うか、不動産の引渡時期をいつにするか、不動産登記の移転時期をいつにするか、所有権の移転時期をいつにするかといった内容が含まれていることが多く、売買契約を締結するにあたっては、これらの条件面を交渉していくことになる。中でも重要なのが、不動産登記に関する合意であり、民法は、不動産所有権を取得しても、不動産登記を経由しなければ、その所有権を第三者に対抗することができない旨規定しているため（民177条）、所有権移転登記をいかにして確保するかが重要である。実際には、売買代金の支払いと所有権移転登記に必要な書類の引渡しを同時に行う旨合意することが多い。

【b】不動産賃貸

　賃貸借契約は、民法に規定されているが、特別法として、借地借家法が存在するため、同法の適用の有無が重要となる。すべての不動産賃貸借について借地借家法が適用されるわけではなく、同法の適用を受けるのは、建物を所有することを目的とする土地の賃貸借と建物の賃貸借のみである。例えば、テナントビルの一室をオフィスとして借りるような場合、建物の賃貸借として借地借家法の適用を受けるが、土地を駐車場として借りるような場合には、建物の所有を目的としていないため、借地借家法の適用はない。借地借家法の適用があ

る場合には、賃借権の対抗要件が緩和されたり（借地借家10条、31条）、賃貸人による契約の更新拒絶が制限されるなど（同6条、28条）、賃借人の権利が保護されている。

　このように、借地借家法は、基本的に賃借人を保護する法律であるが、事業の場面においては、必ずしも借地借家法による保護が有利に働かない場面もある。借地借家法の適用がある不動産賃貸借については、賃貸人としても、容易に契約を終了させることができない代わりに、賃借人に対して高額の権利金を要求することも多いためである。一方、賃借人としても、長期の賃借期間を必要としない場合には、わざわざ借地借家法上の保護を受ける必要はないため、借地借家法は、一定の要件の下に、契約更新に関する賃借人保護規定が適用されない定期借地権制度を用意している。

　定期借地権には、①存続期間を50年以上として設定する場合の一般定期借地権（同22条）、②事業用建物の保有を目的とする借地契約において、10年以上50年未満の間で存続期間を設定する場合の事業用定期借地権（同23条）があり、原則として、いずれも公正証書で契約書を作成しなければならない。定期借地権と通常の土地賃借権の相違点については、以下の比較表のとおりである。

［図表7］土地賃借権制度の比較表

	民法上の賃借権	借地借家法上の借地権	一般定期借地権	事業用定期借地権
存続期間	20年以下	30年以上	50年以上	10年〜50年
更新の有無	原則更新なし	賃貸人による更新拒絶には正当事由が必要	原則更新なし	原則更新なし
対抗要件	賃借権登記	土地上の建物の所有権登記	土地上の建物の所有権登記	土地上の建物の所有権登記

　事業用定期借地権は、比較的存続期間が短いため、土地の再開発事業などで用いられることが多い。また、建物の賃貸借についても、契約の更新がない定期建物賃貸借（同38条）があり、事業用物件の賃貸借で多く利用されている。

なお、一時的なイベントのプレハブを建設するために土地を借りる場合など、そもそも不動産の賃借が一時使用目的であることが明らかな場合には、借地借家法上の保護は適用されない（同25条）。

【c】取引形態の選択のポイントとなる視点
　前記【a】、【b】のとおり、ビジネス拠点となる不動産を取得するにあたっては、複数の取引形態が考えられるが、どの取引形態が適切か選択するにあたっては、例えば以下の視点などがポイントとなる。

①物件の利用期間
　事業用定期借地権は、短期間で契約が終了してしまう代わりに、一般借地権よりも、賃料や敷金の面で有利な条件を設定できる場合が多い。したがって、投下資本の回収期間なども踏まえ、物件の利用期間が短期間である場合には、事業用定期借地権を選択することが考えられる。

②物件の利用目的
　建物の所有を目的としない土地の賃貸借については、借地借家法の適用はないため、賃貸借期間の上限は20年間となる（民604条1項）。したがって、建物の所有を目的としない長期間の土地利用を想定している場合、賃貸借ではなく、物件の購入を検討することになる。

③ビジネス拠点確保に用意できる資金
　事業用不動産を購入する場合、高額の売買代金を用意する必要があるため、用意できる資金が少ない場合には、事業用不動産を賃借せざるを得ない。もっとも、事業用不動産の賃貸借契約を締結するにあたっては、相当額の敷金や保証金の差入れをするのが通常であるため、一定の先行投資は必要であることが多い。

【3】対象不動産を選択する際の留意点
　実際に、ビジネス拠点となる不動産を取得する際には、事前に対象不動産の状況を確認しておくことが極めて重要である。ビジネス拠点確保にあたっては、高額の先行投資が必要となることから、どの不動産を取得するかについては、下記の点に留意しながら、慎重に選択していく必要がある。

第2章　ビジネスの主体に関する法　　205

〔a〕所有関係・担保の有無・境界紛争の有無等についての確認

　不動産取引において最も重要なことは、対象不動産の権利関係に争いがないかどうかを事前に確認しておくことである。権利関係に争いのある不動産を取得してしまった場合、せっかく取得した不動産の権利を失ってしまったり、自らが紛争に巻き込まれるおそれがあるため、対象不動産を選択する際には、以下の点をあらかじめ確認しておくことが重要である。

①不動産登記簿の確認

　まず、不動産取引にあたって最も重要なのは、不動産登記簿の確認である。不動産所有権は、不動産登記を具備しなければ、第三者に対抗することができないため、不動産の売主（または賃貸人）が対抗できる所有権を有しているかどうかを不動産登記簿で確認しておく必要がある。また、当該不動産に担保権が設定されている場合には、担保権を実行されてしまうと、せっかく購入した不動産の所有権を失ってしまうおそれがあるため、不動産登記簿で不動産に担保権が設定されていないかどうかも確認しておくことになる。

②不動産の現地確認

　高額の不動産を取得する場合、通常は、現地確認を行う。購入予定の土地に、見知らぬ建物があったり、購入予定の建物に不法占有者がいる場合、当該不法占有者を追い出さなければ、対象不動産を利用することができない。そうすると、不動産購入後に不法占有者を追い出すための時間や費用がかかってしまい、想定したタイミングで不動産を利用できなくなるおそれがあるからである。したがって、不動産を購入するにあたっては、あらかじめ現地に不法占有者がいないかどうかを確認しておくべきである。また、現地の道路の接道状況や、境界の状況などを確認しておくことも有用であり、特に、敷地内で大型車両を利用することが想定される場合には、当該車両が通行できる道路に接しているかどうかも確認しておく必要がある。境界について近隣住民との間で紛争がある場合には、紛争に巻き込まれてしまうおそれがあるため、境界の状況もあらかじめ確認しておくべきである。

〔b〕各種公法上の規制等

(ア) 都市計画法上の制限

　不動産によっては、当該不動産の利用方法が法令または条例等により、制限されている場合がある。代表的な不動産の利用に関する規制が、都市計画法上の規制であり、新しく建物を建築することを想定している場合には、対象不動産に係る都市計画法等の各種規制を確認しておく必要がある。

　都市計画法は、都市計画を実現する手段として、都市計画制限を設けており、一定の都市計画区域においては、開発行為や建築行為そのものを制限したり、建物の用途や形態を制限している。

①開発行為・建築行為の規制

　都市計画法は、市街化区域および市街化調整区域を定め、両区域における一定の開発行為については、原則として都道府県知事の許可を必要としている。したがって、市街化区域および市街化調整区域においては、許可基準を満たさない開発行為は制限されている（都計33条、34条）。また、建築行為自体が制限される場合もあり、例えば、開発許可を受けた土地区域内においては、工事完了公告前は、原則として建物の建築が禁止されている（同37条）。

②用途地域の指定による制限

　都市計画法は、都市環境を整備すべく、地域ごとに建築できる建物の用途を指定している用途地域を設けている。したがって、用途地域においては、指定された用途以外の建物を建築できないため、対象不動産を選択するにあたっては、候補地が用途地域に指定されていないかどうか、用途地域に指定されている場合、指定された用途に従った建物の建築を想定しているかどうかを確認することになる。例えば、「第一種低層住居専用地域」という用途地域の指定がなされている場合、当該用途地域においては、原則として、住宅以外の建物（工場など）を建築することはできない。また、用途地域においては、建築物の形態についても制限があり、建築基準法に具体的な制限が規定されている。例えば、上記「第一種低層住居専用地域」においては、低層住宅の良好な住環境を守るため、原則として、高さが10m（または12m）以上の建物は建てられないことになっており（建基55条）、高層ビルを建築することはできない。その他、用途地域ごとに、建築される建物の「建ぺい率」（建築物の建築面積の敷地面積に対する

第2章　ビジネスの主体に関する法　　207

割合)や、「容積率」(建築物の延べ面積の敷地面積に対する割合)などが制限されており(同52条、53条)、建物の形態についても一定の制限がなされている。

したがって、ビジネス拠点となる対象不動産を選択する際には、建築予定の建物の形態や用途が、上記のような建築規制に抵触しないかどうかをあらかじめ確認しておく必要がある。

なお、建物の防火設備については、建築基準法に加え、消防法上の管理・点検義務もあり、防火設備が法令の基準を満たしているかどうかも問題となる。特に、古い建物を購入する場合には、建物の老朽化によりシャッターの開閉ができなくなっているなど、防火設備が十分でない場合があるため、防火設備が法令の基準を満たしている状態かどうかも留意する必要がある。防火設備が不十分である建物の管理者は、火災事故の際に刑事責任を負う可能性もあるため、既存建物を購入する場合には、建物の状態を把握しておく必要がある。

(イ) その他の土地利用制限

不動産の利用方法を制限する法令または条例等は多岐にわたるが、例えば、不動産取引にあたり、対象不動産に下記 [図表8] の法令上の制限がある場合には、重要な事項として、不動産仲介業者が交付する重要事項説明書に記載しなければならないものとされている(宅建業35条1項2号、宅建業令3条参照)。

したがって、下記 [図表8] の法令上の規制がある場合には、ビジネス拠点としての利用方法に支障が生じないかどうか、確認しておく必要がある。

[図表8] 不動産の利用方法を制限する法令の例

・都市計画法	・建築基準法
・古都における歴史的風土の保存に関する特別措置法	・都市緑地法
・生産緑地法	・特定空港周辺航空機騒音対策特別措置法
・景観法	・土地区画整理法
・大都市地域における住宅及び住宅地の供給の促進に関する特別措置法	・地方拠点都市地域の整備及び産業業務施設の再配置の促進に関する法律

- 被災市街地復興特別措置法
- 新都市基盤整備法

- 首都圏の近郊整備地帯及び都市開発区域の整備に関する法律
- 流通業務市街地の整備に関する法律
- 幹線道路の沿道の整備に関する法律
- 密集市街地における防災街区の整備の促進に関する法律
- 港湾法
- 公有地の拡大の推進に関する法律
- 宅地造成等規制法

- 都市公園法
- 首都圏近郊緑地保全法

- 都市の低炭素化の促進に関する法律
- 河川法
- 海岸法
- 砂防法
- 急傾斜地の崩壊による災害の防止に関する法律
- 森林法
- 全国新幹線鉄道整備法
- 文化財保護法
- 国土利用計画法
- 土壌汚染対策法
- 地域再生法

- 災害対策基本法
- 大規模災害からの復興に関する法律

- 新住宅市街地開発法
- 旧公共施設の整備に関連する市街地の改造に関する法律

- 近畿圏の近郊整備区域及び都市開発区域の整備及び開発に関する法
- 都市開発法
- 集落地域整備法
- 地域における歴史的風致の維持及び向上に関する法律
- 住宅地区改良法
- 農地法
- マンションの建替え等の円滑化に関する法律

- 自然公園法
- 近畿圏の保全区域の整備に関する法律

- 下水道法
- 特定都市河川浸水被害対策法
- 津波防災地域づくりに関する法律
- 地すべり等防止法
- 土砂災害警戒区域等における土砂災害防止対策の推進に関する法律
- 道路法
- 土地収用法
- 航空法
- 廃棄物の処理及び清掃に関する法律
- 都市再生特別措置法
- 高齢者、障害者等の移動等の円滑化の促進に関する法律
- 東日本大震災復興特別区域法

第2章　ビジネスの主体に関する法　　209

そのほかにも、許認可事業については、営業所設置に関する規制がある場合があり、例えば、風俗営業の営業所については、原則として、住居が密集する地域などに設置することができない（風俗4条2項2号、風俗令6条等）。

したがって、許認可事業の営業所となる不動産を取得する際、各事業に関する業法上、営業所設置に関する規制がないかどうかを確認しておく必要がある。

また、近隣住民との間で、土地利用に関する協定（例：平日〇時以降は騒音を発生させない旨を約束している協定等）などが締結されている場合があり、対象不動産に関して、土地利用に関する協定が締結されていないかどうかも確認しておくことが重要となる。

(ウ) その他公法上の規制

(あ) 土壌汚染対策法

土壌汚染のある土地については、土壌汚染対策法（土対法）上の規制が存在するため、対象不動産に土壌汚染のリスクがある場合には、留意が必要である。

土壌汚染対策法上、土地に土壌汚染が判明して、要措置区域に指定されると、当該区域内での土地の形質の変更が禁止され（土壌汚染9条）、土壌汚染の原因となる行為をした当事者でなくとも、原則として、当該土地所有者が汚染の除去をしなければならない（同7条）。したがって、土壌汚染のリスクのある土地を購入する場合には、汚染除去費用等が発生するリスクを踏まえた譲渡代金の交渉をする必要がある。また、土壌汚染が判明したものの、現時点では汚染の拡散による健康被害が生ずるおそれがない土地についても、区域内の土地の形質変更に届出が必要となる（同12条）。

土地に土壌汚染があった場合、土地売買の瑕疵担保責任の問題が生じるため、土壌汚染リスクがある土地売買については、売主が土壌汚染調査をしたことがある土地なのかどうかを確認したうえ、土地の売主に対し、土壌汚染がない旨の表明保証を求めることもある。有害物質を取り扱う工場などの敷地については、当該土地の使用を廃止した際に土壌汚染状況を調査する義務があるため（同3条）、工場などの跡地については、かかる調査状況を確認することになる。

(い) 廃棄物の処理及び清掃に関する法律・大気汚染防止法・水質汚濁防止法

　ビジネス拠点として、工場を建設し、廃棄物・排煙・排水の処理を予定している場合には、公害発生等の危険性があるため、各種環境規制にも留意する必要ある。特に、排煙や排水が行われる工場を建設する場合には、大気汚染防止法、水質汚濁防止法上の規制を満たす設備が必要となる場合があるため、あらかじめ環境規制を確認しておく必要がある。また、廃棄物が地下に埋まっている土地の形質を変更する際には、廃棄物の処理及び清掃に関する法律（廃棄物処理法）上の届出が必要となる場合があるため（廃棄物15条の19）、廃棄物が埋まっている土地についても注意が必要である。

(う) 規制違反の場合

　これらの公法上の規制に違反した場合、事業の許認可の取消し、行政罰、刑事罰などの制裁が科される場合があるため、ビジネス拠点となる不動産を選択する際には、各種公法上の規制にも留意して不動産を選択する必要がある。

2 設備の確保

　不動産を確保できた場合、次に拠点の設備を確保することが必要となる。例えば、事務所を設置する際には、コピー機やパソコン、電話やファクシミリなどの機器を購入することが考えられるが、これらの設備については、購入するのではなく、リース契約が用いられることも多い。

　リース契約の法的性質については議論があるが、リース料を支払って物件を賃借するという点では賃貸借の性質を有しており、一方、実質的に分割払いで物件を利用することができるという金融機能を有しているという面では割賦販売とも類似している。

　リース・賃貸借・割賦販売の性質の比較表は、下記［図表9］のとおりである。

第2章　ビジネスの主体に関する法　　211

[図表9] リース・賃貸借・割賦販売の性質の比較

	リース	賃貸借	割賦販売
契約形態	賃貸借	賃貸借	売買
期間	耐用年数以内	20年以内	耐用年数以内 ただし、耐用年数を超えても物件を利用することは可能
中途解約の可否	原則不可	・期間の定めがある場合：原則不可 ・期間の定めがない場合：いつでも解約可	不可
所有権	リース会社	賃貸人	買主（ただし、通常所有権留保がなされる）
物件の返還の要否	返還必要	返還必要	返還不要
保守・修繕の責任	ユーザ	賃貸人	買主

　リース・賃貸借・割賦販売は、いずれも少ない先行投資で事業を開始することができるため、事業用機器を設置するにあたってよく用いられている。しかし、工場で用いる特殊機械など、リース物件がない設備については、基本的に購入することになる。

コラム　リース契約の種類

　リース契約には、「ファイナンスリース」と呼ばれるものと「オペレーティングリース」と呼ばれるものがあり、いずれの性質を有するかによって、法的な取扱いが異なる場合がある。

　ファイナンスリースは、リース会社が利用者に代わってリース物件を購入したうえで、利用者に貸すものであり、実質的には、リース会社が利用者に対してリース物件の購入代金を融資しているのと同様である。したがって、ファイナンスリースは金融の側面を有する点にお

212　第2編　ビジネス法の体系と主な分野

いて、割賦販売（所有権留保）と類似している。例えば、事業に利用する社用車について、複数台を一気に購入すると相当程度高額になることから、ファイナンスリースの方法により自動車を取得する場合がある。

　一方、オペレーティングリースは、基本的にはリース会社が所有する物件を賃借するものであり、実態としては、賃貸借契約に類似している。例えば、電話機等、中古市場のある事務用品については、オペレーティングリースの方法によりリースを受ける場合が多い。

　リース契約の性質がファイナンスリースとオペレーティングリースのいずれに該当するかによって、会社の会計処理が異なり、さらには、会社が倒産した場合の取扱いも異なるため、「リース契約」と題する契約であっても、どのような性質を有する契約なのかを知っておくことは重要である。

❸ 特許権その他ビジネスの基礎となる知的財産権の確保 [71]

　この項目では、ビジネス上重要な知的財産権の概要について説明する。知的財産権には多くの種類があるが、本書では実務上も重要な基本的な概念と体系的な理解を中心に簡潔に解説する。

【1】知的財産（権／法）とは

　知的財産基本法2条1項では、「知的財産」とは、①発明、考案、植物の新品種、意匠、著作物その他の人間の創造的活動により生み出されるもの、②商標、商号その他事業活動に用いられる商品または役務を表示するものおよび③営業秘密その他の事業活動に有用な技術上または営業上の情報を指すと定義されている。

　また、「知的財産権」とは、特許権、実用新案権、育成者権、意匠権、著作権、商標権その他の知的財産に関して法令により定められた権利または法律上保護される利益に係る権利を指すと定義されている（知財基2条2項）。

---

71)　　知的財産法分野の代表的な基本書として、中山信弘『特許法』（弘文堂、第3版、2016）および中山信弘『著作権法』（有斐閣、第2版、2014）がある。

第2章　ビジネスの主体に関する法　213

知的財産（権／法）の概念は、前記の知的財産基本法に定められたものよりも、より広いものであるととらえることもできるが、まずは前記の定義を出発点とする。

　知的財産権の保護の本質は、第三者は、権利者の許諾なくして自由に利用等ができず、無断で利用等をすれば、差止請求や損害賠償請求を受けるということにある。

　この中には、特許権、実用新案権、意匠権、商標権等のように、第三者が、その発明、考案、意匠、商標等の存在を知らないで、独自に創作等した場合にも、権利行使ができるもの（絶対的権利）と、著作権や営業秘密のように、第三者が、その著作物、営業秘密の存在を知らないで、独自に創作等した場合には、権利行使ができないもの（相対的権利）がある。著作権や営業秘密は権利の発生のために登録等の手続は不要であり、その権利の存在と内容を調査するのは困難である。これに対して、特許権、実用新案権、意匠権、商標権等は特許庁への登録等によって権利の内容が公示されており、第三者がその権利の存在と内容を調べることが容易であるから、このように強力な権利が与えられていると理解しておけばよい。

　独立行政法人工業所有権情報・研修館が、インターネット上で、「特許情報プラットフォーム（J-PlatPat）」という無料のデータベースを提供している[72]。当該データベースを利用することにより、誰でも、特許権、実用新案権、意匠権、商標権についての権利の存在・内容を調べることができ、便利である。

　知的財産権のうち、特許権、実用新案権、育成者権、意匠権、著作権、商標権等については、特許庁（育成者権については農林水産省）に対して出願をして、審査を経て、登録を受けないと保護が与えられない。これに対して、著作権と営業秘密については出願・審査・登録という手続を経ることなく保護が与えられる（無方式主義）。

【2】知的財産の保護の目的

　知的財産の保護の目的（趣旨）を考えるには、**前記【1】**の①発明、考案、植物

---

72)　　独立行政法人工業所有権情報・研修館「特許情報プラットフォーム（J-PlatPat）」。http://www.j-platpat.inpit.go.jp/、（2017.3.6）。

の新品種、意匠、著作物その他の人間の創造的活動により生み出されるもの、②商標、商号その他事業活動に用いられる商品または役務を表示するものおよび③営業秘密その他の事業活動に有用な技術上または営業上の情報のうち、①・③と②とを分けて考えると理解しやすい。

前記の「知的財産」のうち、①・③については、今までになかった創作を保護するものであり、人々の創作意欲を促進することを目的としている。これらの知的財産が法律上、保護されず、誰でも自由に利用等することができるとすれば、苦労して創作した努力が無駄になり、人々はこれらの知的財産を生み出そうとしなくなる。そこで、これらの知的財産を法律上保護して、他人が自由に利用等することはできないようにすることにより、創作へのインセンティブを高めようとしているのである（創作保護法）。

また、前記の「知的財産」のうち、②については、いわゆる「ブランド」と言い換えることができる。これらは、創作ではなく、ブランドに対する信用の保護を目的としている。人々は、当該ブランドを信用し、当該ブランドの商品やサービスであれば、あの会社の商品・サービスなのだから、一定の品質が保証されているはずだと信じて購入をしている。仮に、このブランドを誰でも自由に使うことができるとすれば、別の者が、品質の低い商品・サービスにも同じブランドを付けることが可能になり、人々はブランドによって、商品やサービスを選ぶことができなくなり、ブランド保有者は、築き上げたブランドに対する信用が維持できなくなる。そこで、ブランドを法律上保護して、他人が無断で使用できないようにすることにより、信用の維持ができるようにしているのである（ブランド保護法）。

ブランドは長く使い育てていくほど価値が上がる。したがって、例えば、商標権については、登録から10年間が保護期間であるが、何度でも更新可能で永続的な保護を得られるようになっている。

これに対して、創作（特に技術）については、期間が経っていけば次第に陳腐化していき、自由な利用等を制限することによるデメリットの方が保護を認めるメリットよりも大きくなっていくことから、保護期間は有限である（ただし、**後記【3】【a】**のとおり、営業秘密については、営業秘密としての要件が充足されている限り、保護期間に限定はない）。

【3】知的財産法体系と概要

　前記【2】のとおり、知的財産の保護の目的は、大きく、創作保護とブランド保護で分けると分かりやすい。このうち、創作保護については、保護対象ごとに、さらに、技術・ノウハウの保護、デザインの保護、表現の保護として分けて説明することとする。

【a】創作保護法の概要

　創作保護法は、保護対象ごとに、①技術・ノウハウの保護、②デザインの保護、③表現の保護として分けることができる。これらの概要は、**後記［図表10］**〜**［図表12］**のとおりに整理できる。

［図表10］技術・ノウハウの保護

保護対象	権利の名称	法律	概要・典型例	保護期間	登録要否
発明	特許権	特許法	新しい発明（物の発明、方法の発明、物の生産方法の発明）を保護	出願から20年	○
考案	実用新案権	実用新案法	新しい考案（物品の形状・構造等）を保護	出願から10年	○
植物の品種	育成者権	種苗法	植物（野菜、果物、花等）の新品種を保護	登録から25年または30年	○
半導体集積回路の回路配置	回路配置利用権	半導体集積回路配置法	半導体集積回路の回路配置の模倣行為を禁止	登録から10年	○
営業秘密	—	不正競争防止法／民法（契約上の保護）	ノウハウ等の営業秘密を保護	—	×

　技術の保護の典型的な方法は、特許法による特許権の保護である。特許権の保護は期間が有限であり、発明の内容は明細書により公開されるが、その特許の存在を知らずに独自に発明をした者に対しても権利行使ができる点で強力な

権利である。なお、物品の形状・構造等については、より簡易なものとして、実用新案権がある。

　また、植物の品種には、種苗法上の育成者権が、半導体集積回路の回路配置には、半導体集積回路配置法上の回路配置利用権の保護がある。

　営業秘密は、不正競争防止法により保護されており、実務上、秘密保持契約等による契約上の保護もされている。保護期間の限定がなく、秘密として守っている限りは永久の保護が可能であり、公開も必要がないが、独自に同じ技術・ノウハウを開発した者に対しては権利行使ができない。

　技術の保護にあたっては、特許化という戦略を採るか、営業秘密としての秘匿（ブラックボックス化）という戦略を採るかの選択が極めて重要である。一般論としては、市販されている製品を解析等すれば、その技術内容が分かってしまうようなもの（例えば、市販されている製品の物理的な構造等）については、特許化を進めた方がよいと考えられる。他方、市販されている製品を解析等しても、その技術内容が分からないようなもの（最終製品を解析しても判明せず、製品工場内でブラックボックス化しておける、製品の製造手順、原材料の配合分量等の製品の生産方法等）については、特許化を進めずに、ノウハウとして秘匿しておくことが適しているといえる。

［図表11］デザインの保護

保護対象	権利の名称	法律	概要・典型例	保護期間	登録要否
意匠	意匠権	意匠法	物品の新しいデザインを保護	登録から20年	○
商品形態	―	不正競争防止法2条1項3号	新しい商品形態を保護	最初の販売から3年	×
商標	商標権	商標法	商品の形態を立体商標として保護	登録から10年（更新可）	○

第2章　ビジネスの主体に関する法　　217

保護対象	権利の名称	法律	概要・典型例	保護期間	登録要否
商品等表示	―	不正競争防止法2条1項1号2号	商品形態自体が、著名または周知な商品・サービスのブランドに当たるとして、登録の有無を問わずに保護	―	×
著作物（応用美術）	著作権	著作権法	創作的な表現たる応用美術を一定要件で保護	著作者の死後50年（原則）[73]	×
デッドコピー	―	民法	悪質な商品デザインのデッドコピー（完全にそのままのコピー）を禁止	―	×

　デザインの保護の典型的な方法として、意匠法による意匠権の保護がある。特許庁での登録が必要であり、保護期間は有限である。

　登録不要で、商品形態模倣へ対応できる有効な手段として、不正競争防止法2条1項3号がある。しかし、保護期間が、最初の販売から3年に限られており（不正競争19条1項5号イ）、新商品にしか使えない。

　商品デザインが、商標法上の商標として登録されれば、更新を繰り返すことにより永続的な保護が受けられる。

　また、商品デザインが、不正競争防止法2条1項1号、2号の商品等表示に該当すれば、同様に、永続的な保護が可能である。

　しかし、商品デザインが上記のような立体商標や商品等表示として保護されるためのハードルは高い。立体商標や商品等表示として永続的な保護を安易に認めると、意匠権や不正競争防止法で期間制限をしていることと均衡を失するためである。

　また、商品のデザインは、後述する著作権法により、保護される可能性もある。いわゆる応用美術の保護という論点であり、意匠権に比べて著作権の保護期間が長いことから、典型的な著作物（芸術作品等）よりも保護のハードルが上がるような厳しい基準で応用美術の著作物性を判断すべきかが議論されている。

---

73)　保護期間については [図表12] の脚注を参照。

このように知的財産権による保護は、多重的であるが、制度間の均衡が調整されている。

　さらに、以上の保護が認められなくても、悪質なデザインのデッドコピーについては、不法行為（民709条）を構成する可能性がある。

［図表12］表現の保護

保護対象	権利の名称	法律	概要・典型例	保護期間	登録要否
著作物	著作権	著作権法	創作的な表現を保護	著作者の死後50年（原則）[74]	×
デッドコピー	—	民法	創作性がない表現についても、悪質なデッドコピー（そっくりそのままのコピー）を禁止	—	×

　著作権は、著作物（思想または感情を創作的に表現したものであって、文芸、学術、美術または音楽の範囲に属するもの）を保護する。著作権の保護期間は産業財産権に比べると長期である。

　また、著作物性を充足しないような表現であっても、悪質なデッドコピー（そっくりそのままのコピー）が行われた場合には、一定の要件の下で、不法行為（民709条）を構成する可能性がある[75]。

［b］ブランド保護法の概要
　ブランド保護法の概要は、下表のとおりに整理できる。

---

74)　　なお、環太平洋パートナーシップ協定の締結に伴う関係法律の整備に関する法律第8条による著作権法の一部改正により、TPP協定が日本国について効力を生ずる日（発効の目処は立っていない）を施行日として、著作権の保護期間は、原則として、著作者の死後70年に延長されるものとされている。

75)　　東京高判平成3年12月17日判時1418号120頁〔木目化粧紙事件〕参照。

［図表13］ブランド保護法の概要

保護対象	権利の名称	法律	概要・典型例	保護期間	登録要否
商標	商標権	商標法	商品・サービスに関する登録商標（ブランド）を保護	登録から10年（更新可）	○
商品等表示	―	不正競争防止法2条1項1号、2号	著名または周知な商品・サービスのブランドを登録の有無を問わずに保護	―	×
商号	―	会社法・商法	商号（会社名や個人商人の屋号等）を保護	―	△[76]
地域団体商標	商標権	商標法	周知な地域ブランドのうち、地域名＋商品の普通名称を保護	登録から10年（更新可）	○
地理的表示	―	地理的表示法[77]	農林水産物・食品等の名称（地域ブランド）を保護	―	○

　最も一般的なブランド保護の方法は、商標権の取得である。特許庁への登録が必要であるが、登録にあたり、周知性・著名性は不要であり、新ブランドの保護に最適である。

　不正競争防止法による商品等表示の保護は、特許庁への登録は不要であるが、保護されるためには、著名性または周知性および混同の要件が必要である。

　会社法・商法による商号の保護は、会社名や個人商人の屋号等に限られる。また、他人による使用を止めるには、他人に「不正の目的」があることが必要となる。

　地域ブランドの保護には、地域団体商標と地理的表示が活用されている。

---

76)　　会社の商号は登記されなければならない（会社911条3項2号等）が、会社でない商人については、商号を登記するかは任意である（商11条1項、2項）。

77)　　正式名称は、特定農林水産物等の名称の保護に関する法律。農林水産省所管。

【c】その他（パブリシティ権およびその他の不正競争行為）

その他、以下のものも、広義の知的財産法の領域に含まれるものとして扱われている。

パブリシティ権は、有名人の氏名や肖像の顧客吸引力を保護するものであり、判例により認められている権利である[78]。

不正競争防止法は、さまざまな不正競争法行為を列挙した法律である。**前記【a】**の創作保護法のうち、営業秘密の保護は、不正競争防止法2条1項4号～10号によるものであり、商品形態の保護は、不正競争防止法2条1項3号によるものである。また、**前記【b】**のブランド保護法のうち、商品等表示の保護は、不正競争防止法2条1項1号2号によるものであるが、これら以外の不正競争行為も同法に規定されている。

【4】知的財産法の保護を受けるための要件

自己の知的財産が保護される要件を充足しなければ、適切な保護が得られず、第三者による不正な知的財産の利用等に対して、対処できないリスクがある。

そこで、各知的財産が保護されるための要件を理解しておく必要がある。

例えば、特許権を取得するためには、**前記【1】**のとおり、特許庁に対して、出願をして、審査を経て、登録を受ける必要があるが、その登録を受けるための要件としては、①「発明」該当性（自然法則を利用した技術的思想の創作のうち高度のものをいう。特許2条1項）、②産業上の利用可能性（同29条1項柱書）、③新規性（同29条1項柱書）、④進歩性（特許29条2項）、⑤先願がないこと（同39条）、⑥拡大先願に当たらないこと（同29条の2）、⑦公序良俗・公衆の衛生を害するおそれがある発明でないこと（同32条）、⑧記載要件（同36条）の各要件を充足することが必要である。

参考までに、特許権取得手続の概要は**下記［図表14］**のとおりである。

---

78) 最判平成24年2月2日民集66巻2号89頁〔ピンク・レディー事件〕参照。

[図表14] 特許権取得手続の概要図

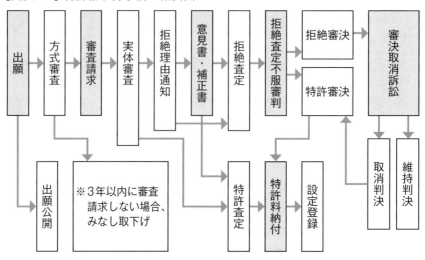

【5】知的財産権の活用（ライセンス等）

　企業活動にはさまざまな知的財産（権）が関係し、各企業は、第三者の知的財産権を侵害しないようにするための守りの活動を行うとともに、自社で知的財産権を取得し、それを積極活用する（他社の利用等の差止請求・損害賠償請求やライセンス等）により攻めの活動を行っている。

　ライセンスとは、例えば、ライセンサー（権利者）がライセンシー（権利の利用等の許諾を受ける者）に対して、知的財産権の利用等を許諾し、ライセンシーはライセンサーに対して、ライセンス料を支払うというものである。

　例えば、特許権のライセンスには、専用実施権と通常実施権がある。

　専用実施権は、物権的な権利であり、強力な権利である。専用実施権者は設定行為で定めた範囲内において、業としてその特許発明を実施する権利を専有する（特許77条2項）。専用実施権については、登録が効力発生要件となっている（同98条1項2号）。専用実施権を設定した場合には、特許権者は自己実施および第三者へのライセンスはできない（同68条ただし書）。

　他方、通常実施権は、債権的な権利にすぎない。通常実施権者は、設定行為で定めた範囲内において、業としてその特許発明を実施する権利を有する（同78条2項）。通常実施権は、通常実施権を許諾した後に特許権者が自ら実施した

り、第三者にライセンスしたりすることができるかによって、さらに分類され得る。これらの分類は法律上のものではなく、当事者の合意により自由に定めることができる。①完全独占的通常実施権については、特許権者は、自ら実施したり、第三者にライセンスしたりすることはできない。完全独占的通常実施権は、物権的な性質を有する専用実施権と近い機能を通常実施権により債権的に実現するものである。もっとも、このような独占性を第三者に対抗することはできない。②不完全独占的通常実施権では、特許権者は、自己実施はできるが、第三者にライセンスしたりすることはできない。③非独占的通常実施権では、通常実施権を許諾した後に特許権者が自ら実施したり、第三者にライセンスしたりすることに制限はない。

コラム　当然対抗制度

　特許権の通常実施権は、その発生後にその特許権もしくは専用実施権またはその特許権についての専用実施権を取得した者に対しても、当然に対抗力を有する（当然対抗制度。特許99条）[79]。

　従前は、通常実施権についても登録制度が存在しており、登録が対抗要件であったが、登録されるとライセンスの存在が公示されてしまうこと、登録のための費用がかかること、包括的なライセンスの場合個別の特許が特定されない場合があること等から実務上は、登録制度はほとんど活用されていなかった。このように登録がない場合に、特許権者がライセンシーに無断で特許権を譲渡したり、破産したような場合に、ライセンシーが通常実施権を対抗できない（破56条1項）という問題が生じていた。このような問題が生じないようにしようとしたのが当然対抗制度である。

　当然対抗制度の導入により、通常実施権者は、通常実施権発生後の特許の譲受人等に対して当然に特許法上の通常実施権を対抗することができるようになった。

　もっとも、このことは、通常実施権の許諾以外のライセンス契約上

---

79)　なお、商標の通常使用権では、当然対抗制度は導入されておらず、登録が対抗要件となる（商標31条4項）。

第2章　ビジネスの主体に関する法　　223

の権利・義務（例えば、独占・非独占の有無、ライセンス料に関する条項、第三者による侵害が発生した場合の対処に関する規定その他のライセンスに関するさまざまな条件）を特許の譲受人等がそのまま承継することを意味しないことには留意が必要である。

この点については、特許法上定めがなく、解釈に委ねられている。学説上は、①すべて承継されるとする説、②すべて承継されないとする説、③通常実施権の本質に関わるような部分のみ承継を認める中間説があるが、定まった見解はない状況である[80]。

実務上は、このような混沌とした学説の状況を踏まえて、ライセンシー・特許の譲渡人・特許の譲受人の三者間において、合意によりその扱いを定めておくことが無難であるといえる。定まった見解がないことから、いずれの当事者にとっても、リスクヘッジのために合意を結んでおくメリットがあるといえるだろう。

【6】知的財産権侵害の効果

以下では、知的財産権侵害の効果として、民事・刑事の制裁について説明する。紙幅の関係上、特許権の例で説明するが、各知的財産権においても類似の制度となっている。

第三者の知的財産権を侵害した場合には、以下の制裁を受けることになるため、かかる制裁を受けないようにするためには、第三者から知的財産権についてライセンスを受ける等の権利処理をしておく必要がある。

〔a〕民事上の救済措置

特許権侵害に対する民事上の救済措置には、①侵害の差止請求（特許100条）、②損害賠償請求（民709条、特許102条）、および③信用回復請求（同106条）等がある。

①差止請求権

特許権者は、特許権を侵害する者または侵害するおそれがある者に対し、その侵害の停止または予防を請求することができる（特許100条1項）。損害賠償の

---

80)　中山・特許517頁以下。

224　　第2編　ビジネス法の体系と主な分野

場合と異なり、侵害者の側に故意または過失は不要である。

また、特許権者は、前記の請求をするに際し、侵害の行為を組成した物（物を生産する方法の発明については、侵害の行為により生じた物を含む）の廃棄、侵害の行為に供した設備の除却その他の侵害の予防に必要な行為を請求することができる（同条2項）。

②損害賠償請求権

特許権侵害があった場合には、民法709条により損害賠償請求が可能である。特許権侵害、故意・過失、損害の発生と額、特許権侵害と損害の相当因果関係が要件となる。

過失については、特許が公示されていることに基づいて推定されている（特許103条）。なお、著作権は、創作行為により当然に発生し、著作者に帰属し、権利の発生のために登録等の手続は不要であることから、過失の推定はない。

損害については、算定に関する特則が設けられており、実務上も広く活用されている（同102条）。また、特則を適用しても損害額が認定できない場合等に備えて、裁判所は、口頭弁論の全趣旨および証拠調べの結果に基づき、相当な損害額を認定することができるものとされている（同105条の3）。

③信用回復請求権

故意または過失により特許権を侵害したことにより特許権者の業務上の信用を害した者に対しては、裁判所は、特許権者の請求により、損害の賠償に代え、または損害の賠償とともに、特許権者の業務上の信用を回復するのに必要な措置を命ずることができる（特許106条）。

〔b〕刑事罰

故意の特許権侵害には刑事罰がある（特許106条。両罰規定は、同201条1項1号）。

第2編

第3章 ビジネス活動（事業活動・取引）に関する法

I 経営資源の調達（仕入れ・製造）に関する法

　ここでは、事業活動の前半部分、すなわち、商品ないし原材料の仕入れや製造に関する主な取引形態について解説する。

1 原材料・商品の仕入れに関する取引形態

【1】原材料・商品の売買

　原材料や商品の仕入れは、売買契約により行われることが多い。商品販売ビジネスにおいては、原材料や商品の所有権を売買契約により仕入先から取得し、当該原材料を加工して販売し、あるいは仕入れた商品をそのまま転売することによって、ビジネスを行っていくことになる。このような原材料や商品の仕入れにおいては、同種の売買取引が継続的に行われるため、一定の取引条件をあらかじめ定めておく基本契約を締結することが多い。基本契約を締結しておけば、個別の取引ごとに条件交渉をする必要がなくなり、個別の発注時には、買主が売主に対し、数量・種類や納品期限を記載した発注書を送付し、発注書記載内容について、売主側の承諾があれば、個別の売買契約が成立することになる。

【2】商品の販売委託

　商品を仕入れる場合、売買契約ではなく、販売委託の形式により商品を仕入れる場合もある。例えば、デパートの運営会社がデパートの販売商品を各業者から仕入れる場合、デパートがいったん商品を購入（売買）してから消費者に商品を売却する場合と、販売委託の形式により商品を仕入れて、商品を消費者に売却する場合がある。販売委託の形式の場合、デパートは商品の所有権を有していないため、商品の所有権は、仕入先業者から消費者に直接移転することに

第3章　ビジネス活動（事業活動・取引）に関する法　　227

なる。

　商品を売買または販売委託形式で仕入れる場合の主な違いは、**後記 [図表15]** のとおりである（ただし、個別の取引内容によっては異なる場合がある）。

[図表15] 売買・販売委託の性質の比較

	売買	販売委託
商品の所有権の移転の有無	移転する	移転しない
商品の毀損・滅失に関する危険負担	商品引渡後は買主に帰属する	商品引渡後も仕入先業者に帰属する
利益の取得方法	仕入額と販売額の差額が利益となる	販売手数料が利益となる
商品が売れ残った場合の取扱い	買主に所有権があるため、買主が自由に処分する	商品を安価で売り切るか、または仕入先業者に商品を返還する

　上記のデパートの例の場合、双方の形式を組み合わせて仕入れを行っていることも多いが、商品の売れ残りのリスクを仕入先業者とデパートのどちらが負担するかという点で差異が生じる。すなわち、販売委託の形式の場合には、所有権がデパートに移転しないため、売れ残った商品の所有権は仕入先に帰属したままになるが、売買形式により商品を仕入れている場合には、売れ残った商品の所有権はデパートに帰属するため、デパートは売れ残った商品を処分せざるを得ない。一方、仕入先業者としても、売れ残った商品について別の販売ルートを持っている場合もあるし、売れ残りリスクがない分、販売委託の販売手数料率が安くなる場合もあるため、ケースに応じて、取引形態を選択することになる。

【3】製作物供給契約

　原材料や商品の仕入れの場面においては、請負と売買の中間的な「製作物供給契約」と呼ばれる契約が締結されることがある。例えば、原材料となる部品に特定の仕様が必要な場合に、当該特定の仕様を備えた固有部品を発注する契

約を締結する場合などである。かかる契約は、部品の製作部分に着目すると、請負の性質を有するものの、部品の所有権を移転する面に着目すると売買の性質も有する。このように、契約当事者の一方が、専ら、または主として自己の供する原材料により、相手方の注文する物を製作し、供給する契約を製作物供給契約といい[81]、請負と売買の一種の混合契約と考えられている。

製作物供給契約に請負と売買の各規定がそれぞれどのように適用されるのかについては議論のあるところであり、例えば、次のような請負固有の規定が製作物供給契約に適用されるかどうかが議論されている。

・ 注文者の解除権

請負人が仕事を完成しない間は、注文者はいつでも損害を賠償して契約の解除をすることができるが（民641条）、売買にこのような解除権の規定は存在しない。

・ 瑕疵担保責任の規定

売買の場合、売主に対して瑕疵担保責任を追及できるのは、「隠れた瑕疵」がある場合に限られ（民570条、566条）、売主に対する瑕疵修補請求もできないものと解されている[82]。一方、請負の場合、「隠れた瑕疵」に限られず瑕疵担保責任を追及することが可能であり（同635条）、注文者には瑕疵修補請求権も認められている（同634条1項）。

実際には、製作物供給契約の具体的内容に応じて、適用すべき規定を判断することになるが、製作物供給契約においては、「製作」ということも契約内容に含まれているため、請負の規定を適用することが適切な場合も多いと考えられる。

---

81)　　幾代通＝広中俊雄編『新版注釈民法（10）債権（1）　雇傭・請負・委任・寄託——623条~666条』（有斐閣、1989）115頁。

82)　　ただし、売買契約においても瑕疵修補請求権を認める見解もある（内田貴『民法Ⅱ債権各論』（東京大学出版会、第3版、2011）139頁など）。また、平成27年3月31日に国会に提出された「民法の一部を改正する法律案（第189回国会内閣提出法律案63号）」においては、売買においても「隠れた瑕疵」に限定せず瑕疵担保責任が認められ、かつ、瑕疵修補請求権も認められることになっているため（改正民法562条1項）、今後の民法改正により、売買と請負の差は小さくなることが想定される。

【4】商品の仕入代金の担保設定

　商品を仕入れる際、仕入先業者との力関係によっては、仕入先業者から仕入代金の担保を要求される場合がある。例えば、仕入先業者との間で、仕入れた商品に対して、譲渡担保権を設定することがあるが、仕入れた商品はもともと転売することが想定されているため、特定の商品に譲渡担保権を設定しても、すぐに転売されてしまう。そこで、商品の譲渡担保権を設定する場合には、商品の入れ替わりを前提として、「一定の倉庫内に保管されている商品」という形で譲渡担保権が設定されることが多い。このような動産の譲渡担保権は、集合動産譲渡担保と呼ばれ、集合動産譲渡登記が可能である（動産債権譲渡特3条）。

　また、動産売買においては、動産の売主（商品の仕入先業者）に動産売買先取特権（民321条）が存するため、動産の売買代金の支払いを遅滞してしまうと、仕入先業者に当該動産または当該動産の代替物（当該動産を売却した場合の売買代金債権）を差し押さえられてしまう可能性がある点に留意する必要がある。

2 継続的取引の解消の制限

　原材料や商品の仕入れの場面では、**前記1**のとおり、基本契約が締結されたうえで、継続的に取引が行われることが多い。このように、継続的に取引が行われる場面では、原材料や商品の仕入れが急にストップすると、相手方当事者に大きな経済的打撃を与えてしまうことがある。そこで、判例上、継続的取引の解消が制限される場合がある。ただし、継続的取引といってもさまざまな形態があるため、取引形態ごとに具体的に判断されることになるが[83]、一般的には、以下の要素を考慮して判断されることが多い[84]。

- 取引開始の経緯
- 取引条件の内容とその変化の推移
- その取引において、当事者双方が市場で占める地位と、そこから生ずる双方の力関係

---

83)　取引形態ごとの継続的売買の解消については、中田裕康『継続的売買の解消』（有斐閣、1994）が詳しい。

84)　柚木馨＝高木多喜男編『新版注釈民法（14）債権（5）　贈与・売買・交換──549条～586条』（有斐閣、1993）108頁。

- 被解消者のその取引に対する依存の程度
- 提供される商品と同種の商品を入手すること（または商品を別の販売ルートで販売すること）の困難性の程度
- 被解消者が供給される（または供給する）商品の販売のために投資した設備の有無と程度
- 被解消者の人的設備の拡大の経緯、他の業者との取引に切り替えることになった場合の影響
- 取引年数
- 被解消者の、供給された商品の販売拡大に対する貢献度
- 解消者の営業活動において被解消者との取引が占める重要度ないし解消者側からの依存度（代替性）
- 取引の解消をするに至った事情ないし原因
- 取引を解消するために解消者のとった行動（段取り・時間的余裕・話合いの有無やその程度）
- 同種の業界において取引解消の際にとられる一般的な方法
- 取引解消により被解消者が受けたと主張している損害額とその妥当性

　また、近年、継続的商品供給契約の解消について、契約関係にある相手方当事者の期待権や取引上の利益を考慮することなく一方的な解約をすることは許されるべきではなく、継続的契約を解約するためには、解約申入れ自体に信義則に反しない程度の相当ないし合理的な理由が存在することと、相手方の取引上の利益に配慮した相当期間の猶予が要求されると解すべきであるとした裁判例も出ており[85]、継続的取引の解消に合理的な理由が必要であるとされるケースも多く見られる。

　したがって、継続的取引については、容易に解消することができない場合があることを想定して事業計画を立てる必要がある。一方、継続的取引であっても、仕入先業者側から急きょ取引を解消されるリスクも存することから、重要な仕入先業者との取引については、継続的取引を可能にする取引条件を定めておくか、または原材料や商品の仕入先を分散させておくなどのリスクヘッジも

---

[85]　東京地判平成16年4月15日判時1872号69頁〔出荷停止差止等請求事件〕など。

重要である。

なお、継続的取引の解消については、独占禁止法上の問題も生じ得る。

🔳 商品の製造について

商品の製造については、原材料を購入（売買）し、自社で製造するかまたは下請業者に製造委託をすることになる[86]。

自社で商品を製造する場合、自社工場に技術者を雇用し、商品の製造業務を命じることになるが、工場の安全管理に十分配慮する必要がある。雇用主には、従業員に対して、雇用契約上の安全配慮義務が生ずることから、工場の安全管理が不十分であったために、従業員が負傷してしまった場合、雇用主に損害賠償責任が生じる場合がある。したがって、工場の安全管理は徹底すべきであり、工場の設備を整える際には十分留意する必要がある。

また、自社で商品を製造する場合には、自社製品に関して事故が生じた場合の製造物責任や、自社工場による環境汚染の問題も生じ得るため、関連法令を確認しておく必要がある。製造物責任の問題の詳細については**後記 Ⅱ**、環境汚染の問題の詳細については**第2章 Ⅳ 1** をそれぞれ参照されたい。

🔳 仕入れ・製造過程において発生する責任

上記のとおり、仕入れ・製造過程においても、独占禁止法や下請代金支払遅延等防止法（以下「下請法」という）に違反した場合の責任、製造物責任法や雇用契約上の安全管理義務に違反した場合の損害賠償責任、環境汚染による行政罰や刑事罰などの責任が生じ得るが、詳細についてはそれぞれ該当する別巻を参照されたい。

---

86)　　下請業者に対して製造委託をする場合、下請代金支払遅延等防止法の適用が問題となる。

Ⅱ ビジネスの遂行（売上げ）に関する法

１ 総　論

　企業によるビジネスの遂行の局面を場面ごとに大きく分けると、①企業が自社の商品・サービスについて広告宣伝や販売促進活動を行う場面、②企業が他の事業者または消費者と、自社の商品・サービスの提供に係る契約を締結する場面、③当該商品・サービスの提供を行ったうえで引換えに、その対価を受領し、収益を上げる場面に分けることができる。

　これらの場面のうち、①および②の場面と③の場面とでは、法体系の様相が大きく異なっている。前者においては、理念的には、私的自治の原則・契約自由の原則が妥当し、企業活動は自由であるのが原則であるのに対し、後者においては、自力救済の禁止の原則が妥当し、企業が自由に自己の権利を実現することは禁止され、国家権力による実現を図る必要があるのが原則である。

【1】契約締結とそれに向けた販売促進活動――契約自由の原則とそれに対する制約

　前述の①販促活動の場面および②契約締結の場面（特に②）については、契約自由の原則が妥当している。契約自由の原則には、契約締結の自由、契約の内容決定の自由、および契約の方式の自由が含まれる[87]。

　したがって、理念的には、企業は、いかなる相手方と契約締結するか（あるいは締結しないか）について自由に決定でき、また、契約の内容として、どのような内容の商品・サービスを提供し、その対価についてどのような内容を定めるかは、当事者の自由な意思により決定できる。さらに、広告宣伝や販売促進活動についても、契約自由の原則から直接導かれるわけではないが、相手方の契約締結の自由に抵触しない限り、いかなる広告宣伝・販売促進活動を行うか、企業は自由に決定できるものと考えられる。

　もっとも、上記のような原則（契約自由の原則）が、実際の企業活動においては、さまざまな観点から制約を受けていることはいうまでもない。

---

87)　　我妻榮＝有泉亨＝清水誠＝田山輝明『我妻・有泉コンメンタール民法－総則・物権・債権－』（日本評論社、第3版、2013）966頁。

第3章　ビジネス活動（事業活動・取引）に関する法　　233

まず、契約の内容決定の自由に対する一般的な制約としては、消費者保護という観点からの制約が挙げられる[88]。

　契約自由の原則は、対等な契約当事者を前提としており、契約当事者間に経済力・情報力等に格差のある消費者取引の場面においては、契約自由の原則（⒤契約締結の自由、⒤⒤契約の内容決定の自由、および⒤⒤⒤契約の方式の自由）が、一定の制約を受ける。契約の内容に関し、消費者契約法等による一般的な制約が課されているほか、契約の内容たる商品・サービスの性質等についても、各種業法等による制約が課されている場合が多い。

　また、消費者保護という観点以外にも、事業者同士の取引に関し、取引秩序等の公の秩序の維持という観点から、独占禁止法等により種々の制約がなされている。

【2】債権回収──自力救済の禁止

　前述の①および②に対して、③対価受領の局面において、対価を受領する権利の内容については、②契約締結の場面において自由に決定できるものの、かかる権利の実現は、企業が自由になし得るものでなく、自力救済は禁止されている。相手方から正常に対価を受領できている場合には問題はないが、正常な対価の受領に問題が生じ、強制的に権利の実現を図ることが必要となる場面においては、企業にとっての行動の余地は大きくなく、法に定められた手続に従い、権利の実現を図る必要がある。

　したがって、企業としては、権利の実現の局面における法体系を理解し、選択し得る法的手段のうち、いかなる手段で迅速・確実に権利の実現を図るかを検討するだけでなく、強制的に権利の実現を図ることが必要となる場面を回避するために、かかる場面に至る前の段階においていかなる手段が取れるか、という視点も重要となってくる。以下では、企業が契約を締結する場面、契約締

---

88)　本文に記載するもののほか、契約締結の自由については、ガス・水道等の独占的事業（ガス16条、水道15条）や医療等の公益的事業（医師19条）においては、役務の提供を拒絶することが許されておらず、事実上契約締結の自由が制約されている。また、方式の自由については、民法上保証契約に書面が要求されるほか（民446条2項）、宅地建物取引業者が宅地または建物の売買または交換に関し、自ら当事者として契約を締結した場合（宅建業37条1項）等、契約の締結に際し一定の書面の作成・交付が義務付けられているものもあり、事実上方式の自由が制約されている。

234　　第2編　ビジネス法の体系と主な分野

結に向けた販促活動の場面、債権回収の場面における法の体系、すなわち、どのような形で、法が各場面における企業活動を律しているのかを概観する。

② 契約締結の場面における法体系

契約締結の場面においては、契約自由の原則により、企業は契約内容を自由に決定することができる。そして、かかる決定を補充するものとして、民法・商法等の私法規定が存在している。

これに対し、消費者保護の観点から、消費者契約法等の消費者保護法規が契約内容について一定の制約を及ぼすほか、各種業法が、提供する商品・サービスの内容について規律していることも多い。例えば、食品については、食品衛生法が、基準に適合しない食品の販売を禁止している。

【1】契約自由の原則を補完する民法・商法等の任意規定

契約当事者が契約内容を自由に決定できるといっても、契約の際に必要な事項について、すべて一から合意するのは困難であり、また、効率的でない。

民法・商法等の私法の中には、任意規定（法令中の公の秩序に関しない規定。民91条）が多数設けられており、契約当事者は、契約においてかかる任意規定と異なる定めをすることもできるが、当事者が明確に契約において合意していない事項であって、また、契約の解釈によっても、当該任意規定を排除しているとはいえない事項については、当該任意規定が適用される。

したがって、企業としては、自社の締結する契約が強行規定に違反し違法となるか否かという、いわゆるコンプライアンスの観点だけでなく、自社の契約の合意内容が、かかる任意規定との関係でいかなる効果を持つものなのか（民法・商法等に規定されている任意規定どおりの効果が生じるのか、あるいはそれらとは異なる内容を定めるものなのか）を正確に理解する必要がある。各規定の解釈等については他の文献に譲るが、民法第1編「総則」において、契約を含む法律行為の効力等に関する一般的事項（第5章「法律行為」）や時効（第7章「時効」）に関する事項が定められており、第3編「債権」第1章「総則」において債権の効力や債権の消滅に関する事項等債権に関する一般的事項が、第2章「契約」において、契約に関する一般的事項や各種典型契約に関する事項が定められて

第3章　ビジネス活動（事業活動・取引）に関する法　　235

いる。また、商法第2編「商行為」において、商行為に適用される一般的事項や運送営業等各商行為に適用される事項が定められている。特に、商人に該当する企業にとって、第1章「総則」（商501条〜523条）や第2章「売買」（同524条〜528条）の規定は、民法の特則として適用されることも多い。

　これらの各規定は任意規定とされるものが多いが、契約において合意されていない事項については、これらの規定が適用されることとなる。

【a】民法・商法における任意規定と強行規定——瑕疵担保責任の例

　瑕疵担保責任について、民法560条〜572条に規定が置かれており、売買の目的物に隠れた瑕疵があった場合において、買主がこれを知らず、かつ、そのために契約をした目的を達することができないときは、買主は、契約の解除をすることができ、契約の解除をすることができないときは、損害賠償の請求のみをすることができる（民570条、566条1項）。そして、契約の解除または損害賠償の請求は、買主が事実を知った時から1年以内にしなければならない（同570条、566条3項）。

　商法526条〜528条には上記規定の特則が置かれており、商人間の売買においては、買主は、その売買の目的物を受領したときは、遅滞なく、その物を検査する必要があり、かかる検査により売買の目的物に瑕疵があることまたはその数量に不足があることを発見したときは、直ちに売主に対してその旨の通知を発しなければ、その瑕疵または数量の不足を理由として契約の解除または代金減額もしくは損害賠償の請求をすることができないとされる（売買の目的物に直ちに発見することのできない瑕疵がある場合において、買主が6か月以内にその瑕疵を発見したときも、同様とされる。商526条2項後段）。

　そして、契約当事者は、かかる瑕疵担保責任を排除する特約をすることもできるが、かかる特約をした場合であっても、売主は、知りながら告げなかった事実については、その責任を免れることができない（民572条）。民法572条は強行規定と解され、契約当事者がかかる規定に違反する合意をしても、効力を有しない（また、後述のとおり、消費者取引においては、瑕疵担保責任の免除に係る合意について、さらなる制約が及ぶ（後記【2】【b】参照）。

236　第2編　ビジネス法の体系と主な分野

【2】消費者契約法等による契約自由の原則に対する一般的制約

　契約自由の原則を前提とする民法は、基本的に対等な契約当事者を想定している。しかし、実際には、事業者と消費者など、経済力や情報力等に格差のある契約当事者同士において、消費者にとって一方的に不利な契約内容を押しつけられるなどの問題が生じ、民法に規定されている制度のみでは、消費者の救済にとって不十分と考えられる場合が生じる。

　そこで、消費者契約法等の消費者保護法規[89]が、民法に規定されている諸制度を、消費者保護という観点から修正している。消費者契約法は、消費者と事業者との間の情報の質および量ならびに交渉力の格差に鑑み、①事業者の一定の行為により消費者が誤認し、または困惑した場合について契約の申込みまたはその承諾の意思表示を取り消すことができることとする（消費契約4条）とともに、②事業者の損害賠償の責任を免除する条項その他の消費者の利益を不当に害することとなる条項の全部または一部を無効とする（同8条～10条）こと等により、消費者の利益の擁護を図り、もって国民生活の安定向上と国民経済の健全な発展に寄与することを目的とする法律である（同1条）。

　このように、消費者契約法は、①誤認・困惑による取消制度と、②不当条項の無効制度を定めている。以下、各制度の概要について簡単に説明する。

〔a〕誤認・困惑による取消制度

　前記①は、民法の詐欺または強迫による取消しが成立するための厳格な要件を緩和するとともに、抽象的な要件を具体化・明確化するものである[90]。

　このうち、誤認による取消制度について見ると、事業者が消費者契約の締結について勧誘をするに際し、当該消費者に対して以下の各行為を行うことにより、消費者を誤認させ、これによって当該消費者契約の申込みまたはその承諾の意思表示をしたときは、消費者は意思表示を取り消すことができるとされている（消費契約4条1項、2項）。

---

89)　　消費者契約法のほか、特定商取引に関する法律（特定商取引法）等も民法・商法等の原則を消費者保護の観点から修正するものといえる。本項では、消費者保護法制の代表的なものである消費者契約法について概説する。

90)　　消費者庁消費者制度課編『逐条解説消費者契約法』（商事法務、第2版補訂版、2015）130頁、141頁。

第3章　ビジネス活動（事業活動・取引）に関する法　　237

〔ⅰ〕 不実告知：重要事項について事実と異なることを告げることにより、消費者が当該告げられた内容が事実であると誤認をした場合（消費契約4条1項1号）。

〔ⅱ〕 断定的判断の提供：物品、権利、役務その他の当該消費者契約の目的となるものに関し、将来におけるその価額、将来において当該消費者が受け取るべき金額その他の将来における変動が不確実な事項につき断定的判断を提供することにより、消費者が当該提供された断定的判断の内容が確実であると誤認した場合（同条1項2号）。

〔ⅲ〕 不利益事実の不告知：消費者が、事業者が消費者契約の締結について勧誘をするに際し、当該消費者に対してある重要事項または当該重要事項に関連する事項について当該消費者の利益となる旨を告げ、かつ、当該重要事項について当該消費者の不利益となる事実を故意に告げなかったことにより、当該事実が存在しないとの誤認をし、それによって当該消費者契約の申込みまたはその承諾の意思表示をしたとき（同条2項）。

　消費者契約法4条は、提供する商品・サービス等により限定して適用されるわけではなく、あらゆる商品・サービスの提供に係る契約において問題となり得る。

　かかる制度により、消費者は、民法に規定する詐欺・強迫による取消制度（民96条）を利用する場合に比べ、契約から離脱することが容易となる。事業者からすると、かかる規定も、消費者との間における契約締結過程における企業活動の自由を、民法が許容する範囲に比べ制約する側面を持つものといえる。

【b】不当条項の無効制度

　前記【2】の②は、事業者の損害賠償責任を免除する条項、高額な損害賠償義務等を消費者に課す条項、消費者の利益を一方的に害する条項等を無効とする制度である（消費契約8条～10条）。

　例えば、前記【1】【a】の瑕疵担保責任に関し、消費者契約の目的物に瑕疵があるとき、当該瑕疵により消費者に生じた損害を賠償する事業者の責任の全部を免除する条項は、無効となる（同8条1項5号）。

238　　第2編　ビジネス法の体系と主な分野

また、消費者契約法10条の規定により、消費者の解除・解約権を制限する条項や、権利の行使期間を制限する条項等は、無効とされるおそれがある。

　これらの規定により、事業者が、消費者との間において、契約内容を自由に決定することについては、一定程度制約されている。

　事業者としては、消費者との間で契約を締結する際には、当該契約の各条項が、これらの規定に照らして無効とされるおそれがないか留意する必要がある。

【3】契約自由の原則に対するその他の制約
【a】行政法規等による契約内容に対する制約

　上述した消費者契約法による一般的な制約のほか、提供する商品・サービスの内容等について、消費者の安全・安心を確保するという観点などから、法により一定の制約がなされている場合が多い。

　例えば、食品衛生法は、「食品の安全性の確保のために公衆衛生の見地から必要な規制その他の措置を講ずることにより、飲食に起因する衛生上の危害の発生を防止し、もつて国民の健康の保護を図ることを目的とする」法律であるが（食品衛生1条）、食品等事業者[91]に、販売食品等の安全性を確保するために必要な措置を講ずる責務があることを定めたうえで（同3条1項）、腐敗、有毒、異物混入等により健康を損なうおそれがあるものの販売等の禁止（同6条）や、基準および規格に適合しない食品等の販売等の禁止（同11条）等を定めている。

　具体的には、食品衛生法11条が、1項において、食品または添加物について厚生労働大臣が公衆衛生上必要と考えられる具体的な基準または規格を定めることができることとし、2項において、これらの遵守を食品等事業者に対して義務付けている。

　現在、食品衛生法11条1項に定める食品または添加物の具体的な基準・規格として、乳および乳製品については「乳及び乳製品の成分規格等に関する省令」（昭和26年12月27日厚生省令52号）、その他の食品および添加物については「食品、添加物等の規格基準」（昭和34年厚生省告示370号）が、それぞれ定められて

---

91)　「食品若しくは添加物を採取し、製造し、輸入し、加工し、調理し、貯蔵し、運搬し、若しくは販売すること若しくは器具若しくは容器包装を製造し、輸入し、若しくは販売することを営む人若しくは法人又は学校、病院その他の施設において継続的に不特定若しくは多数の者に食品を供与する人若しくは法人」をいう（食品衛生3条1項）。

第3章　ビジネス活動（事業活動・取引）に関する法　　239

いる。

　このほか、例えば、医薬品、医療機器等の品質、有効性及び安全性の確保等に関する法律（以下「薬機法」という）42条に基づき、保健衛生上特別の注意を要する医薬品等について、その製法、性状、品質、貯法等に関し、必要な基準（放射性医薬品基準（平成25年3月29日厚生労働省告示83号）等）が設けられており、消費生活用製品安全法3条1項に基づき、特定製品[92]に係る技術基準が定められている。

　各業法等において規律されている内容は、専門的かつ複雑なものもあり、各業法が対象とする事業を営む事業者においても、その内容が正確に理解されていないこともある。上記のような規制を受けている商品・サービスを提供する事業者としては、各業法において定められている規制内容を正確に理解する必要がある。

コラム　行政法規の違反と契約の効力

　業法等による商品・サービスの内容等に対する制約に関連して、行政法規に違反した場合における契約の効力が問題となることがある。

　企業活動にはさまざまな観点から行政法規による規制がなされているが、かかる規制の実効性を確保するための措置も一つではない。行政法規の違反に対して刑事罰が科されることもあれば、業務停止命令等の行政処分の対象となることもある。また、課徴金納付命令がなされる場合もある。

　かかる行政法規における規制は、契約自由の原則に対する制約という側面もあるが、行政法規に違反したからといって、必ずしも契約の効力が否定されるとは限らない。

　行政法規に違反した場合、いかなる場合に契約の効力が否定されるかについて、その判断基準は必ずしも明確でないが[93]、食品衛生法に関

---

92)　　　ライター、乳幼児用ベッド等消費生活用製品のうち、構造、材質、使用状況等から見て一般消費者の生命または身体に対して特に危害を及ぼすおそれが多いと認められる製品をいう（消費用品安全2条2項、消費用品安全令1条、別表1）。

93)　　　詳細については、川島武宜＝平井宜雄編『新版注釈民法(3)総則(3)　法律行為(1)──90条〜98条』（有斐閣、2003）〔森田修〕237頁以下参照。

240　　　第2編　ビジネス法の体系と主な分野

し、食肉販売業の許可を得ずに精肉を買い受ける契約が有効とされた事例[94]や、食品衛生法に違反することを知りながら、有毒性物質の混入したあられを販売する契約が無効とされた事例[95]がある。

【b】取引における価格設定に関する法

前記【a】は主に、提供する商品・サービスの内容に関する制約という意義を持つ法体系について概説したが、企業が提供する商品・サービスの対価についても、その内容について一定の制約が及ぶ場合がある。

(ア) 価格に関する行政法規

まず、特に公共性の高い業種等において、法律上、自由な価格設定が制限されているものも存在する。

例えば、鉄道運送事業者は、旅客の運賃等の上限を定め、国土交通大臣の認可を受けなければならないとされている（鉄事16条1項）。

(イ) 競争政策的観点からの規制

また、競争を確保する観点から、より一般的に、企業が自由に価格を決定することが制約されることがある。

例えば、ある事業者が、他の競合事業者と共同して、需要者に対して提供する商品・サービスの価格を同一とすることに合意することは、不当な取引制限（独禁2条6項）として、独占禁止法上、違法となる可能性がある。

また、コストを下回る価格で商品等を販売する行為が、不当廉売（同2条9項3号）として、独占禁止法上、違法となる可能性もある。

❸ 販売促進活動の場面における法

販売促進活動も、不特定の者に対して行う広告表示と、特定の者に対して行う狭義の販売促進活動（営業活動）とに大別できる。

このうち、広告表示に関する法規制としては、一定の内容の広告表示を義務付けるものと、一定の内容の広告表示を禁止するものとがある。

一定の内容の広告表示を義務付けるものとしては、例えば、通信販売に関す

---

94) 最判昭和35年3月18日民集14巻4号483頁。

95) 最判昭和39年1月23日民集18巻1号37頁。

る広告を行う場合には、商品の対価、その支払時期・方法、事業者の名称、住所、電話番号等法定の事項を表示することが義務付けられていること（特定商取引11条、特定商取引則8条）などがこれに当たる。

　また、特定商取引に関する法律施行規則9条により、商品の送料を表示するときは、金額をもって表示すること、商品の引渡時期もしくは権利の移転時期または役務の提供時期は期間または期限をもって表示すること、商品もしくは指定権利の売買契約の申込みの撤回または売買契約の解除に関する事項（申込みの撤回等についての特約がある場合には、その内容を含む）については、顧客にとって見やすい箇所において明瞭に判読できるように表示する方法その他顧客にとって容易に認識することができるよう表示することが定められている。一定の内容の広告表示を禁止するものとしては、各業法に基づく表示規制が存するほか、不当景品類及び不当表示防止法（以下「景品表示法」という）が一般的に規制している。

【1】景品表示法

　景品表示法は、「商品及び役務の取引に関連する不当な景品類及び表示による顧客の誘引を防止するため、一般消費者による自主的かつ合理的な選択を阻害するおそれのある行為の制限及び禁止について定めることにより、一般消費者の利益を保護すること」を目的としている（景表1条）。

　景品表示法は、消費者の商品または役務の自主的かつ合理的な選択を確保し、消費者の利益を保護するという消費者保護法としての性質と、消費者が自主的かつ合理的な選択を行う意思決定環境を保つことにより公正な競争を確保するという競争政策の性質を併せ有している。

　景品表示法は、不当景品類に関する規制と不当表示に関する規制に大別されるが、ここでは不当表示規制（同5条）について概説する。

　本法における「表示」とは、「顧客を誘引するための手段として、事業者が自己の供給する商品又は役務の内容又は取引条件その他これらの取引に関する事項について行う広告その他の表示であつて、内閣総理大臣が指定するもの」をいう（同2条4項）。景品表示法5条では、事業者（営利目的か否かを問わない）が行う表示について、以下の3類型の不当表示を禁止している。

① 優良誤認表示 (5条1号)

② 有利誤認表示 (同条2号)

③ その他 (同条3号)

　以下、①優良誤認表示、②有利誤認表示について解説する。なお、③については、①・②のほか、商品または役務の取引に関する事項について、一般消費者に誤認されるおそれがある表示として内閣総理大臣が指定する表示が規制対象となっている。例えば、日本国内で輸入品にラベルを貼ったり、別の容器に移し替えたりしただけであるにもかかわらず、国産品と表示する行為[96]や、広告・チラシ等において表示した品揃えの一部について、実際には販売していないといった行為[97]がこれに当たる。

[a] 優良誤認表示

　優良誤認表示とは、「商品又は役務の品質、規格その他の内容について、一般消費者に対し、実際のものよりも著しく優良であると示し、又は事実に相違して当該事業者と同種若しくは類似の商品若しくは役務を供給している他の事業者に係るものよりも著しく優良であると示す表示であつて、不当に顧客を誘引し、一般消費者による自主的かつ合理的な選択を阻害するおそれがあると認められるもの」をいう (景表5条1号)。例えば、ブランド牛ではない牛肉を、国産の有名ブランド牛の牛肉であるかのように表示して販売するような場合がこれに当たる。

　ここでいう「一般消費者」とは、当該商品または役務についてさほど詳しい情報・知識を有していない、通常レベルの消費者、一般レベルの常識のみを有している消費者をいうとされている。いわゆる業界常識とされている事項であっても、一般消費者に誤認される可能性があれば、優良誤認表示となり得ることに注意する必要がある。

　また、「著しく優良」とは、誇張・誇大の程度が社会一般に許容されている程度を超えていることをいう。誇張・誇大が社会一般に許容される程度を超える

---

96)　　　商品の原産国に関する不当な表示 (昭和48年10月16日公正取引委員会告示34号)。

97)　　　おとり広告に関する表示 (平成5年4月28日公正取引委員会告示17号)。

第3章　ビジネス活動 (事業活動・取引) に関する法　243

ものであるかどうかは、当該表示を誤認して顧客が誘引されるかどうかで判断され、その誤認がなければ顧客が誘引されることは通常ないであろうと認められる程度に達する誇大表示であれば「著しく優良であると一般消費者に誤認される」表示に当たると解されている[98]。この裁判例では、イオン式の家庭用空気清浄機について、実際にはそのような性能を有していないにもかかわらず、フィルター式空気清浄機よりも集塵能力が高く、室内の空気中のウィルスを有効に捕集する能力を有しているかのような表示を行ったことが、優良誤認表示に当たるか否かが問題となった。なお、当該表示を誤認して顧客が誘引されるかどうかは、「商品の性質、一般消費者の知識水準、取引の実態、表示の方法、表示の対象となる内容などにより判断される」と判示されている。

コラム No.1表示について

　製品の宣伝広告において、その売上実績、効果・性能、顧客満足度等に関するランキングを利用して、「No.1」、「第1位」、「トップ」、「日本一」などと強調する表示（いわゆる「No.1表示」）がなされることがある。

　このようなNo.1については、それが合理的な根拠に基づかず、事実と異なる場合には、実際のものまたは競争事業者のものよりも著しく優良または有利であると一般消費者に誤認され、不当表示として景品表示法上問題となるとされている。公正取引委員会（現在、景品表示法の所管は消費者庁に移管されている）は、適正なNo.1表示のための要件として、

① No.1表示の内容が客観的な調査に基づいていること
② 調査結果を正確かつ適正に引用していること

の2要件を満たす必要があるとしている。

---

98)　東京高判平成14年6月7日判タ1099号88頁〔空気清浄機事件〕。

244　第2編　ビジネス法の体系と主な分野

No.1表示を行う場合には、No.1表示の根拠となる調査結果について一般消費者が理解できるように、No.1表示の対象となる商品・役務の範囲や調査対象となった地域・期間・時点・調査の出典等を正確かつ適正に表示することが必要となる。

また、消費者庁長官が優良誤認表示（景表5条1号）か否かを判断するために、当該表示の裏付けとなる合理的な根拠を示す資料の提出を求めたにもかかわらず、事業者が、当該資料を提出しない場合には、当該表示は優良誤認表示とみなされる（同7条2項。不実証広告規制）。

消費者庁は、景品表示法の運用の透明性と事業者の予見可能性を担保するために、公正取引委員会が平成15年10月28日に公表した「不当景品類及び不当表示防止法第7条第2項の運用指針―不実証広告規制に関する指針―」（以下「不実証広告ガイドライン」という）に基づいて法運用を行っている。

なお、表示の裏付けとなる合理的な根拠を示す資料の提出を求められた場合における資料の提出期限は、提出を求められた日から原則として15日後とされており、正当な理由のない限り、提出期限の伸長は認められない（不実証広告ガイドライン第4の2）。

【b】有利誤認表示

有利誤認表示とは、「商品又は役務の価格その他の取引条件について、実際のもの又は当該事業者と同種若しくは類似の商品若しくは役務を供給している他の事業者に係るものよりも取引の相手方に著しく有利であると一般消費者に誤認される表示であつて、不当に顧客を誘引し、一般消費者による自主的かつ合理的な選択を阻害するおそれがあると認められるもの」をいう（景表5条2号）。例えば、「冬物衣料品全品大幅値下げ」と表示されているものの、実際に通常価格より安くなっている商品は表示された商品のうち一部に限られているというような場合がこれに当たる。

「一般消費者に誤認される」（同条2号）とは、実際の商品または役務と、一般消費者が当該表示から受ける印象・認識との間に差が生じる可能性が高いと認められることをいう。そのため、現実に多数の消費者が誤認したという事実や、

第3章　ビジネス活動（事業活動・取引）に関する法　　245

その表示に基づいて商品または役務を実際に購入した者が存在したという事実までは必要ない。

コラム 価格表示について

　有利誤認表示が問題となる事例は、いわゆる不当な二重価格表示等、価格表示に関するものが多数を占めている。これらについては、公正取引委員会がガイドラインとして「不当な価格表示についての景品表示法上の考え方」（平成12年6月30日公正取引委員会。以下「価格表示ガイドライン」という）を発表しており、消費者庁もこれを踏まえた法運用を行うこととされている。

　価格表示ガイドラインでは、不当表示に該当するおそれのある表示として、以下のような例が挙げられている。

- 通常時等の価格と比較して特に安くなっている商品がなかったり、一部に限定されているにもかかわらず、表示された商品全体について販売価格が特に安くなっていることを強調する表示を行う例
- 「他店よりも安くします」と強調して表示しているが、実際には表示された商品について、他店よりも安い価格で販売を行わなかったり、他店と価格比較できる商品が表示されている商品のうちの一部に限定されたりしている例

4 債権回収に関する法体系

　消費者取引においては、商品・サービスの提供と同時に対価が交付される現金売買の形式での取引も多いが、消費者取引においても、信用取引がなされる場合もあり、また、企業間取引においては、信用取引がなされるのが通常である。

　したがって、先行して商品・サービスを提供した企業としては、合意した内容どおりの対価の交付を合意内容どおり受けられるようにする必要がある。

　そのために、取引を開始する際や取引継続中における信用状態の調査等も重要である。

246　　第2編　ビジネス法の体系と主な分野

しかし、企業取引の場面においては、経済状態の悪化、提供を受けた商品・サービスへの不満等さまざまな理由により、合意されたとおりの対価の支払いがなされないこともある。その場合には、商品・サービスを提供した企業としては、さまざまな手段を講じて、自己の債権の回収を図る必要が生じる。

本項では、担保等の債権保全措置を講じていない場合において債権回収を図る場合の法の枠組みについて概観した後、債権の保全を図るための担保の取得等に係る法の体系について概説する。

【1】債権回収に関する法体系──自力救済の禁止と民事訴訟制度

権利の内容を決定する契約締結の場面においては、契約自由の原則が妥当するのに対し、権利の実現を図る債権回収の場面においては、自力救済が禁止されている。債権回収を図る債権者が、債務者回収の目的で、債務者の事業所等に立ち入り、在庫等を持ち去った場合、当該在庫等が仮に債権者の商品であったとしても、債権者に不法行為責任（民709条）が発生し[99]、また、建造物侵入罪（刑130条前段）、窃盗罪（同235条）等の刑事責任が生じる可能性がある。

担保等を取得していない場面において債権回収を図る場合、当然、当事者の話合いにより一定の債権回収を図ることも考えられる。しかし、相手方が、契約内容どおりの支払いを拒絶している以上、話合いで解決するためには、債権者側も一定の譲歩をする必要があり、話合いにより解決ができない場面も多く、かかる場合には、法的手段による債権回収を検討する必要が生じる。

【a】裁判手続を利用しない債権回収

その場合、法的手段による回収を検討することとなる。法的手段にも、裁判手続を利用せずに回収を図る方法と、裁判手続を利用して回収を図る方法とがある。

前者としては、例えば、債権者が債務者に対して債務を負っている場合に、かかる債務と回収を図る債権とを相殺（民505条1項本文）することにより、債権

---

99)　さらに、債権者が不法行為によって生じた損害賠償債務を受働債権として相殺することは認められていないため（民509条）、債権者としてはかかる債務について現実に弁済を行う必要がある。

回収を図る方法や、第三者に対して（通常、債権の額面より低廉な価格で）債権譲渡（同466条1項本文）を行い、債権回収を図る方法がある。

　これらの手段は、次に述べる裁判手続を利用する方法よりも、安価かつ迅速に債権回収を図ることができるため、有効な債権回収手段となる。

[b] 裁判手続を利用する債権回収

(ア) 民事訴訟手続

　裁判手続を利用して債権回収を図る場合には、まず、権利の内容を公的に確定する必要が生じる。その代表的なものが民事訴訟である。民事訴訟は、一言で言えば、私人の権利義務や法律関係を確定して紛争解決の基準を示すことを目的とする制度である。民事訴訟において、裁判所により判決がなされ、それが確定すると、判決において示された権利の存在が確定することとなる。

　民事訴訟は、①強制的に紛争を解決する制度であるという点と、②私人が自由に処分できる権利や法律関係をめぐる紛争を解決する制度であるという点に特徴がある。

　①は、訴訟手続は当事者の一方の申立てにより強制的に開始され、相手方は、訴訟手続に対応する必要が生じること（例えば、口頭弁論に欠席すれば原告の主張を自白したものとみなされること（民訴159条3項、1項））や、訴訟で下された終局判決が確定した場合には、かかる判断は対象とした紛争の最終的な解決基準とされ、既判力などの特別な法的効力が認められ（同114条）、当事者がそれを後で覆すことは原則としてできないこと、などに表れている。

　また、②は、訴訟は、当事者が訴えを提起した場合に、かつ、原告が訴えにより解決を求めた限度（訴訟物）において開始されるにすぎないことや、判決の前提として裁判所が行う審理の対象およびそのための資料も、当事者の意思によって左右され、裁判所の証拠調べは、当事者が争っている事実だけを対象として、当事者が提出した証拠方法について行われるのが原則であることなどに表れている。

(イ) 民事執行手続

　そして、上記の確定判決のような、一定の給付請求権の存在と範囲とを表示した文書で法律により執行力が認められたもの（債務名義という。民執22条）を

もって、権利の実現を図る手続（民事執行手続）が行われる。

すなわち、判決が出されれば、当事者が自発的にこれに従う場合も多いが、必ずしもこれに従わない者も現れる。かかる場合に、判決等の内容を実現するためにも、自力救済は禁止されているため、国家の手による特別な手続が必要となる。

強制執行手続は、実現すべき権利が金銭債権であるかその他の債権であるかにより、金銭執行と非金銭執行とに分類できる。このうち、債権回収の場面で問題となる金銭執行については、①財産の差押え、②換価、③債権者の満足（配当）という3段階の手続からなり、また、債権者が回収の対象として選択した財産により、不動産執行（同43条以下）、動産執行（同122条以下）、債権その他の財産権に対する執行（同143条以下）等に手続の種類が分かれる。

債務名義を取得した債権者は、民事執行法に規定する手続を経て、最終的に自己の権利の実現を図ることができる。

(ウ) 民事保全手続

前記のような判決手続および強制執行手続だけでは、私人の権利の実現にとって十分でない。民事訴訟手続は、私人の権利義務の存否を慎重に判断する手続であって、相当の時間がかかる。したがって、判決手続により権利の確定がなされる前に、債務者が財産を隠匿してしまうおそれもある。

そこで、判決手続による権利義務の確定およびそれに基づく将来の民事執行に備えて、債務者の財産を確保（処分禁止）したり、財産の現状を固定したりすることなどを目的とする民事保全手続が必要となる。

【2】権利の保全に係る法体系

前記【1】のとおり、特段債権保全の措置を講じていない場合における権利を実現する手段として、広義の民事訴訟制度（民事訴訟手続、民事執行手続および民事保全手続）が用意されている。

しかし、これらの制度は、国家が権利の存否を慎重に認定する制度であり、相当な費用と時間がかかる。

そこで、債権者としては、そのような段階に至る前の段階において、種々の債権保全措置を講じることが重要となる。

第3章　ビジネス活動（事業活動・取引）に関する法　249

〔a〕簡易・迅速な強制執行——執行証書の作成

　例えば、判決以外の債務名義として、執行証書を作成しておくことも考えられる。執行証書とは、金銭の一定の額の支払いまたはその他の代替物もしくは有価証券の一定の数量の給付を目的とする請求について公証人が作成した公正証書で、債務者が直ちに強制執行に服する旨の陳述（強制執行認諾文言）が記載されているもの（民執22条5号）をいう。これにより、重厚な判決手続を経ずに迅速に強制執行手続を行うことができる。

〔b〕責任財産の拡大——保証

　執行証書等簡易・迅速に取得し得る債務名義による強制執行は、あくまでも債務者の一般財産から回収を図る方法であり、債権者としては、保証人を付けることで、責任財産を拡大する方法か、不動産等債務者の財産に対し、担保を取得し、優先的に回収できる責任財産を創出することも考えられる（さらに、優先回収できる第三者の財産を創出する物上保証も考えられる）。また、厳密には担保権の取得ではないが、商品を販売する際に所有権を自社に留保して販売することも考えられる。

　保証の効力等については、民法第3編「債権」第1章「総則」第3節「多数当事者の債権及び債務」第4款「保証債務」に定められている。

　保証契約は要式行為とされているため、書面により保証契約を締結する必要がある（民446条2項）。また、通常の保証の場合、保証人は催告の抗弁権（同452条。債権者が保証人に債務の履行を請求したときは、保証人は、主たる債務者が破産手続開始の決定を受けたとき、またはその行方が知れないときを除き、まず主たる債務者に催告をすべき旨を請求することができるとする抗弁権）と検索の抗弁権（同453条。保証人が主たる債務者に弁済をする資力があり、かつ、執行が容易であることを証明したときは、債権者は、まず主たる債務者の財産について執行をしなければならないとする抗弁権）を有する。したがって、債権者としては、保証の効果を高めるため、上記抗弁権を有さない連帯保証（同454条）を求めるのが通常である。

〔c〕排他的責任財産の確保──担保の取得

担保を取得する場合には、担保の対象とする財産に応じて、抵当権・根抵当権、動産譲渡担保、集合動産譲渡担保、債権質、集合債権譲渡担保等が考えられる。

担保権の権利内容については、主に民法に定められており、抵当権については、第2編「物権」第10章「抵当権」（369条〜398条の22）に、質権については第2編「物権」第9章「質権」（342条〜368条）に定められている。

譲渡担保権は、判例・実務において形成されてきた担保権（非典型担保）であり、譲渡担保権に係る権利内容等について実体法の規定は設けられていない。これらの担保権を第三者に対抗するためには、対抗要件を具備する必要がある。抵当権・根抵当権の対抗要件は登記（民177条）であり、（集合）動産譲渡担保の対抗要件は引渡し（同178条）であり、債権質の対抗要件は、債権譲渡と同様、質権設定者による通知または第三債務者の承諾である（同364条、467条）。また、動産・債権の譲渡担保については、動産・債権譲渡登記（動産債権譲渡特3条、4条）を利用することも考えられる。

Ⅲ 国際的取引に関する法

本項では、国際的なビジネスを展開する企業が直面し得る法的問題について、二つの場面に分けて概観する。まず、国際的な商取引に関連する法（後記**1**参照）について触れたうえで、国際的なビジネスでの紛争に備えるため、国際紛争解決に関する法（後記**2**参照）について扱う。

❶ 国際商取引に関する法[100]

【1】総 論

　国際商取引法とは、一般に、ヒト、モノ、カネ、サービス等の国際的な移動や提供に関する法を指すと言われる。国際的商取引の種類はさまざまであるが、国際売買、国際運送、国際決済、国際投資等が典型例である。いずれの場合も、ビジネスプランに即して合意内容をいかに適切な契約として作り上げていくかという視点と、関連する規制法令を確実に遵守するという視点での検討が重要となる。

　国際的な契約では、標準書式（例えば国際建設プロジェクトにおけるFIDIC約款、海運分野でのNYPE書式など）に従うことが通例となっている分野もある。そのような場合には、当該分野の標準書式についての理解も求められる。

　契約準拠法は、契約の当事者が自由に選択できるが、実務上、英米法、特に英国法が準拠法として選択されることも多いため、英国法上の契約に関する基本的な概念を理解しておくことも助けとなる。

　そこで、以下では、まず、各種契約を理解するうえで押さえておくべき英国法の基本的な概念について解説したうえで、主な契約類型に関する留意事項を検討し、最後に国際的ビジネスに関連する法的な規制について言及する。

【2】英国法の基本的な概念について
〔a〕英国法の重要性

　英国法は、国際的な標準書式の基礎となっている他、個々の契約において、準拠法として選択されることも多い。契約に関連する英国法の重要な概念としては、さまざまなものがあるが、ここでは、日本法との違いが現れる点でもある契約違反に関連する下記3点に絞って紹介する。

---

100)　島田真琴『イギリス取引法入門』（慶應義塾大学出版会、2014）、江頭憲治郎『商取引法』（弘文堂、第7版、2013）、牧野和夫ほか『国際取引法と契約実務』（中央経済社、第3版、2013）、高桑昭『国際商取引法』（有斐閣、第3版、2011）、尾崎哲夫『はじめての国際商取引法』（自由国民社、2009）。

252　　第2編　ビジネス法の体系と主な分野

〔b〕契約条項の区別と救済方法

英国法において契約の条項は、以下の三つに分類される[101]。

① 契約条件条項（condition）：契約の本質に関わる重要な条項である。
② 付随的条項（warranty）：契約の本質に関わらない付随的な条項である。
③ 中間的条項（intermediate term, innominate term）：condition と warranty の中間に属する条項とされる。

これらの区別が必要なのは、上記のいずれに該当するかによって、違反の効果に差が生じるからである。①契約条件条項違反の場合には、契約違反により、契約の本質が害されることになるから、損害賠償に加え、契約の解除も認められる。他方、②付随的条項違反の場合には、損害賠償が認められるにとどまり、契約を解除することはできないとされる。

③中間的条項違反の場合には、効果も中間的であり、違反の程度や結果の重大性に応じて、契約解除まで認められる場合があるとされる。

このように、条項の性質の違いは、契約違反の効果に反映されるため重要であるが、その区別は必ずしも明確ではなく、紛争が生じてから裁判所が問題となった契約条項の性質を判断するということもある。そのため、特定の契約条項違反について、解除権を確保しておきたい場合には、あらかじめ契約書上で当該条項がconditionである旨を明示しておくことも有効である。

〔c〕損害賠償額の予定に関する合意（liquidated damages）

英国法において、契約違反に対する原則的な救済方法は、損害賠償とされる。契約違反がなければ、相手方当事者が置かれたであろう状態にするという観点から、契約違反と因果関係が認められる範囲で損害賠償額が算定される。

損害賠償額についての争いが生じるのを避け、早期に紛争を解決する方法として、あらかじめ損害賠償額について合意しておくこともできる。これは、損害賠償額の予定（liquidated damages）と呼ばれる。ただし、英国法では、違約罰（penalty）と評価されるような過度の損害額を合意することは認められておら

---

101)　島田真琴『イギリス取引法入門』（慶應義塾大学出版会、2014）67頁参照。

ず、違約罰と判断されると当該合意が無効となる。そこで、損害賠償額の予定に関する条項を置く場合には、違約罰であると評価されることがないよう、契約違反から生じる可能性がある金額を誠実に予測した金額にすることが重要であり、かつ、その旨を明記するという方法もよく用いられている。

【d】損害軽減義務（mitigation）

契約違反をしていない側の当事者が負う義務として、損害軽減義務（mitigation）というものがある。これは、契約違反によって損害を受けた当事者は、自己に生じる損害の範囲をできるだけ限定するよう努める必要があり、そのような義務を怠った場合には、損害が拡大した分については、損害賠償請求をすることができないというものである。

日本法で考えると過失相殺に類似するようにも思われるが、日本法上、損害軽減義務という確立した概念はないため、英国法を準拠法とする場合には注意が必要である。

コラム 「売買契約」ではない「売買契約」——英国裁判例紹介[102]

外国法を契約準拠法とするということは、外国裁判所による新しい判決が当該契約の解釈に影響を与え得るということでもある。外国の裁判例の動向を把握することは必ずしも容易なことではないが、その必要性を示すような近時の裁判例をここでご紹介したい。

2014年に倒産した世界最大のバンカーサプライヤー OW Bunker グループをめぐっては、債権回収関連の訴訟等が世界各国で提起された。ここで扱うのは、英国の裁判所に係属した事件である。本件でバンカーは、**［図表16］**のようにA社からB社へと転々流通され、バンカー自体は、フィジカルサプライヤーと呼ばれるA社から、直接船主に引き渡され、船の燃料として費消された。

他方で、OW Bunker グループは、倒産に伴いバンカー代金の支払いを停止してしまったため、B社は、直接、船主にバンカー代金の支払

---

102)　　PST Energy 7 Shipping LLC and another (Appellants) v OW Bunker Malta Limited and another (Respondents) [2016] UKSC 23.

いを求めた。B社から支払いを求められた船主としては、二重払いを避けるために、OW Bunker Maltaに対して支払い義務を負わないことを確認しようと提起したのが本件である。

[図表16] 取引の流れ

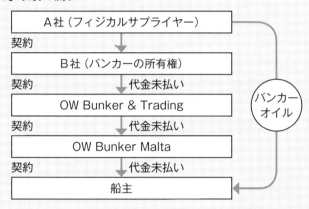

　本件で問題となったのは英国のSale of Goods Act 1979（以下「SoGA」という）という法律が本件の契約に適用されるかという点である。同法によると、売買契約（contract of sale、SoGA2条）の代金支払い請求に対しては、買主は、売主が所有権を買主に移転していない場合、これを抗弁として提出し、支払いを拒むことができる（SoGA49条）。OW Bunker Maltaと船主との契約には、支払いがなされるまで所有権が移転しないという所有権留保条項が置かれており、そもそもOW Bunker Maltaは、商流の上流からバンカーの所有権を取得していなかったので、仮にSoGAが適用されると、船主の抗弁が成立する可能性があった。
　OW Bunker Maltaと船主との契約は、売買（sale）と記載されていたため、契約の名称からすると当然ながら、SoGAの適用があるようにも思われる。しかし、英国最高裁判所は、本件契約の実態を検討し、本件はSoGAの適用を受ける売買（contract of sale）ではないと判断した。すなわち、本件契約のもとでは、代金が支払われる前であっても、船主がバンカーを費消することができる仕組みとなっており、このよ

第3章　ビジネス活動（事業活動・取引）に関する法　255

うな契約は、所有権の移転を目的とする売買（sale）ではないと性質決定したのである。その結果、本件にSoGAの適用はなく、船主は、SoGAに基づく抗弁を主張することができず、OW Bunker Maltaに対して支払義務を負うものとされた。

本件で問題となった所有権留保条項等は、標準書式に準拠していたため[103]、同様の規定を持つ契約も数多く存在し、実務への影響も大きい。

外国法を準拠法とする場合には、外国法の改正、あるいは、外国裁判所の判断についても、情報の収集・アップデートを続けていく必要があることをあらためて認識させる事例といえる。

【3】国際ビジネス活動と契約

[a] 総論

契約は、基本的には当事者自治が尊重される領域であり、契約準拠法の選択や契約の具体的条項などは当事者間の合意で決定できるのが原則である。しかし、実際には、国際的通用力のある標準書式に基づく契約が締結されたり、当事者の合意によっても適用を排除することができない一定の公法的規制を受けることがある点にも留意が必要である。

以下では、国際契約の主な類型について検討したうえで、留意すべき公法的規制についても概観する。

[b] 国際契約の主な類型と留意点

(ア) 国際契約の主な類型

上記のとおり、国際商取引法とは、ヒト、モノ、カネ、サービス等の国際的な移動や提供に関する取引を扱うといわれる。主な契約類型を、上記四つの分類で振り分けるとすると、例えば、**[図表17]**のように分類することが可能であろう。

---

103)　BIMCO Standard Bunker Contract Terms に準拠。

[図表17] 国際的な商取引の例

主な関連分野	取引類型の例
①ヒトに 　関する取引	・国際企業投資・経営（現地法人設立、合弁契約等） ・国際企業買収（合併、株式譲渡、資産譲渡等）
②モノに 　関する取引	・国際売買契約 ・国際運送契約（海上運送契約、傭船契約、航空運送契約、複合運送契約等）
③カネに 　関する取引	・国際融資契約（貸付契約、プロジェクトファイナンス、ファイナンスリース等） ・国際決済取引（信用状取引等）
④サービスに 　関する取引	・国際ライセンス契約 ・国際代理店・販売店契約 ・国際フランチャイズ契約 ・国際共同開発契約 ・国際建設プロジェクト契約

　以下では、上記［**図表17**］のうち、代表的な契約類型について概観する。

(イ) ヒトに関する分野の例：現地法人設立

　日本企業が、海外でのビジネス展開を検討する場合に、現地での拠点として、現地法人の設立が選択される場合がある。

　現地法人を設立しようとする場合には、進出先の国の会社法等に則った手続が必要となる。例えば、取締役には設立準拠法国居住者を含める必要があるなど、法人設立にあたっての要件・手続は各国さまざまであるうえ、業種ごとに異なる各種許認可等の手続が求められる場合もあるため、現地法についての調査・アドバイスも必須となってくる。

(ウ) モノに関する分野の例：国際売買契約 [104]

　国際売買契約とは、商人間の売買のうち、売主と買主の営業所がそれぞれ異なる国に存在する場合を指すと言われる。

　当事者は、合意によって、契約に適用される準拠法を決定することができるが、国際売買契約に適用される可能性のある法源としては、条約等もあり、例えば、日本も締約国である国際物品売買契約に関する国連条約（以下「ウィーン

---

104)　　江頭憲治郎『商取引法』（弘文堂、第7版、2013）48頁。

第3章　ビジネス活動（事業活動・取引）に関する法　　257

売買条約」という）の適用可能性についても検証が必要となり得る。ただし、当事者は、契約によって、ウィーン売買条約の適用を除外することも可能であり、国際売買契約書では、このような適用除外文言が置かれることも多い。

　また、法的な規制ではないが、国際的に契約条件を統一しようという動きもあり、標準書式の使用や、貿易条件について定めた国際商業会議所（以下「ICC」という）作成のインコタームズが使用されることも多い。インコタームズでは、引渡条件や、当事者間での費用負担の範囲、危険負担の移転時期等が規定されている。インコタームズの内容を契約に引用することで、取引条件について個別に交渉する手間と時間を節約することができるようになっている。

(エ) カネに関する分野の例：プロジェクトファイナンス

　プロジェクトファイナンスとは、特定のプロジェクトの融資につき、原則として当該プロジェクトからの収益を返済原資とし、担保対象も当該プロジェクトの関連資産等に限定するファイナンス手法である[105]。特定のプロジェクトを遂行する実質的な事業主体（スポンサー）が、別法人として特定目的会社（SPC）などを設立し、当該SPCが借入人となり、スポンサーに遡及しない仕組みとなっている（ノンリコースローン）。このようなプロジェクトファイナンスは、油田・天然ガス・鉱物等の資源開発プロジェクト、発電所・道路・鉄道等のインフラストラクチャー整備等大規模工事を伴うような事業に活用されている。

　プロジェクトファイナンスの関連契約としては、①融資契約のほか、②債権担保のための各種契約、③出資者（スポンサー）によるプロジェクトの完成保証契約、④当該プロジェクト事業の遂行に関する契約（設計・調達・建設に関する契約、操業・保守に関する契約）などがあり、ここでも英米法が準拠法とされることも多い。

(オ) サービスに関する分野の例：国際ライセンス契約

　自社（ライセンサー）の特許技術、商標、ノウハウ等の使用を他の企業（ライセンシー）に対して許諾する際に締結されるのがライセンス契約である。上記のとおり、当事者は、契約の準拠法を選択することができるが、ライセンス対象となる知的財産権（特許権、商標権等）は、各国がその国の知的財産法に基づいて、権利者に対して付与し、その権利を保護するものであるため、当事者間で、

---

105)　　高桑昭『国際商取引法』（有斐閣、第3版、2011）300頁以下。

特定の国の知的財産法のみに従う旨の合意をすることはできない点に留意が必要である。

　特許を取得していない非公開の自社技術やノウハウ等がライセンス対象となる場合も多く、万が一、ライセンシーによって情報が開示されてしまうと、回復困難な損害が発生し得るため、契約上、ライセンシーに対して、十分な守秘義務を課すことも重要となる。

【4】国際ビジネス活動と公的な規制
【a】総論
　上記のとおり契約準拠法の選択は、当事者自治に委ねられているが、独占禁止法などの公法的規制や、所在地法が適用になる不動産法など、当事者の合意では適用を除外することができない法分野も数多く存在する。

　これらの分野については、外国法であっても、当然に規制が及ぶことになりえ、行政当局による処分や、場合によっては刑事罰を受けるようなことがないよう、十分理解しておくことが求められる。

【b】国際ビジネス活動で留意すべき規制分野
　国際ビジネス活動において留意しておくべき規制分野は、ビジネスを展開する地域や、業界によっても異なり、広汎にわたるが、多くの業務分野に関係し得る規制としては、例えば**後記［図表18］**の規制が挙げられる。

　これらの規制は、各国あるいは国際的な政治経済の変化に応じて変更されていくことが予想され、情報を継続的にアップデートしていくことが求められる。

第3章　ビジネス活動（事業活動・取引）に関する法　　259

[図表18] 国際ビジネスで留意すべき規制分野の例

分野	法規制の例
①競争法制分野	・EU企業結合規則など企業結合に関する規制 ・米国シャーマン法などカルテルに関する規制
②知的財産分野	・各国法による知的財産権（特許権、商標権、著作権等）の保護・規制
③貿易分野	・WTO協定等条約、各国法制による貿易管理規制
④労務分野	・米国公民権法など差別禁止規制、各国の労働法
⑤税務分野	・租税条約等による各国徴税権の調整等
⑥腐敗行為防止分野	・米国海外腐敗防止法など贈賄防止に関する規制
⑦マネーロンダリング防止分野	・米国銀行秘密法、米国愛国者法など犯罪による収益の移転防止に関する規制
⑧環境保護分野	・EU REACH[106]規則など環境基準に関する規制
⑨倒産法制分野	・複数国での倒産時等各国の倒産法制
⑩企業の社会的責任に関する分野	・米国ドッド・フランク法による紛争鉱物使用の開示規制等

❷ 国際紛争解決に関する法[107]

　ビジネス活動に伴う法的紛争が発生した場合、日本企業間で紛争であれば、裁判所での解決が選択されることが多い。しかし、国際的なビジネスの場合、外国判決の執行力、その国の裁判所の中立性や専門性への不安などから、仲裁、調停等裁判外の手続きが選択されるのが一般的である。

　戦略的に紛争解決手段を選択するには、各種紛争解決手段について理解して

106）　Registration, Evaluation, Authorisation and Restriction of Chemicals.

107）　谷口安平ほか『国際商事仲裁の法と実務』(丸善雄松堂、2016)、阿部克則・監、末富純子・濱井宏之・著『国際投資仲裁ガイドブック』(中央経済社、2016)、Nigel Blackaby, Constantine Partasides QC, Alan Redfern, and Martin Hunter, "Redfern and Hunter on International Arbitration", 6th ed., 2015、道垣内正人『国際契約実務のための予防法学-準拠法・裁判管轄・仲裁条項』(商事法務、2012)、本間靖規ほか『国際民事手続法』(有斐閣、第2版、2012)、河村寛治『国際取引・紛争処理法』(同友館、2006)。

おくことが重要となる。以下では、代表的な紛争解決手段として国際訴訟、国際仲裁、国際調停について概観し、近年、急増している投資仲裁についても触れておきたい。

【1】国際訴訟

【a】国際裁判管轄

　例えば、日本企業と外国企業との間で紛争が生じた場合には、どの国の裁判所が裁判手続を行う権限を有するかが問題となり得る。複数の国の裁判所に管轄権が認められるという場合もある。そのような場合には、裁判管轄権を有する複数の国の中から、最も自己に有利な判断が得られそうな国の裁判所を選ぶという、フォーラムショッピングも生じうる。

　ここでは国際的要素が絡む日本の裁判所での訴訟という意味での国際訴訟を扱う。日本では、2011年の民事訴訟法改正により、国際裁判管轄について規定が整備された（民訴3条の2以下）。この改正により、被告の住所・主たる事務所等が日本国内にある場合のほか、訴えの類型ごとに日本の裁判所の管轄権が認められる場面が明確化されている。ただし、必ずしも硬直的な仕組みにはなっておらず、日本の裁判所の管轄権が認められる場合であっても例外的に、「特別の事情」（同3条の9）があるときには、裁判所は訴えを却下することができるものとしており、個別判断の余地が残されている。

【b】国際訴訟手続の特徴

（ア）訴状等の送達

　訴訟を提起すると、訴状等を被告に送達する必要がある。日本国内であれば、民事訴訟法に基づき速やかに送達がなされるが（民訴98条以下）、被告が外国に所在する場合には、外国での送達が必要になってくる。送達は、各国の主権に属する行為と解されているため、日本の裁判権に基づいて、例えば日本の裁判所書記官が、外国において当該外国の了解も得ずに、送達をするということはできない。

　外国での送達については、民事訴訟手続に関する条約（民訴条約）、民事又は商事に関する裁判上及び裁判外の文書の外国における送達及び告知に関する条

第3章　ビジネス活動（事業活動・取引）に関する法　　261

約等があり、日本を含む締約国間では条約に基づく送達がなされ、締約国以外の場合には個別の応諾などに基づいて送達がなされることになる。いずれの場合にも、日本国内での送達とは異なり、送達手続には相当の手間と期間を要する。そのため、実質審理に入るまでに数か月から場合によっては1年以上を要することになり、正式な送達手続を要しない仲裁が好まれる一因ともなっている。

(イ) 証拠調べ

　国際的な紛争では、関連証拠が、外国に所在している場合も多くある。日本の民事訴訟法は、外国で行う証拠調べは、当該国の管轄官庁、当該国駐在の大使等に嘱託して行うものと規定している（民訴184条1項）が、大使等が外国で証拠調べを行う権限を付与することまではできず、当該外国の協力が必要となる。

　例えば、当該国が民訴条約の締約国であれば、外国の指定当局を通じて、外国の司法当局に証拠調べを実施してもらう方法や、当該国が拒否しない場合には当該国に駐在する日本の領事官等に嘱託して、領事官等に直接証拠調べを実施させることもできる。

　また、証人が外国に所在していることもあり得る。日本の裁判所への任意の出頭が確保されれば問題はないが、任意に出頭しない場合には、民訴条約等の司法共助を通じた対応が必要となる。

(ウ) 外国法の適用

　純粋な国内訴訟と異なり、国際訴訟では、そもそもどの国の法律に基づいて権利義務を判断すべきか、という準拠法の決定が必要となる場合も多い。日本の裁判所に訴訟が係属した場合、準拠法については、法の適用に関する通則法に基づいて判断されることになる。

　準拠法が外国法となる場合には、外国法を解釈・適用することも裁判所の責務であると解されている。しかし、日本法の専門家である日本の裁判官に、外国法の内容についてまで精通していることを求めることはできない。外国法は訴訟において、証明の対象に含まれると考えられており、外国法の専門家の鑑定意見書を書証として提出する等の方法が活用されている。

262　　第2編　ビジネス法の体系と主な分野

【c】国際訴訟における判決の承認・執行

　国際訴訟において判決の承認・執行は、日本の裁判所との関係では、二つの局面で問題となり得る。すなわち、外国判決を日本で承認・執行する場面と、日本の裁判所が下した判決を外国で承認・執行する場面である。

　まず、外国判決の日本での承認・執行については、民事訴訟法118条が規定する要件を満たせば、別途の承認手続を経ることなく、外国判決の効力が日本においても認められる。民事訴訟法118条は、①外国裁判所に裁判権が認められること、②敗訴被告に適切に送達がなされたか、送達を受けなかったが当該被告が応訴したこと、③判決内容・訴訟手続が日本の公序良俗に反しないこと、および、④相互の保証があることを要求している。加えて、外国判決に基づき日本で強制執行を行うには、国内で下された判決とは異なり、執行判決を求める訴え（民執24条）を提起して、裁判所が強制執行を許す旨の宣言をする執行判決を得る必要がある。

　次に、日本で得た判決を外国で承認・執行する場合についてである。外国判決の承認・執行については、仲裁判断におけるニューヨーク条約（後記【2】【d】参照）のような国際的な枠組みは整備されていない。2015年に発効した国際裁判管轄の合意に関するハーグ条約（以下「ハーグ管轄条約」という）によって、締約国は、専属的管轄合意において指定された別の締約国の裁判所による判決を承認・執行するという仕組みが導入されているが、批准国は2017年3月時点ではEU（デンマークを除く）、メキシコ、シンガポールに限られている。日本も現時点では加盟しておらず、仲裁判断に比べると、承認・執行の可否が不確実にならざるを得ないという難点がある。

コラム 「陳述書」と「宣誓供述書」

　日本の訴訟で活用される書証の一つとして、証人予定者など事件の関係者が事案の概要、背景事情等について記載する「陳述書」がある。「陳述書」には、作成者を明らかにするため署名・押印がなされるのが通常であるが、形式については特に厳格な決まりがある訳ではない。

　他方、英米法系の国における、「陳述書」に相当する書証はやや趣が異なる。「宣誓供述書」（affidavit）と呼ばれるこの文書は、日本の「陳

第3章　ビジネス活動（事業活動・取引）に関する法　　263

述書」と異なり、真実であることを公証人などの前で宣誓（または確認）のうえ署名することが必要となる。米国のように、「宣誓供述書」が頻繁に使用される国では、法律事務所内に公証人が所属していたり、費用もほとんどかからないなど、非常に使いやすい制度になっており、保全手続など緊急性の高い事案でも対応しやすい。

　海外での訴訟に使用するために、日本でこのような「宣誓供述書」を作成するような場合には、外国での裁判手続に用いるための「宣誓供述書」の作成に不慣れな公証役場もあるため、事前に具体的な作成方法等について公証役場と打ち合わせておくほうが無難である。

【2】国際仲裁

【a】国際仲裁の概要

(ア) 仲裁の意義

　仲裁とは、当事者間の合意に基づき、中立な第三者である仲裁人に紛争の終局的判断を委ねる紛争解決手段である。仲裁には、大きく分けて、常設の仲裁機関に付託する機関仲裁と、常設の仲裁機関を使わずに行うアドホック仲裁がある。アドホック仲裁では、当事者が、仲裁手続の内容について逐一合意していくこともできるが、事実上の困難が伴うこともあり、国連国際商取引法委員会（以下「UNCITRAL」という）が策定したUNCITRAL仲裁規則が用いられることが多い。

(イ) 仲裁の特徴

　仲裁の特徴としては、①手続が非公開であること、②原則として不服申立てができないこと、③当事者が選任した第三者が判断を行うことなどが挙げられることが多い。

　手続が非公開であることは、ビジネス上の秘密情報の開示を望まない企業にとって仲裁の大きな魅力となっており、仲裁手続の内容だけでなく、仲裁手続が係属している事実についても公にされないことを期待する企業も多い。

　また、訴訟が上訴などの形で不服申立てを認めるのに対し、仲裁判断は終局的判断であり、原則として不服申立てをすることは認められない。この点は、早期紛争解決に資する一方で、仲裁のデメリットと見る向きもあり、近年では、

264　　第2編　ビジネス法の体系と主な分野

仲裁において不服申立てを認めるような仕組みを導入すべきかについての議論も進んでいる。

さらに、判断権者を当事者が選任できるため、紛争の種類に応じて、専門性を有する仲裁人による判断が期待できるのも仲裁手続の魅力である。一方で、仲裁人の選定が非常に重要な要素となるため、仲裁人候補者について十分な情報を収集することが必要となる。また、経験豊かな仲裁人の報酬は高額になる傾向もあり、仲裁費用の高額化の一因ともなっている。

(ウ) 紛争解決費用の調達方法の多様化

紛争解決に要する費用の高額化を背景に、費用を外部資金で賄う Third Party Funding (以下「TPF」という) の活用が各国で進んでいる[108]。1990年代からオーストラリア等一部の国で活用されるようになってきたこの制度は、仲裁等の追行に充てる資金の融資とは異なり、紛争の当事者でない第三者 (専門投資ファンド) が、当事者の請求権に投資するというものである。仲裁等の追行に必要な費用 (手続費用や弁護士費用等) を当該ファンドがいったん負担し、当事者が仲裁等の結果として、賠償金等を獲得した場合に、当該ファンドが立て替えた費用を回収し、さらに成功報酬を得るというのが典型的な仕組みである。

日本企業が外国での仲裁においてTPFを活用する例も出てきており、TPFは仲裁に踏み切るかどうかの判断に重要な役割を果たすようになりつつある。

> **コラム** 成功報酬制は悪か？
>
> 日本では、弁護士に訴訟を依頼する場合、伝統的には、獲得額の一定割合を報酬とする成功報酬を盛り込むのが一般的だったと言えるのではないだろうか。このことは、(旧)弁護士報酬基準が、成功報酬制を前提とした仕組みとなっていたことからも見て取れる。米国でも、成功報酬制で受任し、社会的弱者の権利保護に邁進する弁護士を描いた映画が見られるなど、弁護士の報酬の仕組みとして、成功報酬制は

---

108)　各国の状況について詳細に論じたものとして、Victoria Shannon and Lisa Bench Nieuwveld, Third-Party Funding in International Arbitration (2012) Kluwer Law International。アジアでも、2017年3月にシンガポールでTPFを仲裁との関係で合法化する改正法が施行され、香港でも近く合法化される見通しである。

第3章　ビジネス活動(事業活動・取引)に関する法　　265

受け入れられているものであるようにも思える。

　他方、一部のコモンロー諸国では、伝統的に成功報酬制は禁止されており、例えば、英国の判例法では、第三者が訴訟費用を援助し、訴訟の結果得られる賠償金等から費用や報酬を回収すると、当事者の権利行使が歪められ、利益目的での濫訴を助長し、司法の純粋さ（purity of justice）を阻害するとして、成功報酬制で事件を受任することは不法行為や犯罪を構成するとされていた（champerty and maintenanceの法理）。現在では、成功報酬制は、経済的弱者等の司法へのアクセス（access to justice）を促進するもので、むしろ望ましいという考え方から成功報酬制への見直しが進み、TPFのようなビジネスも可能となってきている。

【b】国際仲裁手続の流れ

(ア) 仲裁合意

　仲裁は、当事者の合意があることによって初めて可能となる紛争解決手続であるため、事前に仲裁合意を締結する必要がある。仲裁合意は、商取引に関する契約に紛争解決条項として規定されるのが一般的であるが、交渉の最後に協議されるミッドナイト条項とも言われ、慎重に検討されるとは限らない。

　仲裁合意の条項では、紛争を仲裁に付託することに加えて、仲裁地、仲裁機関、仲裁規則、仲裁手続の準拠法、仲裁言語、仲裁廷の構成（単独とするか、3人とするか）などの点についても規定しておくことが望ましく、各仲裁機関が公開するモデル条項が参考になる。

(イ) 仲裁申立て・仲裁廷の設置

　申立人が、仲裁機関に申立書を提出することで手続が始まるが、訴訟のような正式な送達手続は必要ないため、迅速に手続を開始することができる。被申立人側では、申立通知が届いた後、答弁書を提出することになる。具体的な手続は適用になる仲裁規則に従うことになるが、一般にはこの時点では、紛争について詳細な反論を展開するというよりも、手続的な論点を扱うという意義も大きい。例えば、仲裁合意で、仲裁言語や仲裁人の数が決まっていなかった場合には、仲裁規則によるがこれらの論点についての主張を行う必要もある。

また、仲裁人の選任も非常に重要である。仲裁人の選任方法は、通常、仲裁合意で選択した仲裁規則によって決められるが、当事者の合意による選任を試みたうえで、合意できなければ仲裁機関が選任するという仕組みになっているものが多い。仲裁人が3人の場合には、各当事者がそれぞれ1人ずつ選任し、主任仲裁人は当事者の合意や、各当事者が選任した仲裁人が選任する、あるいは、仲裁機関による任命等の方法で決定される。

　ICCなど仲裁機関によっては、手続の比較的初期の段階で争点整理を行い仲裁廷の判断を求める範囲について、明確化する付託事項書（Terms of Reference）の作成を要求するものもあるが（ICC仲裁規則23条[109]）、基本的には、手続の進め方にも当事者自治が反映されるのが仲裁の特徴である。

(ウ) 書面審理

　仲裁手続では、当事者が集まって期日を開催することは証人尋問期日を除くと稀である。関係者の所在地が異なった国であることのほうが多いので、仲裁廷・両代理人間の電話会議や電子メール等でのやり取りを通じて、具体的な手続の進め方、スケジュールが決定される。

　スケジュールが決定されるとそれに沿って、主張書面や証拠を提出するが、証拠調べの具体的な規律については通常、仲裁規則は定めていないため、IBA国際仲裁証拠調べ規則が採用されることも多い。

(エ) 証人尋問

　主張書面や書証などでの主張・証拠の提出が一通り進むと、必要に応じて数日から1、2週間かけて、証人尋問が行われるのが一般的である。証人尋問は両当事者にとって負担が大きいこともあり、証人尋問の前に当事者間で和解交渉が行われる場合もある。

　当事者や関係者だけでなく、法律家が証人（専門家証人）とされることが多いのも、仲裁の特徴である。日本法に基づき、日本法の資格を有する裁判官、弁護士が手続を進める純粋な国内訴訟とは異なり、国際仲裁では、仲裁人の原資格国、代理人の原資格国、契約準拠法が一致していないことも多いため、個別の紛争における具体的な争点に応じて、法律の専門家を証人として呼ぶことも珍しくない。

---

109)　2017年の改正ICC仲裁規則に準拠。

(オ) 仲裁判断

　証人尋問が終了すると、その結果を踏まえ相互に最終書面を提出し、仲裁廷が仲裁判断を作成する段階に入る。仲裁判断の執行力確保等の観点から、事案の判断に立ち入らない範囲で、仲裁機関が、仲裁判断の草案を審査する仕組みを設けている場合もある。

　仲裁申立てから仲裁判断が下されるまでの期間は、一般には、訴訟よりも短いと言われ、仲裁規則で一定の期限が定められているものもある。例えば、ICCでは、付託事項書作成から6か月以内に仲裁判断を下すことが原則とされている（ICC仲裁規則31条）。

【c】緊急仲裁人制度・簡易仲裁手続

　例えば、秘密情報の開示が懸念される場合など緊急性が高く、いったん事態が生じてしまえば、後日、仲裁判断を得ても実益がなくなってしまうような場合もある。裁判所での手続における保全処分に相当する暫定的な処分を仲裁手続でも活用したいというニーズに応えるため、緊急仲裁人制度を置く仲裁規則も複数見られ、例えば、ICC、シンガポール国際仲裁センター（以下「SIAC」という）、日本商事仲裁協会（以下「JCAA」という）などはいずれも、緊急仲裁人制度を導入している（ICC仲裁規則29条、SIAC仲裁規則付属規定1、JCAA仲裁規則70条以下）。はやければ申立てから数時間以内に緊急仲裁人が選任され、申立てから数日以内に財産凍結命令等の暫定処分が下されるというような迅速な対応も可能となっている。

　また、それほど事案が複雑でなかったり、係争額が高額でない紛争の場合に、より迅速かつ安価に仲裁判断を獲得できるよう、簡易仲裁手続制度を規定している仲裁規則もある（SIAC仲裁規則5条、JCAA仲裁規則75条以下[110]）。

【d】仲裁判断の承認・執行

　仲裁廷の終局的な判断は、仲裁判断の方式で示される。仲裁判断の執行については、150か国以上が締結国となっている外国仲裁判断の承認及び執行に関する条約（以下「ニューヨーク条約」という）が規定しており、多くの国での仲裁

---

110)　ICCでは、2017年の仲裁規則改正で導入された（ICC仲裁規則30条）。

判断の執行を可能にしている。

　前記のとおり外国判決については多数の加盟国による条約によって執行力を確保するという枠組みにはなっていないのに対して、仲裁ではニューヨーク条約によって数多くの国での執行力が確保されている点も、仲裁が選ばれる大きな理由となっている。

　日本では、仲裁法がニューヨーク条約を国内法化しており、仲裁法では、仲裁判断（外国の仲裁判断を含む）は、日本の裁判所による確定判決と同一の効力を有するとされ、承認が拒絶されるのは仲裁合意の無効、仲裁判断の内容が公序良俗に違反するなど例外的な場合に限られている（仲裁45条）。

【3】投資仲裁
〔a〕投資仲裁とは

　投資仲裁とは、投資家が投資先の国（投資受入国）を相手方として申し立てる国際仲裁である。前記【2】の国際仲裁（投資仲裁と区別するため商事仲裁と呼ばれることもある）が「企業対企業」の事件を典型とするのに対し、投資仲裁は「企業対国家」の事件である点に特徴がある。投資家が国家の責任を追及しようという場合、投資受入国の裁判所を活用することも考えられるが、外国投資家からすると、裁判所は投資受入国側に有利な判断をするのではないかという懸念がある。投資仲裁は、中立な第三者が仲裁人として判断を下すため、より公正な判断が期待できる点に意義がある。

　投資仲裁を活用するには、投資受入国と投資家の母国との間で投資保護に関する投資協定が締結されている必要がある（ただし、投資受入国との投資契約で投資仲裁について合意することも可能である）。投資協定には、二国間での投資保護に関する二国間投資協定（BIT）、投資以外の分野も扱う自由貿易協定（FTA）や経済連携協定（EPA）などの種類がある。例えば、日本とウクライナ間ではBITが締結されているので、ウクライナでの投資について権利が侵害されたという場合、日本企業は、ウクライナに対して投資仲裁を活用することができる。

　このような投資仲裁は、国際投資の活発化を背景に、2000年代以降急増し、累計700件以上もの申立てがなされ、日本企業による投資仲裁の活用も始まっている。投資仲裁を申立てるには至らないまでも、投資協定上の保護を求めて

投資先の国との交渉に臨むことで有利な交渉が可能となる。そこで、特に新興国への投資においては紛争に備え、投資協定による保護が受けられるような海外投資の仕組みを整えておくことにも重要な意味がある。

　以下では、投資協定上の主な投資保護に触れたうえで、投資紛争解決国際センター（以下「ICSID」という）の仲裁を念頭に手続を概観する。ICSIDは、国家と他の国家の国民との間の投資紛争の解決に関する条約（以下「ICSID条約」という）に基づき設立された世界銀行グループの機関であり投資仲裁の主要機関である。

【b】投資協定における主な投資保護

　投資仲裁においては、投資受入国の義務違反の有無を判断するうえで、違法な収用がなされていないか、というように投資協定上の重要概念が争われる。それぞれの解釈は、依然として個別案件における判断に委ねられている面もあり必ずしも明確になってはいないが、主な重要概念としては下記がある。

(ア) 内国民待遇

　内国民待遇（national treatment）とは、投資受入国が、他の締約国の投資家による投資に対して、自国の投資家に与える待遇よりも不利でない待遇を与えることを求めることをいう。

(イ) 最恵国待遇

　最恵国待遇（most favored nation treatment）とは、投資受入国が、他の締約国の投資家による投資に対して、他のいずれかの締約国の投資家、または、非締約国の投資家に与える待遇よりも不利でない待遇を与えることをいう。

(ウ) 公正かつ衡平な待遇

　公正かつ衡平な待遇（fair and equitable treatment）の原則とは、投資受入国が投資家の投資財産に対して、公正かつ衡平な待遇を与えなければならないとするもので、多くの投資協定に規定され、投資仲裁で頻繁に争われる点である。いかなる待遇が「公正かつ衡平」といえるのかという点は、解釈に委ねられているが、これまでの投資仲裁判断の蓄積の中で、投資家の正当な期待を保護しているかが中心的要素となっている。その他、適正手続違反、透明性の欠如、不誠実な対応などはこの原則に反すると解されている。

(エ) 収　用

　多くの投資協定において、投資財産に対する収用（expropriation）は、一定の要件が満たされる場合にのみ認められるとされている。すなわち、一般に、①公共の目的があり、②正当な手続に従っていること、③差別的取扱いがなされていないこと、④適切な補償がなされることが必要であるとされる。これに反するものは違法な収用として投資協定違反となる。

【c】投資仲裁手続の流れ
(ア) 申立て・仲裁廷の設置

　申立人となる投資家が、ICSIDに仲裁の請求をすると、ICSID事務局が管轄の有無について暫定的な判断を行う。商事仲裁の場合には、仲裁合意の対象となる紛争の範囲は当事者の意思に委ねられているが、ICSID仲裁の場合、ICSID条約によって管轄が限定されているため、仲裁廷の管轄権の有無が争点になることも比較的多い。すなわち、ICSID条約は、締約国と他の締約国の国民との間で投資から直接生じる法律上の紛争であることを求め、紛争当事者が、ICSID仲裁に付託することについて書面により同意した場合に限って管轄を認めるものとしているのである（ICSID条約25条1項）。

　明白に管轄がないと判断される場合を除いて、請求はICSIDに登録される。両当事者に登録が通知され、仲裁廷が設置されると、手続の進め方に関する協議のための期日が設定される。

(イ) 書面審理・口頭審理

　当事者がそれぞれ主張書面・証拠を提出した後、口頭審理が行われ、専門家や証人に対する尋問もそこで行われる。証人尋問等は、非公開が原則であるが、両当事者が同意し、仲裁廷が認める場合には、当事者以外の第三者が同席できるとされている。投資仲裁は、企業間の手続と異なり、国家が当事者となるため、公益性の観点から透明性への要請が高まっている。

(ウ) 仲裁判断

　審理終了後、仲裁判断が下されるが、ICSID仲裁においては、透明性確保の観点から、当事者が合意しない場合でも、仲裁判断の抜粋が公開される。

　ICSID仲裁による仲裁判断は、ICSID条約に基づき承認・執行することがで

きる点でも、商事仲裁と異なる。前記ニューヨーク条約（前記【2】[d]参照）が公序良俗違反等を承認拒否事由としているのに対してICSID条約ではそのような承認拒否事由を規定しておらず、一般に承認・執行の可能性が高いことも、ICSID仲裁の利点と言える。

【4】国際調停
[a] 国際調停の特徴と概要

　仲裁と並んで、訴訟によらない紛争解決手段として重要な役割を果たしているのが調停（mediation）である。調停は、基本的に裁判所の関与を受けないという点で、仲裁と同様であるが、大きな違いとしては、仲裁は、第三者（仲裁人）が、個別の事案に対して拘束力のある法的判断を下すのに対して、調停は、第三者（調停人）が当事者間での合意による紛争解決を促す手続であるということが挙げられる。

　また、仲裁は、あくまでも法的な争点を判断する場であるのに対して、調停は、法的な争点だけでなくビジネス上の争点も扱うことができ、調停が成立した場合に作成される合意書には、法的事項のみならず、ビジネスに関する事項も盛り込むことができるとされる。他の紛争解決方法と比べても、柔軟な対応が可能であり、両当事者間のビジネス上の関係を維持しながら紛争解決をすることができるというのも利点といえる。

　調停合意書は、両当事者が同意して作成されるため、任意に履行されることが多いともいわれる。ただし、かかる合意書は、あくまでも新たな契約であり、仲裁判断とは異なり条約による承認・執行の枠組みが確保されていないという点は、調停を選択する際に留意が必要である。

[b] 調停手続への注目の高まりと手続の概要

　日本では、従来から、裁判所や各種業界団体、あるいは弁護士会等による調停手続が国内の紛争解決手段の一つとして活用されてきた。調停は、対立ではなく合意による紛争解決を目指すものでありアジア的であるという指摘もあり、世界経済におけるアジアのプレゼンスが高まる中で、調停に対する注目も集まっている。ICCやICSIDなども仲裁に加え、調停サービスを提供している。

国際調停の手続は、一般的に、短期間（数日間の協議で決着させるなど）で行われるため、費用面でも、時間の面でも、効率的であると言われる。

　他方で、合意に至らない場合には、あらためて、仲裁や訴訟などより強制力のある方法で再度紛争解決を試みる必要が出てくるため、余計な時間と費用がかかるという懸念もあり、この点を克服しようとする動きが見られる。

　例えば、シンガポールでは、2014年に開設されたシンガポール国際調停センター（SIMC）が、Arb-Med-Arb（仲裁‐調停‐仲裁）と呼ばれる仲裁と調停を組み合わせた紛争解決手法を提案している。Arb-Med-Arbとは、前記SIACとSIMCが共同で提供する紛争解決サービスであり、そこでは、当事者は、まず仲裁を申し立てたうえで、仲裁手続をいったん停止し、調停による解決を試みる。調停で合意が成立した場合には、仲裁手続を再開し、合意内容を仲裁判断の方式にすることができる。これにより、合意内容について、ニューヨーク条約に基づく執行ができるようになる。他方、調停が不成立の場合にも、申立て済みの仲裁手続を再開することで対応できるため、一度の手続で、確実に紛争解決に至ることができるように工夫がなされている。

　実務上、調停のみを紛争解決手段として規定する例はあまり見かけないが、重層的な紛争解決条項の中で、調停が盛り込まれることは、稀ではない。Arb-Med-Arbなど、選択肢が広がる中で、個別事案に即した紛争解決手段を選択することが重要になる。

Ⅳ　事業規模の拡大に関する法（M&A）

　企業が新規事業の開始等により事業規模を拡大する場合、自社が保有する既存の経営資源を利用して、新規事業を開始する場合もある。この場合には、いかなる組織を構築し、どのようにして、経営資源たるヒト・モノ・カネを調達するか否か等については、これまで述べたところが妥当する。

　これに対して、企業が事業規模の拡大を図る場合には、他社の既存の経営資源を獲得して、新たな事業を開始することも考えられる。本項では、いわゆるM&Aにより他社の経営資源を獲得し、事業規模を拡大する場面における法体系について概説する。

第3章　ビジネス活動（事業活動・取引）に関する法　273

１ M&Aの各手法と関連する法体系の概要

　M&Aにより事業規模を拡大する場合、株式を取得する方法と、事業を取得する方法とがある。

　株式を取得する方法には、通常の株式取引により取得する方法と、会社法に規定する組織再編として取得する方法（例えば、株式交換など）とがある。

　通常の株式取引により株式を取得する場合には、既存株式の取引による方法と、新規発行株式の取引による方法とがある。

　事業を取得する方法としては、会社法に規定される、事業譲渡、合併、会社分割による方法がある。

　会社法に規定されている組織再編行為については、会社法に規定される手続を履践する必要があり、上場会社がこれらの行為を行う場合には、金融商品取引法や証券取引所の規則等も適用される。また、通常の株式取引については、会社法に若干の規定が置かれているほか、法律に特段の規定はなく、株式取引における当事者の権利義務の内容等は、民法・商法等の私法のほか、株式取引に係る契約において定められるのが一般的である。

　上記のほか、M&Aが競争上の懸念を生む場合もあり、独占禁止法に基づく届出を行う必要が生じる場合があるほか、独占禁止法上、M&Aが禁止される場合もある。また、外国人投資家が日本企業へ投資し、または、日本企業が外国企業へ投資する場合においては、外国為替及び外国貿易法（以下「外為法」という）に基づき一定の手続を履践する必要が生じる場合がある。さらに、業法上、行政機関による許認可や、行政機関に対する届出が必要になる場合もある。

　以下では、株式の取得によるM&Aと事業の取得によるM&Aとに大別して、それぞれの場面における法の枠組みについて概説する。

２ 株式の取得と法体系

【1】既存株式の取得

[a] 既存株式の取得に係る法規制

(ア) 効力発生要件と対抗要件

　株式の譲渡は、原則として当事者間の意思表示によりその効力を生じる。た

だし、対象会社が株券発行会社の場合には、原則として譲渡対象となる株式に係る株券を交付しなければ、株式譲渡の効力は生じない（会社128条1項）。したがって、株券の不所持の申出（同217条）等によって当該株式に係る株券が発行されていない場合には、株式譲渡に先立ち、あらかじめ対象会社から株券の発行を受けておく必要がある。また、振替株式の譲渡・譲受けは、振替の申請により、譲受人がその口座における保有欄に当該譲渡に係る数の増加の記載または記録を受けなければ、その効力を生じない（社債株式振替140条）。

株券の占有者および自己の口座に振替株式が記載または記録された加入者は、株式についての権利を適法に有するものと推定される（会社131条1項、社債株式振替143条）。そのため、株券の交付を受けた者または振替の申請によりその口座において振替株式についての増加の記載もしくは記録を受けた加入者は、悪意または重過失がない限り、株式に係る権利を善意取得するものとされている（会社131条2項、社債株式振替144条）。

株式譲渡の対抗要件は、株主名簿への記載または記録である（会社130条）。すなわち、株式の譲渡は、株主名簿への記載または記録がない限り、対象会社または第三者に対抗することができない（同条1項）。振替株式についても同様である（社債株式振替161条3項）。ただし、株券発行会社の株式の譲渡については、株主名簿への記載または記録は対象会社のみに対する対抗要件とされている（会社130条2項）。

(イ) 既存株式の譲渡・譲受けに係る手続

会社法上、株式譲渡または譲受けが、売主または買主における「重要な財産の処分および譲受け」（会社362条4項1号）、「その他の重要な業務執行の決定」（同条4項柱書）に該当する場合には、当該売主または買主の取締役会決議が必要となる。

なお、平成26年改正会社法では、親会社による子会社株式の譲渡において、かかる譲渡が一定の要件に該当する場合は、事業譲渡の場合と同様、親会社における株主総会の特別決議を要することとされている（会社467条1項2号の2、309条2項11号）。

また、譲渡制限株式の譲渡・譲受けの場合には、対象会社において譲渡承認決議が必要となる（同139条1項）。

他方で、組織再編等とは異なり、株式譲渡・譲受けにおいては、会社の資産・負債には変動は生じないことから、会社法上は特段の債権者保護手続は設けられてない。そのため、実務上は、親会社の信用に着目して与信を供与する金融機関等、株主の変動により不利益を被るおそれのある契約当事者は、会社の支配権の変動を契約の解除事由とすること等によって自衛をすることとなる。

　同様に、株式譲渡・譲受けにおいては、原則として株式買取請求権・新株予約権買取請求権も付与されておらず、会社の大株主が変動する場合であっても、少数株主の退出権は保障されていない。

　なお、子会社による親会社株式の取得は、事業の全部譲受けによる場合や組織再編による場合等の一定の例外を除き、原則として禁止されている（同135条1項、2項）。子会社は親会社から出資を受け、かつ株式の保有を通じて親会社の支配を受けているため、親会社株式の取得を自由に認めてしまうと、会社支配を歪めるなど自己株式の取得の場合と同様の弊害が生じるためである。

(ウ) 既存株式の譲渡・譲受けに係る救済手段

　組織再編とは異なり、会社法上は株式譲渡・譲受けの無効の訴え等の特別な制度は設けられていない。したがって、株式譲受けに係る救済については、契約において定められた救済手段のほか、原則として、民法総則や瑕疵担保責任等、民法の一般原則に従うこととなる。

[b] 株式譲渡契約の実務

　M&Aにおいては、案件の進行段階に応じ、さまざまな契約が締結されるが、初期段階においては、秘密保持契約や基本合意書等が締結され、当事者間の検討・協議・交渉等を経て、当該M&A取引の確定的な諸条件を定める最終契約が締結されることが一般的である。最終契約の内容は、取引の手法や個別の案件ごとの取引条件に応じてさまざまである。M&A取引は、取引規模が大きいのが通常であり、当該取引によって各当事者の業況等に重要な影響が生じることも多いことに加え、買収対象となる会社（またはその営む事業）の内容・状況・リスクが時間の経過とともに変化していく中で、取引の諸条件を取り決める必要があることもあり、その仕組みや取引の諸条件も複雑となりがちである。

　以下では、株式譲渡取引における一般的な株式譲渡契約の内容について簡単

に概説する。株式譲渡契約は、一般的に、以下のような構成をとることが多い。

① 株式の売買と譲渡価額に関する事項
② 株式の譲渡の実行（クロージング）に関する事項
③ 表明および保証に関する事項
④ 誓約事項（コベナンツ）
⑤ 前提条件に関する事項
⑥ 補償に関する事項
⑦ 解除または契約の終了に関する事項
⑧ その他の一般的事項（秘密保持、準拠法、管轄等）

(ア) 株式の売買と譲渡価額に関する事項

　株式譲渡契約においては、まず、譲渡の対象となる株式が特定されたうえで、株式の売買についての合意が規定される。譲渡価額については、①固定額で規定される場合、②クロージングまでに生じる事象に基づく変数（かつクロージングまでに数値が確定している変数）を加味した算式で規定され、クロージング時点で譲渡価額が確定する場合、③クロージング日時点の財務状況等に応じて、クロージング後に譲渡価額の調整が行われる場合などがある。

(イ) 株式の譲渡の実行（クロージング）に関する事項

　株式譲渡の実行（クロージング）としては、売主による対象会社株式の買主に対する移転の時期および方法、ならびに、買主による売主に対する譲渡価額の支払いの時期および方法が規定される。これらの行為は民法の原則に従えば同時履行の関係に立つが（民533条）、契約上も引換給付であることが明示される場合が多い。

　売主による対象会社株式の移転の方法は、株券発行の有無により異なる。対象会社が株券発行会社の場合には、株券の交付が株式譲渡の効力発生条件となるため、株券の交付が必要となる。一方、株券不発行会社の場合には、意思表示のみで株式の移転が可能であるため、クロージング日付で譲渡価額の支払いと引換えに株式を譲渡する旨を契約上記載しておけば株式移転の効力が生じる。実務上は、対象会社への対抗要件である株主名簿の書換えを行うために、クロージングとして、売主が記名捺印済みの株主名簿書換請求書を買主に対し

第3章　ビジネス活動（事業活動・取引）に関する法　277

て交付する旨が定められることも多い[111]。

　一方、買主による売主に対する譲渡価額の支払いについては、クロージング日に買主から売主に対して譲渡価額全額を支払う場合のほか、クロージング日には譲渡価額の一部の支払いを留保したり、または譲渡価額の一部を売主ではなくエスクローの目的で開設された口座等に支払われる場合もある。

(ウ) 表明および保証に関する事項

　表明保証とは、株式譲渡契約の各当事者が、一定の事項が真実かつ正確であることを相手方当事者に対して表明し、保証するものである。売主による表明保証事項には、売主自らに関する事項および売買の目的物である対象会社の株式に関する事項に加えて、譲渡価額の算定などの前提とされた対象会社の財務状況その他の状況も含まれる。

　一般的に、各当事者は、株式譲渡契約の締結日およびクロージング日の特定した二つの時点において、各表明保証事項が真実かつ正確であることを表明保証する。仮に表明保証の違反が判明した場合には、相手方当事者の義務の前提条件が不充足となることになり（前提条件について**後記(オ)**をご参照いただきたい）、相手方当事者は取引を中止することができる。さらに、表明保証の違反は下記の補償条項の原因として契約上規定されることとなるため（補償条項については**後記(カ)**をご参照いただきたい）、相手方当事者は、表明保証の違反を理由として、補償の請求を行うことが可能である。

(エ) 誓約事項 (コベナンツ)

　誓約事項（コベナンツ）とは、買収に付随・関連して、売主が、買主に対して、一定の行為をすることまたはしないことを約する合意である。両当事者が企図する買収取引の実行に向けて、クロージング日前に売主および買主のそれぞれが行うべき行為または行ってはならない行為が規定され、また、買収の実行後についても、必要に応じて両者の遵守すべき事項が規定される。

　M&A取引において、契約締結に先立って実施されたデューデリジェンスの結果発見された問題点について、クロージング日までの解消を求めることや、

---

111)　　株券発行会社については株券を呈示することで譲受人が単独で株主名簿の名義書換請求ができるのに対して、株券不発行会社の場合には、株主からの株主名簿の書換請求は原則として売主および買主の共同請求によることとなる（会社133条2項、会社則22条2項）。

クロージング日後の一定期間、従前の雇用条件を維持することなどを買主に求めることなどもある。

(オ) 前提条件に関する事項

「前提条件」とは、各当事者について、当該当事者が株式譲渡を実行する義務の前提条件として規定されるものであり、かかる前提条件が充足された場合に限り、当該当事者は、株式譲渡のために必要な行為（売主についての株券または株式名簿書換請求書の交付、買主についての譲渡価額の支払い）を行う義務を負うものとされる。

もっとも、当該当事者は、前提条件が充足されない場合であっても、前提条件不充足の主張を行わないことを選択することも可能と解されており、その旨、明記されることも多い（契約実務上は、前提条件の放棄と呼ばれている）。

(カ) 補償に関する事項

「補償」とは、ある当事者に株式譲渡契約の表明保証違反、誓約違反またはその他の義務違反があった場合に、当該違反による損害を填補または賠償等する旨の合意である。取引によっては、補償の内容が、金額的また時間的な観点から制約される場合もある。

(キ) 解除または終了に関する事項

株式譲渡契約においては、いったん取引を実行した場合には、後に表明保証違反、誓約事項の違反、前提条件の不充足などが判明したとしても、一切の解除は認められない旨が明示的に規定されることが多い。これは、民法上の通常の解除（民545条）は、取引実行後も理由があれば行使可能であり、遡及的に取引がなかった状態に戻すことが企図されるところ、株式譲渡やその他のM&A取引については、支配権の移動により既に変更が生じている対象会社の経営・運営の状況を元に戻すことが困難であるため、いったん取引を実行した後には、元に戻すのではなく、金銭賠償などの問題として解決することが現実的であるからである。

(ク) その他の一般的事項（秘密保持、準拠法、管轄等）

株式譲渡契約においては、上記のほか、秘密保持義務、公表、費用負担、完全合意条項、準拠法および管轄などの一般条項が規定される。

【c】上場株式の譲渡・譲受けの場合

　上場株式を取引する場合、前記に加え、金融商品取引法や上場証券取引所の規則等の規範が適用される。以下では、金融商品取引法に規定される、公開買付規制、インサイダー取引規制、大量保有報告制度について概説する。

(ア) 公開買付規制

　公開買付けとは、不特定かつ多数の者に対し、公告により株券等の買付け等の申込みまたは売付け等の申込みの勧誘を行い、取引所金融商品市場外で株券等の買付け等を行うことをいう（金商27条の2第6項）。金融商品取引法は、公開買付けを行う場合、同法の定める一定の条件および手続を遵守することを求めている（同条5項）。買付けの条件としては、例えば、買付価格が均一の条件によらなければならず（同条3項）、また、公開買付けによらない公開買付期間中の買付けが禁止される（同27条の5）。他方、買付けの手続としては、例えば、公開買付開始公告や公開買付届出書その他の書類を通じた詳細な情報開示が義務付けられ（同27条の3）、公開買付期間は法令上一定期間確保する必要がある（同27条の2第2項）。このように、公開買付けを行う場合に一定の条件や手続に従う必要があるのは、会社支配権に影響を与えるような取引等が行われる場合に、投資者にあらかじめ情報開示を行うとともに、株主等に平等に株券等の売却の機会を与える必要があるからであると説明されている。そのほか、上記に加えて、会社等の支配権争奪状況に関する公正なルールの確立、支配権プレミアムの平等分配、企業買収者間の一定の公平性確保、少数株主保護を制度趣旨と捉える見解も存在する。

(イ) インサイダー取引規制

　M&Aを実施していくに際しては、当該M&Aに関する事実がインサイダー取引規制上の未公表の重要事実ないし公開買付け等事実に該当することがあるほか、当該M&Aを実施するに際してインサイダー取引規制違反に抵触しないようにしなければならないなど、さまざまな観点でインサイダー取引規制が問題となる。会社関係者等が上場会社等の業務等に関する重要事実を知りながら、当該事実の公表がされる前に当該上場会社等の特定有価証券等の売買等を行うこと、および公開買付者等関係者等が公開買付け等事実を知りながら、当該事実の公表がされる前に当該公開買付け等に係る株券等の買付け等または売付け

等を行うことは原則として禁止される（金商166条（会社関係者の禁止行為）、167条（公開買付者等関係者の禁止行為））。

また、平成25年改正により、会社関係者等が上場会社等の業務等に関する重要事実を知りながら、当該事実の公表がされる前に、他人に利益を得させ、または損失を回避させる目的をもって当該事実を伝達し、売買等を勧めることは原則として禁止されている（同167条の2（未公表の重要伝達の伝達等の禁止））。

(ウ) 大量保有報告制度

上場会社等に係るM&Aを実施するに際し、上場会社等の株式等を取得する場合には大量保有報告が必要となることがある。また、大量保有者の保有株式等の数には変更がない場合であっても、議決権や株主提案権の行使に関する合意がなされれば大量保有報告を要する等、M&Aの実施に関する合意などに応じても、大量保有報告を適時に行う必要が生じることもある。上場会社等が発行している株券等の保有者で、株券等保有割合が5％を超える者（大量保有者）は、大量保有者となった日から5営業日以内に、大量保有報告書を内閣総理大臣（実際には委任を受けた管轄財務局長等）に提出しなければならない（金商27条の23第1項、保有開示2条1項）。5％超が基準とされていることから、5％ルールと呼ばれることもある。また、提出後、株券等保有割合が1％以上増減した場合には、5営業日以内に変更報告書を提出しなければならない（金商27条の25第1項、保有開示8条1項）。大量保有報告制度は、会社の支配権の変更、経営に対する影響力の観点から重要な情報である大量保有に関する情報を市場に対して迅速に提供し、市場の公正性・透明性を高めることを目的とする。

大量保有報告制度の対象は、上場会社等の発行する有価証券であり、議決権等を付された株券等に限り、議決権株式に転換され得るもの以外の無議決権株式、普通社債等は対象外である。

【2】新規発行株式の取得

新規発行株式の取引（自己株式処分を含む）による場合には、第三者割当を実行することとなる。

第三者割当は、①会社法、②金融商品取引法および③取引所規則により規制される。

①会社法は、すべての株式会社に適用され、株式・新株予約権の発行に関する手続を定めている。株式・新株予約権の発行のための手続としては、取締役会の決議で足りるか、または株主総会の特別決議を要するかが重要な違いとなるが、公開会社（全部の種類の株式が譲渡制限株式である会社以外の会社。会社2条5号）であり、かつ、有利発行（払込金額が引受人に特に有利な金額。同199条3項、238条3項）でもなければ、取締役会の決議により株式・新株予約権を発行することができる（同201条1項、240条1項）。ただし、著しく不公正な方法により行われる株式・新株予約権の発行（不公正発行）であれば、株主はこれを差し止めることができる（同210条2号、247条2号）。また、会社法の平成26年改正は、支配株主の異動を伴う募集株式・募集新株予約権の発行等について、総株主の議決権の10%以上の議決権を有する株主が反対する旨を会社に通知したときは、原則として株主総会の普通決議を経なければならないとしている（同206条の2、244条の2）。

　②金融商品取引法は、一定の場合に会社が行うべき開示について定めている。具体的には、株式・新株予約権の発行が有価証券の募集（金商2条3項）に該当する場合、原則として有価証券届出書の提出が必要であり（同4条1項）、有価証券届出書の提出が必要ない場合も、有価証券報告書提出会社（例えば、上場会社）は一定の場合に臨時報告書の提出が要求される（同24条の5第4項、企業開示19条2項1号、2号）。有価証券届出書および臨時報告書では、第三者割当に際して特記事項を記載する必要があり（同条2項1号ヲ、2号ホ、第2号様式第一部の第3）、割当予定先の状況や大規模な第三者割当の必要性などが記載される。

　③取引所規則は、上場会社にのみ適用される。取引所規則は、株式・新株予約権の発行を行う上場会社に対して、適時開示を要求している（有価証券上場規程402条1号a）だけでなく、企業行動規範を定め上場会社の行為に一定の規制を設けている。具体的には、希薄化率が25%以上となるときまたは支配株主が異動することとなるときは、原則として独立した第三者の意見の入手または株主の意思確認が必要であり（同432条）、希薄化率が300%を超えるときは、原則として上場廃止となる（同601条1項17号、有価証券上場規程施行規則601条14項6号）。

❸ 事業の取得と法体系

　事業を取得する方法としては、前記【1】のとおり、会社法に規定される、事業譲渡、合併、会社分割による方法がある。したがって、これらの組織再編行為を行う場合には、会社法に規定された手続を適切に履践する必要がある。

　上場会社が組織再編行為を行う場合には、前記のほか、金融商品取引法や上場証券取引所の規則等の規範が適用される。

【1】組織再編における会社法上の手続

　本節においては、組織再編を行うに際して必要となる会社法上の手続について概説する。

[a] 株主総会の承認

(ア) 特別決議と差損が生じる場合の説明義務

　組織再編を行う会社は、原則として、当該組織再編の効力発生日（新設型組織再編については新会社成立の日）までに、株主総会を開催し、当該組織再編に係る契約または計画について、承認を得ることが必要となる（会社783条1項、795条1項、804条1項）。

　株主総会で承認を求める契約または計画は、各当事会社の業務執行の決定機関（取締役会設置会社であれば取締役会）の承認済みである必要があり、契約であれば、さらに、締結済みである必要があると解されている。株主総会決議の決議要件は、原則として、特別決議である（同309条2項12号）。

　ただし、大要、組織再編によって、譲渡制限のない株式の株主に対し、対価として譲渡制限のある株式（または、発行者が譲渡制限のない株式に強制的に変換することができる株式や新株予約権）が交付される場合には、決議要件が加重される。具体的には、組織再編対価を受ける側の株式会社が公開会社であり、かつ、当該株式会社の株主に対して交付する金銭等の全部または一部が譲渡制限株式等である場合における、組織再編対価を受ける側の株式会社の株主総会（種類株式発行会社の株主総会を除く）の決議要件は、いわゆる特殊決議である（同309条3項2号、3号）。

　また、組織再編対価を受ける側の株式会社の株主に対して交付される組織再

第3章　ビジネス活動（事業活動・取引）に関する法　　283

編対価の全部または一部が、持分会社の持分またはこれに準じるものである場合、組織再編対価を受ける側の株式会社においては総株主の同意を得ることが必要となる（同783条2項、804条2項）。

　存続株式会社等の取締役は、いわゆる差損が生じる場合には、組織再編契約の承認に係る株主総会においてその旨を説明しなければならないものとされる（同795条2項）。大まかにいうと、以下の三つの場合である。

① 吸収合併存続株式会社または吸収分割承継株式会社が承継する債務額が、承継する資産額を超える場合
② 吸収合併存続株式会社または吸収分割承継株式会社が交付する対価（吸収合併存続株式会社または吸収分割承継株式会社の株式等を除く）の帳簿価額が承継資産額から承継債務額を控除して得た額を超える場合
③ 株式交換完全親株式会社が株式交換完全子会社の株主に対して交付する対価（株式交換完全親株式会社の株式等を除く）の帳簿価額が株式交換完全親会社が取得する株式交換完全子会社の株式の額を超える場合

(イ) 簡易組織再編

　簡易組織再編とは、組織再編のうち、承継財産の規模または承継財産の対価として交付される財産の規模の観点から、組織再編当事会社およびその株主に及ぼす影響が比較的少ないものについて、当該当事会社における組織再編契約または組織再編計画についての株主総会決議による承認を要することなく効力を生じさせることが認められたものである。吸収型組織再編における存続株式会社等の簡易組織再編の要件は会社法796条2項に定めがあり、大まかにいうと、組織再編の相手会社の株主に交付する対価の合計額が、存続株式会社の純資産額（会社則196条）の5分の1を超えない場合、簡易組織再編として、存続株式会社等の株主総会における吸収合併契約等の承認が不要となる（会社796条2項）。

　一方、吸収型組織再編の消滅株式会社等については、吸収分割株式会社においてのみ簡易要件の定めがあり（同784条2項）、大まかにいうと、承継資産の帳簿価額が吸収分割会社の総資産額（会社則187条）の5分の1を超えない場合には、簡易吸収分割として、吸収分割会社において吸収分割契約の承認が不要となる。

また、新設型組織再編においては、新設分割株式会社についてのみ簡易要件の定めがあり（会社805条）、要件は吸収分割株式会社と同様である。会社法施行規則は、簡易要件の充足を判断するに際して分母となる総資産額および純資産額については、当該組織再編に係る契約・計画を締結・作成した日（ただし、当該契約・計画において締結・作成日以降効力発生の直前までの時点を定めた場合は当該時点）で判断する旨を定めている（会社則187条、196条、207条）。簡易要件を充足する場合であっても、存続株式会社等においては、大まかにいうと、以下の場合には、例外的に株主総会による承認が必要とされる（会社796条2項ただし書）。

① 当該組織再編においていわゆる差損が生じる場合（会社796条2項ただし書、795条2項各号）
② 交付する対価の全部または一部が譲渡制限株式等であり、かつ、存続株式会社等が公開会社でない場合（会社796条2項ただし書、796条1項ただし書）
③ 存続株式会社等の一定数以上の株主が、反対株主の買取請求に係る手続の通知または公告の日から2週間以内に、吸収合併等に反対する旨を存続株式会社等に対し通知した場合（会社796条3項）

コラム　簡易組織再編の要件を充足する場合における株主総会決議

　実際の組織再編において、組織再編当事会社およびその株主に及ぼす影響は、法令に定める資産基準のみにより判断できるものではない。例えば、会社分割を行う場合において、承継資産の価額は簡易組織再編の要件の範囲内にとどまるものの、承継対象となる事業は今後著しく成長することが見込まれる分野に属し、当該会社分割が今後の事業に与える影響は非常に大きいことが予想される場合や、資産基準は簡易組織再編の要件の範囲内にとどまるものの、会社が創業時より続けてきた象徴的事業を分割により移転する場合なども存する。このような場合、当事会社としては、資産基準では簡易組織再編の要件を満たすとしても、会社および株主に及ぼす影響が大きいと判断し、株主総

第3章　ビジネス活動（事業活動・取引）に関する法　285

会決議により株主の承認を得たいと判断することも考えられる。

　また、簡易要件は、組織再編の効力発生時の直前の時点の状況で判断されるが、会社財産は常に変動する以上、最終事業年度末から一定の時間を経過したタイミングで行われる組織再編については、簡易組織再編の要件となる資産基準に該当するか否かは事前に必ずしも明らかでないことから、当事会社としては、念のため、簡易組織再編の方法によることなく株主総会の承認決議を取得しておきたいと判断することも考えられる。

　この点、簡易組織再編に関する規定（会社784条2項、796条2項、805条）の文言（「前条（中略）の規定は、（中略）超えない場合には、適用しない」）を形式的に解釈すれば、簡易組織再編の要件に該当する組織再編には、組織再編契約または組織再編計画につき株主総会決議による承認を受けなければならない旨の規定（同783条1項、795条1項、804条1項）が適用されないことから、当該契約または計画を株主総会において決議することは、取締役会設置会社における株主総会の権限（「この法律に規定する事項及び定款で定めた事項」）を定める会社法295条に違反する、または仮に決議したとしても当該決議は会社法上の根拠規定を欠くものとしてその法的効果が明らかではないものとなるように解される。

　しかしながら、当事会社が株主総会決議により組織再編契約または組織再編計画の承認を受けようとする場合において、当該決議の時点で簡易組織再編の要件が満たされているときであっても、当該決議を行うことができ、かつ、当該組織再編の効力発生日の直前の時点において簡易組織再編の要件が満たされていたとしても、いったんされた当該決議の効力が覆ることはないものと解される。

　登記実務上も、客観的には簡易合併の要件に該当する場合であっても、合併登記の申請の添付書面として、簡易合併の要件を満たすことを証する書面ではなく、吸収合併契約の承認に係る株主総会の議事録を提出することもできるものと取り扱われている。

(ウ) 略式組織再編

　略式組織再編とは、組織再編のうち、組織再編当事会社同士の議決権の保有状況（特別支配関係）から、株主総会を開催しなくても決議の結果が明らかであるものとして、組織再編契約についての株主総会決議による承認を要することなく効力を生じさせることが認められたものである。ある組織再編が略式組織再編の要件を満たすためには、組織再編当事会社の一方が他方の特別支配会社である必要がある（会社784条1項、796条1項）。特別支配会社とは、ある株式会社の総株主の議決権の10分の9（これを上回る割合を当該株式会社の定款で定めた場合には、その割合）以上を、他の会社および当該他の会社が発行済株式の全部を有する株式会社その他これに準ずるものとして会社法施行規則136条で定める法人（いわゆる子法人、孫会社、孫法人を含む）との合算で有している場合における当該他の会社をいう（同468条1項）。

　略式組織再編の要件に該当する組織再編を行う場合、株主総会決議が不要となるのは、議決権の10分の9（これを上回る割合を当該株式会社の定款で定めた場合には、その割合）以上を保有されている会社についてのみであり、特別支配会社においては、株主総会決議が必要である点に変わりはない。消滅株式会社または株式交換完全子会社が特別支配会社に議決権の10分9以上を保有されている場合でも、吸収合併または株式交換における対価の全部または一部が譲渡制限株式等である場合であって、消滅株式会社または株式交換完全子会社が公開会社であり、かつ、種類株式発行会社でないときは、略式組織再編によることはできず、消滅会社等における株主総会の承認が必要となる（同784条1項ただし書）。

　また、非公開会社が自らを存続会社等として自社の譲渡制限株式の発行または移転を伴う吸収合併または株式交換を行う場合は、簡易組織再編の場合と同様、略式組織再編の要件である特別支配関係が存しているときであっても略式組織再編によることはできず、当該存続会社等における株主総会の承認が必要となる（同796条1項ただし書）。

【b】事前備置制度

　会社が組織再編を行う場合、既存株主の権利の内容や会社債権者の債権の引

当てとなる会社財産に一定の影響が及ぶこととなる。このため、株主や会社債権者等の利害関係者には、組織再編手続の中で必要に応じ、株式の買取請求権や債権者の異議申述権など、自らの有する利益を保護するために一定の権利を行使することが認められている。

この権利行使の実効性を高めるため、組織再編を行う会社は、権利行使の判断に必要な情報である組織再編の内容を記載した書類を事前備置書類として作成し、その書類を備置きすることが必要とされる。

(ア) 事前備置書類の内容

事前備置書類として備置きすべき書類の内容は、大要、次のとおりとなる。

- 組織再編契約または組織再編計画
- 組織再編対価の相当性に関する事項
- 組織再編対価について参考となるべき事項
- 組織再編に係る新株予約権の定めの相当性に関する事項
- 計算書類および財産状況に関する事項
- 組織再編の効力発生日以後における債務の履行の見込みに関する事項
- 事前備置書類の備置開始日後、上記事項に変更が生じたときは、変更後の当該事項

(イ) 事前備置書類の備置開始日

会社法は、株主総会決議、株式買取請求、新株予約権買取請求および債権者保護手続といった組織再編に必要とされる手続につき、基本的に、その時間的先後を問題とせず、複数の手続を並行的に行うことを許容している。

この結果、事前備置書類の備置開始日は、当事会社が、自らが行う組織再編に求められる各手続のうち最も早く開始される手続に対応して決定される（会社782条2項、794条2項、803条2項）。

(ウ) 事前備置書類の備置終了日

吸収型組織再編における事前備置書類の備置終了日は、吸収合併消滅会社等においては、効力発生日であり、吸収合併存続会社等においては、効力発生日から6か月が経過した日である（会社782条1項、794条1項）。

新設型組織再編における事前備置書類の備置終了日は、新設分割会社および

株式移転完全子会社においては、新設会社（新設分割設立会社および株式移転設立完全親会社）の成立後6か月が経過した日であり、新設合併における消滅株式会社においては、新設合併設立会社の成立の日である（同803条1項）。なお、新設会社においては、「事前備置」という概念が存しないため、事前備置書類の備置きは不要である。

【c】株式買取請求制度

(ア) 株式買取請求制度の趣旨

　組織再編手続における株式買取請求権とは、組織再編に反対する株主が、会社に対し自己の有する株式を公正な価格で買い取ることを請求することができる権利をいう。

　株式買取請求権の趣旨は、投資した会社の基礎に変更が生ずる場合において、その変更が自らの意に沿わないものである株主に対し、投下資本を回収して経済的救済を得る途を与えることにある[112]。組織再編に反対する株主としては、組織再編を実施すること自体に反対である株主と、組織再編を実施すること自体には賛成であるものの、その条件に反対である株主に分けられる。会社法下の株式買取請求権制度は、これらの双方の株主を保護することを想定している[113]。そのため、会社法下において、株式買取請求権制度は、組織再編がなされなかった場合の経済状態の保証機能に加え、組織再編によるシナジーの再配分機能を担っていると評価される。また、このような機能を担う株式買取請求権を通じ、実質的に、取締役や多数株主により行われた組織再編の決定の適否が事後的に評価されることになるとの指摘もある。

(イ) 株式買取請求権における「反対株主」

(あ)「反対株主」の意義

　組織再編において株式買取請求権を行使することができる「反対株主」とは、①当該組織再編をするために、株主総会（種類株主総会を含む）の決議を要する場合には、[i] 当該株主総会に先立って当該組織再編に反対する

---

112)　相澤哲編著『別冊商事法務No.295　立案担当者による新・会社法解説』（商事法務、2006）200頁。

113)　相澤哲編著『別冊商事法務No.295　立案担当者による新・会社法解説』（商事法務、2006）201頁。

旨を会社に対し通知し、かつ、当該株主総会において当該組織再編に反対した株主をいう。ただし、ⅱ当該株主総会において議決権を行使することができない株主については、上記行為なくして「反対株主」に該当することとなる（会社785条2項1号、797条2項1号、806条2項）。これに対し、②当該組織再編をするために、株主総会（種類株主総会を含む）の決議を要しない場合には、すべての株主が、「反対株主」となる（同785条2項2号、797条2項2号）。

(い) 簡易組織再編における株式買取請求権

吸収分割または新設分割における分割会社が簡易組織再編を行う場合、分割会社の株主に株式買取請求権は認められない（吸収分割について会社785条1項2号、784条2項、新設分割について同806条1項2号、805条）。

また、簡易組織再編は、分割会社のみならず、吸収合併における吸収合併存続株式会社、吸収分割における吸収分割承継株式会社および株式交換における株式交換完全親株式会社についても規定されているところ、従来は、会社法において、これらの会社の株主に株式買取請求権が認められない旨の規定はなかった。会社法の改正により、これらの会社が簡易組織再編の要件（同796条2項本文）を充足する場合には、これらの会社の株主は株式買取請求権を有しないこととされた（同797条1項ただし書、796条2項本文）。株式買取請求の制度趣旨は、会社組織の基礎に本質的変更をもたらす行為に反対する株主に投下資本を回収する機会を与えるものであるところ、簡易組織再編については会社や株主に対する影響が軽微であることから株主総会決議を不要としていることに鑑みれば、簡易組織再編等において株式買取請求権を保障する必要性は高くないためである。

当事会社が簡易組織再編の要件を客観的に充足する場合に、任意に株主総会の決議を得たとしても、当該当事会社の株主に株式買取請求が付与されるわけではないと解される。

(う) 略式組織再編における特別支配会社の株式買取請求権

会社法においては、略式組織再編の要件を充足する場合における特別支配会社については株式買取請求権を有しないこととする旨の規定はなかったが、会社法の改正により、略式組織再編の要件（会社796条1項本文等）を

充足する場合における特別支配会社は、株式買取請求権を有しないこととされた（同797条2項2号括弧書等）。かかる場合には、当然ながら、特別支配株主を保護する必要性がないためである。

(ウ) 株式買取請求権に関する手続の流れ

(あ) 会社による組織再編の通知または公告

会社は、組織再編が効力を生ずる日の20日前までに、株式買取請求の対象となる株式の株主（種類株主。ただし、略式組織再編における特別支配会社を除く）に対し、当該組織再編を行う旨を通知（株主総会に係る招集通知による通知でも可[114]）し、または公告しなければならない（以下「買取公告等」という。会社785条3項、4項、797条3項、4項、806条3項、4項）。

(い) 会社による買取口座の開設

振替株式の発行者が組織再編等をしようとする場合、発行者は、既に株式買取請求に係る振替株式の振替を行うための口座（以下「買取口座」という）を開設している場合等でない限り、買取口座を開設しなければならない（会社法の一部を改正する法律の施行に伴う関係法律の整備等に関する法律第3章第2節18、社債株式振替155条1項）。そして、発行者は、株式買取請求に係る上記公告を行う場合に、併せて、買取口座を公告しなければならない。

(う) 株主による反対通知および反対の議決権行使の手続

前記(イ)の(あ)のとおり、株主総会（種類株主総会）において議決権を有する株主が株式買取請求権を行使するためには、当該株主総会（種類株主総会）に先立って吸収合併等に反対する旨を会社に通知し、かつ、当該株主総会（種類株主総会）において吸収合併等に反対することが必要である。また、株主総会と種類株主総会の両方で議決権を行使することができる株主については、株主総会と種類株主総会の決議に先立って吸収合併等に反対する旨を通知し（議決権行使書の送付・提出による通知でも可）、かつ、株主総会と種類株主総会の両方で反対することが必要である。

このように、総会前に反対通知を要求する趣旨は、会社に対しどの程度の株式買取請求が行われる可能性があるかについて認識させ、議案の提出

---

114)　相澤哲＝葉玉匡美＝郡谷大輔編著『論点解説　新・会社法──千問の道標』（商事法務、2006）664頁。

前に再考する機会を与えるためである[115]。また、総会における反対の議決権行使を要求する趣旨は、総会で賛成の議決権を行使しながら、その後の株価の動き等を見て株式買取請求権を行使するのは禁反言に反するためである[116]。この総会前の反対通知の方法は法定されておらず、書面または電磁的方法による議決権行使ができる株主が当該組織再編に反対である旨を示す議決権行使書面の提出・電子方法であってもよいとされているが、会社がする委任状勧誘に応じて委任状を返送しても、会社に対して反対の意思を通知したことにはならない[117]。

　他方、議決権制限株式の株主については、株主総会前に反対通知を要求したとしても特に意味は存しない一方で、株主に無用の負担を負わせることとなるため、総会前の反対通知は不要とされている。

(え) 株式買取請求権の行使手続

　株式買取請求をする反対株主は、吸収合併等の消滅会社または存続会社における反対株主については効力発生日の20日前から効力発生日の前日までの間に、新設合併等における反対株主については買取公告等をした日から20日以内に、それぞれ、その株式買取請求に係る株式の種類・数を明らかにして、買取請求をしなければならない（会社785条5項、797条5項、806条5項）。なお、買取請求権の行使期間については、総株主の同意を得て20日間の株式買取請求期間を短縮することが可能であると解されている。

　また反対株主は、振替株式について株式買取請求をしようとするときは、対象とする振替株式について買取口座を振替先口座とする振替申請をしなければならず（社債株式振替155条3項）、株券が発行されている株式について株式買取請求をしようとするときは、組織再編等を行う株式会社に対して、当該株式に係る株券を提出しなければならない（会社785条6項、797条6項、806条6項）。従前は、株式買取請求を行った反対株主が、買取請求の相手方である組織再編等の当事会社の承諾を得られない等、本来、株式買

---

115)　　江頭・会社法836頁。

116)　　相澤哲編著『別冊商事法務No.295　立案担当者による新・会社法解説』（商事法務、2006）200頁。

117)　　江頭・会社法837頁注2。

取請求の撤回ができない局面であっても、株式買取請求の対象とした株式を市場等や株券を交付して売却することにより、事実上、撤回と同様の効果を得ることが可能であったことから、会社法の平成26年改正において、株式買取請求の対象となった株式について、反対株主に買取口座への振替申請や株券の交付を強制することにより、その売却可能性を制限し、株式買取請求の撤回制限の実効化が図られたものである。

なお、反対株主による買取請求については、いわゆる個別株主通知（社債株式振替154条3項）がされていることが対抗要件とされる。

(エ) 買取価格

組織再編の株式買取請求権が行使された場合において、当該株式会社が買い取るべき価格は、単に「公正な価格」と規定されている（会社785条1項、797条1項、806条1項）。公正な価格は、法令上具体的な算定方法は定められていないが、通常であれば、株式買取請求権の効力発生時における時価が基準となり、組織再編により株価が下落した場合には、組織再編が無かったものと仮定した場合の価格となり、組織再編行為によりシナジー効果が生じて株価が上昇した場合には、そのシナジー効果を織り込んだ価格となるものとされる[118]。

(オ) 株式の買取りの効力発生日

(あ) 買取の効力発生日

組織再編に伴う株式買取請求は、吸収型組織再編についてはその効力発生日に、新設型組織再編については設立会社の成立の日に、それぞれその効力を生ずるものとされる（会社786条6項、798条6項、807条6項）。このため、株式買取請求がされた後、吸収合併・新設合併の効力が生じたときは、当該請求をした消滅会社の株主が有する株式は、その効力発生日において消滅会社に移転したうえで消滅することとなり、また、株式交換・株式移転の効力が生じたときは、当該請求をした完全子会社の株主が有する株式は、その効力発生日に完全子会社を経て完全親会社に移転すること

---

[118] 相澤哲＝葉玉匡美＝郡谷大輔編著『論点解説　新・会社法——千問の道標』（商事法務、2006）682頁。公正な価格の意義等の詳細については、森本滋編『会社法コンメンタール18—組織再編、合併、会社分割、株式交換等（2）』（商事法務、2010）113頁以下、森・濱田松本法律事務所編『M&A法体系』（有斐閣、2015）340頁以下等参照。

なる[119]。

(ｲ)　効力発生日後の株式買取請求の撤回

　効力発生日後に、株式買取請求が撤回された場合には、存続会社もしく
は新設会社または完全子会社には原状回復義務として消滅会社または完全
子会社の株式を返還する義務が生ずることとなるが、合併の場合、消滅会
社は解散し、株式交換・株式移転の場合、完全親会社が完全子会社の株式
を取得している（会社769条1項、771条1項、774条1項）ことから、当該義
務はいずれも履行不能となり、結局、当該義務を負っていた会社は、株式
買取請求に係る株式の代金相当額の金銭の返還義務を負うこととなる。な
お、株式交換がなされた事案において、上記株式の代金相当額の基準時に
ついて、（株式買取請求の撤回時ではなく）株式の返還義務が履行不能となっ
た株式交換の効力発生日の時点とすべきものと判示されている[120])。

(カ)　株式の価格の決定手続

(あ)　株主と発行会社との協議

　株式買取請求があった場合、株式の価格の決定について、株主と発行会
社との間で協議が調ったときは、消滅会社等（新設合併の場合は新設合併設
立会社）、存続会社等は、効力発生日（または設立会社の成立の日）から60日
以内にその支払いをしなければならない（会社786条1項、798条1項、807条
1項）。ただし、株主も発行会社も、協議を行う義務を負うものではなく、
また、発行会社は株式買取請求権を行使した株主全員と同一の交渉をする
義務を必ずしも負うものではない。また、株式買取請求権を行使した株主
と個々に協議をすることも想定されているため、結果として株主によって
買取価格が異なることもあり得る。もっとも、実務的には、株式買取請求
権を行使した株主が多数に及ぶ場合などは、株主平等原則の趣旨を尊重し、
発行会社から株主に対し一律に同一の価格を提示し、株主において了解が
得られなければ、裁判所に対して申立てを行うことが多い。

---

119)　相澤哲編著『別冊商事法務No.295　立案担当者による新・会社法解説』（商事法務、
　　　2006）202頁。

120)　東京高判平成28年7月6日金商1497号26頁。

(い) 裁判所に対する株式買取価格の決定の申立て

株式の価格の決定について、効力発生日から30日以内に協議が整わないときは、株主または消滅会社等・存続株式会社等は、当該30日の期間の満了の日後30日以内に、裁判所に対し、買取価格の決定の申立てをすることができる（会社786条2項、798条2項、807条2項）。

(う) 株式買取請求の撤回

株式買取請求権は、投機的に株式買取請求権が行使されるおそれを減らすべく、いったん行使された場合には、爾後、原則として発行会社の承諾を得た場合を除き、撤回が禁止される（会社785条7項、797条7項、806条7項）。ただし、効力発生日または設立会社成立の日から60日以内に（協議が整っていないにもかかわらず）裁判所に対する申立てがないときは、その期間満了後はいつでも撤回ができるものとされる（同786条3項、798条3項、807条3項）。

(え) 株券発行会社における買取代金の支払い

株券発行会社は、株券が発行されている株式について、株券と引換えに、その株式買取請求に係る買取代金を支払うこととされている（会社786条7項、798条7項、807条7項）。

(お) 公正な価格と認める額の事前支払制度

株式買取請求がされた発行会社は、買取価格の決定があるまでは、反対株主に対し、自らが公正な価格と認める額を支払うことができる（会社786条5項、798条5項、807条5項）。

また、株式買取請求がされた発行会社は、組織再編の効力発生日または設立会社成立の日から60日の期間の満了の日後は、年6分の利率により算定された利息を支払う義務がある（同786条4項、798条4項、807条4項）。もっとも、かかる法定利息の利率（年6分）が、現在の経済状況等に照らして　定程度高水準にあることから、株式買取請求の濫用を招く原因となっている旨の指摘がなされていたこと、また実務においては、利息負担の軽減のため、発行会社が価格決定が出される前に株式買取請求を行う株主に対して一定金額の事前支払いを試みる例が見られたことから、会社法の平成26年改正において、会社の利息負担の軽減と株式買取請求の濫用防止を

第3章　ビジネス活動（事業活動・取引）に関する法　295

図る観点から、前記事前支払制度が創設された。この制度の下では、反対株主が会社による価格決定前の支払いを受領しない場合には、発行会社は弁済供託を行うことができるものと解される。

かかる制度の創設により、発行会社が利息発生日までに前記支払制度による支払いを行った場合、発行会社は、裁判所において決定された買取額が会社が公正な価格として支払った額を上回らない限り、反対株主に対して利息を支払う必要がないことが明確化され、例えば法定利息（年6分）の獲得を目的とした投機的な株式買取請求権の行使に対して一定の抑止的効果が生じたといえる。他方、裁判所において決定された買取額が、発行会社が公正な価格として支払った額を上回った場合には、発行会社は、発行会社が公正な価格として支払った額と決定された買取額との差額および当該差額に対する利息発生日後の利息を追加して支払うことになると解される。

【d】債権者保護手続

会社法は、組織再編当事会社が類型的に債権者の利害に影響を及ぼす可能性のある組織再編を行う場合には、事前に債権者保護手続を行うことを求めている。

(ア) 債権者保護手続の対象となる債権者（「異議を述べることができる債権者」）

組織再編手続における債権者保護手続の対象となる債権者は、当該組織再編につき「異議を述べることができる債権者」、すなわち、当該組織再編が自らの利害に影響するおそれのある債権者に限られる。

(あ) 合併の場合

合併の場合、当事会社双方のすべての債権者が自らの債権の引当てとなる会社財産の変動または債権そのものの移転という意味で影響を受けるため、すべての債権者が債権者保護手続の対象となる（会社789条1項1号、799条1項1号、810条1項1号）。

(い) 会社分割における債権者

会社分割の場合、当事会社のすべての債権者が「異議を述べることができる債権者」として債権者保護手続の対象となるわけではない。具体的に

は、次の債権者が債権者保護手続の対象となる。

① 吸収分割承継会社の債権者
　吸収分割承継会社のすべての債権者（会社799条1項2号）
② 吸収分割または新設分割における分割会社の債権者
　　〔i〕分割とともに剰余金の配当または全部取得条項付種類株式の取得
　　　をする場合
　　　分割会社のすべての債権者（同789条1項2号）
　　〔ii〕分割とともに剰余金の配当または全部取得条項付種類株式の取得
　　　をしない場合
　　　吸収分割承継会社または新設会社に承継される債務の債権者のう
　　　ち、分割後、分割会社に対して債務の履行（連帯保証債務の履行を
　　　含む）を請求できないもの（同789条1項2号、810条1項2号）。

　上記②〔ii〕のとおり、分割会社に残存する債権者は債権者保護手続の対象
とされない。かかる残存債権者を害する意図を持った会社分割への対応と
して、会社法の平成26年改正に際し、分割会社が残存債権者を害すること
を知って会社分割をした場合に、残存債権者は、承継会社・設立会社に対
し、承継した財産の価額を限度として債務の履行を請求することができる
旨の規定が設けられた（会社759条4項）。

(う)　株式交換または株式移転における債権者

　株式交換または株式移転の場合、原則として、完全子会社となる会社の
財産には変動が生じない。また、完全親会社となる会社も、完全子会社の
株式を受け入れて、その対価として完全親会社の株式を交付するのみであ
り、仮に受入財産が不当に評価されたとしても、会社財産の流出は一切存
せず、責任財産の減少が生じない以上、債権者が害されることはない。し
たがって、株式交換または株式移転の場合、原則として債権者保護手続の
対象となる債権者は存在しない。
　しかしながら、株式交換または株式移転において、例外的に、新株予約
権付社債が完全親会社となる会社に承継される場合がある。この場合、完

第3章　ビジネス活動（事業活動・取引）に関する法　297

全子会社においては当該新株予約権付社債権者について、完全親会社においては全債権者について、それぞれ債権者保護手続を行う必要がある（会社789条1項3号、799条1項3号、810条1項3号）。

　また、株式交換に際しては、完全子会社の株主に対して完全親会社の株式以外の財産を交付することも認められており（同768条1項2号）、その場合には、原則として、完全親会社における債権者保護手続が必要となる（同799条1項3号）。ただし、完全親会社の株式と併せて株式以外の財産を交付する場合であって、当該株式以外の財産の合計額が完全子会社の株主に交付する金銭等の合計額の20分の1未満に留まるときは、債権者保護手続は要しない（同799条1項3号、会社則198条）。

(イ) 手続の概要

(あ) 公告および債権者保護手続の対象となる債権者のうち知れている債権者に対する個別催告

　債権者保護手続においては、組織再編当事会社はその債権者に対して、組織再編に異議があれば1か月を下らない一定の期間内に異議を述べるべき旨を官報により公告し（会社789条2項、799条2項、810条2項）、かつ、債権者保護手続の対象となる債権者のうち知れている債権者に対して個別に催告を行う必要がある（同789条2項、799条2項、810条2項）。

　公告または催告には、①組織再編に異議があれば述べるべき旨のほか、②組織再編をする旨、③他の当事会社の商号および住所、④当事会社の計算書類に関する事項を記載しなければならない（会社789条2項、会社則188条、会社799条2項、会社則199条、会社810条2項、会社則208条）。

　定款に公告方法として時事を掲載する日刊新聞紙（いわゆる日刊紙）または電子公告（インターネット）と定めている株式会社は官報に加えてこの定款で定める公告方法で公告することにより、個別催告を省略することができる（会社789条3項、799条3項、810条3項）。ただし、電子公告の場合、会社の定める1か月以上の異議申述期間中、インターネットのホームページに公告が継続して掲載されていることが要件となっているため、電子公告調査機関の調査を受ける必要がある（同940条、941条）。なお、上記方法によった場合でも、会社分割を行う場合の分割会社の不法行為債権者に対す

る個別催告は省略できない（同789条3項、810条3項）。

(い)　債権者の異議がなされた場合

　債権者が異議申述期間内に異議を述べた場合、原則として、会社は、弁済するか相当の担保を提供するかまたは債権者に弁済を受けさせることを目的として信託会社に相当の財産を信託しなければならない（会社789条5項、799条5項、810条5項）。提供する担保については、必ずしも物的担保である必要はなく、人的担保すなわち保証でも足りると解されている。

　なお、弁済期の到来していない債権については弁済する必要はなく、担保の供与または財産の信託をすれば足りる。また、組織再編によって「債権者を害するおそれがない場合」には、弁済・担保提供等を要しない（同789条5項、799条5項、810条5項）。「債権者を害するおそれがない場合」とは、会社の資産状況、経営状況が良好であって、そのキャッシュフローに比較して異議を述べた債権者の債権額が少額である場合、異議が述べられた債権につき弁済を受けるのに十分な担保が既に付されている場合等がこれに該当する。これに加え、合併の場合について、合併前から債権者に対して債務全額を弁済する可能性がないところ、組織再編をしても弁済可能性が低くはならない場合も「債権者を害するおそれがない場合」に含まれるものと解されている。

(う)　組織再編に係る登記申請の際の添付書類

　組織再編に係る登記申請にあたっては、異議申述の公告および催告をしたこと、ならびに異議を述べた債権者に対し弁済もしくは担保を供し、または財産の信託をしたことを証する書面または債権者を害するおそれがないことを証明する書面を申請書に添付しなければならない（商登80条3号および8号、81条8号、85条3号および8号、86条8号、89条3号および7号ならびに90条7号）。

(ウ) 債権者保護手続の効果

(あ)　債権者保護手続において異議を述べなかった債権者

　債権者保護手続の対象となる債権者のうち、個別催告や公告がなされたにもかかわらず、期間内に異議を述べなかった債権者は、当該組織再編を承認したものとみなされる（会社789条4項、799条4項、810条4項）。

第3章　ビジネス活動（事業活動・取引）に関する法　　299

(い) 債権者保護手続を行わなかった場合

　吸収型組織再編の場合、効力発生日は組織再編契約の必要的法定記載事項とされているが（会社749条1項6号）、各組織再編において必要とされる債権者保護手続等の法定手続が終了しない場合（同789条等）には、効力発生日に係る規定は適用されないため（同750条6項）、当該組織再編の効力は生じないこととなる。

　新設型組織再編の場合、当該行為の効力発生要件となる登記は債権者保護手続が終了した日以後でなければ行うことができないと解され（同922条、924条、925条）、かつ、債権者保護手続関係書面が登記の添付書類とされている（商登81条、86条、90条）ため、債権者保護手続の終了を待って登記を申請せざるを得ず、債権者保護手続が行われなかった場合には、当該組織再編の効力は生じないこととなる。

(う) 個別催告を受けなかった債権者

　債権者保護手続において個別催告の対象であったにもかかわらず、個別催告を受けなかった債権者は、当該組織再編を承認したことにならないため、組織再編無効の訴えの原告適格を有することとなる（会社828条2項12号）。

(エ) 会社分割における個別催告を受けなかった分割会社の債権者の権利

　債権者への公告として官報公告のみが行われた場合には、異議を述べることができる分割会社の債権者で個別催告を受けなかったすべての債権者（分割会社に知れていないため、個別催告が必要とされない債権者を含む）が、分割会社または承継会社・設立会社に対して、所定の額を限度として、債務の履行を請求できる。また、債権者への公告として官報公告に加えて新聞公告または電子公告が行われた場合でも、異議を述べることができる分割会社の債権者で個別催告を受けなかったすべての不法行為債権者（分割会社に知れていないため、個別催告が必要とされない不法行為債権者を含む）が、分割会社または承継会社・設立会社に対して、債務の履行を請求できる（会社759条2項、3項、764条2項、3項）。

　平成26年改正前の会社法では、会社分割に異議を述べることができる分割会社債権者であっても、分割会社に知れていない者に対しては、分割会社は個別催告を行うことを要しないものとされ、このような個別催告を要しない者は分

割契約または分割計画に従い、いずれか一方の会社に対してのみ債務の履行を請求できることになっていた。そして、分割会社に異議を述べることができる不法行為債権者であっても、分割会社に知れていない者に対しては、個別催告を行うことは要しないようにも読めることから、分割会社または承継会社・設立会社の一方に対してのみ債務の履行を請求できるようにも解し得た。しかし、平成26年会社法改正において、上記のとおり、会社分割について異議を述べることができる不法行為債権者は、分割会社に知れていない場合でも上記の保護を受けることが、明確化された。

　さらに、平成26年改正前の会社法では、官報公告のみが行われた場合について、「知れていない債権者」が個別催告を受けない場合、分割契約または分割計画に従い、いずれか一方の会社に対してのみ債務の履行を請求できることになっていた。しかし、知れている債権者に比して知れていない債権者の保護が劣ることは合理的ではないとして、平成26年会社法改正において、会社分割について異議を述べることができる債権者で、個別催告を受けなかったすべての債権者は、上記の保護を受けることとされた。

【e】事後開示書類とは

　組織再編については、組織再編の効力が生じた日から6か月以内に限り、当該組織再編の無効の訴えを提起することが認められている（会社828条1項7号〜12号）。

　この権利を行使するか否かを判断するための前提となる情報である組織再編の内容を利害関係者に覚知させるべく、会社法には、既に効力が発生した組織再編に関係する事項を事後開示する制度が設けられている。

(ア) 事後開示書類の内容

　会社法で定められている事後備置書類の内容は、組織再編の類型ごとに規定されているが、その概要は次のとおりである。

第3章　ビジネス活動（事業活動・取引）に関する法　　301

①吸収型組織再編の場合

吸収合併消滅会社	事後開示書類は存在しない
吸収合併存続会社	会社801条3項1号、1項、会社則200条
吸収分割会社	会社791条1項1号、会社則189条
吸収分割承継会社	会社801条3項2号、2項、会社則201条、 会社791条1項1号、会社則189条
株式交換完全子会社	会社791条1項2号、会社則190条
株式交換完全親会社	会社801条3項3号、791条1項2号、会社則190条

- ・ 組織再編が効力を生じた日
- ・ 組織再編当事会社が株式買取請求手続、新株予約権買取請求手続、債権者
  保護手続を行った場合、当該手続の経過
- ・ 組織再編により存続会社等が消滅会社等から承継した重要な権利義務に関す
  る事項（株式交換の場合、完全親会社に移転した完全子会社株式の種類および数）
- ・ 吸収合併の場合、吸収合併消滅会社が事前備置書類として備え置いた書面
  または電磁的記録に記載または記録がされた事項（吸収合併契約の内容を除く）
- ・ 組織再編に係る登記をした日
- ・ 上記のほか、組織再編に関する重要な事項

②新設型組織再編の場合

新設合併消滅会社	事後開示書類は存在しない
新設合併設立会社	会社815条3項1号、1項、会社則211条、213条
新設分割株式会社	会社811条1項1号、会社則209条
新設分割設立会社	会社815条3項2号、2項、会社則212条、 会社811条1項1号、会社則209条
株式移転完全子会社	会社811条1項2号、会社則210条
株式移転完全親会社	会社815条3項3号、811条1項2号

- ・ 組織再編が効力を生じた日
- ・ 組織再編当事会社が株式買取請求手続、新株予約権買取請求手続、債権者

保護手続を行った場合、当該手続の経過
- 組織再編により新設会社等が消滅会社等から承継した重要な権利義務に関する事項（株式移転の場合、完全親会社に移転した完全子会社株式の種類および数）
- 新設合併の場合、新設合併消滅会社が事前備置書類として備え置いた書面または電磁的記録に記載または記録がされた事項（新設合併契約の内容を除く）
- 上記のほか、組織再編に関する重要な事項

(イ) 事後開示書類の備置開始日

　事後開示書類は、吸収型組織再編においては組織再編の効力発生日から（会社791条2項、794条1項）、新設型組織再編においては新設会社の成立の日から（同811条2項、815条3項）、これを備え置かなければならない。

(ウ) 事後開示書類の備置終了日

　事後開示書類の備置終了日は、備置開始日から6か月後の日である。なお、吸収型組織再編と新設型組織再編とでは、備置開始日の考え方が異なるため、備置終了日がずれることに注意が必要である。すなわち、吸収型組織再編の場合、効力発生日は組織再編契約により定めた日となるため、効力は通常、午前0時に生じるところ、新設型組織再編の場合、組織再編の効力は当該組織再編により設立される新設会社の設立登記申請を行って初めて生ずる、つまり午前0時よりも後に生ずる。したがって、民法の期間計算の原則（民140条）に従い、同日に効力が生ずる組織再編であっても、上記6か月の起算点は、吸収型組織再編と新設型組織再編とでは1日ずれる。

第2編

第4章　納税その他公的規制に関する法

I　ビジネスに関連する租税の概要

1　はじめに

　ビジネス・パーソンにとって、租税に関する知識は必要不可欠である。というのも、ある取引で100の純利益を上げたとしても、課せられる税金が50である場合、税引後の利益は50しか残らない。他方、課せられる税金を20に抑えることができれば、税引後の利益は80に増加し、取引から得られる税引後の利益を60%アップさせることが可能である（50→80）。したがって、経済取引にどの程度の税金が課せられるのかを知っておくことは事業活動を行ううえで重要である。

　また、税金は、企業が国家に対する債務である。我が国では、平成27年度において、国税職員が約5万7,000人であり、これらの職員が税務調査・国税徴収等の職務を遂行している。税務調査において、企業の税務処理の誤りが発見された場合、過少申告加算税等のペナルティ、脱税の場合には刑事罰が設けられている。また、国税職員は、裁判所の手続を経ることなく、財産の差押え等を行い、滞納税金を徴収することができる。納税者である企業は、税法を十分に理解し、適正な税務処理を行って納税する必要がある。

　しかし、税金の根拠となる税法は、条文が複雑・難解であり、法律や契約書を読むのに慣れている企業の法務部員や弁護士であっても、各税法の条文に規定された課税要件および課税効果を正確に理解するのは相当困難であると思われる。

　そこで、本項においては、各税法の条文を詳細に解説することは避け、企業のビジネス取引と関係する税制の概要を解説することとしたい。

② 租税の種類

一口に「租税」といっても、租税には多くの種類があり、どのように区分するかはさまざまであるが、一般的に、課税の対象で区分されている。例えば、経済的利得（所得）に対する課税として、所得税、法人税、事業税があり、財産に対する課税として相続税、固定資産税などがある。消費に対する課税としては、消費税、酒税が、流通に対する課税として、印紙税、登録免許税、不動産取得税が挙げられる。

このうち、ビジネス取引との関係上重要なものは、法人税、消費税、印紙税、登録免許税、不動産取得税であろう。また、最近では、国際取引も増加しており、源泉所得税（所得税）も重要性を増しつつある。

以下では、各租税の基本的な仕組みを説明する。

Ⅱ 法人税の基本的な仕組み

① 法人税の概要

法人税は、法人の所得に対する課税である。法人税法上、法人の種類は、内国法人、外国法人、公共法人、人格のない社団等、非営利型法人など、いくつかに分類されており（法税4条、3条等）、それぞれ課税上の取扱いが異なる。また、組合や匿名組合は、法人には該当しないとされている（法人税基本通達1－1－1）。ここでは内国法人の課税関係を取り上げ、外国法人の課税関係については、**後記 Ⅳ** で取り上げる。

法人税の課税対象は、法人の所得であり、所得の金額は、当該事業年度の「益金の額」から「損金の額」を控除して計算されることになっている（法税22条1項）。益金の額に算入すべき金額は、「資産の販売、有償又は無償による資産の譲渡又は役務の提供、無償による資産の譲受けその他の取引で資本等取引以外のものに係る当該事業年度の収益の額とする」とされている（同条2項）。損金の額に算入すべき金額は、①当該事業年度の収益に係る売上原価、完成工事原価その他これらに準ずる原価の額、②①のほか、当該事業年度の販売費、一般管理費その他の費用（償却費以外の費用で当該事業年度終了の日までに債務の確定

306 第2編 ビジネス法の体系と主な分野

しないものを除く）の額および③当該事業年度の損失の額で資本等取引以外の取引に係るものとされている（同条3項）。もっとも、益金の額や損金の額は、「別段の定め」があれば、当該別段の定めが優先的に適用されることになる。

「益金」・「損金」は、あくまで法人税法の概念であり、企業会計における「収益」・「原価」・「費用」といった概念とは異なる。しかし、法人税法は、所得の金額の計算につき、「一般に公正妥当と認められる会計処理の基準に従つて計算されるものとする」と規定している（同条4項）。すなわち、法人の各事業年度の所得の計算は、原則として企業利益の算定の技術である企業会計に準拠して行われるべきこと（企業会計準拠原則）を明らかにするものである。

そこで、法人税法上の所得の金額は、実務上、下記**[図表19]**のように計算されることとなる。

[図表19] 法人税法上の所得金額算出方法

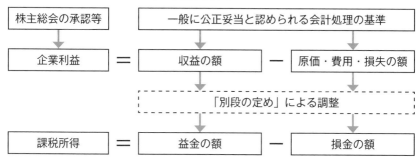

出所）日本公認会計士協会「会計基準のコンバージェンスと確定決算主義」租税調査会研究報告第20号6頁を基に作成。

また、法人税法において、損益取引と資本等取引は区別されている。法人が損益取引を行った場合、益金または損金が生じるが（同条2項、3項）、他方で、法人が資本等取引を行った場合には、たとえ法人の資産が増減したとしても（新株発行や剰余金の分配が典型例である）、益金または損金は生じない（同条5項）。資本等取引には、主として①資本金等の額の増減を生じる取引と、②利益または剰余金の分配の2種類がある（同条5項）。

以上のように法人の所得の金額が計算された後は、一定の法人税率を乗じて

第4章　納税その他公的規制に関する法　307

税額を算出することになる。法人税率は、資本金によって異なり、資本金が1億円以上の場合、平成28年4月1日以後に開始する事業年度について、23.4%、平成30年4月1日以後に開始する事業年度については23.2%となる[121]（法税66条）。

　法人税の課税方法は申告納税である。申告納税とは、納税者自身が取引に係る税額を申告したうえで納税するという仕組みである。そこで、法人税の納税義務を負う法人は、事業年度中に行った自らのビジネス取引に関して適正な会計上の記帳を行い、その記帳に基づいて税法に照らして調整したうえで（いわゆる申告調整）、適正な税額を計算し、納付しなければならない。

❷ ビジネス取引に関連する法人税法上の取扱い

　法人税法における所得金額の計算は前記のとおりであるが、法人税法および租税特別措置法は、益金または損金について特別な取扱いを多数設けている。ここでは、ビジネス取引にとって重要な特別な取扱いについて解説する。

【1】寄附金

　通常、「寄附金」と聞くと、大学や研究機関に対して現金を拠出することをイメージするかもしれない。しかし、法人税法において、「寄附金」の概念はかかる現金の拠出にとどまらない。「寄附金」をめぐっては、税務当局と企業との間で争いとなることが多い。

　まず、法人税法において、「寄附金」とは、その名義のいかんを問わず、金銭その他の資産または経済的利益の贈与または無償の供与をいうとされている（法税37条7項）。そして、「寄附金」に該当する場合には、一定の額を超える部分については損金の額に算入されない（同条1項）。ただし、経済的利益の贈与または無償の供与につき、経済合理性がある場合には、「寄附金」に該当せず、損金の額に算入される[122]。したがって、「寄附金」に該当するかどうかは、企業にとって重要な問題である。特に「寄附金」該当性が問題となる局面として、債権放棄と低額譲渡が挙げられる。

---

121)　なお、法人の所得に対する地方税も含めた実効税率も、平成28年4月1日以後に開始する事業年度については30%を下回ることとされている。

122)　東京高判平成4年9月24日税資192号546頁〔太洋物産売上値引事件〕。

308　　第2編　ビジネス法の体系と主な分野

【a】債権放棄と寄附金

　取引先が経営危機に陥り、債権回収は難しいと判断して債権放棄し、会計上貸倒損失として費用計上した場合であっても、法人税法上は、当該取引先に対する「寄附金」と認定され、貸倒損失を損金の額に算入できない可能性がある。すなわち、法人税法は、債権放棄は、債権者が債務者に対して無償で経済的利益を供与するものと評価し、原則として放棄された債権額は「寄附金」に該当し、損金の額に算入されないこととなる。ただし、法人税基本通達は、債権放棄が一定の要件を充足する場合には、債権放棄が行われた事業年度において貸倒れとして損金の額に算入することを認める取扱いをしている（法人税基本通達9－6－1）。したがって、取引先が経営危機に陥った場合などでは、法人税基本通達の取扱いを把握したうえで債権放棄しなければ、税務リスクを抱えることになる。

【b】低額譲渡と寄附金

　また、低額譲渡についても、通常のビジネス・パーソンの感覚と税務上の取扱いにずれがある代表例である。法人税法上、適正な時価以外による取引が行われた場合は、原則として、時価取引とみなして課税が行われることになる。すなわち、法人税法は、低額譲渡を、①譲渡法人が時価で譲受法人に資産を譲渡し、時価相当額の対価を受け取る、②その直後に譲渡法人が譲受法人に対価を寄附する、という二つの取引が行われたとみなして課税することになっている[123]。①については、譲渡する法人が時価相当額の対価を受け取っているため、時価相当額の益金が発生し（法税22条2項）、②については、寄附金は一定限度を除き、損金の額に算入されないこととなる（同37条1項、8項）。

　したがって、税務上、低額譲渡が行われた場合、譲渡法人には時価相当額の資産の売却益が発生したものとして課税されることとなる。ただし、低額譲渡に経済合理性がある場合には、寄附金に該当せず、損金の額に算入することができるため、結果的に課税は生じない。

　他方で、譲受法人は、低額で資産を譲り受けていることから、時価相当額と対価との差額について受贈益が発生する（同22条2項）。このように、低額譲渡

---

123)　最判平成7年12月19日民集49巻10号3121頁〔南西通商事件〕。

が行われた場合は、時価取引に引き直されたうえで、譲渡した法人と譲受法人がダブルで課税されることになる。

したがって、適正な時価以外で取引を行う場合には、税務当局・裁判所から見た経済合理性があるかどうかが重要なポイントとなる。

【2】交際費

次にビジネス・パーソンにとって重要な項目は「交際費」であろう。法人税法上、交際費等とは、交際費、接待費、機密費その他の費用で、法人が、その得意先、仕入先その他事業に関係のある者等に対する接待、供応、慰安、贈答その他これらに類する行為のために支出する費用をいう（租特61条の4第4項）。かかる交際費の意義は、一般のビジネス感覚に近いと思われる。しかし、税務上の取扱いには十分な注意が必要である。交際費は、通常は営業活動のための費用であって、企業の必要経費として損金の額に算入されてしかるべきとも思われる。しかし、交際費は、企業のビジネスと関連性の薄い場合も少なくないことから、法人税法は、交際費の全額を損金の額に算入することを許さず、一定の範囲でのみ、損金の額に算入することを認めている（同61条の4）。具体的には、資本金の額が1億円を超える法人の場合、飲食その他これに類する行為のために要する費用（専らその法人の役員もしくは従業員またはこれらの親族に対する接待等のために支出するものを除く）の50％に相当する金額を超える部分の金額が損金の額に算入できないとされている。

そこで、問題は、交際費に該当するかどうかである。この点について、裁判例は、「交際費等」に該当するというためには、「①『支出の相手方』が事業に関係ある者等であり、②『支出の目的』が事業関係者等との間の親睦の度を密にして取引関係の円滑な進行を図ることであるとともに、③『行為の形態』が接待、供応、慰安、贈答その他これらに類する行為であること、の三要件を満たすことが必要であると解される。」と判示した[124]。もっとも、交際費の認定については、税務調査において税務当局と企業との間で見解の相違が生じやすい。交際費に該当するかどうかに関しては、国税庁が平成18年5月に公表したQ&A

---

124)　東京高判平成15年9月9日判時1834号28頁〔萬有製薬事件〕。

310　　第2編　ビジネス法の体系と主な分野

が参考になろう[125]。

【3】使途不明金・使途秘匿金

また、企業が営業活動等を行ううえで、支出先を秘匿したいという事情がある場合も考えられる。支出先を秘匿する支出は、企業の会計帳簿上、機密費等の名目で処理されることが多いと思われる。このような支出は、会計上は費用計上されるものの、法人税上は、損金の額に算入しない取扱いとなっている（法人税基本通達9－7－20）。これは、当該支出が事業と関連しているのかが明確ではなく、そのまま損金の額に算入することを認めると、課税の公平性が確保できないからと説明されている[126]。また、機密費等が役員に対して支給された場合には、当該支出は役員給与として取り扱われる可能性もある（同9－2－9(9)）。

さらに、使途不明金が賄賂やヤミ献金等の不正の隠れ蓑に利用されているという批判を背景として、使途不明金のうち、支出に相当な理由がないこと、帳簿書類に支出の相手方の氏名等が記載されていないこと等の一定の要件を充足する支出を「使途秘匿金」として、通常の法人税の額に40％を加算した金額を課税することになっている（租特62条1項）。しかも、かかる40％の加算部分に対しても重加算税等のペナルティが課されることになっていることから[127]、使途秘匿金として認定された場合、相当の税負担が生じることになる。実際に、ある鉄鋼メーカーがプラント工事の受注のための地元対策費を損金の額に算入していたところ、税務当局から使途秘匿金として損金の額に算入することが否認され、約33億円の追徴課税がされた例がある。この事件では、同社の株主が株主代表訴訟を提起し、同社の役員は同社に対し、使途秘匿金に係る事案その他の解決金として2億3,000万円を支払うとの和解が成立したようである[128]。

以上のとおり、使途秘匿金と認定された場合には、税負担はもとより、株主

---

125) 国税庁「交際費等（飲食費）に関するQ&A」（平成18年5月）。https://www.nta.go.jp/shiraberu/zeiho-kaishaku/joho-zeikaishaku/hojin/5065.pdf、(2016.10.06)。

126) 小原一博『法人税基本通達逐条解説』（税務研究会出版局、8訂版、2016）918頁参照。

127) 国税庁「法人税の重加算税の取扱いについて（事務運営指針）」（平成12年7月3日課法2－8）。http://www.nta.go.jp/shiraberu/zeiho-kaishaku/jimu-unei/hojin/000703-2/01.htm、(2017.03.01) 参照。

128) 平成22年3月30日付読売新聞夕刊記事。

代表訴訟につながりかねないため、注意が必要である。

❸ 人事に関連する法人税法上の取扱い

人事に関連する法人税については、従業員に対する給与等と役員に対する給与等とでは大きく取扱いが異なる。さらに、企業は、従業員および役員に対して給与等を支払う際に、源泉徴収を行う必要があることから、源泉徴収制度についても触れる。

【1】法人税
[a] 従業員に支給する給与等

法人が従業員に支給する給料等は、製造原価、一般管理費その他の費用として、原則として全額を損金の額に算入することができる(法税22条3項)。ただし、役員と特殊の関係にある従業員の場合は、従業員の給料等が隠れた利益処分に利用される可能性があるため、不相当に高額な部分は損金の額に算入することができない(同36条、法税令72条、72条の2)。

[b] 役員に支給する報酬等

法人が役員に支給する報酬等は、以下のいずれかに該当する場合に限り、損金の額に算入することができる(法税34条1項)。

① 定期同額給与

その支給時期が1月以下の一定の期間ごとである給与で当該事業年度の各支給時期における支給額が同額であるものその他これに準ずるものとして政令で定める給与をいう(同34条1項1号、法税令69条1項)。通常の月次給与が該当する。

② 事前確定届出給与

その役員の職務につき所定の時期に確定額を支給する旨の定めに基づいて支給する給与で、政令で定めるところにより納税地の所轄税務署長にその定めの内容に関する届出をしている場合における当該給与をいう(法税34条1項2号、法税令69条2項～5項)。通常の年次賞与が該当する。

312 第2編 ビジネス法の体系と主な分野

③ 利益連動給与

同族会社に該当しない内国法人がその業務執行役員に対して支給する利益連動給与のうち一定の要件を満たすものをいう（法税34条1項3号、法税令69条7項～12項）。

また、①～③に該当する場合であっても、不相当に高額な部分の金額は、損金の額に算入することができない（法税34条2項、法税令70条）。このような損金算入制限が定められているのは、役員は、自ら給与関係を決定することができるため、実質は損金算入できない利益処分に当たるものを給与の名目で役員に給付するおそれがあることが理由である。

なお、法人税法上、「役員」とは、ⅰ法人の取締役、執行役、会計参与、監査役、理事、監事および清算人、ⅱ法人の使用人以外の者で、その法人の経営に従事している者、ⅲ同族会社の使用人のうち、一定の同族判定株主グループに属する者で、その会社の経営に従事している者とされている（法税2条15号、法税令7条）。会社法上の役員は前記①により「役員」に該当するが、会社法上の役員ではなくても、上記ⅱ、ⅲにより法人税法上「役員」と判断され、上述の損金算入制限が適用される可能性がある点に注意が必要である。

【c】インセンティブ報酬

近時、コーポレートガバナンス・コードの適用が開始されたこともあり、役員等に対するインセンティブ報酬を導入する企業が増加している。インセンティブ報酬として実務上重要な類型として、ストックオプションと平成28年度税制改正により導入された特定譲渡制限付株式制度がある。

権利行使価額や権利行使期間等に関して一定の要件を充足するストックオプションは、税制適格となり（租特29条の2第1項）、会社において損金の額に算入することはできないが[129]、他方で、当該要件を充足しないいわゆる非適格ストックオプションは、当該オプションが行使された日の属する事業年度において、原則として、会社において当該オプションの発行時の時価を損金の額に算入す

---

129)　もっとも、役員等においては、ストックオプションの行使により取得する株式を譲渡するまで課税は繰り延べられる。

ることができる（法税54条の2）。

　また、特定譲渡制限付株式とは、平成28年度税制改正により導入された制度であり[130]、法人からその法人の役員または従業員等にその役員等による役務提供の対価として交付される一定期間の譲渡制限その他の条件が付されている株式をいい、法人税法において、特定譲渡制限付株式を交付した法人は、役員給与として交付された場合であっても一定の手続要件を充足することにより、譲渡制限の解除時点の属する事業年度において、役務提供に係る費用の額を損金の額に算入することができることとなった（同54条1項）[131]。

　なお、平成29年度税制改正により、役員のインセンティブ報酬の取扱いは大きく変更され、より損金に算入しやすくなった。

【2】源泉徴収の必要性

　法人が従業員に支給する給料等および役員に支給する報酬等は源泉徴収の対象であり、その支払いを行う法人は源泉徴収および年末調整を行う必要がある。源泉徴収した所得税および復興特別所得税は、原則として、給与等を実際に支払った月の翌月10日までに国に納めなければならない（所税183条）。

❹ 企業グループ間取引に関連する法人税

　企業グループにおいては、一体とした事業運営や経営管理が行われていることから、法人税法は、その実体に応じて、企業グループの課税関係について特別な制度であるグループ法人税制と連結納税制度を設けている。

　グループ法人税制および連結納税制度は、制度設計が複雑であるため、ここではごく簡単に説明するにとどめる。

---

130)　特定譲渡制限付株式制度の詳細については、経済産業省産業組織課「『攻めの経営』を促す役員報酬～新たな株式報酬（いわゆる『リストリクテッド・ストック』）の導入等の手引き」（http://www.meti.go.jp/press/2016/04/20160428009/20160428009-1.pdf、（2016.09.14））参照。

131)　なお、役員等においては、譲渡制限の解除時点で所得税が課税される（所税令84条1項）。

【1】グループ法人税制

　内国法人が、完全支配関係がある他の内国法人に対して一定の譲渡損益調整資産（固定資産、土地、有価証券等の資産をいい、棚卸資産等は含まれない）を譲渡した場合、譲渡利益額または譲渡損失額に相当する金額は、譲渡した事業年度の所得の計算上損金の額または益金の額に算入されることになる（法税61条の13第1項）。すなわち、譲渡法人において、資産の譲渡益（譲渡損）に相当する額の損金（益金）の額が計上されることになり、結果的に譲渡時点では課税は生じず、譲渡損益に対する課税が将来に繰り延べられる。しかし、グループ法人税制は、非課税措置ではなく、将来に課税を繰り延べるものにすぎない。譲受法人において当該資産の譲渡[132]、償却、評価換え、貸倒れ、除却等の事由が生じた場合や完全支配関係が失われた場合には、（課税が繰り延べられた）譲渡法人で譲渡利益額または譲渡損失額に相当する金額を益金または損金の額に算入して譲渡損益に対して課税関係が生じる（同条2項以下）[133]。

【2】連結納税制度

　法人税は、通常、個別の法人を単位として課税されるが、連結納税制度は、法人税の課税単位を法人のグループに拡大して課税する制度である[134]。親会社（連結親法人）と完全支配関係を有する内国法人（連結子法人）すべてがいわゆる連結法人グループを構成するが、連結親法人のみが連結法人税の納税義務者となる（法税4条の2）。連結子法人は、連結法人税全額について連帯納付責任を負うが（同81条の28第1項）、税務当局は、原則として、連結親法人から徴収するように努めることとされている[135]。

　連結法人税は、各連結事業年度の連結所得に対して課される（同6条）。連結所得は、当該連結親法人の属する連結法人の各連結事業年度の連結所得の金額

---

132)　譲受法人が、グループ外の第三者のみならず、完全支配関係にある会社に対して当該資産を譲渡した場合にも、譲渡法人に課税関係が生じる点に留意が必要である。

133)　したがって、今後、譲渡法人は、譲受法人において譲渡した資産がどのように処理されているかを確認する必要がある。なお、譲受法人は、譲渡損益調整資産に譲渡等が生じたときは譲渡法人に通知することになっている（法税令122条の14第17項）。

134)　金子宏『租税法』（弘文堂、第21版、2016）418頁。

135)　「法人税法第81条の28の規定による連帯納付責任について（法令解釈通達）」（平成15年7月2日徴徴4－5徴管2－54）6項参照。

とされており（同81条）、各連結事業年度の益金の額から当該連結事業年度の損金の額を控除した金額である。ごく簡単に言えば、連結納税グループに属する各連結法人の益金の額と損金の額をそれぞれ合計して計算したものが課税対象となる（同81条の2、81条の3第1項）。

連結納税制度においては、納税義務者は連結親法人であることから、連結親法人が連結確定申告を行い、確定申告税額を納付する。連結子法人は、確定申告をしない代わりに、連結法人税の「個別帰属額」を税務署長に届け出る必要がある（同81条の25第1項）。「個別帰属額」とは、各連結法人に各連結事業年度の連結所得に対する法人税の負担額として帰せられ、または当該法人税の減少額として帰せられる金額のことであり（同81条の18第1項）、各連結法人における連結法人税の負担分と考えることができる。

連結納税制度は、用語が難解であり、複雑な制度設計になっている。

⑤ M&Aに関連する法人税——組織再編税制

法人が組織再編等により資産等を譲渡した場合、原則として含み損益が実現し、当該資産の譲渡損益が認識されるが（法税62条）、一定の要件を満たす組織再編成（適格組織再編成）について、含み損益が実現したとしても、組織再編成が行われた事業年度においては当該含み損益を認識せず、資産等の帳簿価額による引継ぎを認めて課税を繰り延べる制度が設けられている（同条の2第1項等）。これが組織再編税制である。組織再編税制は、組織再編により移転する資産については、株式保有等を通じて、当該資産に対する支配が組織再編成の後も継続していると認められること等を根拠として、課税の繰延べを認めるものである。

法人税法は、合併、会社分割、株式交換、株式移転、現物出資および現物分配の6種類の取引を組織再編成行為として、税制適格要件を充足した組織再編成に関して、取引当事者や株主に対する課税の繰延べを認めている。なお、平成29年度税制改正により、いわゆるスクイーズ・アウト取引も組織再編税制に組み込まれた。

税制適格要件は、上記の類型ごとにそれぞれ差異はあるものの、次の3パター

ンに分けられる[136]。

① 100%支配関係のある企業グループ内の組織再編成の場合
② 50%超100%未満の支配関係のある企業グループ内の組織再編成の場合
③ 共同事業を行うための組織再編成の場合

　いずれのパターンにおいても、組織再編成の対価として、資産を受け入れる法人（合併法人等）の株式または直接完全親法人の株式以外の資産が交付されないという要件が課される。ただし、平成29年度税制改正により、一定の場合には現金に交付したとしても、課税の繰延べが認められることとなった。

　なお、組織再編税制において、注意が必要なのは、買収対象となった会社が繰越欠損金（Net Operating Loss）を有している場合である。所得金額の計算上損金の額が益金の額を超える場合におけるその超える部分の金額（いわゆる欠損金額。同2条19号）は、9年間[137]にわたって、翌事業年度以降において損金の額に算入することができる（同57条1項、11項）[138]。そこで、かかる繰越欠損金は、将来の納税額を減少させる効果を有する点において、対象会社の資産であると考えられる[139]。したがって、組織再編成の際に、かかる繰越欠損金が消滅しないストラクチャーを組成することが重要なポイントになりうる。例えば、被合併法人が繰越欠損金を有しており、税制適格要件を充足する合併であったとしても、①合併法人等と被合併法人等との間の支配関係が当該適格合併の属する事業年度開始の日の5年以上前に生じている場合、または②当該適格合併が「みなし共同事業要件」（法税令112条3項）を充足する場合に限って繰越欠損金が引き継がれる（法税57条3項）。また、反対に、合併法人等が繰越欠損金を有しており、税制適格要件を充足する合併であったとしても、法人税法57条3項と同

---

136)　ただし、適格現物分配に関しては、その性質上、100%支配関係がある場合（被現物分配法人が現物分配の直前において現物分配法人との間に完全支配関係がある内国法人のみである場合）に限定されている（法税2条12号の15）。

137)　平成29年4月1日以降に開始する事業年度に生じた欠損金額については10年間。

138)　ただし、中小法人等以外の法人は控除限度額が一定の割合に制限されている（法税57条1項ただし書）。

139)　企業会計上、繰越欠損金は「一時差異等」として、繰延税金資産として資産計上される（企業会計審議会「税効果会計に係る会計基準」（平成10年10月30日）参照）。

第4章　納税その他公的規制に関する法　　317

様の要件（①合併法人等と被合併法人等との間の支配関係が適格合併等の属する事業年度開始の日の5年以上前に生じている場合、または②当該適格合併等が「みなし共同事業要件」を充足する場合のいずれか）を充足しなければ繰越欠損金が消滅してしまうので、注意が必要である。

　また、繰越欠損金と同様に、対象会社が含み損のある資産を有する場合において、買主による支配関係が生じてから5年以内に対象会社が一定の事由に該当することとなった場合、当該事業年度開始の日から3年を経過する日（その経過する日が特定支配関係の生じた日以後5年を経過する日後となる場合は、同日）までの期間において生ずる資産等の譲渡等による損失の額は、損金の額に算入されない（同60条の3第1項）。

❻ 租税回避の否認

　租税回避（tax avoidance）とは、一般的に、「私法上の選択可能性を利用し、私的経済取引プロパーの見地からは合理的理由がないのに、通常用いられない法形式を選択することによって、結果的には意図した経済的目的ないし経済的成果を実現しながら、通常用いられる法形式に対応する課税要件の充足を免れ、もって税負担を減少させあるいは排除すること」と定義されており、課税要件の充足の事実を全部または一部秘匿する行為である脱税（tax evasion）や、税法規が予定しているところに従って税負担の減少を図る行為である節税（tax saving）と区別されている[140]。租税回避と認められる場合に、当該租税回避行為を否認することができるかは実務上重要な問題である。

　まず、租税回避を否認する明文の規定がある場合には、当然、当該規定に従って課税されることになる（例えば、法税57条の2）。他方で、租税回避を否認する明文の規定がない場合、いかなる事情があれば否認されるかが問題となる。この点について、租税法律主義（憲84条）の観点からは、原則として、税務当局が個別の規定なく租税回避行為の否認をすることは許されないと解されている。しかし、これまでの判例において、事実認定と法解釈により、結果的に租税回避行為を否認したのと同様の効果を有する方法が認められている[141]。さらに、

---

140)　　金子宏『租税法』（弘文堂、第21版、2016）126頁以下参照。

141)　　事実認定が問題となった事案として、東京地判平成20年2月6日判時2006号65頁

我が国の租税法は一般的な租税回避行為の否認規定を設けている。例えば、同族会社の行為・計算の否認規定（所税157条1項、法税132条1項等）、組織再編成に係る行為・計算の否認規定（同132条の2等）および連結法人に係る行為・計算の否認規定（同132条の3）といった行為・計算の否認規定である。これらの規定は、税の負担を「不当に減少させる」という不確定概念を用いているうえ、特に法人税法132条の2については、判例の蓄積も十分とはいえないことから、その適用範囲は明確ではない。しかし、近時、法人税法132条および同132条の2の解釈適用に関する最高裁の判断が出されていることから[142]、ビジネス取引が一般的な租税回避否認規定を用いて否認されることはないか、事前に検討する必要がある。

Ⅲ 消費税、流通税の基本的仕組み

1 消費税の概要

　我が国の消費税は、各取引段階における付加価値に対して課税する多段階一般消費税である[143]。消費税は、日本国内において行った、事業として対価を得て行われる資産の譲渡および貸付けならびに役務の提供（資産の譲渡等。消税2条1項8号）に対して課せられる。ただし、資産の譲渡等に該当する取引であっても、土地や有価証券の譲渡といった一部の取引は非課税取引として消費税は課されない（同6条1項、別表1）。買主は実質的に消費税を負担するものの、消費税法上、消費税の納税義務者は、原則として資産の譲渡等を行った売主である（同5条1項）。そこで、消費税が課税される取引に係る契約書において、「譲渡代金○円（税別）」などとして買主に消費税相当額の支払義務があることが明記されない場合は、買主の売主に対する消費税相当額の支払義務がないとされ

　　〔ヴァージン・シネマ事件〕、法解釈が問題となった事案として、最判平成17年12月19日民集59巻10号2964頁〔外国税額控除余裕枠大和銀行事件〕。

142)　　法人税法132条に関し、最決平成28年2月18日公刊物未登載〔IBM事件〕、法人税法132条の2に関し、最判平成28年2月29日裁判所ウェブサイト〔ヤフー事件〕を参照。

143)　　一般消費税の諸類型については、金子宏『租税法』（弘文堂、第21版、2016）698頁以下参照。

る可能性があるので[144]、売主は、消費税分が譲渡代金に含まれるかどうかを契約書において明確にすべきである。

消費税の税額は、課税対象となる資産の譲渡等の対価の額に6.3%（地方消費税とあわせて8.0%。いずれも平成28年4月1日現在の税率であり、将来、消費税率は7.8%（地方消費税とあわせて10%）となることが予定されている）を乗じて得た額から仕入れに係る消費税額を控除した額となる。かかる税額控除（いわゆる仕入税額控除）の計算方法には複数の方式が存するが、どの方式を選択できるかは課税売上割合により異なる。課税売上割合によっては、仕入れの際に支払った消費税額の全額を税額控除できない可能性がある。

課税売上割合は以下の算式により計算される。

$$課税売上割合 = \frac{課税期間中の課税売上高}{課税期間中の総売上高}$$

この仕入税額控除の適用を受けるためには、契約書に書類の作成者の氏名または名称、課税仕入れの相手方の氏名または名称、課税仕入れを行った年月日、課税仕入れに係る資産または役務の内容、課税仕入れに係る支払対価の額を記載しなければならない（同30条9項2号）。

消費税の課税期間は法人税法に規定する事業年度であり（同19条1項2号）、消費税も法人税と同様に申告納税しなければならない（同45条）。

2 流通税の概要

流通税とは、権利の取得・移転をはじめとする各種の経済取引またはその表現たる行為に担税力を認めて課される租税をいう[145]。ビジネス取引を行ううえで流通税が課されるかどうかは重要なポイントである。実務上重要な流通税として、印紙税、登録免許税および不動産取得税が挙げられる。

【1】印紙税の概要

印紙税とは、印紙税法別表第一に掲げる文書（課税文書）の作成者に対して課

---

144) 大阪地判平成11年4月23日判タ1035号179頁参照。

145) 金子宏『租税法』（弘文堂、第21版、2016）747頁。

せられる租税である（印税3条1項）。課税文書には、消費貸借契約書、請負契約書、合併契約書、保証契約書、金銭の領収書等がある。印紙税の納付は課税文書に印紙を貼付する方法により行うことが通例である（同8条）。なお、原契約だけでなく、原契約の内容のうち重要な事項を変更、補充する契約書も課税文書に該当するため留意を要する。印紙税の課税対象となる文書に該当するかについては、文書の法的性質を判断する必要があるため、慎重に検討すべきである。

　印紙税の課税文書の作成者が、その納付すべき印紙税を課税文書の作成の時までに納付しなかった場合には、その納付しなかった印紙税の額とその2倍に相当する金額との合計額（すなわち印紙税額の3倍に相当する金額）を徴収されることになる（同20条1項）。ただし、課税文書の作成者が、所轄税務署長に対して、作成した課税文書について印紙税を納付していない旨の申出書（印紙税不納付事実申出書）を提出した場合で、その申出が過怠税の決定があることを予知してされたものでないときは、その過怠税は、その納付しなかった印紙税の額とその10％に相当する金額の合計額（すなわち印紙税額の1.1倍に相当する額）に軽減される（同条2項）。

　また、貼付した収入印紙に所定の方法による消印をしなかった場合には、当該収入印紙の額面金額と同額の過怠税が徴収される（同条3項）。

【2】登録免許税の概要

　登録免許税とは、登録免許税法別表第一に掲げる商業登記、不動産登記、特許権等の知的財産権の登録等を行う場合に課せられる租税である（登税2条）。納税義務者は登記等を受けるものであり（同3条前段）、不動産登記等の共同申請の場合は連帯納付義務を負うとされているが（同条後段）、我が国の実務では売主・買主間の合意により買主の負担とされることが多い。

　原則として、現金で納付をすることになっており、その領収証書を登記等の申請書に貼り付けて提出する。

【3】不動産取得税

　不動産取得税は、不動産を取得したときにその取得者に課せられる地方税で

ある（地税73条の2第1項）。ただし、相続・合併による不動産の承継や、会社分割による不動産の承継で適格分割の要件に類似する一定の要件（①株式対価要件、②対価按分型要件（分割型分割の場合のみ）、③主要資産・負債移転要件、④移転事業継続要件、⑤従業者引継要件）を満たすものについては、形式的な所有権の移転等として、不動産取得税は非課税となる（同73条の7第1項1号、2号、地税令37条の14）。

　具体的な税額の計算方法は、次のとおりである。

$$取得した不動産の価格 \times 税率$$

　取得した不動産の価格とは、総務大臣が定めた固定資産評価基準により評価、決定された価格で、新・増築家屋等を除き、原則として固定資産課税台帳に登録されている価格をいい（地税73条の21第1項）、平成30年3月31日までに宅地等（宅地および宅地評価された土地）を取得した場合は、取得した不動産の価格の2分の1と軽減される。不動産所得税の税率は、土地や住宅用の家屋が3％、その他非住宅の家屋が4％である。

　課税方法は、賦課課税方式が採用されているが（同73条の17第1項）、不動産を取得した者は当該取得の事実を申告または報告することになっている（同73条の18第1項）。不動産取得税は、都道府県が送付する納税通知書により課税され、納税通知書に記載されている納期限までに納めなければならない。

Ⅳ　国際取引に関連する課税

　近時の経済のグローバル化を背景として、日本企業が海外に進出し、外国において所得を稼得する場合が増加している（アウトバウンド取引）。反対に、海外企業が日本に進出し、日本において所得を稼得する場合もある（インバウンド取引）。以下では、かかる二つの取引に係る日本の税制について簡単に解説する。

■ アウトバウンド取引に関連する租税

　日本は、内国法人が稼得する所得に対しては国外で稼得されたとしても課税する仕組みを採用している（いわゆる全世界所得主義。法税5条）。そのため、当

該所得について外国で課税（利子・配当等に係る源泉税を含む）が生じる場合、外国と日本で同一所得に対して二重に課税することになるため、日本は、外国税額控除制度を採用し、外国で支払った外国法人税を日本の法人税・住民税から控除することで二重課税を排除している（同69条）。ただし、外国法人税の全額を税額控除できるわけではなく、一定の制限が設けられている。外国税額控除制度により控除できる外国法人税の限度額の計算は複雑であるが、大要、次の計算式で算出される（法税令142条）。

$$\text{当該事業年度の} \frac{\text{法人税額} \times \text{調整国外所得金額}}{\text{所得金額}}$$

　外国税額控除の制限は、日本の法人税率を超える外国法人税は二重課税となっていないことから、外国税額控除の対象とならないという趣旨で設けられている。

　このように、日本においては、全世界所得主義を原則としつつ、外国税額控除により外国との二重課税を排除しているが、平成21年度税制改正により、外国子会社配当益金不算入制度が導入された結果、全世界所得主義の原則が修正されて、国外所得免除主義が一部採用されることとなった。この外国子会社配当益金不算入制度は、内国法人が株式等の保有比率が25％以上（租税条約において25％未満の割合が定められている場合は当該割合）の外国子会社で、その保有が剰余金の配当等の支払義務確定日以前6か月以上継続しているものから受ける剰余金の配当等について、受取配当等の額の5％相当額を配当に係る費用として益金の額に算入し、残りの95％相当額については益金不算入とするものである（法税23条の2）。かかる制度により、一定の要件を充足する配当については，外国税額控除ではなく、そもそも益金の額に算入されないという取扱いにより、二重課税が排除されることとなった。なお、内国法人が外国子会社から受領した配当について外国子会社配当益金不算入制度の適用を受けることができる場合、当該配当について課された現地国における源泉税については外国税額控除の適用や損金算入ができない点には留意が必要である。この外国子会社配当益金不算入制度は、外国で稼得した所得をほぼ非課税で国内に還流することが可能と

第4章　納税その他公的規制に関する法　　323

なることから、実務上、さまざまなタックス・プランニングで利用されている。

2 インバウンド取引に関連する租税

　外国法人の場合、所得税・法人税が課される所得は日本国内にその源泉がある所得（いわゆる国内源泉所得）に限定されている（所税5条4項、法税4条3項）。

　また、課税の範囲は日本国内における恒久的施設（PE：Permanent Establishment）の有無・内容によって異なっている。PEには、次の3種類がある（所税2条8号の4、法税2条12号の18）。

① 国内にある支店、工場、その他事業を行う一定の場所（支店PE）
② 一定の要件を満たす国内にある建設作業場（建設PE）
③ 国内に置く自己のために契約を締結する権限のある者等（代理人PE）

　例えば、支店等の1号PEを日本国内に有する者は1号PEに帰属する国内源泉所得等について法人税が課される（法税141条1号）。平成26年度税制改正前までは、日本国内にPEがあれば、当該PEに帰属しない所得に対しても課税されていた（総合主義）。しかし、同税制改正により、平成28年4月1日以降はPEに帰属する所得のみが課税対象とされ（帰属主義）、かつ、PEと本店等との間の内部取引を認識し、内部取引に係る移転価格税制を適用して、その所得金額を計算することとなった。ただし、外国法人であっても、所得税法上の国内源泉所得がある場合には、源泉所得税が課税される（所税161条1項9号イ、178条、179条1号、212条1項、213条1項1号）。

　他方で、日本にPEを有しない外国法人の場合、課税される国内源泉所得の範囲は限定されている（同141条2号）。例えば、事業譲渡類似株式の譲渡（内国法人の発行済株式の25％以上の株式を所有しており、5％以上の譲渡をすること）や、不動産化体株式の譲渡（総資産の50％以上が不動産である会社の株式の譲渡）に関しては、PEを有していなくとも課税されることになる（同138条1項3号、法税令178条1項4号ロ、5号）。

　なお、外国法人に対する具体的な源泉徴収税率は、**後記［図表20］**のとおりである。

［図表20］外国法人に対する具体的な源泉徴収税率

非居住者の区分／所得の種類	非居住者			(参考)外国法人 所得税の源泉徴収
	恒久的施設を有する者		恒久的施設を有しない者	
	恒久的施設帰属所得	その他の所得		
（事業所得）		【課税対象外】		無	無
①資産の運用・保有により生ずる所得（⑦から⑭に該当するものを除く。）	【総合課税】	【総合課税（一部）】		無	無
②資産の譲渡により生ずる所得				無	無
③組合契約事業利益の配分		【課税対象外】		20%	20%
④土地等の譲渡による所得		【源泉徴収の上、総合課税】		10%	10%
⑤人的投資提供事業の所得				20%	20%
⑥不動産の賃貸料等				20%	20%
⑦利子等	【源泉徴収の上、総合課税】	【源泉分離課税】		15%	15%
⑧配当等				20%	20%
⑨貸付金利子				20%	20%
⑩使用料等				20%	20%
⑪給与その他人的役務の提供に対する報酬、公的年金等、退職手当等				20%	－
⑫事業の広告宣伝のための賞金				20%	20%
⑬生命保険契約に基づく年金等				20%	20%
⑭定期積立金の給付補塡金等				15%	15%
⑮匿名組合契約等に基づく利益の分配				20%	20%
⑯その他の国内源泉所得	【総合課税】	【総合課税】		無	無

（注）　1　恒久的施設帰属所得が、上記の表①から⑯までに掲げる国内源泉所得に重複して該当する場合があることに留意する。

　　　　2　上記の表②資産の譲渡により生ずる所得のうち恒久的施設帰属所得に該当する所得以外のものについては、令第281条第1項第1号から第8号までに掲げるもののみ課税される。

　　　　3　措置法の規定により、上記の表において総合課税の対象とされる所得のうち一定のものについては、申告分離課税または源泉分離課税の対象とされる場合があることに留意する。

　　　　4　措置法の規定により、上記の表における源泉徴収税率のうち一定の所得に係るものについては、軽減または免除される場合があることに留意する。

出所）　所得税法基本通達164－1。

以上で述べたPEおよび国内源泉所得の範囲ならびに源泉税率は、租税条約によって変更されることがある（所税162条、法税139条）。そこで、日本と外国法人の本店のある外国との間で、租税条約が締結されているかどうかを確認したうえで、租税条約の適用関係を検討する必要がある。例えば、日米租税条約は、配当に関し、持株割合が50％超であれば免税、持株割合が10％以上50％以下であれば税率5％、その他の場合には税率10％にそれぞれ軽減している（日米租税約10条2項、3項）[146]。もっとも、租税条約による軽減税率等の恩典を受けようとする場合には、条約届出書等を提出する必要がある（租税約特3条の2、租税約特省令9条の5第1項、2項）。

③ 国際的租税回避の防止規定

国際取引においては、複数の国家をまたぐことから、当該国家における税制の違いを利用し、グループ内での実効税率を低下させる租税回避が行われることが多い。しかも、国家をまたぐことから、税務調査を行うことも難しく、税務当局による実態の把握が困難である場合もある。そこで、国際取引に関しては、租税特別措置法において、いくつかの租税回避防止規定を設けているので、簡単に紹介する。

なお、OECDは、多国籍企業が国際的な税制の隙間や抜け穴を利用した租税回避によって、税負担を軽減している問題「税源浸食と利益移転」（BEPS：Base Erosion and Profit Shifting）に対処する目的で、BEPSプロジェクトを立ち上げており、平成27年10月5日に最終報告書を公表した。OECD加盟国はかかる報告書の内容を実施することが求められており、国際的租税回避の防止に関する立法措置は加速していくものと思われる。

【1】移転価格税制

典型的な国際的租税回避の例として、国家の実効税率の差異を利用し、高税率国の親会社が時価よりも低い価額で低税率国の子会社に対して商品を販売し

---

146)　平成25年1月に米国との間で、「所得に対する租税に関する二重課税の回避及び脱税の防止のための日本国政府とアメリカ合衆国政府との間の条約を改正する議定書」の署名が行われた。かかる改正議定書の効力が発生すると、配当に関して持株割合や保有期間の要件が緩和され、免税の対象となる範囲が拡大されることになる（日米租税約3条1項）。

たり、市場金利よりも低い金額で貸付けを行ったりすることで、高税率国から低税率国へ所得を移転する方法がある。

このように、資本関係等のある会社間における取引（国外関連取引）を通じて所得を移転させることを防止するため、独立企業間価格と異なる取引額で関係会社と取引を行った場合には、独立企業間価格に引き直したうえで課税所得の計算が行われる（租特66条の4）。かかる税制を移転価格税制という。

移転価格税制の最大の問題は、独立企業間価格をどのように算定するかである。租税特別措置法および同法施行令において、次のような方法が利用可能であると規定されている。

① 独立価格比準法：特殊な関係のない売り手と買い手の間で同種の資産を同様の状況の下で売買した場合の取引の対価の額に相当する金額をもって独立企業間価格とする方法
② 再販売価格基準法：国外関連取引における資産の買い手が特殊の関係のない者にその資産を販売した場合の対価の額から通常の利潤の額を控除して計算した金額をもって独立企業間価格とする方法
③ 原価基準法：国外関連取引における資産の売り手の取得原価の額に通常の利潤の額を加算して計算した金額をもって独立企業間価格とする方法
④ その他の方法（残余利益分割法[147]または取引単位営業利益法[148]など）

これらの算定の方法のうち、納税者は、最も適切な方法を事案に応じて選択する必要がある。もっとも、独立企業間価格の算定方法等については、納税者と税務当局との間で紛争になることが多いため、事前確認制度が導入されている[149]。この制度においては、国外関連取引に関し、納税者が独立企業間価格等

---

147) 　国外関連取引の両当事者が無形資産等を有する場合において、合算利益から、基本的利益を国外関連取引の両当事者に配分したうえ、合算利益と配分をした基本的利益の合計額との差額である残余利益を、残余利益の発生に寄与した程度に応じて配分することにより独立企業間価格を算定する方法。
148) 　国外関連取引によって得られる営業利益の水準に着目して両当事者に利益を分配することにより独立企業間価格を算定する方法。
149) 　「移転価格事務運営要領の制定について（事務運営指針）」（平成13年6月1日）。

第4章　納税その他公的規制に関する法　　327

を記載した書類および資料を提出し、税務当局の担当部門が審理したうえ、事前確認する旨の通知を行うものである。事前確認が行われた場合には、事前確認の内容に適合した申告を行っているときには、当該確認取引は独立企業間価格で行われたものとして取り扱われることになる。

　また、移転価格税制において、納税者に対する調査を容易にし、また納税者が調査に対応しやすくするため、あわせて調査の内容を透明・明確にするために、納税者が一定の文書を作成し、保存しなければならないとされている（租特66条の4第6項）[150]。平成28年度税制改正により、直前会計年度の連結総収入金額1,000億円以上の多国籍企業グループ（特定多国籍企業グループ）の構成会社等である内国法人および恒久的施設を有する外国法人は、最終親会社等届出事項、国別報告事項および事業概況報告事項（マスターファイル）を国税電子申告・納税システム（e-Tax）で国税当局に提供しなければならないこととされ、これまで作成・保存することが義務付けられていた独立企業間価格を算定するために必要と認められる書類（ローカルファイル）が拡充された[151]。これは、OECDが平成27年10月5日に公表したBEPS（Base Erosion and Profit Shifting、税源侵食と利益移転）に関する行動13「移転価格文書化及び国別報告書にかかるガイダンス」に対応して設けられた制度である。これらの文書のうち国別報告書は、原則として租税条約の情報交換規定を通じて、各国の税務当局間で共有されることになるため、今後、各国の税務当局の移転価格税制に関する税務調査が効率的に行われることが予想される。

【2】タックス・ヘイブン対策税制

　前記**1**のとおり、日本は全世界所得主義を採用しているものの、外国に子会社を設立して事業を行う場合、当該外国子会社の所得に対しては、日本の親会社に対する配当が行われない限り、原則として課税できない。そこで、低税率国（いわゆるタックス・ヘイブン）に子会社を設立し、当該子会社に所得を移転す

---

150)　金子宏『租税法』（弘文堂、第21版、2016）541頁。

151)　平成28年度税制改正の詳細は、国税庁「移転価格税制に係る文書化制度に関する改正のあらまし」（平成28年4月）参照。https://www.nta.go.jp/shiraberu/ippanjoho/pamph/pdf/h28iten-kakaku.pdf、(2016.10.06)。

ることにより、租税回避が可能となる。そこで、日本は、タックス・ヘイブン対策税制を導入し、このようなタックス・ヘイブンを利用した租税回避を防止する措置を設けている。

　タックス・ヘイブン対策税制は、内国法人による直接・間接の保有割合が50%超の外国法人であって、法人所得税が存在しない国もしくは地域（タックス・ヘイブン）に本店を有するものまたは租税負担割合が20%未満のもの（特定外国子会社等）に関し、内国法人の特定外国子会社等に対する直接・間接の保有割合が10%以上である場合、当該特定外国子会社等の所得を保有割合で按分した金額を内国法人の所得に合算して日本において課税するものである（租特66条の6、68条の90）。これにより、タックス・ヘイブンに子会社を設立したとしても、当該子会社の所得に対して日本の法人税率で課税されることになる。

　しかし、タックス・ヘイブン対策税制が日本企業の海外進出を不当に阻害しないように、タックス・ヘイブン対策税制の適用を除外する制度も設けられている。すなわち、次の適用除外要件のすべてを充足する場合には、タックス・ヘイブン対策税制は適用されない。

① 事業基準：外国子会社の主たる事業が ⅰ 株式もしくは債券の保有、ⅱ 工業所有権その他の技術に関する権利、特別の技術による生産方式等もしくは著作権の提供、または ⅲ 船舶もしくは航空機の貸付け、以外のものであること
② 実体基準：その本店または主たる事務所の所在する国または地域においてその主たる事業を行うに必要と認められる事務所、店舗、工場その他の固定施設を有していること
③ 管理支配基準：本店または主たる事務所の所在する国または地域において、その事業（主たる事業）の管理および運営を自ら行っていること
④ 【あ】非関連者基準：主たる事業が卸売業等である場合、その事業を主として非関連者との間で行っていること
　　　または
　　【い】所在地国基準：主たる事業がそれ以外の事業について、その事業を主として本店または主たる事務所の所在する国または地域において行っていること

第4章　納税その他公的規制に関する法　　329

また、シンガポールに設立する中間持株会社など、地域ごとの海外拠点を統合する統括会社を活用した経営形態への変化の実状を踏まえ、事業持株会社と物流統括会社の例外が設けられている（同66条の6第3項、租特令39条の17第4項、10項等）。ただし、かかる適用除外要件を充足したとしても、配当、利子、ライセンス料等の一定の所得については、なおタックス・ヘイブン対策税制の対象となり得る点に留意が必要である（租特66条の6第4項）。

なお、タックス・ヘイブン対策税制は、平成29年度税制改正により、大幅に変更されていることから、同税制の適用時期・内容について留意が必要である。

【3】過少資本税制

内国法人の外国親法人が「国外支配株主等」または「資金供与者等」に該当する場合において、内国法人がそれらの者に対して負う負債が一定の割合を超えるときは、過少資本税制が適用され、支払利子の損金算入が制限されることがある（租特66条の5）。

【4】過大支払利子税制

法人の関連者等（50％以上の資本関係がある者等）に対する支払利子等の額で、当該関連者等の日本における所得税・法人税の課税標準となるべき所得に含まれないもの（関連者支払利子等の額）から、当該法人の受取利子等の額のうち所定の額を控除した残額（関連者純支払利子等の額）が、当該法人の調整所得金額の50％を超えるときは、その超過部分は原則として当期の損金の額に算入できない（租特66条の5の2）。

■4 クロスボーダー取引に係る消費税

クロスボーダー取引においては、消費税の問題も重要である。消費税は、**前記** ■Ⅲ■❶ のとおり、「国内において」事業者が行った資産の譲渡等が課税対象となる（消税4条1項）。そして、「国内において」行われたかどうかの判定に関し、資産の譲渡の場合には、原則として資産の所在地、役務の提供の場合には原則として役務の提供が行われた場所で判断されることになる（同条3項）。そして、役務の提供が国内・国外の両方で行われる場合には、役務の内容によっ

て、判断基準が異なる（消税令6条2項）。

　以上の内外判定の原則を前提として、電気通信回線（インターネット等）を通じ、国内の事業者または消費者に対して行われる電子書籍の配信やクラウドサービスといった役務の提供（電気通信利用役務の提供）については、国内の事務所等から提供されるもののみが消費税の課税対象であったが、平成27年度税制改正により、平成27年10月1日以後、国外から行われるものも、国内において行われたものとして消費税の課税対象となった（消税4条3項3号）[152]。そして、課税の方法として、事業者向け電気通信利用役務の提供（同2条8号の4）は、役務の提供を受けた事業者が納税義務を負い（いわゆるリバースチャージ方式）、それ以外の電気通信利用役務の提供については、国外事業者が納税義務を負うこととされた。もっとも、どのようなサービスの提供が「電気通信利用役務の提供」に該当するのか、実務上判断に迷うことが多く、慎重な検討が必要である。

Ⅴ　税務コンプライアンス

1 過少申告に対するペナルティ

　税額を誤って過少に申告していた場合、行政上、刑事上のペナルティが課される可能性がある。

　まず、行政上のペナルティとして、過少申告加算税、無申告加算税、重加算税、延滞税などがある。特に、仮装・隠蔽があった場合に課される重加算税は、本税額の35％または40％の税率で課税されることになるため、税負担は重くなる。仮装・隠蔽の具体例としては、二重帳簿の作成、つまみ申告などが挙げられる。

　また、「偽りその他不正の行為」により法人税を免れた場合には、逋脱犯として刑事罰が設けられており、法人の代表者、使用人その他で違反行為をした者は、10年以下の懲役もしくは1,000万円以下の罰金、またはこれを併科される

---

152)　制度の概要については、国税庁ウェブサイト「国境を越えた役務の提供に係る消費税の課税の見直し等について」参照。https://www.nta.go.jp/shiraberu/ippanjoho/pamph/shohi/cross/01.htm、（2016.10.06）。

第4章　納税その他公的規制に関する法　　331

こととなる（法税159条1項）。

2 租税を滞納した場合の手続

　租税を滞納した場合に、どのような手続が設けられているか。租税は、国家が納税者に対して有する債権であるが、私法上の債権とは異なり、一般的な優先権が与えられており（税徴8条）、さらに、司法機関を経ずに（裁判所による差押え等は不要）、徴収職員が自ら徴収できるという自力執行力がある（同47条1項）。徴収手続の概要は下記［図表21］のとおりであり、裁判所ではなく、徴収職員が行う。

[図表21] 徴収手続の概要

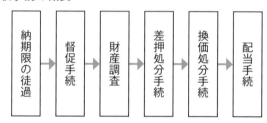

　なお、自らが租税を滞納していない場合であっても、他の者の租税を納付する義務を負う場合がある。例えば、同族会社等の特殊関係者から事業を譲り受けたような場合（同38条、地税11条の7）や、無償または著しい低額により事業を譲り受けた場合（徴税39条、地税11条の8）においては、事業の譲受会社が本来の納税義務者である譲渡会社が租税を滞納した場合に当該納税義務者に代わって納税義務（第二次納税義務）を負う可能性がある。

3 税務コンプライアンス体制の整備

　前記のとおり、企業は、過少申告や租税の滞納が生じないようにコンプライアンス体制を構築すべきであるが、近時は、国税庁も、特に大企業における税務コンプライアンスの維持・向上に力を入れている。具体的には、①トップマネジメントの関与・指導、②経理・監査部門の体制・機能の整備、③内部牽制の働く税務・会計処理手続の整備、④税務に関する情報の社内への周知、⑤不

適切な行為に対するペナルティの適用の各項目について、大規模法人に対して確認表の記入を依頼し、税務に関するコーポレートガバナンスの有効性を判定し、それが優良な企業については、税務調査の頻度を少なくする等の対応を行っている[153]。

　さらに、国税庁においては、税務コンプライアンスのこれらの取組事例のうち効果的な取組事例を公表しており、例えば、上記①については、税務上問題となる取引を掲載したコンプライアンス・ガイドブックを作成したうえで、従業員に配布し、トップマネジメントによる遵守の徹底を指示している例や、上記②については、税務リスクが高い取引について、関係部署と経理・税務部門との間の合同プロジェクトチームを編成し多角的な検討を実施している例などが紹介されている。

　実際に、税務調査により不正行為が発覚し、課税処分を受けたことを発端として株主代表訴訟に至ったケースとして、三菱石油株主代表訴訟事件[154]が挙げられる。この事案は、石油元売会社が石油製品の業者間転売取引を行っていた者に対して政界や官界の情報収集等の報酬として支出した金額を損金の額に算入していたところ、税務当局から当該報酬は交際費（租特61条の4第4項）に該当することを理由として損金算入を否認され、重加算税を含めて約27億6,000万円の追徴課税がされたため、同社の株主が株主代表訴訟を提起したものである。

　このように、取締役の善管注意義務の観点からしても、税務コンプライアンス体制の整備は急務であろう。

コラム　マイナンバー制度

　行政運営の効率化、行政分野における公正な給付と負担の確保、国民の負担の軽減等を目的とする「行政手続における特定の個人を識別するための番号の利用等に関する法律」（以下「番号法」という）が成立し、平成28年1月1日よりマイナンバー制度が導入されている。マイ

---

153)　伏見俊行「税務に関するコーポレートガバナンスの背景・経緯と日本の取組み」税理2013年12月号75頁参照。
154)　東京地判平成13年7月26日判タ1084号113頁〔三菱石油株主代表訴訟事件〕。

ナンバー（個人番号）とは、市町村長が、住民票コードを変換して得られる番号であり、当該住民票コードが記載された住民票に係る者を識別するために指定されるものをいうと定義されている（番号2条5項）。かかるマイナンバーは、個人一人ひとりに割り当てられ、通知カードにより通知される（同7条）。

　民間事業者は、マイナンバーの取得、管理、保管、利用、提供などにおいて、番号法において、下記 **[図表22]** のような規制が設けられている。

[図表22] 番号法における民間事業者への主な規制内容

段階	主な規制の内容
取得	・提供の求めの制限（15条） ・本人確認の措置が必要（16条） ・目的外の収集の制限（20条）
安全管理	・適切な管理のために必要な措置を講じる必要（12条）
保管	・目的外の保管の制限（20条）
利用	・目的外での利用の制限（9条5項）
提供	・提供の制限（19条）

　実務上は、個人情報保護委員会が平成26年12月11日に公表した「特定個人情報の適正な取扱いに関するガイドライン」（平成28年1月1日に一部改正）を参考に、社内体制の整備を進める必要があると思われる。仮に、かかる規制に反した場合には、罰則が設けられているため（同51条等）、社内体制を十分に整備する必要がある。

第2編

第5章 正常なビジネスからの逸脱（有事）に 関する法〜不祥事・紛争・倒産〜

　これまで述べたようなさまざまな法が重層的に適用されるビジネスの場面において、これらの法に違反しまたは逸脱する事態が生じる場合がある。予期せぬ法令違反や事故・トラブルといった不祥事、取引相手との紛争、自社または取引相手の経済的困窮（に伴う倒産）などであり、これらを広く「有事」ということができる。

　「有事」を可能な限り未然に防止することが、企業の安定的な事業運営・経営のために望ましいことは言うまでもない。紛争を未然に防ぐのが予防法務・契約法務の役割であり、不祥事の発生防止は平時のコンプライアンス態勢の構築・運用が鍵を握る。

　それでも、国内外に数多の企業があり、複層的な取引関係・ビジネス構造に身を置く企業である以上、一定の「有事」の発生を回避することは困難である。ビジネス法務の現場に身を置くうえで、このような「有事」に関する法体系や解決法を、「平時」においてあらかじめ理解し、来るべき事態に備えることは有益かつ重要である。

Ⅰ　不祥事に関する法

1 序　論

　企業自らが法令違反やコンプライアンス違反等の社会的な問題を生じさせることを広く不祥事というが、企業が起こし得る不祥事の範囲は極めて広範である。上場企業であれば、開示規制違反等による金融商品取引法違反は典型的かつ企業に致命的ダメージが生じ得る不祥事となる。談合・カルテル等の独占禁止法違反、個人情報流出、贈収賄汚職（特に海外）、工場事故、セクシュアル・ハラスメントやパワー・ハラスメントの問題、従業員の交通事故といった不祥

第5章　正常なビジネスからの逸脱（有事）に関する法〜不祥事・紛争・倒産〜　　335

事は、どのような企業でも起こり得る。

　こういった不祥事を一律に規定するような法規範は存在しておらず、「有事」の最たる事態である不祥事への対応については、違反や抵触が問題となっている個々の法規範についての知識・理解が必要である。もっとも、法令違反の不祥事は、「法規範に違反しているとは思っていなかった」という状況で起こることも多いが、それでは遅く、平時における法令の理解こそが重要である。

　企業不祥事に際しての対応にはさまざまなフェーズがあるが、不祥事事実への対応と、発生している法令違反に応じた企業の法的責任という観点から、以下の項目に分けて概説を行う。

① 不祥事事実の調査
② 不祥事事実の公表等（マスコミ対応等）
③ 行政対応
④ 民事事件対応（民事上の責任）
⑤ 刑事事件対応（刑事上の責任）
⑥ 処分・責任追及（役員に関する会社法上の責任等）
⑦ 再発防止策の策定・実行

❷ 不祥事事実の調査

　不祥事が発生した場合、最初に行うべきは事実関係の把握であり、そのためには迅速かつ適切に事実調査を行うことは最重要事項である。不祥事を発生させた部門・部署が自ら調査を行う場合もあるが、総務、法務、コンプライアンス、内部監査部門等の本社・管理部門が調査を担当することも多い。近時、企業自ら行う調査（内部調査）に加えて、外部の専門家（弁護士、会計士、学識者等）によって構成される外部調査委員会が調査を担当することもある。

　企業が外部調査委員会を設置する理由としては、事実関係の調査・分析・原因究明や再発防止策の提言を、内部よりも踏み込んだ内容で行うことが挙げられる。また、外部の専門家・有識者が専門的知識を背景にしながら、事故や不祥事の背景事情等にまで踏み込んだ調査を行うことにより、より根本的な部分において、問題の根源を明らかにし、そのうえで策定された再発防止策を講じ

ることにより、企業の信頼回復・社会的評価の回復に努めることができる。

　不祥事対応に関しては、平成22年7月15日に日本弁護士会連合会が「企業等不祥事における第三者委員会ガイドライン」[155]（以下「第三者委員会ガイドライン」という）を公表しており（同年12月17日に改訂）、調査委員会による調査一般にも参考とされるべき内容を含んでいる。また、日本取引所自主規制法人は、平成28年2月24日に、不祥事に直面した上場会社に「強く期待される対応や行動」に関する「不祥事対応のプリンシプル（原則）」[156]を公表している。

❸ 不祥事事実の公表

【1】不祥事の公表に関する法的義務

　個別の法令等により消費者や関係者への情報開示や行政機関等への報告、届出等の手続が義務付けられる場合があり、これに該当する場合は、情報開示等は経営判断の問題と考える余地はない。

　例えば、消費生活用製品の事故については、重大製品事故発生を知った日から10日以内に、事故の内容等を消費者庁長官に報告する義務がある（消費用品安全35条1項、2項、56条1項）。また、報告ととともに、一般消費者の生命または身体に対する重大な危害の発生および拡大を防止するため必要な場合には、事故の内容等を一般消費者に迅速に公表しなければならない（同36条、56条1項）。

　また、情報の公表等が法令の条文に明示されていない場合でも、行政処分として、情報の公表等が命じられる場合がある。例えば、企業が商品に実際と異なる原産国表示をし、それが景品表示法の優良誤認表示（景表5条1号）に当たると判断されると、消費者庁による排除措置命令に基づき、当該表示が一般消費者に誤認される表示である旨の公示を行うことが求められる。

　さらに、情報の公表自体が義務付けられている場合でなくても、回収措置（いわゆるリコール）が法令で義務付けられている場合がある。企業がリコールを行う場合には、それを適切に実施する前提として、事故・不祥事に関する情報の

155）　日本弁護士会連合会「企業等不祥事における第三者委員会ガイドライン」http://www.nichibenren.or.jp/library/ja/opinion/report/data/100715_2.pdf、（2016.10.07）。

156）　日本取引所自主規制法人「上場会社における不祥事対応のプリンシプル」http://www.jpx.co.jp/regulation/public/nlsgeu000001igbj-att/1-01fusyojiprinciple.pdf、（2016.10.07）。

第5章　正常なビジネスからの逸脱（有事）に関する法〜不祥事・紛争・倒産〜　337

公表が必要となる。

【2】取締役の善管注意義務に基づき公表が必要となる場合

個別の法令等で情報開示等が定められていない場合でも、取締役の善管注意義務の内容として、法令違反の事実等を公表する義務があると解される場合がある。ダスキン事件控訴審判決[157]では、具体的な法令に違反して製品を販売したことが判明した事案において、取締役等が、前記違反事実を速やかに公表せず、あいまいで成り行き任せの方針や態度を採用することは、善管注意義務違反に該当すると判示した。

また、同判決は、「自ら進んで事実を公表して、既に安全対策がとられ問題が解消していることを明らかにすると共に、隠ぺいが既に過去の問題であり克服されていることを印象づけることによって、積極的に消費者の信頼を取り戻す」ことが必要であると述べており、取締役には善管注意義務の一内容として、法令違反の事実を公表するとともに信頼回復のための措置を実施することが求められている。

同判決は、法令違反事実が存在する場合に一律に企業に情報開示の義務があると述べたわけではなく、いわゆる事例判決ではあるが、「健康被害をもたらすおそれがあるのかどうかにかかわらず」、「未認可添加物の混入」という違法行為に関して情報の公表と信頼回復の措置を求めており、実務上は留意する必要がある。

また、当然ながら、健康被害等の消費者の生命・身体への影響が生じ得る場合は、被害拡大防止のために、消費者等に対するより高度の情報開示が必要となる。

4 行政対応

一般に、行政法規においては、事業を行う企業に対する事前の規制として、事業内容や施設の内容等に関して許認可制や届出制を採用することがある。また、事業遂行の規制としては、企業に事業内容の適正さを確保するため、あるいは行政庁において企業の事業に関する情報を把握するため、企業に報告義務

---

157)　大阪高判平成18年6月9日判タ1214号15頁〔ダスキン事件控訴審〕。

338　第2編　ビジネス法の体系と主な分野

や調査に応じる義務を課すとともに、行政庁による立入検査等の規定が置かれていることが多い[158]。

　企業の商品やサービス等の内容が各法規に違反していた場合、行政庁は企業に対して商品・サービス等の改善や廃棄・停止等の処分を求めたり、特に重大な法規違反がある場合などには事業の停止や許認可の取消し等を行うことができる旨の規定があることも多い（例えば、消費用品安全14条、39条等）。さらに、事故が生じた場合には監督官庁等に報告を行う義務を課していることもある（例えば、同35条等）。

　このように、行政法規には、立法の目的に従い、状況に応じた種々かつ段階的な行政処分等が規定されており、企業は不祥事や事故を発生させた場合、各根拠法規に基づく行政庁のさまざまな行政処分等に従う必要がある。

　これらの規定に関しては、会社および個人（役職員）が刑事罰の対象となることもある（例えば、同58条以下）。

5 民事上の責任

　企業が不祥事を起こし、取引相手や消費者等に対して損害を生じさせた場合、債務不履行責任や不法行為に基づく損害賠償責任等を負う可能性がある。

【1】債務不履行責任・安全配慮義務違反

　企業が取引相手や消費者との間で締結した契約に違反し、相手方の生命・身体・財産の安全を害したような場合、債務不履行責任を負うことは当然であるが、そのような契約が存在しない場合であっても、相手方と一定の関係が生じていたと判断される場合には、信義則上の安全配慮義務が生じる場合がある。

　最高裁判例[159]によれば、「安全配慮義務は、ある法律関係に基づいて特別な社会的接触の関係に入った当事者間において、当該法律関係の付随義務として当事者の一方又は双方が相手方に対して信義則上負う義務として一般的に認められるべきもの」と解され、同義務の違反があった場合には損害賠償請求が認

158）　食品、消費生活用製品等を例に挙げると、食品衛生法28条、69条、消費生活用製品安全法40条、41条等。

159）　最判昭和50年2月25日民集29巻2号143頁〔陸上自衛隊八戸車両整備工場事件〕。

第5章　正常なビジネスからの逸脱（有事）に関する法〜不祥事・紛争・倒産〜　　339

められる。

最高裁判例のいう安全配慮義務とは、「特別な社会的接触の関係」に基づく信義則上の義務であり、社会生活上の一般的義務である不法行為上の注意義務を超えるものとされ、裁判例においてかなり広範に認められている。

【2】不法行為責任

〔a〕原　則

民法709条は、「故意又は過失によって他人の権利又は法律上保護される利益を侵害した者は、これによって損害を賠償する責任を負う」と規定する。同条は、不法行為に基づく損害賠償責任に関する原則的な規定である。

不祥事や事故等により、取引相手や消費者等に対して損害を負わせた場合、契約上の債務不履行責任のみならず、民法709条の不法行為責任も問われることになる（債務不履行責任と不法行為責任は請求権競合と呼ばれる関係にあり、両者を選択的に請求することができる）。

〔b〕使用者責任（民法715条）

企業の従業員の行為により不祥事や事故等が生じ、それにより取引相手や消費者等の第三者に損害が生じた場合、当該従業員を使用する企業は、民法715条により、従業員と連帯して責任を負う。

民法715条1項の使用者責任が成立するには、ある事業のために他人を「使用」するという関係（使用関係）が存在すること、および、被用者の不法行為が「事業の執行について」行われたものであることの要件を満たす必要がある。同要件について判例は、「『事業ノ執行ニ付キ』とは、被用者の職務執行行為そのものには属しないが、その行為の外形から観察して、あたかも被用者の職務の範囲内の行為に属するものと見られる場合をも包含する」と述べ、外形理論を採用する[160]。

〔c〕工作物の設置または保存の瑕疵と企業の責任（民法717条）

企業が設置した工場内の機械等に設置に関して不具合があり、これが原因で

---

160)　　最判昭和40年11月30日民集19巻8号2049頁等。

340　　第2編　ビジネス法の体系と主な分野

第三者に損害を負わせた場合など、企業は、民法717条により、損害賠償責任を負うことがある。この工作物責任は、所有者に関しては無過失での責任を負う点に注意が必要である。

【d】共同不法行為責任（民法719条）

企業の不祥事・事故等のうちには、さまざまな企業の不法行為が競合し（製造・販売業者の過失が競合する場合など）、これにより被害者に損害を生じさせる場合も多く見られる。このように複数の企業の行為が関係しているときには、民法719条の共同不法行為責任の成立が問題となり、企業の不祥事や事故において同条は重要な意義を有している。

民法719条1項前段の「共同の不法行為」がいかなる場合に成立するかについては、判例[161]は、客観的に関連共同性があれば足り、不法行為者間に、意思の共通（共謀）もしくは共同の認識を要しないとする。いかなる場合に関連共同性が認められるか等については見解が分かれている。

また、複数の行為者のうち、誰かが加害者であることは明らかであるが、それが誰か明らかでない場合でも（個別の因果関係が不明であっても）、共同不法行為が成立する（民719条1項後段）。

⑥ 刑事上の責任

企業において不祥事が発生した場合、当該行為が刑罰法規に違反するときには、企業や役職員らに生じる民事上の責任や会社法上の責任とは別に、刑事上の責任が生じ得る。

企業の役職員による不祥事に関わる犯罪行為については、刑法犯（例えば、刑法のほか、会社法その他特別法規によって定められ、その内容は、横領罪（業務上横領罪）、背任罪（特別背任罪）、詐欺罪、業務上過失致死傷罪、傷害罪等）、各特別法規違反（不正競争防止法違反、食品衛生法違反、道路運送法違反等）など多種多様にのぼる。

刑罰法規における犯罪行為の主体は「～した者」と法文上表現されているが、これは、自然人（実際に何らの行為を行った企業の個々の役員や職員等）を指す。

---

161)　最判昭和43年4月23日民集22巻4号964頁〔山王川事件〕等。

第5章　正常なビジネスからの逸脱（有事）に関する法～不祥事・紛争・倒産～　341

法人はこれに含まれず、それを処罰の対象とする特別の罰則（両罰規定）がある場合にのみ、例外的に処罰の対象となるにとどまる。

最も頻繁に対象となるのは、業務上過失致死傷罪である。刑法211条前段は、「業務上必要な注意を怠り、よって人を死傷させた者は、5年以下の懲役若しくは禁錮又は100万円以下の罰金に処する」と規定し、業務上の注意義務に違反して人を死傷させた場合に、業務上過失致死傷罪が成立する。

▊7 役職員に対する処分・責任追及

【1】役 員
[a] 辞任・解任等

取締役等会社の役員に対しては、会社とは委任契約関係にあるため（会社330条）、労働契約に基づき懲戒処分をなすことはできない。そのため、不祥事の責任を負うべき役員の地位を剥奪するためには、辞任を求めるか、解任決議（同339条1項）によることになる。また、報酬を減額することも一般的である。

役員を解任した場合、その解任について正当な理由がある場合を除いては、当該役員が会社に対して損害賠償請求をすることができるとされているが（同条2項）、取締役に職務遂行上の法令・定款違反行為等の善管注意義務違反があった場合には、「正当な理由」が認められる。

[b] 損害賠償

取締役等会社の役員が、善管注意義務に違反し、会社に損害を生じさせた場合、会社は、当該役員に対して、損害賠償請求権を有する（会社423条1項）。会社が役員に対する損害賠償請求を行わないとの判断をした結果、株主代表訴訟（同847条3項）が提起されるおそれもあるため、役員に対する損害賠償請求権を行使するべきか否かについては慎重に判断する必要がある。

【2】従業員
[a] 懲戒処分

不祥事に関与した従業員については、就業規則に従って懲戒処分を行うこと

となる。一般の企業の場合、懲戒解雇、諭旨解雇、出勤停止、降格、減給、けん責、戒告などの懲戒制度が定められている。

懲戒処分の対象となる事由は、就業規則上定められている必要があり、懲戒処分を行うには就業規則上の懲戒事由に該当しなければならない。企業が従業員に対して行った懲戒処分が、「当該懲戒に係る労働者の行為の性質及び態様その他の事情に照らして、客観的に合理的な理由を欠き、社会通念上相当であると認められない場合」、懲戒権の濫用に当たり、当該懲戒は無効である（労契15条）。

また、従業員を懲戒解雇した場合には、退職金の全部または一部を支払わないとする旨の退職金不支給条項が就業規則（退職金規程）に定められている場合もある。同規定も有効であるが、退職金の「賃金の後払い」としての性格から、退職金不支給規定の適用が認められるのは、それまでの労働者の勤続の功を打ち消すまたは減殺するほどの悪質な行為があった場合に限られるとされる。

【b】損害賠償

従業員が不正行為によって会社に損害を与えた場合、会社は当該従業員に対して、労働契約上の債務不履行責任ないし不法行為責任に基づく損害賠償請求をすることができる。

損害賠償の範囲について、茨城石炭商事事件判例[162]は、「使用者が、その事業の執行につきなされた被用者の加害行為により、直接損害を被り又は使用者としての損害賠償責任を負担したことに基づき損害を被つた場合には、使用者は、その事業の性格、規模、施設の状況、被用者の業務の内容、労働条件、勤務態度、加害行為の態様、加害行為の予防若しくは損失の分散についての使用者の配慮の程度その他諸般の事情に照らし、損害の公平な分担という見地から信義則上相当と認められる限度において、被用者に対し右損害の賠償又は求償の請求をすることができるものと解すべきである」と判示している。すなわち、企業は、従業員の不法行為によって企業に損害が発生した場合であっても、その全額の賠償を受けられるわけではなく、損害の公平な分担の見地から制限されることになる。

---

162)　最判昭和51年7月8日民集30巻7号689頁〔茨城石炭商事事件〕。

8 再発防止策の策定・実行

不祥事が起こった背景には、隠蔽体質であったり、監査体制が形骸化しているなどといった企業風土が根本的な原因となっていることが多々ある。法令違反については、違反状態を是正することが第一に重要であり、そのうえで、監督官庁の確認を受ける（営業停止処分等の解除を受ける）といった必要があるが、不祥事の根本原因を排除するためには、企業の経営トップを中心としてコンプライアンス態勢の整備・再構築を進めていく必要がある。

Ⅱ 紛争に関する法

1 はじめに

【1】序　論

「平時」と異なる「有事」のうちでも、企業が一定の頻度で否応なく遭遇する可能性があるのが、企業間または企業と個人との紛争である。紛争に関する法体系・法分野は、企業法務の中でも予防法務と対をなす分野であり、紛争処理法務（紛争解決法務）と呼ぶこともある。

紛争処理の中核は、裁判所における訴訟（民事訴訟）である。もっとも、訴訟を回避するために、または訴訟前の話合いの手続として、裁判所における調停（民事調停）を選択することもある。話合い・協議のための手続としては、裁判所以外の各種の機関による話合いのための手続もあり、これらはADR（Alternative Dispute Resolution、裁判外紛争解決手続）と総称される。裁判を回避し第三者の仲裁人に解決を委ねる仲裁手続もある。

紛争解決の手続は裁判所だけで行われるわけではない。労働事件や特許侵害事件等、行政機関において審判手続が行われる類型も多い。これらの事件も、行政機関での判断に不服があれば、最終的には裁判所で争うことができる。

裁判所の手続は、権利の存否等を最終的に判断する訴訟手続が中心であるが、争いのある権利を保全するための手続（仮差押え、仮処分等の手続）、権利が確定した後に強制的に実現するための手続（強制執行等の手続）もある。

【2】権利実現の強制力～債務名義～

　企業間または企業と個人の紛争において、権利を確定させ、その権利を実現するための強制力となるのが債務名義である。債務名義とは、裁判所によって強制執行を行うことができるものをいう（民執22条）。以下が主な債務名義である。

- ・　確定判決
- ・　仮執行宣言付判決
- ・　仮執行宣言付支払督促
- ・　和解調書、調停調書
- ・　執行認諾文言付公正証書

　紛争処理手段としての訴訟等の手続は、最終的には債務名義を得ることが目的である。逆にいえば、債務名義であれば効力（強制力）は同一であり、例えば「金1,000万円を支払う」ことに強制力を持たせるためには、わざわざ裁判をせずとも、執行認諾文言付公正証書を作成すれば、確定判決とまったく同一の効力を得られることになる。

　具体的には、各地の公証役場において、「金1,000万円の支払いを履行しないときは、直ちに強制執行を受けても異議のないことを承諾する」という文言（条項）を含む公正証書を作成すればよい。もっとも、公正証書の作成には相手方の同意が必要であり、相手方との間で争いがある場合には作成は不可能であるし、金銭債務の支払い以外の強制執行には公正証書以外の債務名義が必要であるため、多くの場合は訴訟等の法的手段が必要となる。

　話合いで解決を図る場合であっても、調停や、即決和解という制度を用いて、合意内容（相手方の義務）を、調停調書や和解調書としておくことで、いざ相手方が義務を履行しなかった場合に強制執行を行うことが可能となる。

【3】契約紛争と債権回収

　契約紛争とは、例えば、企業同士が業務委託契約を締結したものの、委託内容どおりに義務を履行してもらえなかったため義務を履行してほしい、または、

第5章　正常なビジネスからの逸脱（有事）に関する法～不祥事・紛争・倒産～　　345

不測の損害が生じたため損害を賠償してほしい、といった紛争である。この種の紛争の場合、相手方としては、「きちんと義務を履行した」とか、「義務を履行できなかったのはそちらのせいだ」といった言い分があることが多い。そのため、紛争解決には一定の手続と時間を要する。

　こういった契約紛争の一種ではあるが、貸金を返還してほしい、売掛金を支払ってほしいといった紛争類型で、金銭の支払義務があることや支払義務の不履行があることにはあまり争いがない（争いようがない）類型に関しては、債権回収という一つのカテゴリーがある。債権回収のための手続としては、前記の執行認諾文言付公正証書の作成もそうであるし、支払督促、手形・小切手訴訟といった、裁判上の簡易な手続もある。これらについては**後記４【4】[c]**において後述する。

【4】仲裁と国際的紛争解決

　仲裁とは、民事上の紛争について、当事者が解決を第三者である仲裁人に委ね、仲裁人の判断に終局的に服する旨を合意するものをいう。仲裁法という法律がこれを規定しているが、仲裁で紛争を解決するためには、あらかじめ当事者間で仲裁合意（仲裁により終局的に紛争を解決する旨の合意）をしておく必要がある（仲裁13条参照）。

　日本企業同士の契約書で仲裁合意をしているケースはまれであるが、外国企業との契約書においては、いずれか一方の国の裁判所では有利不利が生じる可能性があることを想定し、第三国における仲裁合意を定めることは頻繁にある。国際的な紛争が生じた場合、日本や諸外国での裁判手続を行う（各国で同時並行的に進められる）こともあるが、特に契約紛争においては、仲裁手続により解決が図られることは多い。

　国際的紛争と仲裁に関しては、**第3章 III ２【2】**を参照。

２ 調停・ADR・仲裁

【1】序　論

　企業間において契約関係に付随して紛争が生じた場合、直ちに訴訟を提起す

るというケースはさほど多くはない。特に日本企業同士の場合、従来からの取引関係や業界内・企業グループ相互の関係等への配慮、企業イメージやレピュテーションへの配慮といった考慮要素もあり、可能な限り話合いでの解決を模索するのが一般的である。

　話合いとしては、担当者・担当役員同士の話合い、双方の顧問弁護士等を交えての話合い等のフェーズを経て、裁判所における民事調停やADR等を申し立てる場合が存在する。

【2】「和解の仲介」と「仲裁」の違い

　和解の仲介とは、当事者の交渉を仲介し、和解を成立させることによって紛争解決を図る形態の手続のことをいい、いわゆるあっせん・調停を包括的に表現したものである。

　これに対し、仲裁とは、当事者の合意に基づき第三者の判断によって、その当事者間の民事上の紛争について法律判断を行う手続であり、仲裁判断は確定判決と同一の効力を有する（仲裁45条1項）。

　日本で用いられているのは、ほとんどが「和解の仲介」であり、裁判所における民事調停や、各種ADR機関における手続がこれに当てはまるが、「仲裁」を行うADR機関も存在する。

【3】民事調停

　裁判所の調停手続は、民事調停法に基づく手続である。民事調停法1条は、「民事に関する紛争につき、当事者の互譲により、条理にかない実情に即した解決を図ることを目的とする」と定める。

　調停は、主に、相手方の住所地を管轄する簡易裁判所に申立てをする（民調3条1項以下）。簡易裁判所において裁判官一人、調停委員二人以上で調停委員会を組織し（同6～8条）、主に調停委員が当事者双方から話を聞きつつ解決を目指す手続である。申立人と相手方が交互に調停委員に話をするスタイルがとられることが多い。

　調停を申し立てると、約1か月～1か月半くらい先に期日が指定される。相手方に出席義務はなく、相手方が出席しないこともある（出席しないまま、申立人

のみが出席して続けられることもある）。2回目、3回目の期日は、それぞれ約1か月〜1か月半くらいの期間を置いて指定されるのが一般的である。裁判ほどの時間は要しないが、回数を重ねると、調停が成立するまでに（または不成立となるまでに）相応の期間がかかることになる。

　調停での話合いで合意が成立すると、合意内容を調停条項としてまとめ、裁判所が調停調書を作成することになる。調停調書は、裁判上の和解と同一の効力を有する（同16条）とされており、裁判において判決を得たのとまったく同等の効果が得られる。

【4】各種ADR手続

　ADRとは、「裁判外紛争解決手続」を意味し、最広義では裁判以外の方法により紛争を解決する過程一切をいう。裁判外紛争解決手続の利用の促進に関する法律1条によれば、「訴訟手続によらずに民事上の紛争の解決をしようとする紛争の当事者のため、公正な第三者が関与して、その解決を図る手続」をいうとされている。

　ADRにはさまざまな手続が含まれるが、その特徴として、①紛争解決手続の利用について、当事者の同意が必要であることが挙げられる。この点で、一方当事者（被告）の同意なく、第三者である裁判所の判断に拘束力が生じる裁判と異なる。その他、②迅速かつ安価に紛争解決が図れること、③非公開の手続であること、などが特徴として挙げられる。

　以下に紹介する国民生活センターによるADR手続および弁護士会の設置・運営する仲裁センターは、「和解の仲介」と「仲裁」（前記【2】参照）の双方を行うADR機関である。

　まず、国民生活センターの設置する紛争解決委員会は、消費者紛争のうち、その解決が全国的に重要である「重要消費者紛争」について、和解の仲介および仲裁によって解決を図るとされている（生活センター11条2項）。

　「重要消費者紛争」とは、国民生活の安定および向上を図るうえでその解決が全国的に重要である消費者紛争（消費生活に関して消費者または適格消費者団体と事業者との間に生じた民事上の紛争）であり、同種の被害が相当多数のものに及び、または及ぶおそれがあるもの、国民の生命身体または財産に重大な危害を

348　　第2編　ビジネス法の体系と主な分野

及ぼし、または及ぼすおそれがあるもの、争点が多数でありまたは錯綜しているなど事件が複雑であることその他の事情により紛争解決委員会が適当であると認めるものをいう（同1条の2）。

次に、弁護士会の設置・運営する仲裁センターは、民事上の紛争を簡易な手続で、迅速、安価、かつ公正に解決することを目的として、弁護士会が設置・運営している民間の紛争解決機関である。全国34箇所36センターが設置されており、「紛争解決センター」や「仲裁センター」等と呼称されている。「和解のあっせん（仲介）」と「仲裁」の双方を取り扱っている。

❸ 行政機関における紛争処理手続

各種業法上の許認可規制に服する業種や、個別の事業遂行に関して行政機関の許認可を受けている場合において、行政機関の処分等をめぐって紛争が生じるケースがある。都市計画法上の開発許可や建築基準法上の建築確認、薬機法上の認可等、枚挙に暇がない。これらの許認可等をめぐり、行政機関に対する不服審査を申し立てることが可能である。

また、労働者との紛争に関しては、行政による労働関係紛争解決手続等が存在する。特許や商標といった知的財産権に関する紛争については、特許庁における審判手続がある。民間との紛争ではないが、租税庁の課税に関しても異議申立て・審判の手続がある。

❹ 裁判所における紛争処理手続

【1】序 論

紛争処理手続の中でも中核的な位置付けにあるのが裁判所における訴訟手続である。訴訟手続においては、争いのある権利関係の成否や内容等が判決により決定される。和解により終結することも多い。訴訟は、一審（主に地方裁判所）、二審（主に高等裁判所）、三審（主に最高裁判所）と三審制がとられているが、実質的な審理は二審までで終わることがほとんどである。一審判決に対して控訴後、二審で和解により解決することもある。

権利関係の成立が判決や和解によって決定した後に、権利を強制的に実現す

第5章　正常なビジネスからの逸脱（有事）に関する法〜不祥事・紛争・倒産〜　　349

るための手続が執行（強制執行）手続である。具体的には、不動産や債権等の資産に対して差押えを行い、強制的に売却するための競売手続を行うことになるが、これらの手続も裁判所にて行われる。

他方、訴訟において争いのある権利関係の帰趨が決着してから強制執行に着手するのでは権利を十分確保できない場合に備え、相手方の財産等の保全（現状維持）を図るための手続が、保全手続である。具体的には、仮差押えや仮処分といった手続で、財産等を処分したり現状変更したりすることを防ぐことが可能となる。

これらの各種手続のほか、支払督促、手形・小切手訴訟といった債権回収のための裁判所の手続、消費者団体訴訟等について概説する。

【2】訴訟手続
〔a〕総　論

民事訴訟は、民事訴訟法および最高裁判所の定める民事訴訟規則[163]に規定が置かれている。

通常の訴訟は、訴額が140万円を超える場合は地方裁判所、140万円以下の場合は簡易裁判所に提訴する（同裁判所が第一審を審理する）。訴額とは、金銭債権の請求の場合には当該請求額を意味するが、例えば不動産の明渡しといった事件であれば、不動産の固定資産評価額（土地についてはその2分の1）を基準として算定するなどといった基準がある。訴額を基準として、提訴時に裁判所に納付すべき印紙代が決定する（民訴費3条。訴訟手続以外の裁判所の手続に関しても同様に、印紙の納付が必要であるが、手続によって算定の仕方や金額が異なる）。

訴訟の管轄は、相手方（被告）の住所や契約上の義務履行地等、さまざまな管轄がある（民訴3条の2以下）。特許権、商標権等の知的財産権に関する訴訟は、東京地裁または大阪地裁も管轄となる（同6条、6条の2）。

---

163)　法令においては一般的には「規則」とは省庁が制定する省令（法律の下位規範）のことを指すが（例えば、会社法施行規則は法務省令である）、最高裁判所が定める法律の下位規範も規則と呼ばれる。最高裁判所規則は、最高裁ウェブサイトで検索・閲覧することができる。http://www.courts.go.jp/kisokusyu/、(2016.09.08)。

350　　第2編　ビジネス法の体系と主な分野

〔b〕第一審の手続

　原告が訴状を裁判所に提出した後、訴状が裁判所から被告に特別送達される（書留郵便の一種にて送達される。民訴98条以下）。送達が届かない場合については各種の規定が置かれており、まったく送達不能である場合、最終的には公示送達（裁判所の掲示場の掲示による送達）が行われる（同110〜113条）。

　提訴後約1か月で、第1回の裁判期日（弁論期日）が開かれる。被告は答弁書を提出すれば、最初の期日のみ欠席することが認められている（擬制陳述。同158条）。答弁書を提出せずに欠席すると、原告の主張そのままの判決がされることになる（欠席判決。同159条により、自白＝請求を認めたものとみなされる）。

　通常、約1か月から1か月半ごとに期日が開かれ、その間、双方が主張・立証を行い（具体的には、主張を記載した準備書面の提出・書証の提出を行う）、争点の整理が進められる。裁判は原則公開の手続であり誰でも傍聴することが可能であるが、非公開の手続である弁論準備手続等において争点整理が進められることも多い（同168条以下）。

　事件によっては、主張・立証が出尽くして争点整理が終わった段階で、本人や証人の尋問期日が開かれる（同190条以下）。証人尋問は、証人を申請した側による主尋問、相手側による反対尋問がなされ、最後に裁判官からの補充尋問がされる（同202条）。

　一般的に、尋問期日の後に、和解協議が試みられることが多い。事案によっては、それ以前も含めて随時、和解協議が行われる。尋問期日を経ると裁判官が心証を固め、心証に基づき想定している判決内容をふまえた和解勧告を行うため、当事者としては「判決になれば敗訴する」といったプレッシャーにさらされながら和解協議がなされる。これにより、尋問期日後は和解成立の可能性が相対的に高くなる（当事者の「訴訟疲れ」という面もある）。

　尋問期日後、和解協議を除けば、1回程度の期日が開かれるのみで（一般的に、最終準備書面という主張をまとめた書面を提出することが多い）、あとは判決期日となる（同243条以下）。提訴から判決までの期間は事件の種類・性質によってさまざまであるが、短い場合でも半年から1年、長ければ2年以上の期間を要することもある。

　金銭の支払を命じる判決には仮執行宣言（同259条以下）が付されることが多

い。仮執行宣言に基づく強制執行およびその停止については**後記4【3】【c】**参照。

【c】控訴審の手続

　地裁の判決に対して不服がある場合には高裁に、簡裁の判決に対しては地裁に、控訴をすることができる（民訴281条以下）。控訴は、判決の送達を受けた日から2週間の不変期間内に提起する必要があり（同285条）、同期間を経過すると控訴することはできない。

　控訴審は1回で結審するケースも多く、その場合、ほとんどは第一審の判決が維持される。1回で終わらない場合でも、新しい有力な証拠が提出されたような場合を除き、数回程度の期日で結審し、証人等の尋問期日はあまり行われない。

【d】上告審の手続

　高裁の控訴審判決に対して不服がある場合には最高裁に、地裁の控訴審判決に対して不服がある場合には高裁に、上告および上告受理申立てをすることができる（民訴311条以下）。上告理由は憲法違反や判決の理由食違いといった極めて例外的な理由に限定されているため（同312条）、上告が認められることはごくまれである。上告受理申立ても認められることはまれであるが、最高裁判例との相反や法令解釈に関する重要な誤りが理由となるため（同318条）、上告受理申立てを目指して上訴することが多い。

【3】保全および執行手続
【a】総　論

　保全手続と執行手続は、勝訴判決を得た場合における権利確保を目的とする、表裏一体となる手続である。

　保全手続は民事保全法に規定されているが、「民事訴訟の本案の権利の実現を保全するための」①仮差押え、②係争物に関する仮処分、「民事訴訟の本案の権利関係につき」③仮の地位を定めるための仮処分、について定めている（民保1条）。

　執行手続を規定する民事執行法は、①強制執行、②担保権の実行としての競

売、について定めている（民執1条）。

〔b〕保全手続

　保全手続は、以下の3類型が存在する。

　仮差押え：金銭の支払を目的とする債権について、強制執行をすることができなくなるおそれがあるとき、または強制執行をするのに著しい困難を生ずるおそれがあるときに発令される（民保20条1項）。

　係争物に関する仮処分命令：その現状の変更により、債権者が権利を実行することができなくなるおそれがあるとき、または権利を実行するのに著しい困難を生ずるおそれがあるときに発令される（同23条1項）。

　仮の地位を定める仮処分命令：争いがある権利関係について債権者に生ずる著しい損害または急迫の危険を避けるためこれを必要とするときに発令される（同23条2項）。

　保全手続は、未だ権利関係の存否や内容が終局的に訴訟で決していない段階で相手方の資産を保全する、例えば預金であれば口座ロックであったり不動産・動産の所有権や占有の移転を禁止したりといった強力な効果を生じる手続である。そのため、申立てをする側（債権者）は、必ず、相当額の保証金を担保として提供する必要がある（手続や対象資産によって異なるが、債権額や資産価値の2〜3割程度となるのが一般的である）。

〔c〕執行手続

　執行手続は、確定判決その他の債務名義（前記**1**【2】参照）を得たうえで、相手方の財産に対する強制執行を行う手続である（民事執行法上はこのほか、担保権を設定している場合の担保権実行の手続についても規定している）。

　保全手続はあくまで資産のロックや移転禁止の効果にとどまるものであるが、強制執行はおさえた相手の資産を強制的に売却する手続である。裁判所の執行官が（執行補助者＝裁判所職員ではない専門業者とともに）売却の手続までを行う。強制執行は既に確定した権利に基づき実行するものであることから、保全手続と違って保証金を積む必要はない（コストはかからない）。

第5章　正常なビジネスからの逸脱（有事）に関する法〜不祥事・紛争・倒産〜　　353

【4】その他の各種手続

〔a〕非訟手続

　非訟事件とは、借地借家法上の許可に関する事件や、会社法上の手続に関する事件が典型的であるが、各種法律に基づき裁判所の関与が必要な手続の総称である。訴訟と似た手続で進行する（非訟事件手続法参照）。

〔b〕労働審判手続

　労働審判手続は、解雇や給料支払い等、事業者と労働者との労働関係に関するトラブルを迅速に解決するための手続である。

　労働審判官（裁判官）1人と、労働関係に関する専門的な知識・経験を有する労働審判員2人で組織される労働審判委員会が、原則として3回以内の期日で審理する点に特徴がある。適宜調停（和解）を試みながら、調停による解決に至らない場合には審判をする手続であるが、当事者から異議の申立てがあれば通常の訴訟に移行することになる。

　同手続については、**前記第2章 II 5**【3】**〔a〕**を参照。

〔c〕支払督促

　支払督促とは、金銭、有価証券、その他の代替物の給付に係る請求について、債権者の申立てにより、その主張から請求に理由があると認められる場合に、裁判所からの「支払督促」を発する手続である（民訴382条以下）。

　債務者が支払督促を受け取ってから2週間以内に異議の申立てをしなければ、裁判所は、債権者の申立てにより、支払督促に仮執行宣言を付さなければならず、債権者はこれに基づいて強制執行の申立てをすることができる（確定判決と同様の効力を有することになる）。

　支払督促は、相手方（債務者）に対する裁判所からの呼出し等が一切ないまま、債権者からの申請によって迅速に発令される点に特色があり、債務の存在や内容等について争いが生じることが予想されない場合、有効な債権回収手段となる。

354　　第2編　ビジネス法の体系と主な分野

【d】手形・小切手訴訟

民事訴訟法の特別の規定によって審理される手形・小切手金の支払いを求める裁判である（民訴350条以下）。

この訴訟では、証拠は書面（書証）と原告や被告に対する尋問（当事者尋問）に限定されており、早期・迅速に判決に至る点が特徴である。ただし、手形・小切手訴訟の判決後、不服のある場合には通常訴訟に移行することになるため、手形・小切手金の支払いを求める原告としては、被告が手形・小切手訴訟の結果を不服として争うことが想定される場合、当初から通常訴訟を提起するほうが無難ということになる。

【e】即決和解

即決和解（訴え提起前の和解）は、民事上の争いのある当事者が、あらかじめ合意をしたうえで簡易裁判所に和解の申立てをし、紛争を解決する手続である。当事者間に合意があり、かつ、裁判所がその合意を相当と認めた場合に和解が成立し、合意内容が和解調書に記載されることにより、確定判決と同一の効力を有することになる（民訴275条）。

【5】消費者団体訴訟制度
【a】差止請求

消費者団体訴訟制度は、消費者契約に関わる紛争の増加や、その内容の多様化・複雑化を背景として、消費者全体の利益擁護を図るため、平成18年の消費者契約法改正により創設され、平成19年6月7日に施行されたものである。

また、平成20年の法改正により、平成21年4月1日より景品表示法へ、同年12月1日より特定商取引法へ消費者団体訴訟制度が導入され、優良誤認・有利誤認といった不当表示や、特定商取引における不当な行為に対しても、差止請求を行えるようになった（景表30条、特定商取引58条の18～58条の25）。

消費者契約法に基づき、差止請求関係業務[164]を行おうとする者は、内閣総理

164）　差止請求関係業務とは、不特定かつ多数の消費者の利益のために差止請求権を行使する業務ならびに当該業務の遂行に必要な消費者の被害に関する情報の収集ならびに消費者の被害の防止および救済に資する差止請求権の行使の結果に関する情報の提供に係る業務をいう（消費契約13条1項）。

大臣の認定を受けなければならない（消費契約13条1項）。

　適格消費者団体は、事業者が不特定かつ多数の消費者に対して、消費者契約法4条1項から3項までに規定する不当な勧誘行為または同法8条から10条までに規定する不当な契約条項を含む契約の申込みまたはその承諾の意思表示を、現に行いまたは行うおそれがあるときは、当該行為の停止もしくは予防または当該行為に供した物の廃棄もしくは除去その他の当該行為の停止もしくは予防に必要な措置をとることを請求することができる（同12条）。

　また、景品表示法10条では、適格消費者団体が、優良誤認表示・有利誤認表示に対する差止めを請求できることを規定しており、特定商取引法58条の18ないし58条の25では、適格消費者団体が、訪問販売、通信販売、電話勧誘販売、連鎖販売取引、特定継続的役務提供、業務提供誘引販売取引、訪問購入について、不当な勧誘等に対する差止めを請求できることが規定されている。そして、消費者契約法12条の2にいう「差止請求」には、これらの差止請求も包含されている。

　以上の差止請求権は訴訟外でも行使することができ、各適格消費者団体は、消費者契約法12条等の規定に基づき、事業者への不当行為の是正申入れ等を行っており、事業者に対する是正申入れの内容およびこれに対する事業者の回答内容は、各適格消費者団体のウェブサイト上において公表されている[165]。

　適格消費者団体は、差止請求に関する所定の手続に係る行為について、電磁的方法等により、他の適格消費者団体にその旨を通知し、消費者庁長官にその旨および内容等を報告することとされている（同23条4項）。

　国民生活センターおよび地方公共団体は、適格消費者団体の求めに応じ、必要な限度において、消費生活相談に関する情報を提供することができる（同40条）。

　また、適格消費者団体による差止請求訴訟が判決等によって終了した場合、消費者庁長官は、インターネットの利用等により、速やかに、判決、裁判上・裁判外の和解の概要等を公表するものとされ、このほか、消費者庁長官は、差止請求関係業務に関する情報を広く国民に提供するものとされている（同39条）。

---

165)　　例えば、適格消費者団体である特定非営利活動法人消費者機構日本について、http://www.coj.gr.jp/zesei/index.html、（2016.10.07）参照。

(b) 集団的消費者被害回復に係る訴訟制度

平成28年10月1日から施行される「消費者の財産的被害の集団的な回復のための民事の裁判手続の特例に関する法律」による集団的消費者被害に係る訴訟制度は、消費者被害については同種被害が多発することが多いこと、それにもかかわらず、事業者と消費者との間に情報量・交渉力等に構造的な格差があり、また訴訟には費用・労力もかかるため、個々の消費者の訴訟による被害回復は困難であることを背景として、被害回復の実効性を確保するため、消費者団体が多数の消費者の利益のために訴えることを可能とするものであると説明されている。

この制度は、共通義務確認訴訟と個別の債権者の債権確定手続という二段階の手続からなる。

[図表23] 共通義務確認訴訟と個別の債権者の債権確定手続の流れ

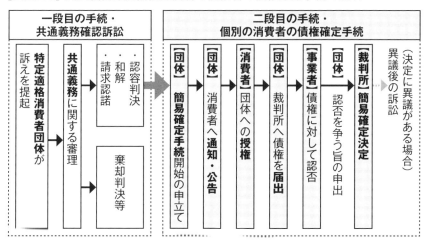

出所）消費者庁「集団的消費者被害の回復に係る訴訟制度案の概要」http://www.caa.go.jp/planning/index12.html、(2016.10.31)。

まず、第一段階の手続として、特定適格消費者団体[166]は、事業者が消費者に対して負う金銭の支払義務であって、消費者契約に関する①契約上の債務の履行の請求、②不当利得に係る請求、ならびに③契約上の債務の不履行による損害賠償、瑕疵担保責任に基づく損害賠償および④不法行為に基づく民法の規定による損害賠償の請求（これらに附帯する利息または損害賠償の請求を含む）に係るものについて、共通義務確認の訴えを提起することができる。もっとも、損害賠償請求（③および④）に係る共通義務確認の訴えは、消費者契約の目的となるものについて生じた損害または消費者契約の目的となるものの対価に関する損害に係るものである限り、提起することができる。したがって、製品事故や食中毒事故において、当該製品や食品自体の対価に関する損害については、本制度の対象となるが、被害者の生命・身体について生じた損害に関する損害賠償請求は、本制度の対象とはならないと考えられる[167]。

　また、特定適格消費者団体は、共通義務確認訴訟において、上記①ないし④の請求に係る義務の存否について訴訟上の和解をすることができる。

　次に、第二段階の手続として、共通義務確認訴訟における請求認容判決が確定した場合、または請求の認諾もしくは上記①ないし④の義務の存在を認める旨の和解により共通義務確認訴訟が終了した場合には、共通義務確認訴訟の当事者であった特定適格消費者団体が、事業者を相手方として、共通義務確認訴訟が係属していた地方裁判所に簡易確定手続開始の申立てを行う。特定適格消費者団体は、正当な理由がある場合を除き、簡易確定手続開始の申立てをしなければならない。

　そして、裁判所により簡易確定手続開始決定がされたときは、簡易確定手続を申し立てた特定適格消費者団体（以下「申立団体」という）は、知れている対象消費者に対し、被害回復裁判手続および事案の内容等を通知するとともに、相当な方法により公告しなければならない。

　その後の手続としては、消費者が申立団体に対する授権を行い、授権を受け

---

166)　被害回復関係業務を行うのに必要な適格性を有する法人である適格消費者団体（消費契約2条4項の適格消費者団体をいう）として内閣総理大臣の認定を受けた者をいう（制度案2頁）。被害回復関係業務等の定義についても、制度案1頁以下参照。

167)　加納克利・松田知丈「集団的消費者被害回復に係る訴訟制度案について」NBL989号16頁。

358　　第2編　ビジネス法の体系と主な分野

た申立団体が、対象債権の届出を行うことになる。これに対して、事業者は届出債権について認否をしなければならず、認否をしないときは、届出債権の内容を認めたものとみなすとともに、届出債権の内容の全部を認めたときは、届出債権の内容は確定する。異議がある場合の簡易の確定手続や、それに対する異議訴訟の手続も定められている。

　以上のように、共通義務の存否については第一段階の手続において判断し、個々の消費者の事情は、第二段階目の手続で判断される点にこの手続の特徴がある。

Ⅲ 　倒産・事業再生に関する法

1 倒産に関する法制度

【1】概　要

　企業が過剰な債務を抱え、その支払いが困難となった場合、過剰な債務を整理するための手続を行う必要が生じることがある。債務の整理は、大きく分けて、法的整理と私的整理に分類される。

　このうち私的整理とは、特定の法律に基づかず、当事者の合意に基づき、原則として金融機関からの借入金債務のみを整理する手続のことをいう。

　法的整理とは、法律に定められた手続に則って行われる債務整理のための手続をいう。法的整理には、民事再生法に基づく再生手続、会社更生法に基づく更生手続、破産法に基づく破産手続、会社法に基づく特別清算手続の4種類がある。「倒産」に明確な定義があるわけではないが、これら4種類の法的整理を総称して「倒産」と呼ぶことが多い。

【2】法的整理の概要

　法的整理のうち再生手続、更生手続は、会社の事業を継続して再建・再生するための手続（再建型手続）、破産手続、特別清算手続は、会社の事業を停止して法人を清算するための手続（清算型手続）である。

第5章　正常なビジネスからの逸脱（有事）に関する法〜不祥事・紛争・倒産〜　　359

再建型の法的整理は、債務超過となった会社について、債務の大部分のカットを行い、残債務についての支払条件を定めるための弁済計画（再生計画や更生計画）を策定し、債権者の多数決によって弁済計画に法的効力を持たせることを骨格とする手続である。負債の部についての債務のカットを行うのみならず、資産の部については資産の評定を行って資産を圧縮し、純資産の部については減増資等を行うことにより、バランスシート全体の抜本的な再構築を図ることができる。

また、法的整理においては、会社法の手続によらずに、再生計画や更生計画により、スポンサー企業に対するM&Aを実行することができる。

❷ 法的整理のメリット・デメリット（私的整理との比較）

【1】法的整理の特徴

私的整理も法的整理も、過剰債務の解消を主たる目的とする手続という点では同様である。

両者の大きな違いは、私的整理はあくまで当事者間の合意に基づく手続であるため、対象となる債権者全員の個別の同意が必要であるのに対し、法的整理は、法律で定められた一定数の債権者の同意が得られれば、多数決の結果を、反対している少数債権者に対しても強制することができ、債権放棄等の効力を及ぼすことができる（民再172条の3第1項、会更196条5項）点にある。法律を利用して多数決原理に従って行うことから、債権者平等原則や手続の適正が強く要請されることとなる。

【2】メリット・デメリット

私的整理と比較した法的整理のメリットは、多数決原理により債権者の権利を変更することができるため、債務の大部分をカットして債務超過を解消し、抜本的なバランスシートの健全化を図ることができる点にある。

これに対し、法的整理は商取引債権者を含む全債権者を対象とするのが原則であり、商取引債権についても弁済の禁止（棚上げ）や債権放棄（カット）の対象となることに加え、「法的手続」＝「倒産」というイメージにより信用が劣化

360　　第2編　ビジネス法の体系と主な分野

し、顧客や取引先離れが起こるなど、事業価値の毀損が私的整理に比較して著しく大きい点が主なデメリットである。

この点については、少額債権の弁済を手厚くするなどして、商取引債権者をある程度保護するのが一般的であり、これに加えて近時は商取引債権を手続の対象から除外するための運用上の工夫も見られるが、事業価値の毀損を完全に回避することは困難であるのが実情である。

[図表24] 私的整理と法的整理の比較

	私的整理	法的整理
手続の種類	事業再生ADR・私的整理ガイドライン、中小企業再生支援協議会・企業再生支援機構等のほか、任意の私的整理もあり。	民事再生法、会社更生法
対象となる債務	原則として金融債権者のみ	商取引債権者を含む全債権者が対象となる →事業価値の毀損が大きい。
債務の削減の要件	対象となる全金融機関による個別の合意が必要。	債権者の多数決により削減が可能 →抜本的な債務削減が可能
債務の削減の手法	債権放棄、DES、DDS等	原則として債権放棄
担保権の制限	制限なし（個別的権利行使の制限は合意に基づく必要）。	（再生手続）原則担保権の実行は可能だが、担保権実行中止命令・担保権消滅許可制度による制限あり。 （更生手続）担保権の実行が禁止され、手続に取り込まれる。
減増資等の資本の入れ替え・M&A	特になし	（再生手続）減増資および事業譲渡の特則あり。 （更生手続）上記に加え各種組織再編・M&Aが可能。

第5章　正常なビジネスからの逸脱（有事）に関する法～不祥事・紛争・倒産～　　361

❸ 法的整理の選択基準

【1】私的整理と法的整理の選択基準

　過剰債務を解消し、事業の再生を図るための手法として、私的整理を選択するか、再建型の法的整理である再生手続や更生手続を選択するかは、個別具体的な事案ごとに種々の要素を考慮して決定されるものである。特に、

- バランスシートの悪化の程度が著しく、多数の金融債権者（および商取引債権者）から相当多額の債権放棄等を受ける必要がある場合
- メインバンクその他の金融機関の私的整理による支援を得ることが困難である場合
- 金融機関に対する元利金の支払いをストップしても手形決済等の商取引債権者への弁済が困難である場合

等においては、私的整理による再建は困難であるため、法的整理による再建を目指すほかない。

【2】民事再生と会社更生の選択基準

　再生手続は、あらゆる法人・個人が利用可能な手続であり、更生手続は、株式会社のみを対象とする手続である。

　再生手続を選択するか更生手続を選択するかについては、前記の相違に加え、再生手続は、経営陣が経営を続投できるDIP型を原則とする手続であり、経営の連続性を維持してスピーディーな再生を図りやすいこと、更生手続は担保権者および優先債権者を手続に取り込む重厚な手続であり手続に時間を要すること等から、再生手続が原則的な手続であるといえる。更生手続を選択するのが適切であるケースとしては、

- 旧経営陣に不正行為等の経営責任があり、管理型手続によるのが適切である場合
- 事業継続に必要不可欠な物件についての担保権者が強硬姿勢であり、差

押え
・　競売等の担保権実行を制約する必要がある場合。また、担保権者との個別
　　の弁済金額、弁済方法についての交渉が難航することが予想される場合
・　債務者の内部に対立があり再建方針が固まっていない場合
・　債権者申立ての場合
などであるといえる。

　なお、平成21年に東京地方裁判所によるDIP型更生手続の運用が開始して以
来、再生手続と更生手続の違いは以前よりも相対的になっているが（DIP型更生
手続の場合は手続に要する期間も6か月程度と再生手続とほぼ同等に短縮されてい
る）、再生手続と更生手続の根本的な相違に変化はない。

事項索引

あ

- アカウンタビリティ 13
- アドホック仲裁 264
- 安全委員会 154
- 安全衛生推進者 154
- 安全管理者 154
- 安全配慮義務 156
- 育児休業 173
- 意匠権 217
- 遺族補償 155, 156
- 一般的拘束力 162
- インコタームズ 258
- インサイダー取引規制 280
- ウィーン売買条約 257, 258
- 請負労働者 170
- 営業所 133
- 衛生委員会 154
- 衛生管理者 154

か

- 介護休業 173
- 外国会社 132
- 外国仲裁判断の承認及び執行に関する
  条約 268
- 解雇権濫用法理 159, 167
- 介護補償 156
- 解雇予告 159
- 会社 125
- 会社分割 180
- 過失責任主義 57
- 課徴金 9
- 過半数代表者 146
- 株式会社 127
- 株式買取請求権 289
- 株式譲渡契約 276
- 簡易組織再編 284

- 簡易仲裁手続 268
- 監査等委員会設置会社 138
- 監査役会設置会社 137
- 間接金融 181, 185, 192
- 管理監督者 150
- 機関仲裁 264
- 企業 3, 25
- 企業取引法 54
- 企業倫理 9
- 期限の利益喪失 186, 196, 197, 198
- 規則 28
- 規範的効力 162
- 休業補償 155, 156
- 休憩時間 149
- 求職者給付 164
- 教育訓練給付 165
- 強行規定 11, 56, 235
- 競争法 74
- 共同企業 124
- 業務災害に関する保険給付 156
- 緊急仲裁人 268
- 銀行取引約定書 193, 196, 199
- 禁反言 12
- 勤務成績や勤務態度が不良な労働者に
  対する解雇 160
- 組合活動権 163
- クリーンハンズの原則 12
- 訓令 29
- 契約自由の原則 36, 55, 233
- 契約条件条項 253
- 契約の自由 10
- 減給 157
- けん責（戒告） 157
- 権利の濫用 12
- 権利濫用の禁止 39
- 行為規範 8

- 公開会社 135
- 公開買付け 280
- 降格 157
- 公企業 121
- 合資会社 129
- 公序良俗 12
- 公正かつ衡平な待遇 270
- 公正な価格 293
- 合同会社 129
- 衡平 14
- 合名会社 128
- コーポレート・ガバナンス 5
- コーポレートガバナンス・コード ⋯ 5, 136
- 国際裁判管轄 261
- 国際裁判管轄の合意に関するハーグ
  条約 263
- 国際商業会議所 258
- 国際仲裁 264
- 国際調停 272
- 国際ビジネス法 94
- 国際物品売買契約に関する国連条約 ⋯ 257
- 告示 28
- 国連国際商取引法委員会 264
- 個人企業 123
- 国家と他の国家の国民との間の投資
  紛争の解決に関する条約 270
- コベナンツ 196, 197, 198
- コミットメントライン契約 195
- 雇用継続給 165
- 雇用保険 164
- コンプライアンス 6
- コンプライ・オア・エクスプレイン ⋯ 5

さ

- 最恵国待遇 270
- 裁決規範 8
- 最高裁判所規則 29
- 最低賃金 149
- 採用 147
- 採用内定 147
- 裁量労働制 153

- 産業医 154
- 産前産後休業 171
- 私企業 121
- 事業譲渡 179
- 事後備置書類 301
- 自主退職 158
- 事情変更の原則 14
- 事前備置書類 288
- 実用新案権 216
- 指名委員会等設置会社 138
- 社会的責任 4
- 社外取締役を置くことが相当でない
  理由 137
- 社債 191
- 就業規則 144
- 集合債権譲渡担保 201
- 集合動産譲渡担保 200
- 就職促進給付 165
- 集団的労使関係 160
- 収用 271
- 出勤停止 157
- 出向 158
- 種類株式 188, 189
- 準拠法 252
- 障害者雇用納付金 175
- 障害補償 155, 156
- 試用期間 147
- 証書貸付 193
- 承認・執行 263
- 消費者保護法規 237
- 商標権 217, 220
- 傷病補償年金 156
- 省令 28
- 条例 29
- 除外認定 159
- 職業紹介 146
- 所有と経営の分離 127
- 自力救済の禁止 234
- 人員削減のために実施する解雇 ⋯⋯ 160
- 新株予約権 190
- 新株予約権付社債 192

事項索引　　365

- シンガポール国際仲裁センター ―――― 268
- シンガポール国際調停センター ―――― 273
- 信義誠実の原則 ―――――――――― 38
- シンジケートローン ―――――― 195, 202
- ステークホルダー ―――――――――― 3
- ストレスチェック ―――――――――― 154
- 製作物供給契約 ―――――――――― 228
- 誓約事項 ―――――――――――― 278
- 生理休暇 ―――――――――――― 171
- 政令 ―――――――――――――― 28
- セクシュアル・ハラスメント ―――――― 172
- 説明責任 ―――――――――――― 13
- 全額払い ―――――――――――― 148
- 専用実施権 ――――――――――― 222
- 戦略法務 ―――――――――――― 7
- 総括安全衛生管理者 ―――――――― 154
- 争議権 ――――――――――――― 163
- 争議行為 ―――――――――――― 161
- 相互の保証 ――――――――――― 263
- 葬祭料 ―――――――――― 155, 156
- 送達 ――――――――――――― 261
- ソフトロー ―――――――――― 9, 30

た

- 大会社 ――――――――――――― 135
- 第三者割当 ――――――――――― 281
- 退職事由等証明書 ―――――――― 160
- 大量保有報告 ―――――――――― 281
- 団体交渉 ―――――――――――― 161
- 団体交渉応諾義務 ―――――――― 161
- 団体行動 ―――――――――――― 163
- 知的財産 ―――――――――――― 213
- 知的財産権 ――――――――――― 213
- 中間的条項 ――――――――――― 253
- 駐在員事務所 ―――――――――― 132
- 仲裁合意 ―――――――――――― 266
- 仲裁人 ――――――――――――― 264
- 仲裁判断 ―――――――――――― 268
- 仲裁判断の承認・執行 ―――――― 268
- 懲戒解雇 ―――――――――――― 157
- 懲戒処分 ―――――――――――― 156

- 直接金融 ―――――― 181, 186, 188, 191
- 直接払い ―――――――――――― 148
- 著作権 ―――――――――― 218, 219
- 賃金の通貨払い ―――――――――― 148
- 通勤災害に関する保険給付 ―――――― 156
- 通常実施権 ――――――――――― 222
- 通達 ――――――――――――― 28
- ディスクロージャー ――――――――― 13
- 定年退職 ―――――――――――― 159
- 手形貸付 ―――――――――――― 193
- 手形割引 ―――――――――――― 199
- 適正業務体制 ―――――――――― 6
- デット・エクイティ・スワップ ―――――― 190
- デッドコピー ――――――――――― 219
- 転籍 ―――――――――――― 158, 180
- 当座貸越 ―――――――――――― 194
- 投資協定 ―――――――――――― 269
- 投資事業有限責任組合 ――――――― 122
- 投資仲裁 ―――――――――――― 269
- 投資紛争解決国際センター ―――――― 270
- 当然対抗制度 ―――――――――― 223
- 匿名組合 ―――――――――――― 122
- 独立社外取締役 ―――――――― 6, 138
- 特例有限会社 ―――――――――― 126
- 特許権 ―――――――――― 214, 216

な

- 内国民待遇 ――――――――――― 270
- 内部通報 ―――――――――――― 6
- 内部統制 ―――――――――――― 6
- 内部統制報告書 ――――――――― 6
- 二次健康診断給付 ―――――――― 156
- 日本国憲法 ――――――――――― 27
- 日本商事仲裁協会 ―――――――― 268
- 日本版LLC ――――――――――― 129
- 日本版スチュワードシップ・コード ―――― 5
- 日本法人 ―――――――――――― 133
- ニューヨーク条約 ――――― 263, 268, 272
- 任意規定 ―――――――――― 11, 235
- 年次有給休暇 ―――――――――― 153
- ノンリコースローン ―――――― 188, 202

は

- ハーグ管轄条約 ……………… 263
- パートタイム労働者 ………… 168
- 配転 …………………………… 157
- パススルー課税 ……………… 131
- パブリシティ権 ……………… 221
- ビジネス法 ……………… 9, 20, 23
- 非正規労働者 ………………… 166
- 一人会社 ……………………… 125
- 非法人企業 …………………… 125
- 標準書式 ……………………… 252
- 表明保証 ……… 196, 197, 198, 278
- ファクタリング ……………… 200
- 付随的条項 …………………… 253
- 不正競争防止法 ……………… 221
- 付託事項書 …………………… 267
- 不当労働行為 ………………… 163
- ブランド ……………… 215, 219
- プリンシプルベース・アプローチ … 6
- フレックスタイム制 ………… 152
- プロジェクトファイナンス … 185, 201
- 紛争調整委員会 ……………… 176
- 変形労働時間制 ……………… 152
- 法 ……………………… 7, 10
- 法人企業 ……………………… 125
- 法的安定性 …………………… 14
- 法的な思考 …………………… 15
- 法の適用に関する通則法 …… 262
- 法律 …………………………… 27

ま

- 民事訴訟手続に関する条約 … 261
- 民事又は商事に関する裁判上及び
  裁判外の文書の外国における送達
  及び告知に関する条約 ……… 261
- 民訴条約 ……………………… 261
- 無期転換の権利 ……………… 167
- 命令 …………………………… 28
- メザニンファイナンス ……… 185
- 持分会社 ……………… 125, 128

や

- 有価証券上場規程 …………… 5
- 有限会社 ……………………… 125
- 有限責任事業組合 ……… 122, 130
- 有限責任社員 ………………… 125
- 優先株式 ……………… 185, 190
- 諭旨解雇 ……………………… 157
- 要件効果型 …………………… 15
- 予測可能性 …………………… 14
- 予防法務 ……………………… 7

ら

- ライセンス …………………… 222
- ライツ・イシュー …………… 191
- リーガルリスク ……………… 4
- リース契約 …………………… 211
- リスク・マネジメント ……… 7
- 略式組織再編 ………………… 287
- 療養補償 ……………… 155, 156
- 臨床法務 ……………………… 7
- ルールベース・アプローチ … 6
- 劣後債 ………………………… 185
- 劣後ローン …………………… 185
- レピュテーションリスク …… 9
- 労働委員会 ……… 161, 163, 176
- 労働協約 ……………………… 162
- 労働組合 ……………………… 160
- 労働契約 ……………………… 143
- 労働時間 ……………… 149, 150
- 労働者派遣 …………………… 169
- 労働審判 ……………………… 178

わ

- 割増賃金 ……………………… 152

A-Z

- ABL …………………………… 200
- Arb-Med-Arb ………………… 273
- CSR …………………………… 4
- IBA国際仲裁証拠調べ規則 … 267
- ICC …………………………… 258

事項索引　　367

- ICSID 270
- ICSID 条約 270, 271
- JCAA 268
- SIAC 268
- SIMC 273
- Third Party Funding 265
- TPF 265
- UNCITRAL 264

判例索引

- 最判昭和23年10月14日民集2巻11号376頁 ―――――――――――――――――――― 194
- 東京高判昭和26年9月19日民集8巻5号967頁〔東宝スバル事件〕 ――――――――――――― 75
- 最判昭和35年3月18日民集14巻4号483頁 ――――――――――――――――――――― 241
- 最判昭和39年1月23日民集18巻1号37頁 ――――――――――――――――――――――― 241
- 最判昭和40年11月30日民集19巻8号2049頁 ―――――――――――――――――――― 340
- 最判昭和43年4月23日民集22巻4号964頁〔山王川事件〕 ―――――――――――――――― 341
- 最大判昭和45年6月24日民集24巻6号625頁〔八幡製鉄事件〕 ――――――――――――――― 112
- 最大判昭和48年12月12日民集27巻11号1536頁〔三菱樹脂事件〕 ――――――――――― 147, 148
- 最判昭和49年7月22日民集28巻5号927頁〔東芝柳町工場事件〕 ―――――――――――――― 167
- 最判昭和50年2月25日民集29巻2号143頁〔陸上自衛隊八戸車両整備工場事件〕 ―――――――― 339
- 最判昭和51年7月8日民集30巻7号689頁〔茨城石炭商事事件〕 ――――――――――――――― 343
- 最判昭和50年4月25日民集29巻4号481頁〔丸島水門事件〕 ――――――――――――――――― 163
- 最判昭和53年5月26日民集32巻3号689頁 ――――――――――――――――――――――― 39
- 最判昭和54年7月20日民集33巻5号582頁〔大日本印刷事件〕 ―――――――――――――――― 147
- 東京高判昭和54年10月29日労民30巻5号1002頁〔東洋酸素事件〕 ――――――――――――― 160
- 最判昭和61年7月14日労判477号6頁〔東亜ペイント事件〕 ―――――――――――――――――― 158
- 最判昭和61年12月4日労判448号4頁〔日立メディコ事件〕 ―――――――――――――――――― 167
- 最判平成元年12月14日民集43巻12号2078頁〔都営と畜場事件〕 ――――――――――――――― 35
- 最判平成2年11月26日民集44巻8号1085頁〔日新製鋼事件〕 ――――――――――――――――― 148
- 東京高判平成3年12月17日判時1418号120頁〔木目化粧紙事件〕 ―――――――――――――― 219
- 東京高判平成4年9月24日税資192号546頁〔太洋物産売上値引事件〕 ―――――――――――――― 308
- 最判平成7年12月19日民集49巻10号3121頁〔南西通商事件〕 ――――――――――――――― 309
- 最判平成11年1月29日民集53巻1号151頁 ―――――――――――――――――――――― 201
- 大阪地判平成11年4月23日判タ1035号179頁 ――――――――――――――――――――― 320
- 東京地決平成12年1月21日労判782号23頁
　　　　　　〔ナショナルウエストミンスター（第3次仮処分）事件〕 ――――――――――――――― 160
- 最判平成12年3月9日労判778号11頁〔三菱重工業長崎造船所事件〕 ――――――――――――― 150
- 最判平成12年4月21日民集54巻4号1562頁 ――――――――――――――――――――― 201
- 大阪地判平成12年9月20日判時1721号3頁 ―――――――――――――――――――――――― 4
- 東京地判平成13年7月26日判タ1084号113頁〔三菱石油株主代表訴訟事件〕 ―――――――――― 333
- 最判平成13年11月22日民集55巻6号1056頁 ―――――――――――――――――――――― 201
- 東京高判平成14年6月7日判タ1099号88頁〔空気清浄機事件〕 ―――――――――――――――― 244
- 東京高判平成15年5月21日判時1835号77頁 ――――――――――――――――――――― 104
- 東京高判平成15年9月9日判時1834号28頁〔萬有製薬事件〕 ――――――――――――――――― 310
- 東京地判平成16年4月15日判時1872号69頁〔出荷停止差止等請求事件〕 ―――――――――――― 231
- 最判平成17年12月19日民集59巻10号2964頁〔外国税額控除余裕枠大和銀行事件〕 ――――― 319
- 最判平成18年4月10日民集60巻4号1273頁 ――――――――――――――――――――――― 4

判例索引　369

- 大阪高判平成18年6月9日判時1979号115頁 ⋯⋯⋯⋯⋯⋯⋯⋯⋯⋯⋯⋯ 4
- 最判平成18年7月20日民集60巻6号2499頁 ⋯⋯⋯⋯⋯⋯⋯⋯⋯ 201
- 東京地判平成20年2月6日判時2006号65頁〔ヴァージン・シネマ事件〕⋯⋯⋯ 318
- 最判平成24年2月2日民集66巻2号89頁〔ピンク・レディー事件〕⋯⋯⋯ 221
- 最決平成28年2月18日公刊物未登載〔IBM事件〕⋯⋯⋯⋯⋯⋯⋯⋯ 319
- 最判平成28年2月19日労判1136号6頁〔山梨県民信用組合事件〕⋯⋯⋯ 145
- 最判平成28年2月29日裁判所ウェブサイト〔ヤフー事件〕⋯⋯⋯⋯⋯ 319
- 東京高判平成28年7月6日金商1497号26頁 ⋯⋯⋯⋯⋯⋯⋯⋯⋯⋯ 294

ビジネス法体系研究会メンバー一覧

（五十音順）

阿部　博友　　一橋大学大学院法学研究科教授

有吉　尚哉　　弁護士（西村あさひ法律事務所）

飯野　悠介　　弁護士（森・濱田松本法律事務所）

池田　毅　　　弁護士（森・濱田松本法律事務所）

岩本　充史　　弁護士（安西法律事務所）

大杉　謙一　　中央大学大学院法務研究科教授

岡村　光男　　弁護士（安西法律事務所）

奥山　健志　　弁護士（森・濱田松本法律事務所）

加藤　純子　　弁護士（安西法律事務所）

（代表）　川﨑　政司　　慶應義塾大学大学院法務研究科客員教授

河村　寛治　　明治学院大学法学部教授

桑原　明　　　実務関係者

後藤　類　　　弁護士

髙木　弘明　　弁護士（西村あさひ法律事務所）

田中　浩之　　弁護士（森・濱田松本法律事務所）

田端　公美　　弁護士（西村あさひ法律事務所）

塚本　英巨　　弁護士（アンダーソン・毛利・友常法律事務所）

中崎　尚　　　弁護士（アンダーソン・毛利・友常法律事務所）

山崎　良太　　弁護士（森・濱田松本法律事務所）

※肩書・所属は研究会終了（2017年3月）時点のもの

執筆者紹介

※肩書・所属は、平成29年5月15日に初版第1刷としてレクシスネクシス・ジャパン株式会社より刊行された時点のものです。

川﨑政司（かわさき　まさじ）
慶應義塾大学大学院法務研究科客員教授

〈主要著作〉『法を考えるヒントⅠ』（日本加除出版、2016）、『現代統治構造の動態と展望』（尚学社、共編著、2016）、『注釈公用文用字用語辞典〔第7版補訂版〕』（新日本法規、2016）、『地方自治法基本解説〔第6版〕』（法学書院、2015）、『立法学のフロンティア3　立法実践の変革』（ナカニシヤ出版、共著、2014）、『判例から学ぶ憲法・行政法〔第4版〕』（法学書院、共編著、2014）、『法律学の基礎技法〔第2版〕』（法学書院、2013）、『自治体政策法務講座1　総論・立法法務』（ぎょうせい、編集代表、2013）、『行政法事典』（法学書院、共編、2013）、その他著書、論文等、多数。

〈執筆担当〉第1編第1章

桑原明（くわばら　あきら）
ビジネス法体系研究会会員

〈執筆担当〉第1編第2章、第4章Ⅱ・Ⅳ・Ⅶ～Ⅸ

後藤類（ごとう　るい）
弁護士

〈執筆担当〉第1編第3章、第4章Ⅰ・Ⅲ・Ⅴ・Ⅵ

山崎良太（やまさき　りょうた）

〈略歴〉弁護士（森・濱田松本法律事務所）
1999年東京大学法学部卒業。2000年弁護士登録（第53期）。

〈主要著作〉『企業訴訟実務問題シリーズ　環境訴訟』（中央経済社、共著、2017）、『中小企業の事業承継』（有斐閣、共著、2017）、『製品事故・不祥事対応の実務－実例からみた安全確保・安心提供の法務－』（民事法研究会、共著、2015）、『DES・DDSの実務　第3版』（金融財政事情研究会、共著、2014）、『倒産法全書　第2版』（上）、（下）（商事法務、共著、2014）、『銀行窓口の法務対策4500講 I～V』（金融財政事情研究会、共著、2013）、『論点体系会社法1～6』（第一法規、共著、2012）、『企業再生の法務　改訂版』（金融財政事情研究会、共編著、2011）。

〈執筆担当〉第2編第5章

奥山健志（おくやま　たけし）

〈略歴〉弁護士（森・濱田松本法律事務所）、早稲田大学大学院法務研究科准教授
2002年早稲田大学法学部卒業。2003年弁護士登録（第56期）。2014年早稲田大学大学院法務研究科准教授就任。

〈主要著作〉『株主総会の準備事務と議事運営（第4版）』（中央経済社、共著、2015）、『平成26年改正会社法　改正の経緯とポイント〔規則対応補訂版〕』（有斐閣、共編著、2015）、『M&A法大系』（有斐閣、共著、2015）、『Q&A　グループガバナンスの実務』（商事法務、2015）、『新しい役員責任の実務（第2版）』（商事法務、共著、2012）、「インセンティブ報酬の設計をめぐる法務・税務の留意点（上）、（下）」（旬刊商事法務、共著、2015）、「子会社管理についての親会社取締役の責任」（有斐閣、ジュリスト増刊『実務に効く　コーポレート・ガバナンス判例精選』、2013）、「会社分割の濫用」（有斐閣、ジュリスト増刊『会社法施行5年　理論と実務の現状と課題』所収、2011）。

〈執筆担当〉第2編第2章 I

安倍嘉一（あべ　よしかず）

〈略歴〉弁護士（森・濱田松本法律事務所）
2000年東京大学法学部卒業。2005年弁護士登録（第58期）。

〈主要著作〉『ケースで学ぶ　労務トラブル解決交渉術』（民事法研究会、2013）、『企業情報管理実務マニュアル－漏えい・自己リスク対応の実務と書式－』（民事法研究会、共著、2015）、『企業訴訟実務問題シリーズ　労働訴訟』（中央経済社、共著、2017）、『職務基準の人事制度』（労務行政研究所、共著、2017）等。

〈執筆担当〉第2編第2章 II

小山浩（おやま　ひろし）

〈略歴〉弁護士（森・濱田松本法律事務所、執筆当時。現在、東京国税局調査第一部に出向中）

2001年早稲田大学法学部卒業。2003年早稲田大学法学研究科修了。2006年中央大学法科大学院修了。2007年弁護士登録（第60期）。2014年ミシガン大学ロースクール（International Tax LL.M.）修了。2016年東京国税局調査第一部出向。

〈主要著作〉「法人税における財産評価の今日的問題―組織再編に関連して」日税研論集68号（日本税務研究センター、2016）、『税務・法務を統合したM&A戦略［第2版］』（中央経済社、共著、2015）、「Countering BEPS: Preventing Abusive Commissionnaire Arrangements」Tax Notes International（2014）等。

〈執筆担当〉第2編第4章

田中浩之（たなか　ひろゆき）

〈略歴〉弁護士（森・濱田松本法律事務所）

2004年慶應義塾大学法学部法律学科卒業。2006年慶應義塾大学大学院法務研究科卒業。2007年弁護士登録（第60期）。2013年ニューヨーク大学ロースクール卒業（LL.M. in Competition, Innovation, and Information Law, Concentration in Intellectual Property Law）。2013年〜2014年クレイトン・ユッツ法律事務所（シドニー）に勤務。2014年ニューヨーク州弁護士登録。

〈主要著作〉『ビジネス法体系　知的財産法』（レクシスネクシス、2017）、『著作者人格権と著作権の関係〔モンタージュ写真事件：第2次上告審〕」』（別冊ジュリスト『著作権判例百選［第5版］』所収、有斐閣、2016）、『新・注解特許法』（青林書院、共著、2011）、『情報・コンテンツの公正利用の実務』（青林書院、共著、2016）、『営業秘密の侵害』（ジュリスト増刊『実務に効く　企業犯罪とコンプライアンス判例精選』所収、有斐閣、2016）等。

〈執筆担当〉第2編第2章Ⅳ3（特許権その他ビジネスの基礎となる知的財産権の確保）

緑川芳江（みどりかわ　よしえ）

〈略歴〉弁護士（現フレッシュフィールズブルックハウスデリンガー法律事務所（執筆当時、森・濱田松本法律事務所））

2003年東京大学法学部（私法）、2004年東京大学法学部（政治）卒業。2006年東京大学法科大学院修了。2007年弁護士登録（第60期）。2014年コロンビア大学ロー・スクール卒業（LL.M.）。2014年〜2015年アレン・アンド・グレッドヒル法律事務所（シンガポール）に勤務。2015年ニューヨーク州弁護士登録。

〈主要著作〉「国際仲裁の世界的動向と活用術」(ローヤーズ、2016)、「アジアに進出を始めたThird Party Funding: 訴訟・仲裁費用を投資でカバーする時代」(国際商事法務、2015)、「仲裁における守秘義務：黙示の守秘義務をめぐる海外の判例からの示唆」(国際商事法務、2015)等。

〈執筆担当〉第2編第3章III

長谷川慧 (はせがわ　さとし)

〈略歴〉弁護士 (執筆当時、森・濱田松本法律事務所)
2006年早稲田大学法学部卒業。2008年東京大学法科大学院修了。2009年弁護士登録(第62期)。

〈主要著作〉『銀行員のためのコンプライアンスガイド (七訂版)』(第二地方銀行協会、共著、2015)、「更新料条項が消費者契約法10条により無効とされるかについて最高裁として初めての判断を示した最二判平成23・7・15について」(NBL958号)(商事法務、共著、2011)、「相談室Q&A:賃金関係」(労政時報3802号)(労務行政、2011)等。

〈執筆担当〉第2編第2章III

飯野悠介 (いいの　ゆうすけ)

〈略歴〉弁護士 (森・濱田松本法律事務所)
2008年早稲田大学法学部卒業。2011年東京大学法科大学院修了。2012年弁護士登録(第65期)。

〈主要著作〉『企業訴訟実務問題シリーズ　証券訴訟─虚偽記載』(中央経済社、共著、2017)、『製品事故・不祥事対応の企業法務－実例からみた安全確保・安心提供の具体策－』(民事法研究会、共著、2015)。

〈執筆担当〉第2編第1章、第3章II、IV

矢部聖子 (やべ　せいこ)

〈略歴〉弁護士 (森・濱田松本法律事務所)
2009年早稲田大学法学部中途退学 (法科大学院飛入学のため)。2012年早稲田大学法科大学院修了。2013年弁護士登録 (第66期)。

〈執筆担当〉第2編第2章IV、第3章I

※本書は、平成29年5月15日に初版第1刷としてレクシスネクシス・ジャパン株式会社より
　刊行されたものです。

サービス・インフォメーション

━━━━━━━━━━━━━━━━━━━●━ 通話無料 ━●━━━

①商品に関するご照会・お申込みのご依頼
　　　　　　TEL 0120(203)694／FAX 0120(302)640
②ご住所・ご名義等各種変更のご連絡
　　　　　　TEL 0120(203)696／FAX 0120(202)974
③請求・お支払いに関するご照会・ご要望
　　　　　　TEL 0120(203)695／FAX 0120(202)973

●フリーダイヤル（TEL）の受付時間は、土・日・祝日を除く
　9:00～17:30です。
●FAXは24時間受け付けておりますので、あわせてご利用ください。

ビジネス法体系　ビジネス法概論

平成30年6月20日　初版第1刷発行

編　集　ビジネス法体系研究会

著　者　川　﨑　政　司
　　　　山　崎　良　太
　　　　奥　山　健　志

発行者　田　中　英　弥

発行所　第一法規株式会社
　　　　〒107-8560　東京都港区南青山2-11-17
　　　　ホームページ　http://www.daiichihoki.co.jp/

法体系ビズ概論　ISBN 978-4-474-06396-9　C2034（6）